Maßstab 1 : 80 000 000

Wanderung der Kontinente (Plattentektonik siehe Seite 136 ①)

vor 220 Mill. Jahren (Ende Perm) | vor 190 Mill. Jahren (Ende Trias) | vor 135 Mill. Jahren (Ende Jura) | vor 65 Mill. Jahren (Ende Kreide)

Heimat und Welt
Weltatlas
Ausgabe für Berlin, Brandenburg, Mecklenburg-Vorpommern, Sachsen, Sachsen-Anhalt, Thüringen

Fachberater

Dr. Fritz Achilles, Lünen
Gottfried Bräuer, Pinneberg
Karl-Heinz Brubach, Rhede
Johannes Derichs, Göttingen
Norbert Modl, München
Prof. Dr. Jürgen Nebel, Karlsruhe
Prof. Dr. Jürgen Newig, Flintbek
Friedrich Pauly, Wiesbaden
Hans-Joachim Pröchtel, Ebhausen
Dr. Werner Seegraef, Hamm
Rudolf Schäfer, Kobern-Gondorf
Prof. Dr. Hans-W. Windhorst, Vechta

Ausgeführt in der Westermann Kartographie
Leitung: Dr. Ulf Zahn
Kartographische Technik: Peter Seng
Redaktion: Jürgen Burgermeister, Joachim Dornbusch

Den Atlas Heimat und Welt betreute die Redaktion des DIERCKE Weltatlas.
Lehrer und Schüler sind herzlich eingeladen, mit uns über Atlasfragen zu sprechen.
Unsere Anschrift:
Westermann Schulbuchverlag GmbH, Georg-Westermann-Allee 66, D-3300 Braunschweig

Hinweis:
Die Wirtschaftszeichen sind in der Regel in zwei leicht unterscheidbaren Größen gezeichnet.
Alle regional bedeutsamen Standorte sind nach ihrer Wichtigkeit eingetragen.
Die Größendifferenzierung erfolgte dabei je Branche, nach Beschäftigten, Umsatz oder Produktionsmenge.
Wirtschaftsstandorte in Deutschland unterliegen zur Zeit einem starken Wandel. In diesem Atlas ist der Stand zu Beginn der Umstrukturierung dargestellt.
Die Auswahl der Fremdenverkehrsorte erfolgte nach der Übernachtungszahl.

1. Auflage Druck   5   4   3   2   1
Herstellungsjahr   1995   1994   1993   1992   1991
Die letzte Zahl bezeichnet das Jahr der Herstellung
Alle Drucke dieser Auflage können im Unterricht parallel verwendet werden.

© Westermann Schulbuchverlag GmbH, Braunschweig 1991
Druck und Bindung: westermann druck, Braunschweig
ISBN 3-14-14 0200-0

Für thematische Einzelbeiträge, didaktische Beratung, unterrichtliche Erprobung und sonstige freundliche Mithilfe bei der Atlasgestaltung ist zu danken:

Dr. Andreas Berkner, Halle 25 ①-③
M. Bezold, Eisenach 10 ③
Prof. Dr. Hans-Georg Bohle, Freiburg i. Brsg. 88 ①
Dr. Johan G. Borchert, Utrecht 72
Dr. Franz Christian Brandner, Braunschweig 96 ②
Gottfried Bräuer, Pinneberg 12 ②
Wilhelm Braun, Zülpich 22 ②
Dr. Helmut Doll, Vechelde-Wedtlenstedt 43
Gabi Fischer-Wilms, Remagen-Oberwinter 92 ②
Prof. Dr. Peter Frankenberg, Mannheim 42, 64 ①, ②, 65 ①, ②
Prof. Dr. Wolf Gaebe, Königswinter 78 ②, ③, 79 ①
Prof. Dr. Erdmann Gormsen, Mainz 75 ②
Dr. Klaus Grenzebach, Buseck 80 ②
Prof. Dr. Reinhold Grotz, Bonn 30/31, 110/111, 110 ①, ②
Prof. Dr. Wolfgang Hassenpflug, Kronshagen 12 ③
Gernot Hoffmann, Vöhringen 32 ②
Prof. Dr. Fouad Naguib Ibrahim, Wunstorf 76 ①, ②
Dr. Volker Kaminske, Pfinztal 30 ①
Dr. Hans-Joachim Kämmer, Berlin 20/21
Dr. Jürgen Klasen, Regensburg 74
Prof. Dr. Dieter Klaus, Bonn 80 ①
Prof. Dr. Hans-Jürgen Klink, Bochum 132/133
Prof. Dr. Rudolf Klöpper, Göttingen 45
Prof. Dr. Gerd Kohlhepp, Tübingen 129 ③
Prof. Dr. Heinz Klug, Kiel 14 ①
Dipl.-Geol. Dr. Peter Kothé, Koblenz 72
Prof. Dr. Wolfgang Kuls, Bonn 80/81
Wolfgang Kümml, Eppstein/Taunus 26 ②
Prof. Dr. Wilhelm Lauer, Bonn 42, 64 ①, ②, 65 ①, ②
Prof. Dr. Hartmut Leser, Basel 72
Dr. Bärbel Leupold, Berlin 18/19
Dr. Peter Lloyd, Manchester 72
Prof. Dr. Ernst Löffler, Erlangen 110/111
Dr. Rolf Löttgers, Siegen 16 ①-④
Prof. Dr. Jörg Maier, Bayreuth 82 ①, ②
Prof. Dr. Eberhard Mayer, Bonn 75 ①
Prof. Dr. Wolfgang Maibeyer, Braunschweig 28 ④
Dr. Bernhard Mohr, Freiburg 30 ②
Dr. Alois Müller, Bayreuth 28 ③
Prof. Dr. Jürgen Newig, Flintbek 12 ①, 12/13, 45
Dipl.-Geogr. Gudrun Otto, Usingen 26 ①, ②
Dr. Kilian Popp, München 120 ④
Derek Reeve, Huddersfield 72
Dr. Herbert Reiners, Mönchengladbach 22 ②
Dr. Dr. Werner Richter, Bornheim-Merten 96 ①
Prof. Dr. Peter Rostankowski, Berlin 92 ②
Prof. Dr. Walter Roubitschek, Halle 29 ①, ②

Prof. Dr. Hans-Jörg Sander, Königswinter 128 ①
Prof. Dr. Ludwig Schätzl, Hannover 82 ①, ②
Dr. Badal Sen Gupta, Bonn 92 ②
Dipl.-Ing. Walter Strumm 128 ②
Dr.-Günter Thieme, Bonn 70 ①, 120 ①, 121 ①
Prof. Dr. Norbert Wein, Kaarst 98/99
Dr. Urs Widmer, Bremen 94 ①, ②
Heinz Wilms, Remagen-Oberwinter 92 ②
Prof. Dr. Hans-W. Windhorst, Vechta 117 ①
Dr. Herbert Wüst, Braunschweig 97
Dr. Lutz Zaumseil, Berlin 18/19

Institutionen:
Bayerisches Landesamt für Statistik und Datenverarbeitung, München
Bundesanstalt für Gewässerkunde, Koblenz
Daimler-Benz AG, Sindelfingen
Deutscher Fremdenverkehrsverband e. V., Bonn
Deutscher Wetterdienst, Wetteramt Nürnberg
Deutsches Hydrographisches Institut, Hamburg
Deutsche Verbundgesellschaft, Heidelberg
Evangelische Zentralstelle für Entwicklungshilfe e. V., Bonn
Gesamtverband des Deutschen Steinkohlenbergbaus, Essen
Industrie- und Handelskammer für München und Oberbayern, München
Industrie- und Handelskammer Mittlerer Neckar, Stuttgart
Internationale Kommission zum Schutze des Rheins gegen Verunreinigung, Koblenz
Katholische Zentralstelle für Entwicklungshilfe e. V., Aachen
Kommunalverband Ruhrgebiet, Essen
Kurverwaltung Garmisch-Partenkirchen
Landwirtschaftsamt Herrenberg
Rheinische Braunkohlenbergwerke AG, Köln
Ruhrkohle AG, Essen
Siemens AG, München
Statistisches Bundesamt, Wiesbaden
Vereinigung Deutscher Elektrizitätswerke VEDEW e. V., Frankfurt
Wirtschaftliche Vereinigung Zucker e. V., Bonn

Bildquellenverzeichnis:
Medialog, Hamburg S. 10.1
ADN Zentralbild, Berlin S. 11.1, 6 (Junge)
Jürgens, Köln S. 11.2
Harzfoto Barke, Claustal-Zellerfeld S. 11.3, 4, 5
Prof. Dr. Wendelin Klaer, Mainz S. 133.7 und 133.9
Mayer-MAURITIUS Mittenwald S. 132.3
Meissner-MAURITIUS, Mittenwald S. 132.1
Prof. Dr. Klaus Rother, Passau S. 132.4 und 132.5
Zentrale Farbbildagentur, Düsseldorf Foto Goegel S. 133.6
Foto Fera S. 133.8
Foto Teuffen S. 133.10

Inhaltsverzeichnis — regional gegliedert

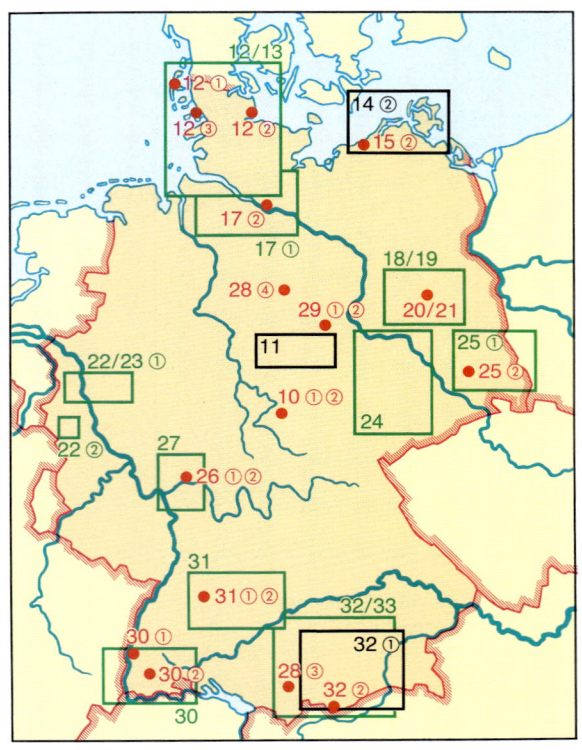

	Maßstab	Seite
Zum Kartenverständnis		
Wartburg – Schrägluftbild		10 ①
Wartburg – Karte	1 : 2 000	10 ②
Eisenach	1 : 20 000	10 ③
Harz – Einführung in die thematische Karte	1 : 500 000	11
Deutschland – Gesamtdarstellungen		
Weltraumbild/physische Karte	1 : 3 500 000	8/9
Physische Übersicht	1 : 2 250 000	34/35
Deutschland (Nördlicher Teil) – physisch	1 : 1 500 000	36/37
Deutschland (Südlicher Teil) – physisch	1 : 1 500 000	38/39
Historische Veränderungen des Staatsgebietes	1 : 7 000 000	40 ①
Bevölkerungsdichte	1 : 7 000 000	40 ②
Politische Gliederung	1 : 3 500 000	41
Klima	1 : 3 500 000	42
Geologie	1 : 7 000 000	60 ①
Bodentypen	1 : 6 000 000	28 ②
Landwirtschaft/Forstwirtschaft/Waldschäden	1 : 3 500 000	43
Verarbeitung landwirtschaftlicher Produkte	1 : 6 000 000	28 ①
Industrie	1 : 3 500 000	44
Heimische Energierohstoffe	1 : 7 000 000	23 ③
Stromerzeugung	1 : 7 000 000	23 ④
Außenhandel der Bundesrepublik Deutschland 1985	1 : 160 000 000	134 ①
Ausländische Arbeitnehmer	1 : 7 000 000	70 ①
Fremdenverkehr, Erholungseignung	1 : 3 500 000	45
Straßen	1 : 7 000 000	16 ①
Eisenbahnen	1 : 7 000 000	16 ②
Luftverkehr	1 : 7 000 000	16 ③
Wasserstraßen	1 : 7 000 000	16 ④
Deutschland – regionale Darstellungen		
Schleswig-Holstein (Westlicher Teil) Wirtschaft/Küstenschutz	1 : 500 000	12/13
Westerland/Sylt – Nordseebad	1 : 10 000	12 ①
Damp – Ostseebad	1 : 2 000	12 ②
Nordstrander Bucht – Küstenschutz/Landgewinnung	1 : 250 000	12 ③
Küstenformen	1 : 6 000 000	14 ①
Boddenküste	1 : 500 000	14 ②
Hafen – Güterumschlag/Entwicklung	1 : 4 000 000	15 ①
Rostock 1945/1991	1 : 80 000	15 ②
Unterelbe – Wirtschaft	1 : 500 000	17 ①
Hamburg – Hafen	1 : 75 000	17 ②
Berlin und das brandenburgische Umland – Wirtschaft	1 : 250 000	18/19
Berlin – City West und Ost	1 : 16 000	20/21
Nordrhein-Westfalen – Industrie und Energiewirtschaft	1 : 250 000	22/23 ①
Rheinisches Braunkohlenrevier – Landschaftswandel	1 : 250 000	22 ②
Mitteldeutscher Industrieraum	1 : 500 000	24
Niederlausitzer Braunkohlenrevier	1 : 500 000	25 ①
Senftenberg-Hoyerswerda – Landschaftswandel 1925/1991	1 : 250 000	25 ②
Frankfurt/Main – City	1 : 15 000	26 ①
Frankfurt/Main – Flughafen	1 : 100 000	26 ②
Rhein-Main-Gebiet – Wirtschaft	1 : 250 000	27
Allgäu – Grünlandwirtschaft	1 : 125 000	28 ③
Soßmar – Private Landwirtschaft	1 : 25 000	28 ④
Gröningen – Genossenschaftliche Landwirtschaft – Anbaustruktur 1985	1 : 50 000	29 ①
Gemarkung Gröningen – Flurgliederung und Eigentumstruktur 1836	1 : 50 000	29 ② a
Gemarkung Gröningen – nach der Bodenreform 1945/1946	1 : 50 000	29 ② b
Gemarkung Gröningen – Flurgliederung und Nutzungsstruktur 1966	1 : 50 000	29 ② c
Gemarkung Gröningen – Flurgliederung und Nutzungsstruktur 1985	1 : 50 000	29 ② d
Südschwarzwald/Kaiserstuhl – Wirtschaft	1 : 500 000	30
Kaiserstuhl – Weinbau bei Vogtsburg	1 : 25 000	30 ①
Hinterzarten – Fremdenverkehr	1 : 10 000	30 ②
Industrieraum Stuttgart	1 : 500 000	31
Industrieverlagerung aus Stuttgart in das Umland	1 : 750 000	31 ①
Sindelfingen – Berufspendler eines Automobilwerkes	1 : 750 000	31 ②
Alpen und Alpenvorland – Wirtschaft	1 : 500 000	32/33
Alpenvorland – Landschaftsformen der eiszeitlichen Vergletscherung	1 : 1 000 000	32 ①
Wetterstein – Erholungsraum	1 : 100 000	32 ②

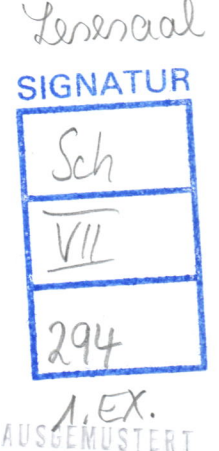

☐ Wirtschaftskarte
☐ Themenkarte
● Regionales Fallbeispiel

Inhaltsverzeichnis – regional gegliedert

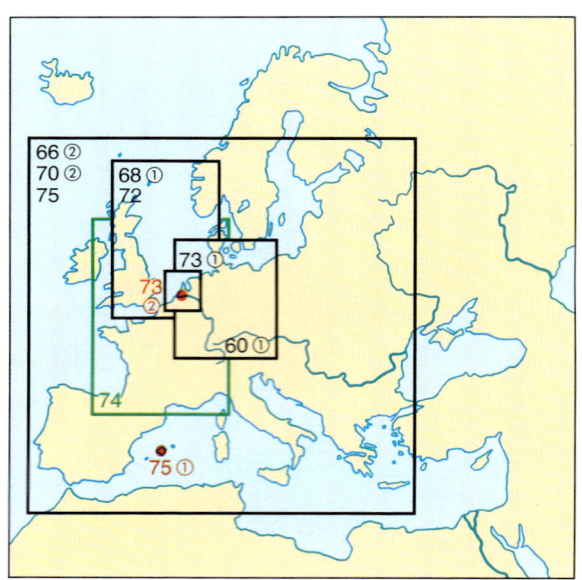
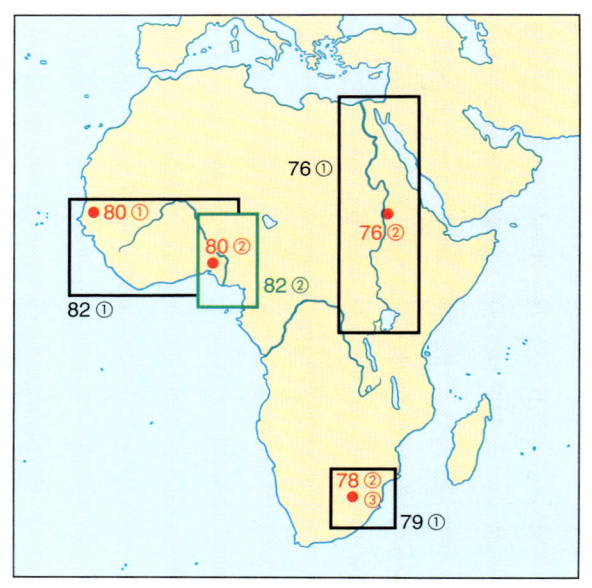

Europa – Gesamtdarstellungen	Maßstab	Seite
Physische Übersicht	1 : 18 000 000	61
Alter der Gebirge / Rohstofflagerstätten	1 : 36 000 000	60 ②
Staaten	1 : 18 000 000	63
Europäische Zusammenschlüsse	1 : 36 000 000	62 ①
Bevölkerungsdichte	1 : 36 000 000	62 ②
Temperaturen im Januar	1 : 36 000 000	64 ①
Temperaturen im Juli	1 : 36 000 000	64 ②
Niederschläge im Winterhalbjahr (Oktober - März)	1 : 36 000 000	65 ①
Niederschläge im Sommerhalbjahr (April - September)	1 : 36 000 000	65 ②
Landwirtschaft	1 : 18 000 000	67
Europa während der letzten Eiszeit	1 : 36 000 000	66 ①
Europäische Gemeinschaft (EG) – Beschäftigte in der Landwirtschaft	1 : 24 000 000	66 ②
Bergbau / Energie	1 : 18 000 000	69
Industrie	1 : 18 000 000	71
Europäische Gemeinschaft (EG) – Beschäftigte in Bergbau, Energie und Industrie	1 : 24 000 000	70 ②
Fremdenverkehr	1 : 18 000 000	75
Wirtschaftliche Bedeutung des Fremdenverkehrs / Urlaubsgäste	1 : 40 000 000	75 ②

Europa – regionale Darstellungen		
Alpenländer – physisch	1 : 2 250 000	46/47
Benelux (Belgien-Niederlande-Luxemburg) – physisch	1 : 2 250 000	48
Niederlande – Neulandgewinnung / Küstenschutz	1 : 2 000 000	73 ①
Niederlande – Flutkatastrophe 1953	1 : 2 000 000	73 ②
Rhein-Maas-Schelde – Deltaprojekt	1 : 500 000	73 ③
Nordsee – Erdöl / Erdgas	1 : 6 000 000	68 ①
Nordsee – Belastung der Umwelt	1 : 6 000 000	72
Dänemark – physisch	1 : 2 250 000	49
Mitteleuropa – physisch	1 : 6 000 000	50/51
Mitteleuropa – Geologie	1 : 7 000 000	60 ①
Nordeuropa – physisch	1 : 6 000 000	52/53
Westeuropa – physisch	1 : 6 000 000	54/55
Westeuropa – Wirtschaft	1 : 6 000 000	74
Südwesteuropa – physisch	1 : 6 000 000	56/57
Balearen – Fremdenverkehr	1 : 3 000 000	75 ①
Südosteuropa / Türkei – physisch	1 : 6 000 000	58/59

Afrika – Gesamtdarstellungen	Maßstab	Seite
Physische Übersicht	1 : 36 000 000	77
Staaten	1 : 36 000 000	79
Bevölkerungsdichte	1 : 72 000 000	78 ①
Landwirtschaft	1 : 36 000 000	81
Bergbau / Industrie	1 : 36 000 000	83

Afrika – regionale Darstellungen		
Afrika (Nördlicher Teil) – physisch	1 : 18 000 000	84/85
Flußoase Nil	1 : 18 000 000	76 ①
Gesira – Bewässerungsgebiet	1 : 2 250 000	76 ②
Senegal – Wüstenbildung in der Sahelzone	1 : 1 000 000	80 ①
Nigeria – Landwirtschaft im Kakaogürtel	1 : 100 000	80 ②
Westafrika – Wanderarbeiterbewegungen	1 : 18 000 000	82 ①
Nigeria – Wirtschaft	1 : 9 000 000	82 ②
Afrika (Südlicher Teil) – physisch	1 : 18 000 000	86/87
Johannesburg – Apartheid	1 : 300 000	78 ②
Soweto – Arbeitersiedlung	1 : 150 000	78 ③
Südafrika – Wohngebiete der Bantustämme mit Selbstverwaltung (Homelands)	1 : 20 000 000	79 ①

☐ Wirtschaftskarte

☐ Themenkarte

● Regionales Fallbeispiel

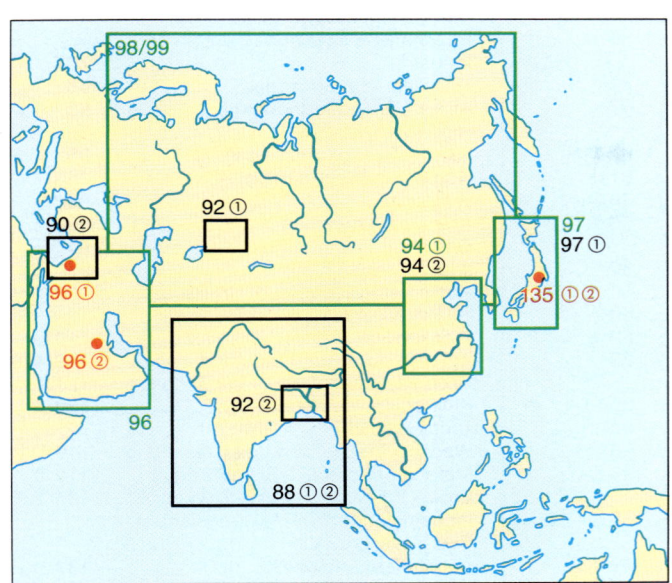

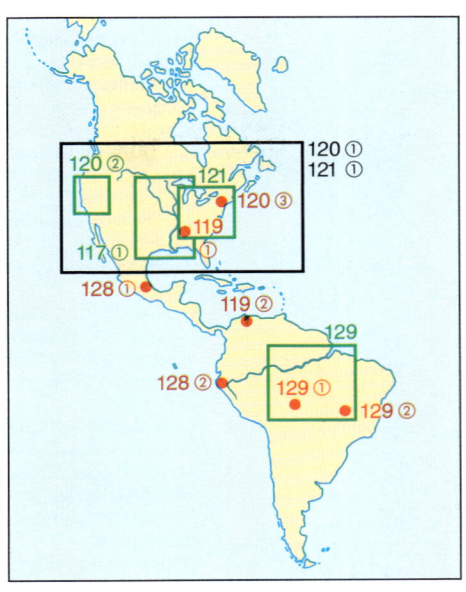

		Wirtschaftskarte
		Themenkarte
	•	Regionales Fallbeispiel

Asien – Gesamtdarstellungen	Maßstab	Seite
Physische Übersicht	1 : 36 000 000	89
Staaten	1 : 36 000 000	91
Bevölkerungsdichte	1 : 72 000 000	90 ①
Landwirtschaft	1 : 36 000 000	93
Bergbau / Industrie	1 : 36 000 000	95

Asien – regionale Darstellungen	Maßstab	Seite
Türkei – physisch	1 : 6 000 000	58/59
Nordasien (Sowjetunion) – physisch	1 : 18 000 000	100/101
Nordasien (Sowjetunion) – Wirtschaft	1 : 18 000 000	98/99
Kasachstan – Neulandgewinnung	1 : 9 000 000	92 ①
West- und Südasien – physisch	1 : 18 000 000	102/103
Israel und seine arabischen Nachbarn	1 : 6 000 000	90 ②
En Gedi – Kibbuz	1 : 15 000	96 ①
Arabien – Erdölwirtschaft	1 : 18 000 000	96
Al Hofuf – Quelloase	1 : 350 000	96 ②
Indien / Bangladesh – Bevölkerungs- und Städtewachstum	1 : 24 000 000	88 ①
Indien / Bangladesh – Dürregefährdung / Bewässerung	1 : 24 000 000	88 ②
Bangladesh – Überschwemmungen	1 : 6 000 000	92 ②
Ostasien – physisch	1 : 18 000 000	104/105
Ostchina – Wirtschaft	1 : 9 000 000	94 ①
Ostchina – Hochwasserschutz	1 : 9 000 000	94 ②
Japan – Wirtschaft	1 : 6 000 000	97
Japan – Bevölkerungsdichte	1 : 18 000 000	97 ①
Japan – Einfuhr wichtiger Rohstoffe	1 : 40 000 000	135 ①
Japan – Ausfuhr wichtiger Produkte	1 : 40 000 000	135 ②
Südostasien – physisch	1 : 18 000 000	106/107

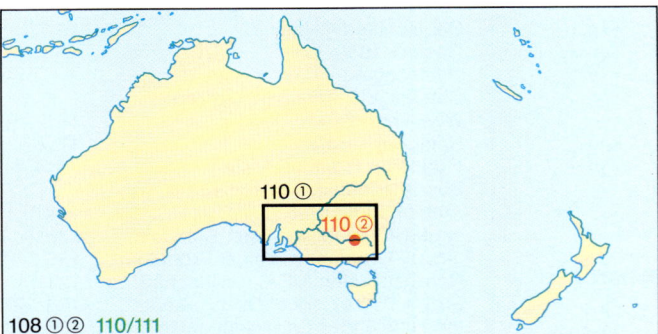

Australien / Neuseeland	Maßstab	Seite
Physische Übersicht	1 : 18 000 000	108/109
Bevölkerungsdichte	1 : 80 000 000	108 ①
Ureinwohner (Aborigines)	1 : 80 000 000	108 ②
Wirtschaft	1 : 18 000 000	110/111
Südostaustralien – Wasserversorgung	1 : 9 000 000	110 ①
Snowy Mountains – Wasserwirtschaft	1 : 9 000 000	110 ②

Amerika – Gesamtdarstellungen	Maßstab	Seite
Physische Übersicht	1 : 36 000 000	112/113
Staaten	1 : 36 000 000	114/115
Bevölkerungsdichte	1 : 80 000 000	115 ①
Landwirtschaft	1 : 36 000 000	116/117
Bergbau / Industrie	1 : 36 000 000	118/119

Amerika – regionale Darstellungen	Maßstab	Seite
Nordamerika (Nördlicher Teil) – physisch	1 : 18 000 000	122/123
Nordamerika (Südlicher Teil) / Mittelamerika – physisch	1 : 18 000 000	124/125
USA – Wanderung der Gesamtbevölkerung	1 : 36 000 000	120 ①
USA – Minderheiten	1 : 36 000 000	121 ①
Nordoststaaten – Wirtschaft	1 : 9 000 000	121 ②
New York – Farbigenwohngebiete	1 : 200 000	120 ③
Kalifornien – Wirtschaft	1 : 4 500 000	120 ②
USA – Agrarindustrie	1 : 18 000 000	117 ①
Tennesseetal – Wasserwirtschaft / Energiegewinnung	1 : 6 000 000	119 ①
Mexiko-Stadt – Wachstum / Umweltprobleme	1 : 500 000	128 ①
Südamerika – physisch	1 : 18 000 000	126/127
Maracaibobecken – Erdöl / Erdgas	1 : 6 000 000	119 ②
Tinajones / Peru – Bewässerungsgebiet	1 : 1 000 000	128 ②
Amazonien – Eingriff in den tropischen Regenwald	1 : 16 000 000	129 ①
Rondônia – Agrarkolonisation	1 : 6 000 000	129 ②
Brasilia – Hauptstadt seit 1962	1 : 250 000	129 ③

Polargebiete	Maßstab	Seite
Nordpolargebiet (Arktis)	1 : 72 000 000	138 ①
Südpolargebiet (Antarktis)	1 : 72 000 000	138 ②

Erde	Maßstab	Seite
Physische Übersicht	1 : 80 000 000	1
Klimazonen	1 : 80 000 000	130/131
Niederschläge im Juli	1 : 160 000 000	130 ①
Niederschläge im Januar	1 : 160 000 000	131 ①
Natürliche Vegetationszonen / Anbaugürtel	1 : 80 000 000	132/133
Weltwirtschaft / Weltverkehr	1 : 80 000 000	134/135
Naturkatastrophen		
Vulkane und Erdbeben	1 : 120 000 000	136 ①
Wirbelstürme, Überschwemmungen, Dürre, Schädlinge	1 : 120 000 000	136 ②
Industrieländer / Entwicklungsländer		
Energieverbrauch / Rohstoffabhängigkeit	1 : 120 000 000	137 ①
Ernährung / Bevölkerungswachstum	1 : 120 000 000	137 ②
Wirtschaftsbündnisse der Staaten	1 : 160 000 000	138
Erde und Weltall		162/163
Staaten	1 : 80 000 000	164/165
Sternhimmel		Umschlagrückseite

Inhaltsverzeichnis – nach Themen geordnet

Geologie/Tektonik

Nordsee/Ostsee – Küstenformen ..... 14 ①
Boddenküste ..... 14 ②
Alpenvorland – Landschaftsformen der eiszeitlichen Vergletscherung ..... 32 ①
Mitteleuropa – Geologie ..... 60 ①
Nordsee – Geologisches Profil ..... 68 ①
Europa – letzte Eiszeit ..... 66 ①
Erde – Vulkane und Erdbeben ..... 136 ①

Klima/Vegetation

Deutschland –
Klima/Klimadiagramme 42, 131
Europa – Temperaturen im Januar ..... 64 ①
Europa – Temperaturen im Juli ..... 64 ②
Europa – Niederschläge im Winter ..... 65 ①
Europa – Niederschläge im Sommer ..... 65 ②
Europa – Klimadiagramme 64/65, 75, 131
Europa – letzte Eiszeit ..... 66 ①
Afrika – Klimadiagramme ..... 76 ①, 80 ①
Asien – Klimadiagramme ..... 92 ①, ②, 131
Amerika – Klimadiagramme ..... 128 ①, 130/131
Erde – Klimazonen 130/131
Erde – Niederschläge im Juli ..... 130 ①
Erde – Niederschläge im Januar ..... 131 ①
Erde – Klimadiagramme 130/131
Erde – Natürliche Vegetation 132/133

Naturkatastrophen

Nordstrander Bucht –
Küstenschutz/Neulandgewinnung ..... 12 ③
Niederlande –
Flutkatastrophe 1953 ..... 73 ②
Flußoase Nil ..... 76 ①
Senegal – Wüstenbildung in der Sahelzone ..... 80 ①
Indien/Bangladesh –
Dürregefährdung/Bewässerung ..... 88 ②
Bangladesh – Überschwemmungen ..... 92 ②
Ostchina – Hochwasserschutz ..... 94 ②
Mexiko-Stadt –
Wachstum/Umweltprobleme ..... 128 ①
Erde – Vulkane und Erdbeben ..... 136 ①
Erde – Wirbelstürme, Überschwemmungen, Dürre, Schädlinge ..... 136 ②

Wirtschaftskarten

Schleswig-Holstein 12/13
Unterelbe ..... 17 ①
Berlin und das brandenburgische Umland – Wirtschaft 18/19
Mitteldeutscher Industrieraum 24
Niederlausitzer Braunkohlenrevier ..... 25 ①
Rhein-Main-Gebiet 27
Südschwarzwald/Kaiserstuhl 30
Industrieraum Stuttgart 31
Alpen und Alpenvorland 32/33
Westeuropa 74
Nigeria ..... 82 ②
Nordasien (Sowjetunion) 98/99
Arabien 96
Ostchina ..... 94 ①
Japan 97
Australien/Neuseeland 110/111
USA – Nordoststaaten ..... 121 ②
Kalifornien ..... 120 ②
Amazonien ..... 129 ①

Land- und Forstwirtschaft

Schleswig-Holstein – Wirtschaft 12/13
Allgäu – Grünlandwirtschaft ..... 28 ③
Soßmar – Private Landwirtschaft ..... 28 ④
Gröningen – Genossenschaftliche Landwirtschaft – Anbaustruktur 1985 29

Kaiserstuhl – Weinbau bei Vogtsburg ..... 30 ①
Deutschland –
Land- und Forstwirtschaft 43
Europa – Landwirtschaft 67
Europäische Gemeinschaft (EG) – Beschäftigte in der Landwirtschaft ..... 66 ②
Afrika – Landwirtschaft 81
Flußoase Nil ..... 76 ①
Gesira – Bewässerungsgebiet ..... 76 ②
Nigeria – Landwirtschaft im Kakaogürtel ..... 80 ②
Senegal – Wüstenbildung in der Sahelzone ..... 80 ①
Nigeria – Wirtschaft ..... 82 ②
Asien – Landwirtschaft 93
Nordasien (Sowjetunion) – Wirtschaft 98/99
Kasachstan – Neulandgewinnung ..... 92 ①
En Gedi – Bewässerung ..... 96 ①
Al Hofuf – Quelloase ..... 96 ②
Indien/Bangladesh – Dürregefährdung/Bewässerung ..... 88 ②
Bangladesh – Überschwemmungen ..... 92 ②
Ostchina – Wirtschaft ..... 94 ①
Ostchina – Hochwasserschutz und Lößverbreitung ..... 94 ②
Japan – Wirtschaft 97
Südostaustralien – Wasserversorgung ..... 110 ①
Amerika – Landwirtschaft 116/117
USA – Agrarindustrie ..... 117 ①
Kalifornien – Wirtschaft ..... 120 ②
Tinajones/Peru – Bewässerung ..... 128 ②
Amazonien – Eingriff in den tropischen Regenwald ..... 129 ①
Rondônia – Agrarkolonisation ..... 129 ②
Erde – Natürliche Vegetation/Landnutzung 132/133

Umgestaltung von Räumen/dürregefährdete Gebiete/Bewässerung/Agrarstrukturen/ Betriebsformen/Sonderkulturen

Flußoase Nil ..... 76 ①
Gesira – Bewässerungsgebiet ..... 76 ②
Senegal – Wüstenbildung in der Sahelzone ..... 80 ①
Nigeria – Landwirtschaft im Kakaogürtel ..... 80 ②
Kasachstan – Neulandgewinnung ..... 92 ①
En Gedi – Bewässerung ..... 96 ①
Al Hofuf – Quelloase ..... 96 ②
Indien/Bangladesh – Dürregefährdung/Bewässerung ..... 88 ②
Bangladesh – Überschwemmungen ..... 92 ②
Ostchina – Hochwasserschutz ..... 94 ②
Südostaustralien – Wasserversorgung ..... 110 ①
Kalifornien – Wirtschaft ..... 120 ②
USA – Agrarindustrie ..... 117 ①
Tinajones/Peru – Bewässerung ..... 128 ②
Amazonien – Eingriff in den tropischen Regenwald ..... 129 ①
Rondônia – Agrarkolonisation ..... 129 ②
Siehe auch unter **Wirtschaftskarten**

Bergbau/Industrie/Energiewirtschaft

Hamburg – Hafen ..... 17 ②
Ruhrgebiet – Industrielandschaft ..... 22/23 ①
Rheinisches Braunkohlenrevier – Landschaftswandel ..... 22 ②
Heimische Energierohstoffe ..... 23 ③
Stromerzeugung ..... 23 ④
Senftenberg – Hoyerswerda – Landschaftswandel 1925/1991 ..... 25 ②
Deutschland – Industrie 44
Europa – Bergbau/Energie 69
Europa – Industrie 71

Europäische Gemeinschaft (EG) – Beschäftigte im Bergbau und in der Industrie ..... 70 ②
Nordsee – Erdöl/Erdgas 68
Afrika – Bergbau/Industrie 83
Nigeria – Wirtschaft ..... 82 ②
Asien – Bergbau/Industrie 95
Nordasien (Sowjetunion) – Wirtschaft 98/99
Arabien – Wirtschaft 96
Ostchina – Wirtschaft ..... 94 ①
Japan – Wirtschaft 97
Australien/Neuseeland – Wirtschaft 110/111
Snowy Mountains – Wasserwirtschaft ..... 110 ②
Amerika – Bergbau/Industrie 118/119
Nordoststaaten (USA) – Wirtschaft ..... 121 ②
Kalifornien – Wirtschaft ..... 120 ②
Tennesseetal – Wasserwirtschaft/Energiegewinnung ..... 119 ①
Maracaibobecken – Erdöl/Erdgas ..... 119 ②
Erde – Weltwirtschaft/Weltverkehr 134/135
Industrieländer/Entwicklungsländer – Energieverbrauch/ Rohstoffabhängigkeit ..... 137 ①

Energierohstoffe/Energieprojekte/ Energiewirtschaft

Deutschland –
Heimische Energierohstoffe ..... 23 ③
Stromerzeugung ..... 23 ④
Ruhrgebiet – Industrielandschaft ..... 22/23 ①
Rheinisches Braunkohlenrevier – Landschaftswandel ..... 22 ②
Senftenberg – Hoyerswerda – Landschaftswandel 1925/1991 ..... 25 ②
Nordsee – Erdöl/Erdgas 68
Arabien – Erdölwirtschaft 96
Snowy Mountains – Wasserwirtschaft ..... 110 ②
Tennesseetal – Wasserwirtschaft/Energiegewinnung ..... 119 ①
Maracaibobecken – Erdöl/Erdgas ..... 119 ②

Schwerindustrie

Ruhrgebiet – Industrielandschaft ..... 22/23 ①
Mitteldeutscher Industrieraum 24
Niederlausitzer Braunkohlenrevier ..... 25 ①
Nordasien (Sowjetunion) – Wirtschaft 98/99
Japan – Wirtschaft 97
Nordoststaaten (USA) – Wirtschaft ..... 121 ②
Siehe auch **Wirtschaftskarten**

Handel und Verkehr

Deutschland – Häfen ..... 15 ①
Rostock 1945/1991 ..... 15 ②
Deutschland –
Straßen, Eisenbahnen, Luftverkehr, Wasserstraßen ..... 16 ①–④
Hamburg – Hafen ..... 17 ②
Flughafen Frankfurt/Main ..... 26 ②
Bundesrepublik Deutschland – Außenhandel 1985 ..... 134 ①
Japan – Einfuhr wichtiger Rohstoffe ..... 135 ①
Japan – Ausfuhr wichtiger Produkte ..... 135 ②
Nordoststaaten (USA) – Wirtschaft ..... 121 ①
Erde – Weltwirtschaft/Weltverkehr 134/135
Industrieländer/Entwicklungsländer ..... 137 ①

Fremdenverkehr und Naherholung

Harz – Erholung und Freizeit
Nordseebad Westerland (Sylt) ..... 12 ①
Ostseebad Damp ..... 12 ②
Hinterzarten – Fremdenverkehr ..... 30 ②
Wettersteingebirge – Erholungsraum ..... 32 ②

Deutschland –
Fremdenverkehr/Erholungseignung .. 45
Europa – Fremdenverkehr. 75
Wirtschaftliche Bedeutung des
Fremdenverkehrs/Urlaubsgäste . . . . . . 75 ①
Balearen – Fremdenverkehr . . . . 75 ②
Rhein-Maas-Schelde – Deltaprojekt . . . 73 ③
Siehe auch unter **Wirtschaftskarten**

Bevölkerungsverteilung/Wachstum/
Mobilität/Rassen/Religionen

Sindelfingen – Berufspendler . . . . 31 ②
Deutschland – Bevölkerungsdichte . . . 40 ②
Ausländische Arbeitnehmer . . . . 70 ①
Europa – Bevölkerungsdichte . . . . 62 ②
Afrika – Bevölkerungsdichte . . . . 78 ①
Westafrika –
Wanderarbeiterbewegungen . . . . 82 ①
Johannesburg – Apartheid . . . . 78 ②
Soweto – Arbeitersiedlung . . . . 78 ③
Südafrika – Homelands . . . . 79 ①
Asien – Bevölkerungsdichte . . . . 90 ①
Indien/Bangladesh – Bevölkerungs-
und Städtewachstum . . . . 88 ①
Japan – Bevölkerungsdichte. . . . . 97 ①
Australien/Neuseeland –
Bevölkerungsdichte . . . . 108 ①
Ureinwohner (Aborigines) . . . . 108 ②
Amerika – Bevölkerungsdichte . . . . . . 115 ①
USA –
Wanderung der Gesamtbevölkerung . . 120 ①
USA – Minderheiten . . . . 121 ①
New York – Farbigenwohngebiete . . . . 120 ③
Mexiko-Stadt –
Wachstum/Umweltprobleme . . . . 128 ①
Erde – Ernährung/
Bevölkerungswachstum . . . . 137 ②
Siehe auch **Staaten/Politik**

Städte/Verdichtungsräume/
Siedlungsentwicklung

Eisenach. . . . . 10 ③
Rostock 1945/1991. . . . . 15 ②
Berlin und das brandenburgische
Umland – Wirtschaft. 18/19
Berlin – City West und Ost. 20/21
Mitteldeutscher Industrieraum 24
Niederlausitzer Braunkohlenrevier . . . . 25 ①
Frankfurt/Main – City 26
Rhein-Main-Gebiet – Wirtschaft 27
Industrieraum Stuttgart 31
Sindelfingen – Berufspendler . . . . 31 ②
Alpen und Alpenvorland (München) –
Wirtschaft 33
Ruhrgebiet – Industrielandschaft . . . . . 22/23 ①
Unterelbe – Wirtschaft. . . . . 17 ①
Hamburg – Hafen. . . . . 17 ②
Afrika – Bevölkerungsdichte . . . . 78 ①
Asien –
Indien/Bangladesh – Bevölkerungs-
und Städtewachstum . . . . 88 ①
Amerika –
New York – Farbigenwohngebiete . . . . 120 ③
Mexiko-Stadt –
Wachstum und Umweltprobleme . . . . . 128 ①
Brasilia – Hauptstadt . . . . 129 ③

Staaten/Politik

Deutschland –
Politische Gliederung. 41
Historische Veränderungen des
Staatsgebietes . . . . 40 ①
Europa – Staaten 63
Europäische Zusammenschlüsse . . . . 62 ①
Europäische Gemeinschaft (EG) –
Beschäftigte in der Landwirtschaft . . . . 66 ②
Beschäftigte im Bergbau und in der
Industrie . . . . 70 ②

Afrika – Staaten 78/79
Südafrika – Homelands. . . . . 79 ①
Asien – Staaten 91
Israel und seine
arabischen Nachbarn . . . . 90 ②
Amerika – Staaten 114/115
Polargebiete . . . . 138 ①, ②
Erde – Staaten 164/165
Wirtschaftsbündnisse der Staaten 138

Entwicklungsländer/Entwicklungshilfe

Flußoase Nil . . . . 76 ①
Gesira – Bewässerungsgebiet . . . . 76 ②
Nigeria –
Landwirtschaft im Kakaogürtel . . . . 80 ②
Senegal –
Wüstenbildung (Sahelzone) . . . . 80 ①
Westafrika –
Wanderarbeiterbewegungen . . . . 82 ①
Nigeria – Wirtschaft . . . . 82 ②
Johannesburg – Apartheid . . . . 78 ②
Soweto – Arbeitersiedlung . . . . 78 ③
Südafrika – Homelands . . . . 79 ①
Arabien – Erdölwirtschaft . . . . 96 ①
Al Hofuf – Quelloase. . . . . 96 ③
Indien/Bangladesh –
Dürregefährdung/Bewässerung . . . . . . 88 ②
Bangladesh – Überschwemmungen . . 92 ②
Ostchina – Wirtschaft . . . . 94 ①
Ostchina – Hochwasserschutz . . . . 94 ②
Mexiko-Stadt –
Wachstum/Umweltprobleme . . . . 128 ①
Maracaibobecken – Erdöl/Erdgas . . . . 119 ②
Tinajones/Peru – Bewässerung . . . . . . 128 ②
Amazonien –
Eingriff in den
tropischen Regenwald . . . . 129 ①
Rondônia – Agrarkolonisation. . . . . 129 ②
Brasilia – Hauptstadt . . . . 129 ③
Industrieländer/Entwicklungsländer –
Energieverbrauch/
Rohstoffabhängigkeit . . . . 137 ①
Ernährung/Bevölkerungswachstum. . . 137 ②
Erde – Staaten 164/165

Entwicklungsstand der Länder

Europa – Staaten 63
Afrika – Staaten 78/79
Asien – Staaten 91
Amerika – Staaten 114/115
Erde – Staaten 164/165
Industrieländer/Entwicklungsländer –
Ernährung/
Bevölkerungswachstum . . . . 137 ②

Verflechtungen/Abhängigkeiten/
Entwicklungsmaßnahmen

Außenhandel der
Bundesrepublik Deutschland 1985. . . . 134 ①
Ausländische Arbeitnehmer in
Deutschland. . . . . 70 ①
Nigeria –
Landwirtschaft im Kakaogürtel . . . . 80 ②
Westafrika –
Wanderarbeiterbewegungen . . . . 82 ①
Arabien – Erdölwirtschaft 96
Bangladesh –
Überschwemmungen. . . . . 92 ②
Tinajones/Peru – Bewässerung . . . . . . 128 ②
Amazonien –
Eingriff in den
tropischen Regenwald . . . . 129 ①
Rondônia – Agrarkolonisation . . . . 129 ②
Japan –
Einfuhr wichtiger Rohstoffe . . . . 135 ①
Japan –
Ausfuhr wichtiger Produkte . . . . 135 ②
Erde – Weltwirtschaft/Weltverkehr 134/135

Industrieländer/Entwicklungsländer –
Energieverbrauch/
Rohstoffabhängigkeit. . . . . 137 ①

Bevölkerungswachstum/Landflucht/
Städtewachstum

Afrika – Bevölkerungsdichte . . . . 78 ①
Westafrika –
Wanderarbeiterbewegungen . . . . 82 ①
Asien – Bevölkerungsdichte . . . . 90 ①
Indien/Bangladesh – Bevölkerungs-
wachstum/Städtewachstum . . . . 88 ①
Amerika – Staaten 114/115
Mexiko-Stadt –
Wachstum/Umweltprobleme . . . . 128 ①
Rondônia – Agrarkolonisation. . . . . 129 ②
Brasilia – Hauptstadt . . . . 129 ③
Industrieländer/Entwicklungsländer –
Ernährung/
Bevölkerungswachstum . . . . 137 ②

Umweltbelastung/Umweltschutz

Nordstrander Bucht –
Küstenschutz/Neulandgewinnung . . . . 12 ③
Rheinisches Braunkohlenrevier –
Landschaftswandel. . . . . 22 ②
Deutschland –
Land- und Forstwirtschaft/
Waldschäden 43
Rhein-Maas-Schelde –
Deltaprojekt . . . . 73 ③
Nordsee – Belastung der Umwelt 72
Flußoase Nil . . . . 76 ①
Senegal –
Wüstenbildung (Sahelzone) . . . . 80 ①
En Gedi – Bewässerung . . . . 96 ①
Al Hofuf – Quelloase. . . . . 96 ②
Bangladesh – Überschwemmungen . . 92 ②
Mexiko-Stadt –
Wachstum/Umweltprobleme . . . . 128 ①
Amazonien –
Eingriff in den
tropischen Regenwald . . . . 129 ①
Rondônia – Agrarkolonisation. . . . . 129 ②
Erde – Wirbelstürme,
Überschwemmungen, Dürre,
Schädlinge . . . . 136 ②

Raumordnung/
Stadt- und Landschaftsplanung/
Landschaftsveränderung

Nordstrander Bucht –
Küstenschutz/Neulandgewinnung . . . . 12 ③
Rheinisches Braunkohlenrevier . . . . . . 22 ②
Senftenberg – Hoyerswerda –
Landschaftswandel 1925/1991 . . . . 25 ②
Niederlande –
Küstenschutz/Neulandgewinnung . . . . 73 ①
Rhein-Maas-Schelde –
Deltaprojekt . . . . 73 ③
Flußoase Nil . . . . 76 ①
Gesira – Bewässerungsgebiet . . . . 76 ②
Johannesburg – Apartheid . . . . 78 ②
Soweto – Arbeitersiedlung . . . . 78 ③
Südafrika – Homelands . . . . 79 ①
Kasachstan – Neulandgewinnung . . . . 92 ②
Südostaustralien –
Wasserversorgung . . . . 110 ①
Snowy Mountains –
Wasserwirtschaft . . . . 110 ②
Tennesseetal –
Wasserwirtschaft/Energieversorgung . 119 ①
Tinajones/Peru – Bewässerung . . . . . . 128 ②
Amazonien –
Eingriff in den
tropischen Regenwald . . . . 129 ①
Rondônia – Agrarkolonisation . . . . 129 ②
Brasilia – Hauptstadt . . . . 129 ③

8 Deutschland — Weltraumbild

 Grünland
 Ackerland 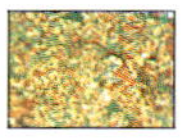
 Wald
 Stadt, Siedlung 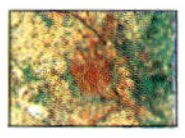

Farben und Strukturen
schwarz Wasser (keine Reflektion),
blau Watt,
weiß bis gelb Sand/Dünen,
hellgrün Grünland,
dunkelgrün bis schwarzgrün Laub- und Nadelwald,
gelb und rot gesprenkelt Ackerland,
rot ohne scharfe Begrenzung Siedlungen und Ballungsräume (Weichbild),
weiß und blau im Gebirge Schnee, Gletscher.
In Ostbayern sind Wolken als weiße Struktur erkennbar.
Aufnahmemonate Juli/August

Der Erderkundungssatellit LANDSAT umkreist die Erde in 915 km Höhe in einer fast polaren, sonnensynchronen Umlaufbahn. Zwischen 9.30 und 10 Uhr Lokalzeit überquert er den Äquator. Deutschland wird zwischen 10.30 und 11 Uhr MEZ überflogen. Eine Erdumkreisung dauert 103 Minuten. Der Aufnahmestreifen ist 185 km breit. Durch Verschiebung um jeweils 185 km nach Westen wird in 17 Tagen die Erde vollständig überdeckt, am 18. Tag überfliegt der Satellit dann wieder denselben Streifen.
Das Weltraumbild von Deutschland mußte daher aus Aufnahmen verschiedener Umläufe des Satelliten zusammengesetzt werden. Das Aufnahmesystem tastet die Erdoberfläche zeilenweise ab (vergleiche das Fernsehbild) und erfaßt das reflektierende Licht im Spektrum zwischen 0,5–1,1 µm. Die Auflösung, das heißt das kleinste erkennbare Objekt auf der Erdoberfläche, beträgt 80 × 80 m.

Maßstab 1 : 3 500 000   1 cm = 35 km

Wartburg/Eisenach — Luftbild und Karte

Wartburg-Schrägluftbild ①

Die Wartburg wurde 1067 durch Ludwig den Springer gegründet und 1080 das erste Mal urkundlich erwähnt. Ab 1170 wurde der Palas erbaut. 1211 kam die ungarische Königstochter Elisabeth zur Wartburg, heiratete den Landgrafen Ludwig IV., und wurde nach ihrem Tod 1235 heilig gesprochen. 1521/22 weilte Luther auf der Wartburg, wo er das Neue Testament in ein volkstümliches Deutsch übersetzte. 1817 fand das Wartburgfest der Deutschen Burschenschaften statt. 1854/55 schuf Moritz von Schwind die berühmten Fresken. Auf Anregung Goethes, von Großherzog Carl Alexander veranlaßt und durch Hugo von Ritgen ausgeführt, erfolgten 1838/90 die ersten großen Restaurierungsarbeiten.

Wartburg-Karte ②
Maßstab 1 : 2 000

- Historisches Bauwerk
- Hotel, Restaurant
- Brunnen
- Straße, Weg
- Steilhang
- Felsen
- Treppe
- Mauer
- Wald, Gehölz
- Rasen, Wiese

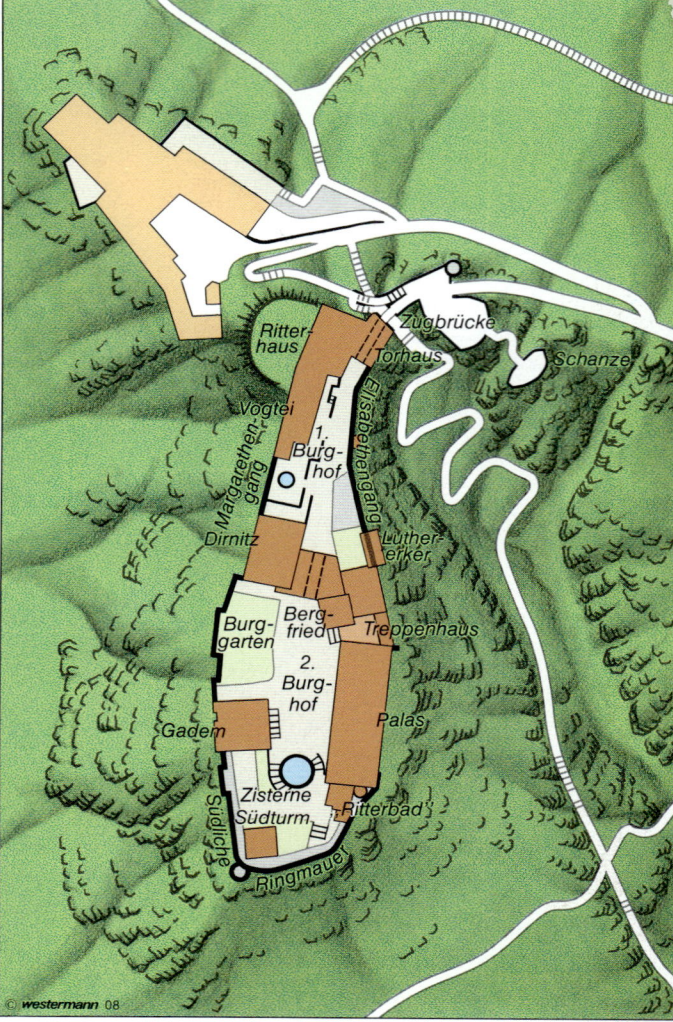

Eisenach ③
Maßstab 1 : 20 000

- Geschäftszentrum
- öffentliches Gebäude
- vorwiegend Wohngebiet
- Industriefläche
- Verkehrsfläche
- Wald
- Grünflächen (Freizeitflächen, Park)
- Klein- u. Obstgärten
- Wiese, Weide
- Ackerland
- kulturelle Einrichtungen
- Kirche
- Denkmal
- Höhenlinien (Abstand 10 m)
- Höhenpunkt (Angabe in Meter)
- Bundesstraße
- sonstige Straße
- Weg
- Eisenbahn
- Brücke
- Kraftfahrzeugbau
- Elektrotechnik
- Textil
- Umspannwerk
- Hochspannungsleitung

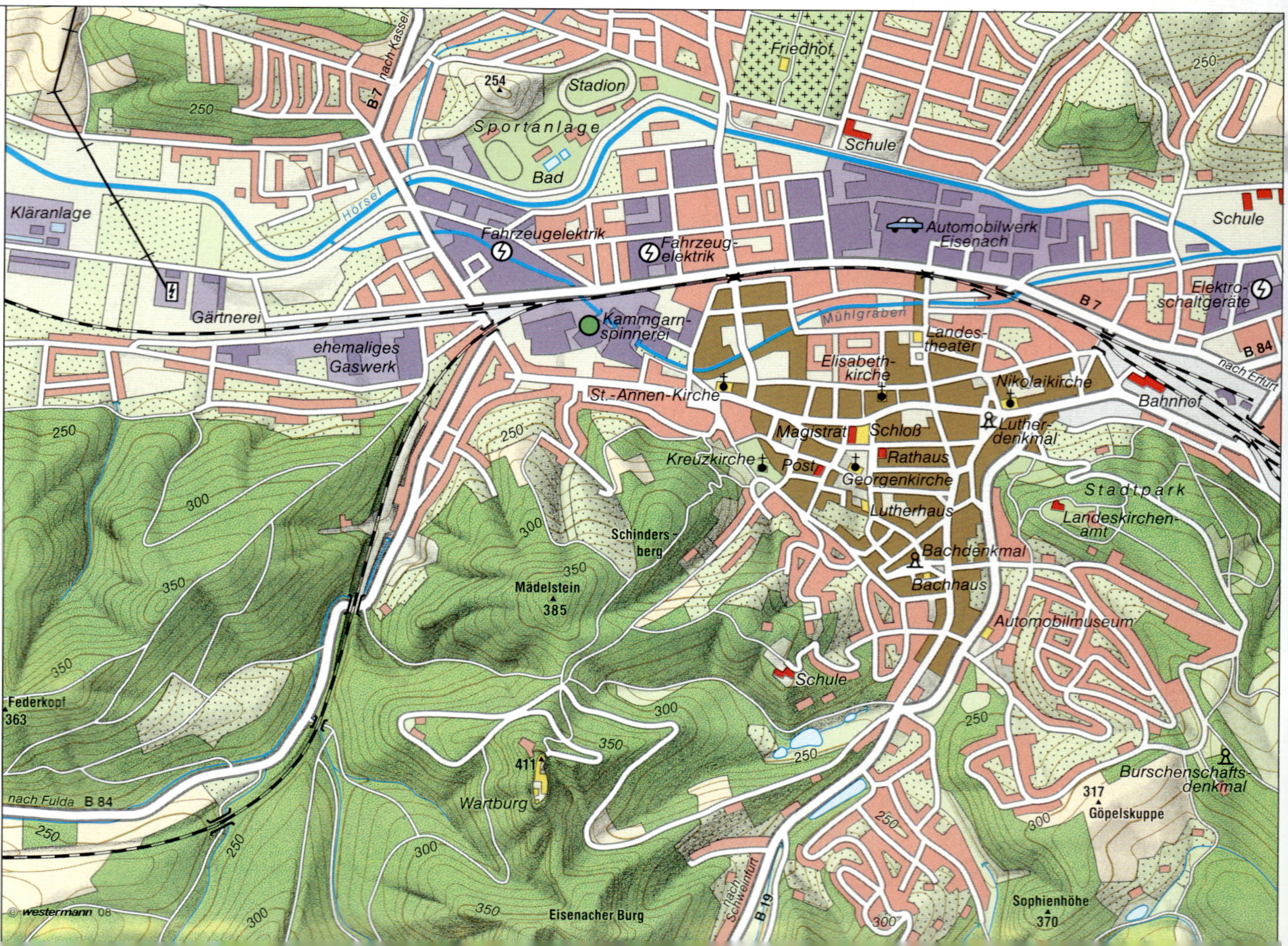

Harz — Einführung in die thematische Karte

Maßstab 1 : 500 000
1 cm = 5 km

① Erholung, Freizeit

- Wald
- landwirtschaftliche Nutzung

Orte
- über 10 000 Einw.
- unter 10 000 Einw. (in Auswahl)
- Kurort/Erholungsort
- Autobahn
- sonstige Straße
- Eisenbahn
- Schmalspurbahn
- Ländergrenze
- Naturschutzgebiet
- Schloß, Burg; Ruine
- Kirche, Kloster
- Tropfsteinhöhle
- Klippen
- Seilbahn
- Bergwerksmuseum
- Wintersporteinrichtung (Skilift, Eislaufbahn, Rodelbahn)
- Staudamm, Stausee
- Berghöhe in Meter
- B. Baumannshöhle
- H. Hermannshöhle

Schmalspurbahn (Selketalbahn)

Tropfsteinhöhle (Hermannshöhle bei Rübeland)

Skipiste (Bocksberg)

Stausee mit Staumauer (Okertalsperre)

Seilbahn (von Thale zum Hexentanzplatz)

Klippen (Ottofelsen bei Wernigerode)

Schleswig-Holstein – Wirtschaft / Küstenschutz

① Nordseebad Westerland/Sylt
Maßstab 1 : 10 000
1 cm = 100 m

Fremdenverkehrseinrichtungen

- Hotel, Pension (gewerbliche Vermietung)
- Eigentumswohnung auswärtiger Gäste (Freizeitwohnsitz, Ferienwohnung)
- Ferienhaus (Privatbesitz)
- Ferienhaus (gewerbliche Vermietung)
- Wohnhaus (z. T. mit Kleinvermietung)
- Laden, Gaststätte und sonstiger Gewerbebetrieb (Obergesch. meist Vermietung)
- Kur- u. Freizeiteinrichtung
- öffentliches Gebäude
- Hochhaus (über 8 Stockwerke)
- P Parkplatz
- Fußgängerzone
- Nachtfahrverbot

- Dünen
- Strand
- Uferbefestigung, Deich
- Freifläche
- Sportanlage, Spielplatz
- Grünanlage
- Wald, Park
- landwirtschaftlich genutzte Fläche

Damp 2000 wurde am 15. 5. 1973 eröffnet

② Ostseebad Damp
Maßstab 1 : 10 000
1 cm = 100 m

③ Nordstrander Bucht
Küstenschutz/Landgewinnung
Maßstab 1 : 250 000

- – – – Küstenlinie um 1634
- + untergegangener Ort
- ——— Deich 1880
- ——— Deich 1990
- 1,8 m Höhe über Meeresspiegel
- über ±0 m
- 0 bis −2 m } Watt
- tiefer als −2 m
- gegenwärtiges Vorland

Projekt Nordstrander Bucht
- – – – Deichverkürzung und geplanter Sicherungsdamm
- Einlaßwerk/Siel
- erwartetes neues Vorland
- geplant: Neuland, Süßwasserspeicher (Süßwasserbiotop)

Maßstab 1 : 500 000
1 cm = 5 km

0 5 10 15 20 25 30 35 km

Wirtschaft

Bodennutzung

in der **Marsch**

- Ackerbau auf sehr guten und guten Böden
- Wiesen und Weiden

auf der **Geest**

- Ackerbau auf mittleren und armen Böden
- Wiesen und Weiden

im **östlichen Hügelland**

- Ackerbau auf sehr guten und guten Böden
- Wiesen und Weiden
- Grenze zwischen Marsch, Geest und Hügelland
- Wald
- Moor
- Watt
- Dünen, Sandbänke
- Vorland (Salzwiesen)

Orte

- über 10 000 Einwohner
- unter 10 000 Einwohner
- Industrieanlagen
- Schloß, Burg
- Kirche, Kloster

Verkehrsnetz

- Autobahn
- Bundesstraße
- Hauptbahn
- Nebenbahn
- Güterbahn
- schiffbarer Fluß
- Kanal
- Schiffsverbindung

Grenzen

- Staatsgrenze
- Ländergrenze

Küstenschutz

- Haupt-, Binnendeich
- Lahnung
- Verbindungsdamm
- Schleuse, Sperrwerk

Bodenschätze

- Erdöl

Industrie

- Eisen-,Blech-,Metallwaren
- Stahlbau, Gießerei
- Maschinenbau
- Schiffbau
- Elektrotechnik
- Chemie, Kunststoffe
- Erdölraffinerie
- Textil, Bekleidung
- Druckgewerbe, Papierherstellung
- Nahrungs-, Genußmittel
- Fischverarbeitung
- Zement
- Kraftwerk (Kohle, Erdgas, Heizöl)
- Kernkraftwerk

- Seebad
- Fremdenverkehrsort
- 100 000 - 250 000
- 250 000 - 500 000
- über 500 000

Übernachtungen pro Jahr

Küstenformen

① Küstenformen
Maßstab 1 : 6 000 000

Felsenküsten
- Schärenküste
- Fjordküste
- Fjord-Schärenküste
- Kliffküste
- Schichtstufe als Kliff/ untermeerischer Steilhang

Lockergesteinsküsten
- Moränenkliffküste
- Förden- und Buchtenküste
- Boddenküste
- Ausgleichsküste
- Nehrungs-/Haffküste

Meeresbodenküste
- Wattenküste
- Meeressediment-Hebungsküste

Ufergestalt
- Flachufer
- Sandstrand
- Kliff

Formende Kräfte
- Fließrichtung des Eises zur Eiszeit
- Oberflächenströmung
- Tidenhub (in Meter)

Festland
- kristallines Gestein, z. T. dünne Moränendecke
- Mesozoikum (Kreide)
- glaziale Sedimente
- Hauptendmoränenzüge
- Talsande/Sumpf, Moor (Urstromtal)

② Boddenküste
Maßstab 1 : 500 000

- Steilküste (Kliff)
- marine Ablagerungen
- Talsande/Sumpf, Moor (Urstromtal)
- ▲17 Höhe in Meter über NN
- Ackerbau auf guten Böden
- geringerwertigen Böden
- Wiese, Weide
- Wald
- Seebad

Orte
- über 10 000 Einwohner
- unter 10 000 Einwohner
- Stadt/Gemeindeteil

© westermann 08

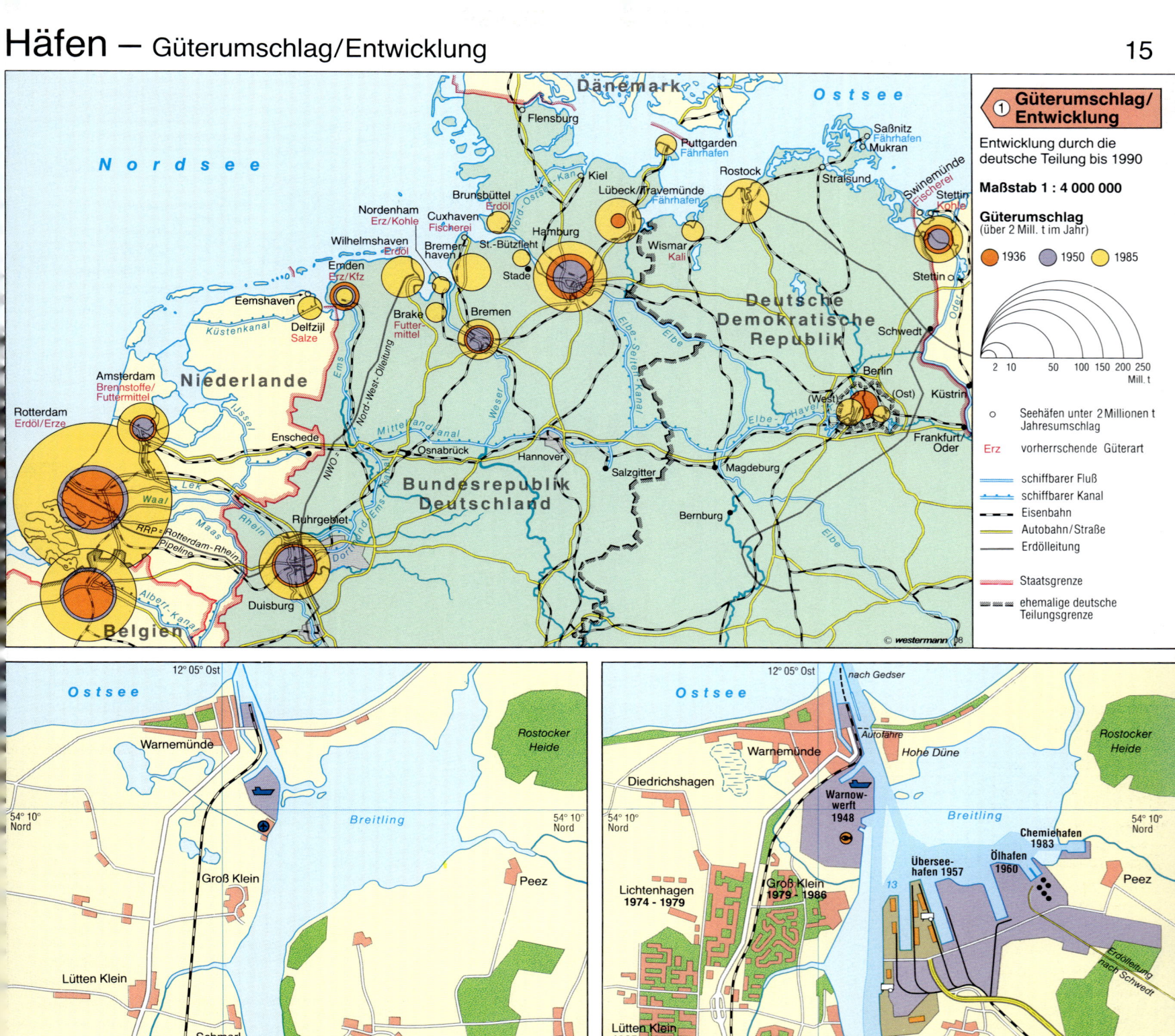

Häfen — Güterumschlag/Entwicklung

① Güterumschlag/Entwicklung

Entwicklung durch die deutsche Teilung bis 1990

Maßstab 1 : 4 000 000

Güterumschlag (über 2 Mill. t im Jahr)

- 1936
- 1950
- 1985

2 10 50 100 150 200 250 Mill. t

- ○ Seehäfen unter 2 Millionen t Jahresumschlag
- Erz vorherrschende Güterart
- schiffbarer Fluß
- schiffbarer Kanal
- Eisenbahn
- Autobahn/Straße
- Erdölleitung
- Staatsgrenze
- ehemalige deutsche Teilungsgrenze

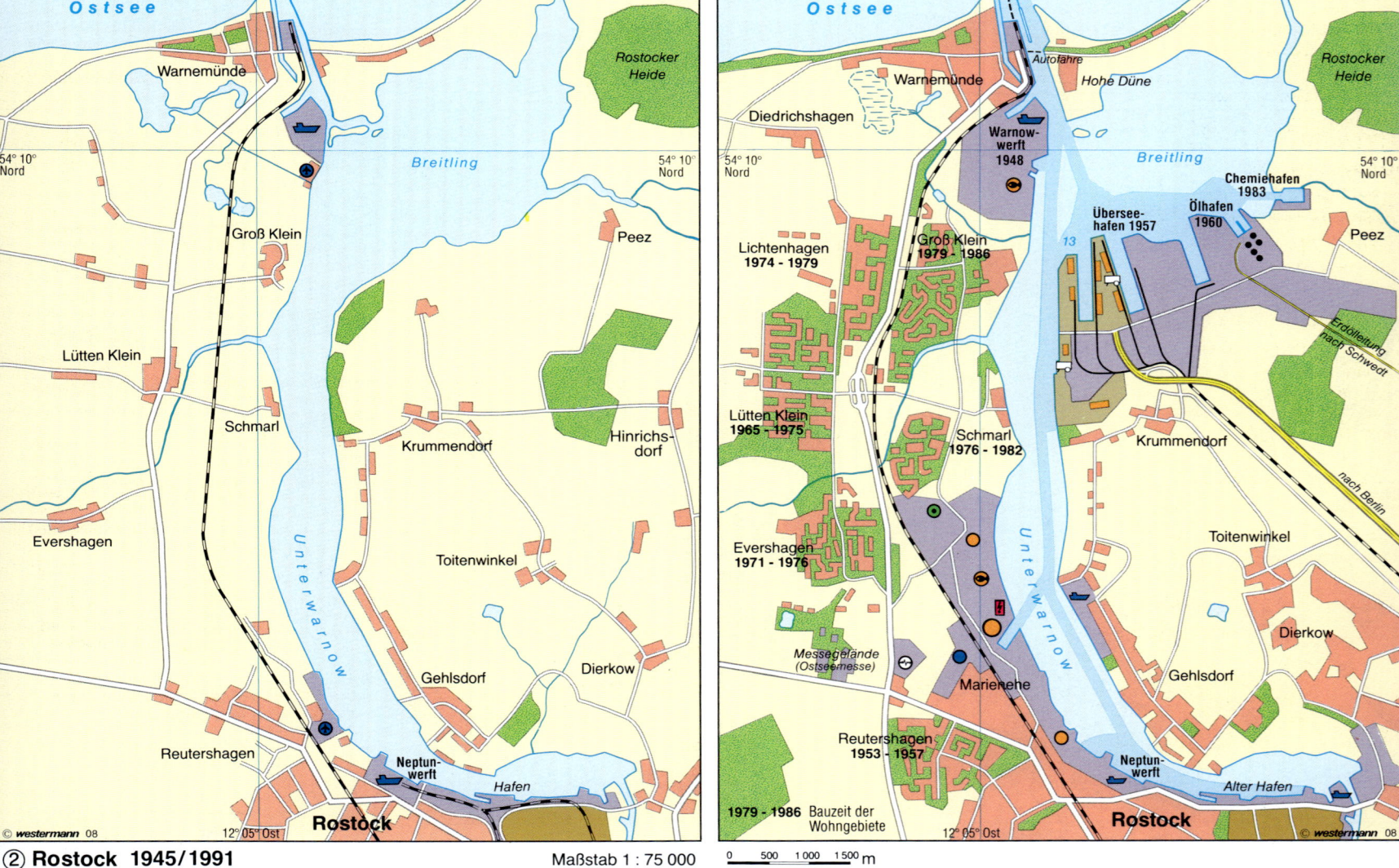

② Rostock 1945/1991

Maßstab 1 : 75 000

Industrie, Energie
- Eisen-, Blech-, Metallwaren
- Schiffbau
- Flugzeugbau
- Elektronik
- Leder, Textil, Bekleidung
- Nahrungs- u. Genußmittel
- Fischverarbeitung
- Kohle, Erdgas, Heizöl

Hafenanlagen
- Industrie- u. Hafengelände
- Stückgut/Container
- Kaischuppen
- Roll on/Roll off
- Tanklager
- Fahrrinne für Seeschiffe

1910 Jahr der Inbetriebnahme des Hafens

- City, Hauptgeschäftszentrum
- vorwiegend Wohngebiete
- Wald, Grünanlagen

1979 - 1986 Bauzeit der Wohngebiete

Deutschland – Verkehr

① **Straßen**

Kfz in 24 Stunden (Angaben in Tausend)

bis 5 · 5-10 · 10-15 · 15-25 · 25-50 · über 50

Für den östlichen Teil Deutschlands liegt keine Klassifizierung vor.

② **Eisenbahnen**

Zugverkehr in 24 Stunden

< 50 · 50 - 100 · 100 - 200 · über 200

Personenzüge
Güterzüge

③ **Luftverkehr**

Flughäfen mit mehr als 500 000 Fluggästen im Jahr einschließlich Durchreisende (Transit)

● Regionalflughafen

Mill. 20 · 15 · 10 · 5 · 4 · 2 · 1 · 0

Abreisende nach Flugzielen: Inland · Europa · Asien/Australien · Afrika · Amerika · Charterverkehr

(1 mm Säulenlänge ≙ 100 000 Personen im Jahr)

④ **Wasserstraßen**

Güterverkehr auf den Wasserstraßen in Mill. t im Jahr

1 - 5 · 5 - 10 · 10 - 20 · 20 - 50 · 50 - 100 · über 100

Hafenumschlag: 1 - 5 · 5 - 10 · 10 - 20 · über 20 Mill. t davon Einladung

Unterelbe ①

Maßstab 1 : 500 000

0 · 5 · 10 · 15 km

1 cm = 5 km

Bodennutzung
- Ackerland
- Obstanbau
- Gemüseanbau
- Baumschule
- Wiese, Weide
- Wald
- Heide
- Moor, Sumpf

Küstenschutz
- Hauptdeich
- Schleuse
- Sperrwerk
- Kanal, bedingt schiffbar
- Deichvorland
- Watt

Verkehr
- Autobahn
- Bundesstraße
- Hauptbahn
- Nebenbahn
- Güterbahn
- Flughafen
- schiffbarer Kanal
- schiffbarer Fluß
- Fahrrinne und Hafenbecken für Seeschiffe
- Ländergrenze

Hamburg Hafen ②

Maßstab 1 : 75 000

0 · 0,5 · 1 · 1,5 · 2 · 2,5 km

1 cm = 750 m

Schiffahrtswege
- Seeschifftiefe (13,5 m)
- Seeschifftiefe (8 - 12 m)
- Binnen- u. Hafenschifftiefe
- geplantes Hafenbecken
- Leuchtturm, Leuchtfeuer
- Radarstation

Stückgut: Umschlag und Lagerung
- Kräne auf Kaianlagen
- Containerbrücke
- Roll on/Roll off
- Leichterverladung (LASH)
- Stückgut/Container
- Kaischuppen

Massengut: Umschlag und Lagerung
- Tanker-Löschbrücke
- Flüssiggut-Anlage
- Tanklager
- Schütt-u. Sauggut
- Erz, Kohle (Greifergut)
- Düngemittel (Schüttgut)
- Getreide (Sauggut)

Freihafengrenze

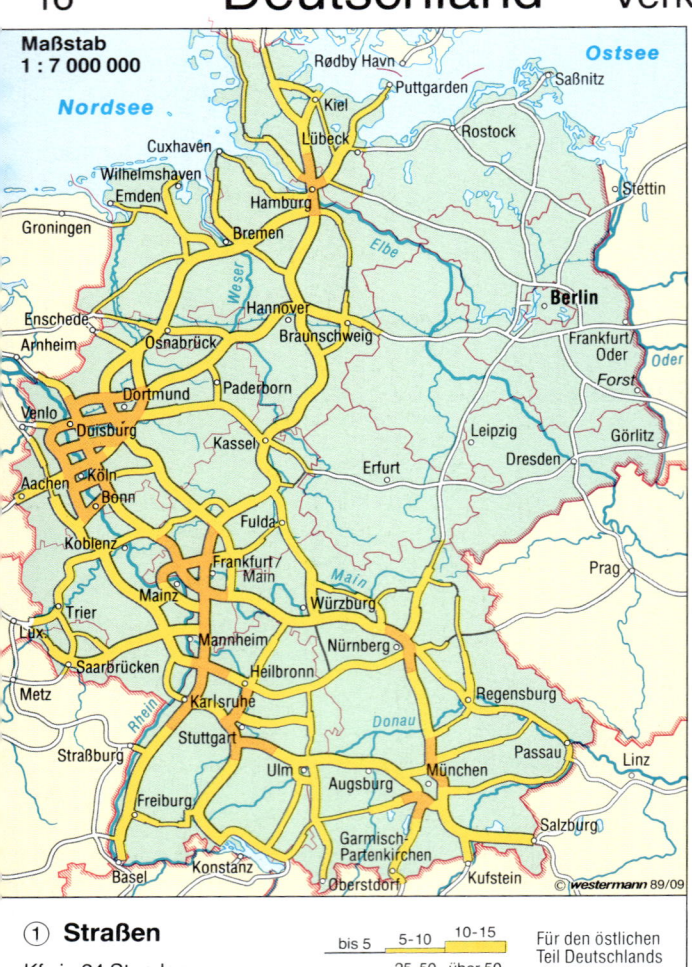

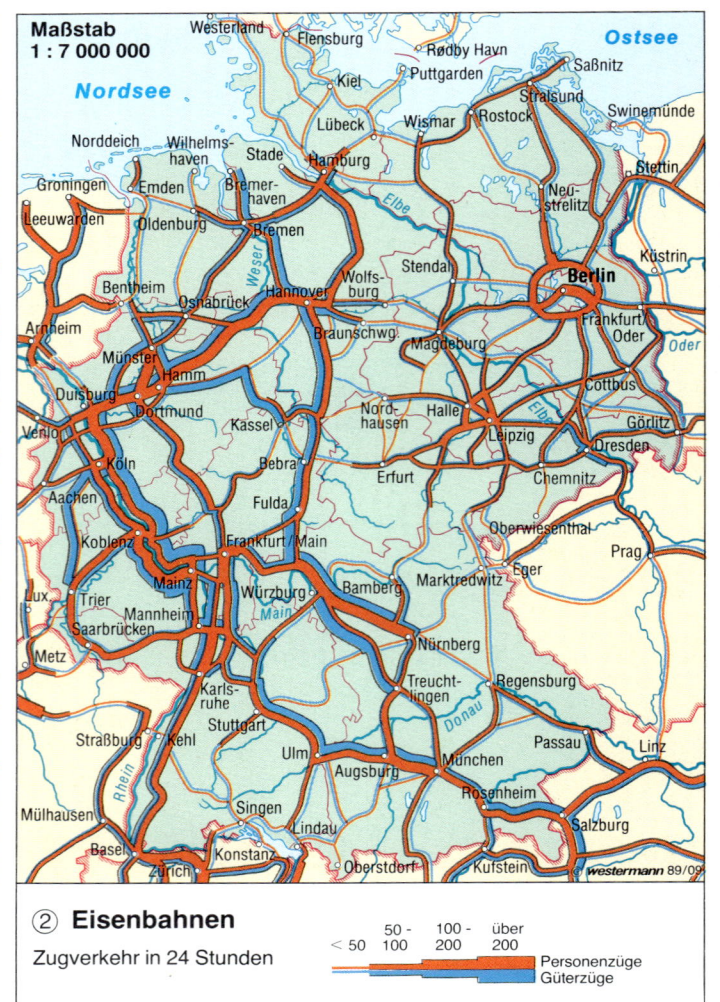

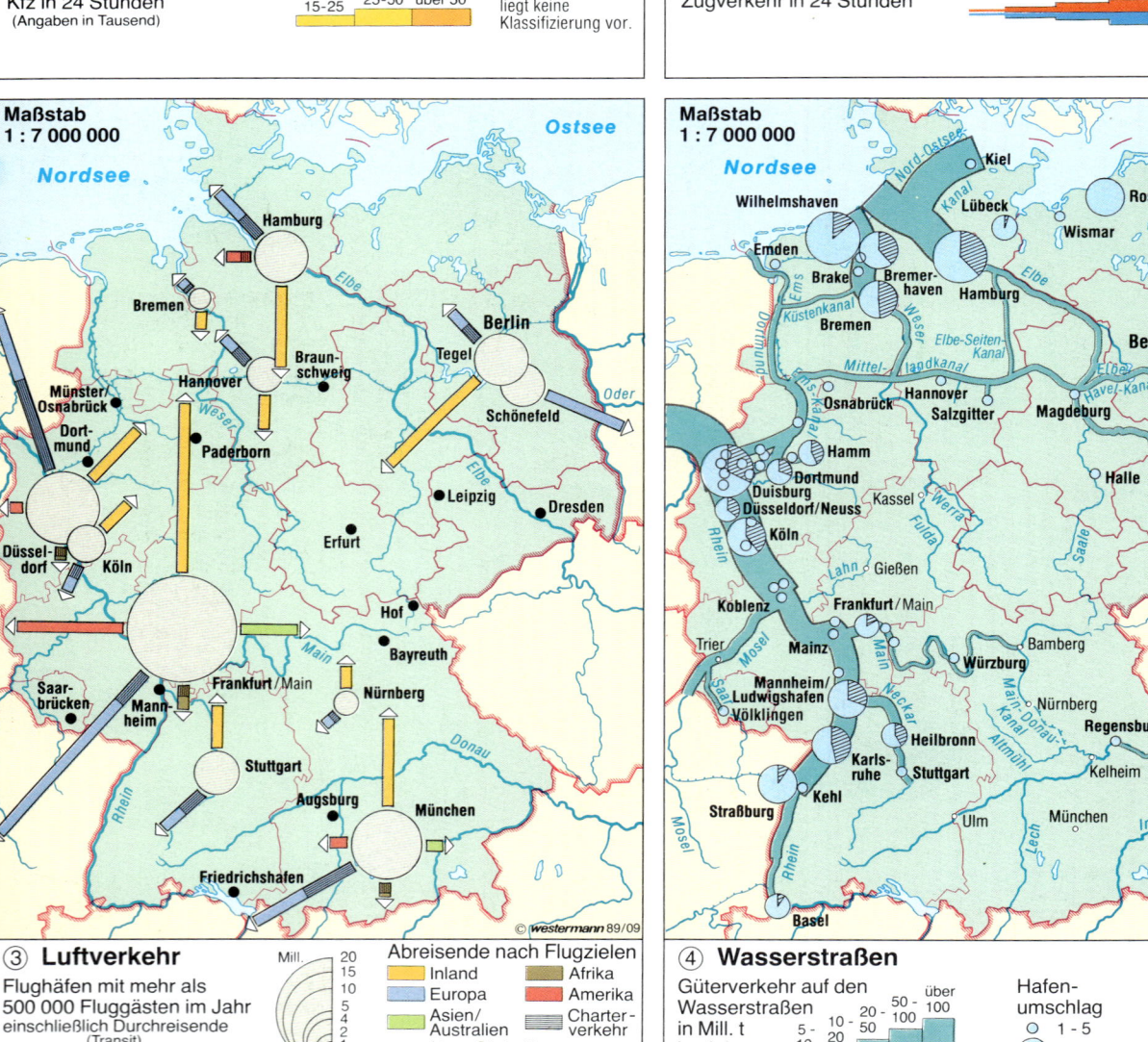

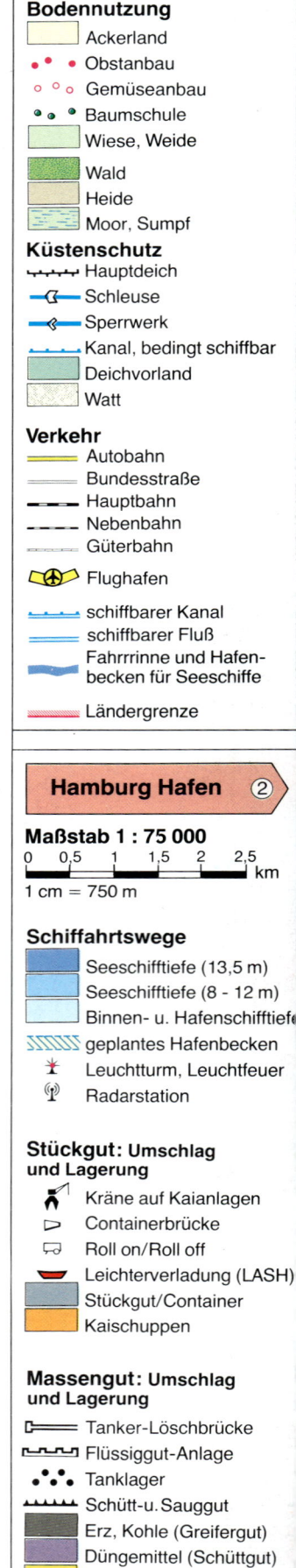

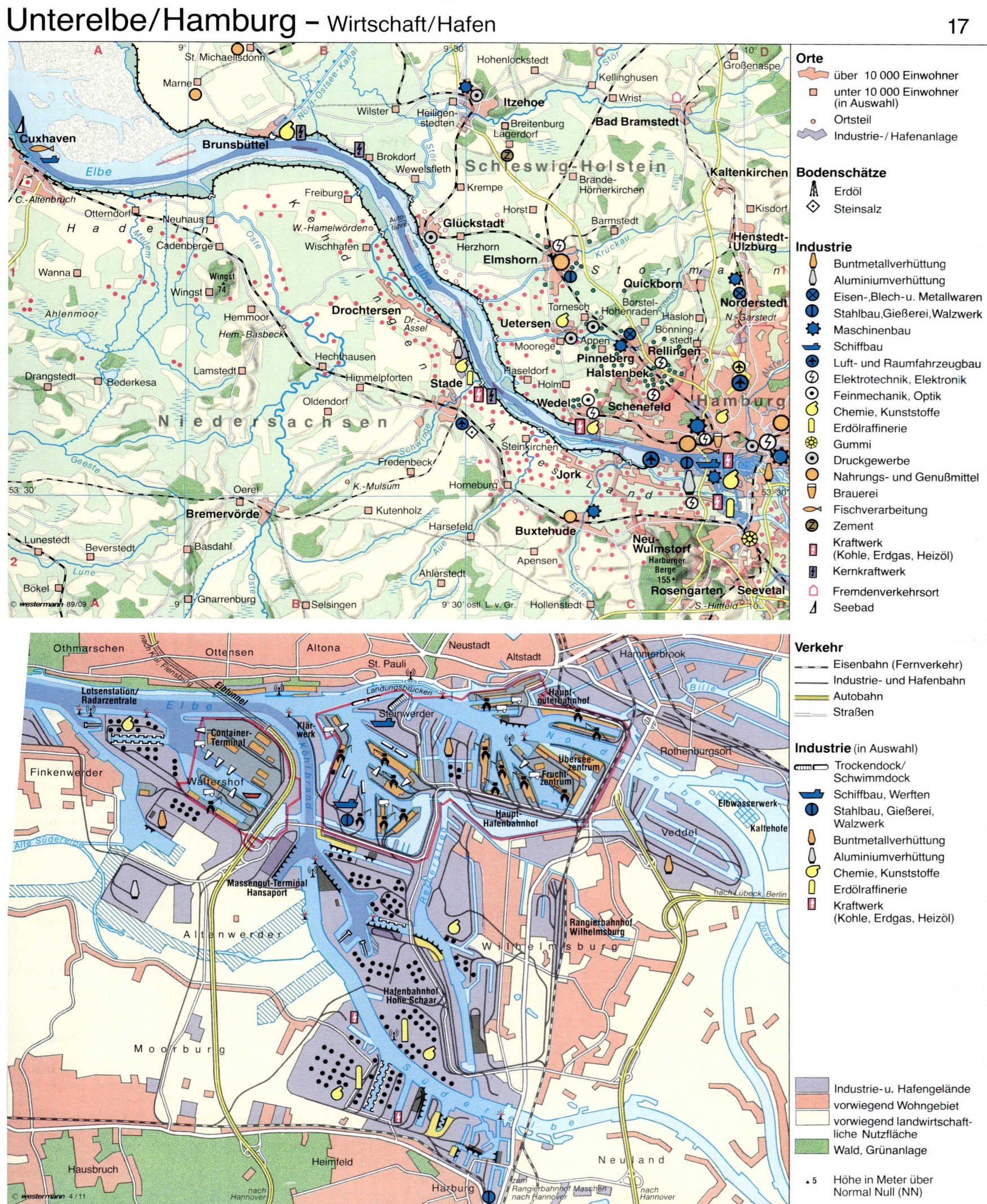

Maßstab 1 : 250 000
1 cm = 2,5 km
0 2 4 6 8 10 km

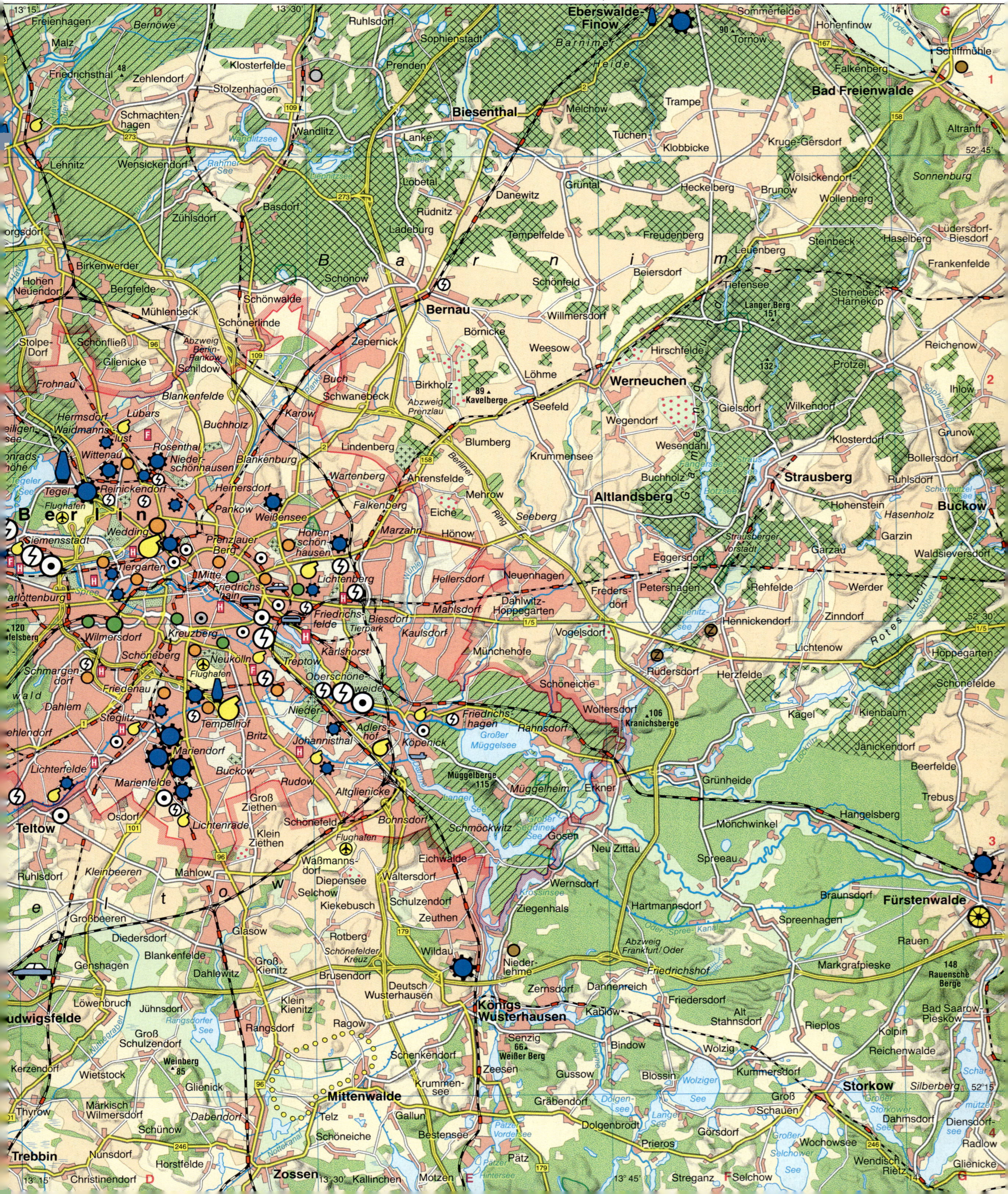

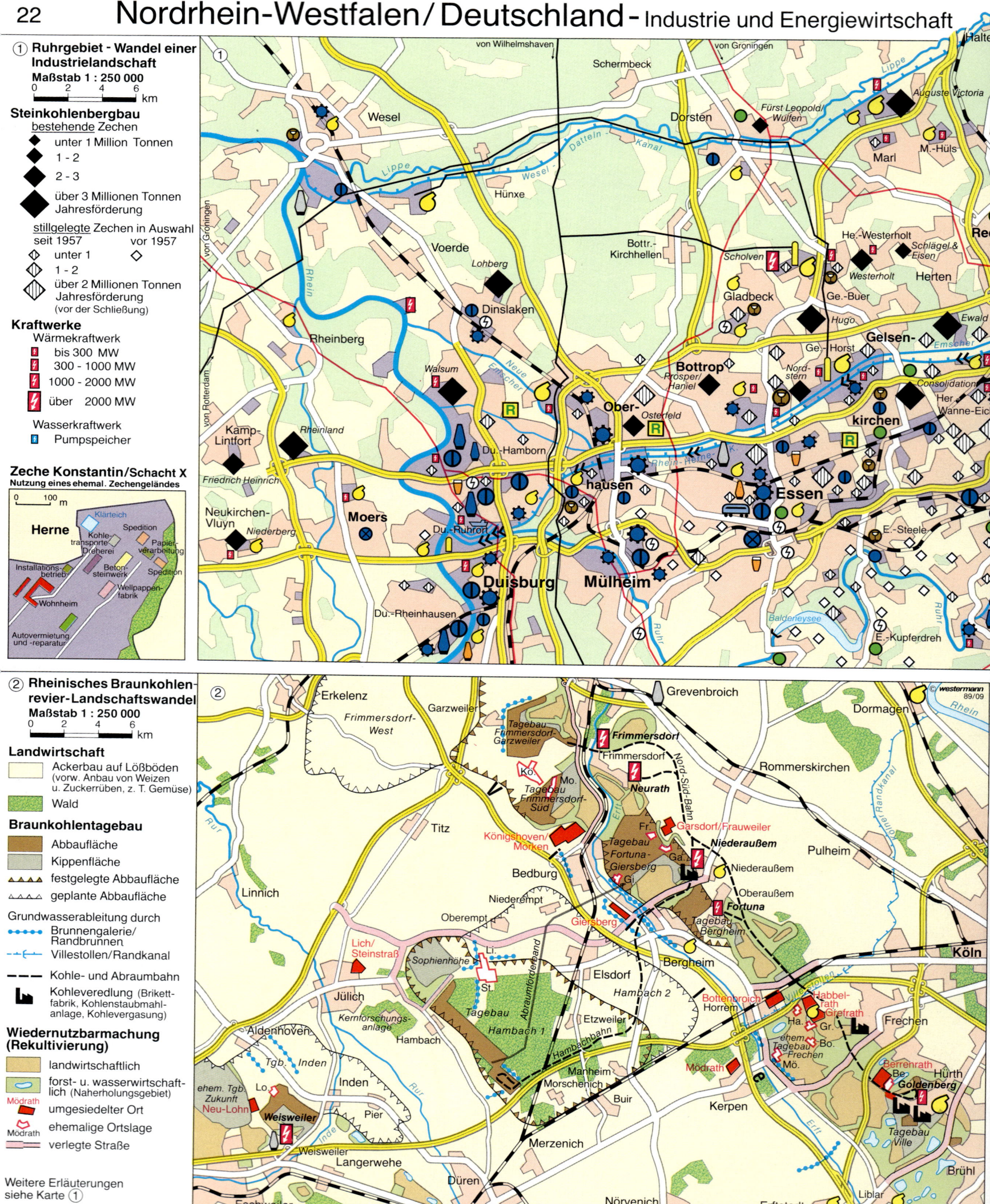

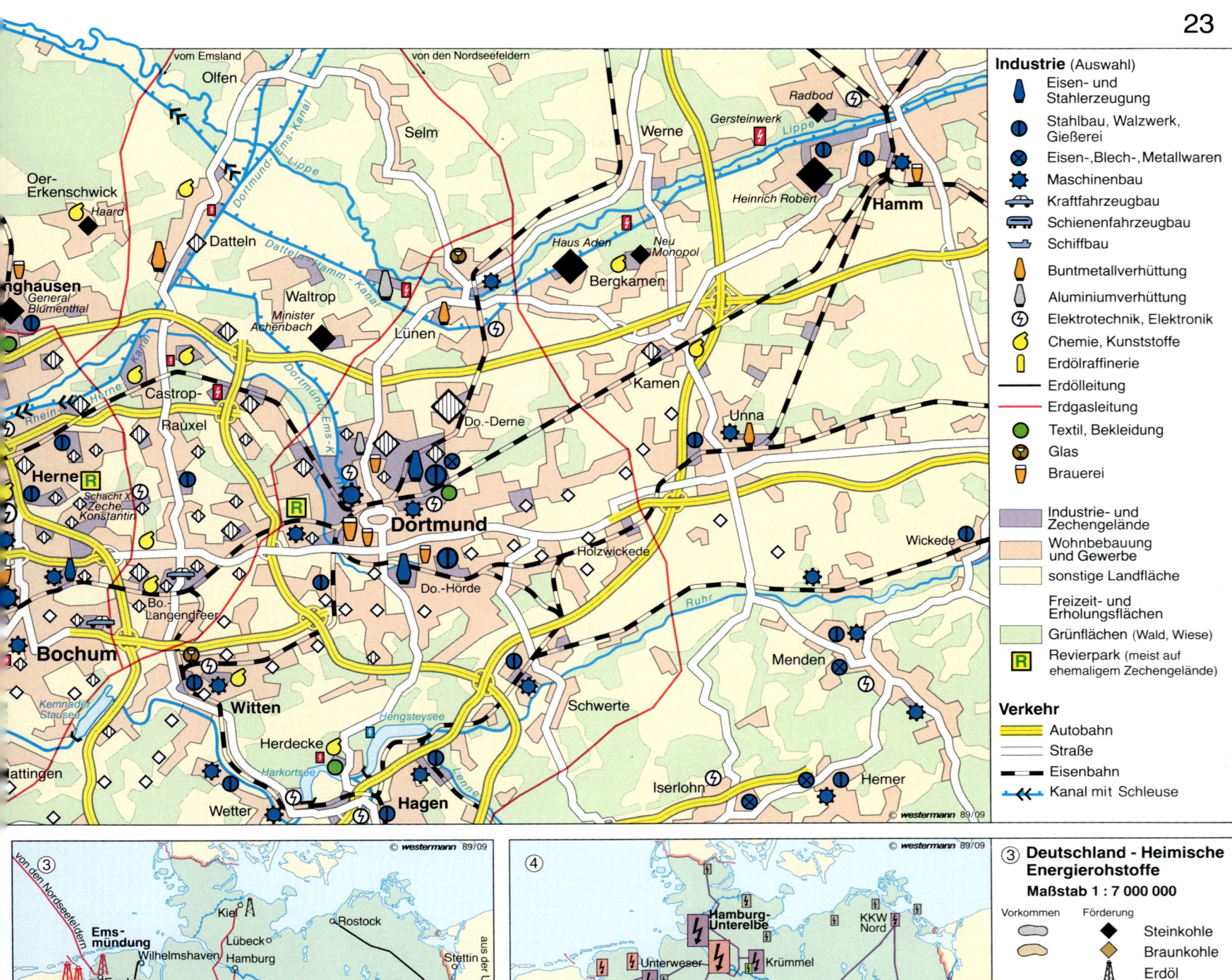

23

Industrie (Auswahl)

- Eisen- und Stahlerzeugung
- Stahlbau, Walzwerk, Gießerei
- Eisen-, Blech-, Metallwaren
- Maschinenbau
- Kraftfahrzeugbau
- Schienenfahrzeugbau
- Schiffbau
- Buntmetallverhüttung
- Aluminiumverhüttung
- Elektrotechnik, Elektronik
- Chemie, Kunststoffe
- Erdölraffinerie
- Erdölleitung
- Erdgasleitung
- Textil, Bekleidung
- Glas
- Brauerei
- Industrie- und Zechengelände
- Wohnbebauung und Gewerbe
- sonstige Landfläche
- Freizeit- und Erholungsflächen
- Grünflächen (Wald, Wiese)
- Revierpark (meist auf ehemaligem Zechengelände)

Verkehr

- Autobahn
- Straße
- Eisenbahn
- Kanal mit Schleuse

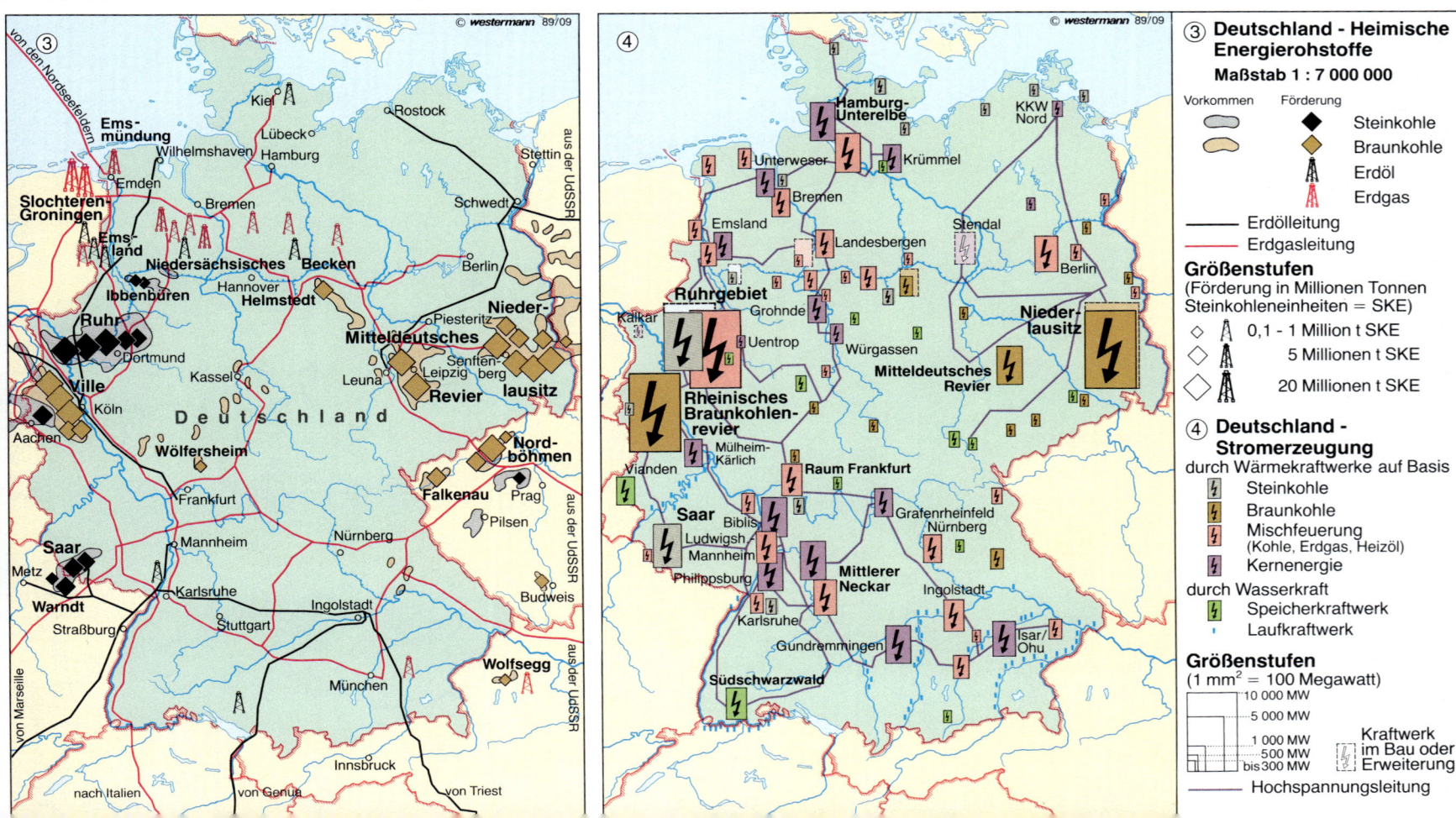

③ Deutschland – Heimische Energierohstoffe
Maßstab 1 : 7 000 000

Vorkommen	Förderung	
	◆	Steinkohle
	◆	Braunkohle
	⛏	Erdöl
	⛏	Erdgas

- Erdölleitung
- Erdgasleitung

Größenstufen
(Förderung in Millionen Tonnen Steinkohleeinheiten = SKE)

- ◇ 0,1 – 1 Million t SKE
- ◇ 5 Millionen t SKE
- ◇ 20 Millionen t SKE

④ Deutschland – Stromerzeugung

durch Wärmekraftwerke auf Basis
- Steinkohle
- Braunkohle
- Mischfeuerung (Kohle, Erdgas, Heizöl)
- Kernenergie

durch Wasserkraft
- Speicherkraftwerk
- Laufkraftwerk

Größenstufen
(1 mm² = 100 Megawatt)

- 10 000 MW
- 5 000 MW
- 1 000 MW
- 500 MW
- bis 300 MW

Kraftwerk im Bau oder Erweiterung

Hochspannungsleitung

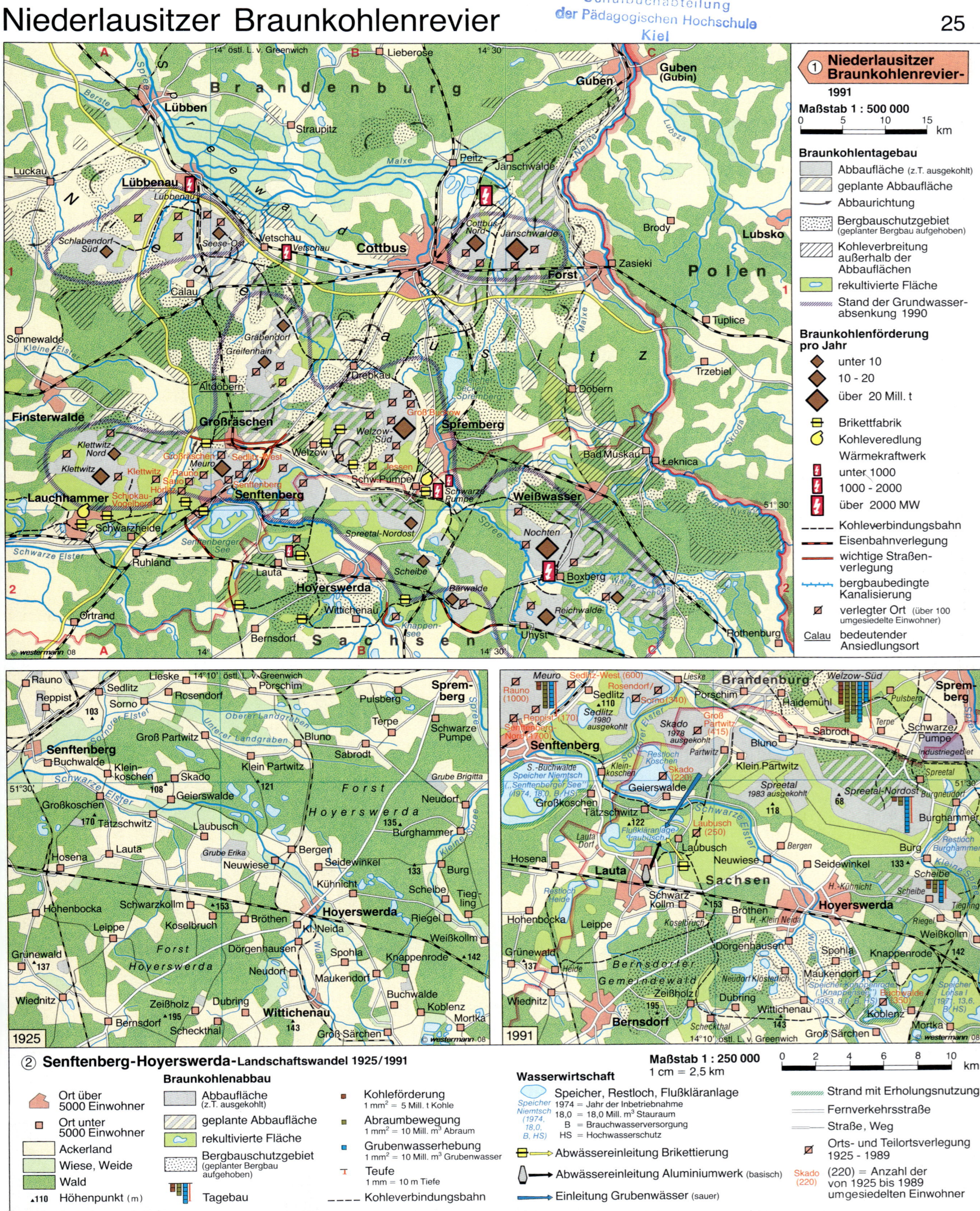

Frankfurt/Main

Frankfurt – City ①
Maßstab 1 : 15 000

- Hauptgeschäftszentrum
- Behörde, Stadtverwaltung
- Bank, Versicherung
- Universität, Krankenhaus
- kulturelle Einrichtung, Kirche
- Post, Nachrichtenwesen
- Kaufhaus, Großhandel
- Großhotel
- Fluggesellschaft, staatliches Reisebüro
- Gaststättenviertel
- Eisenbahn, z. T. S-Bahn mit Station
- Tunnelstrecke
- U-Bahn mit Station
- Fußgängerzone
- Parkhaus
- Hochhaus mit Anzahl der Stockwerke (70, 60, 50, 40, 30; 18–25 Stockwerke)
- Bestand / Planung
- Gemeinde-/Stadtteilgrenze
- Wohngebiet, z. T. mit Büros und Gewerbe
- Industrie, Gewerbe
- Verkehrsfläche
- Grünfläche, Park

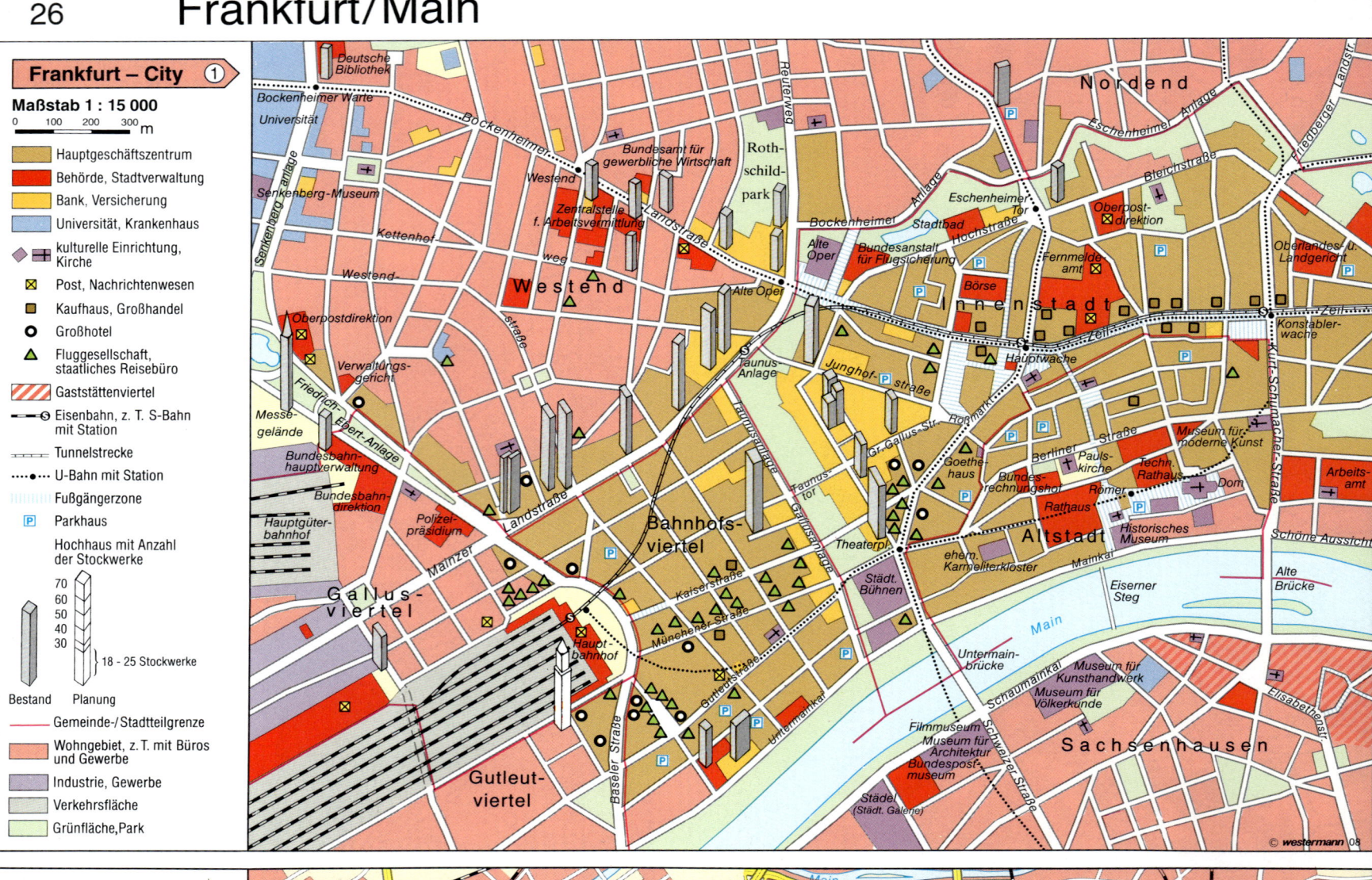

Flughafen Frankfurt/Main ②
Maßstab 1 : 100 000

Flughafenanlagen
(377 Arbeitsstätten – 36 430 Beschäftigte)
- Fluggastabfertigung
- Frachtabfertigung
- Flughafenverwaltung und Serviceeinrichtungen
- Parkhaus, Parkplatz
- US-Luftstützpunkt

Flughafenorientierte Unternehmen

Zentralverwaltungen
- Industrieunternehmen
- Handelsunternehmen
- Verkehrs- und Reiseunternehmen
- sonstige Unternehmen und Organisationen
- Unternehmen mit Sitz im Ausland

Dienstleistungsunternehmen
(12) Anzahl
- Wirtschaftsberatung, Handelsvermittlung, Marktforschung
- Spedition, Verkehrsvermittlung
- Bordversorgung
- sonstige Dienstleistungen
- Großhotel

Industrieunternehmen
- Metallindustrie
- Maschinen-, Gerätebau
- Chemie
- Bekleidung
- Druckgewerbe

Lärmbelastung
- 75 dB (A)
- 65 dB (A)

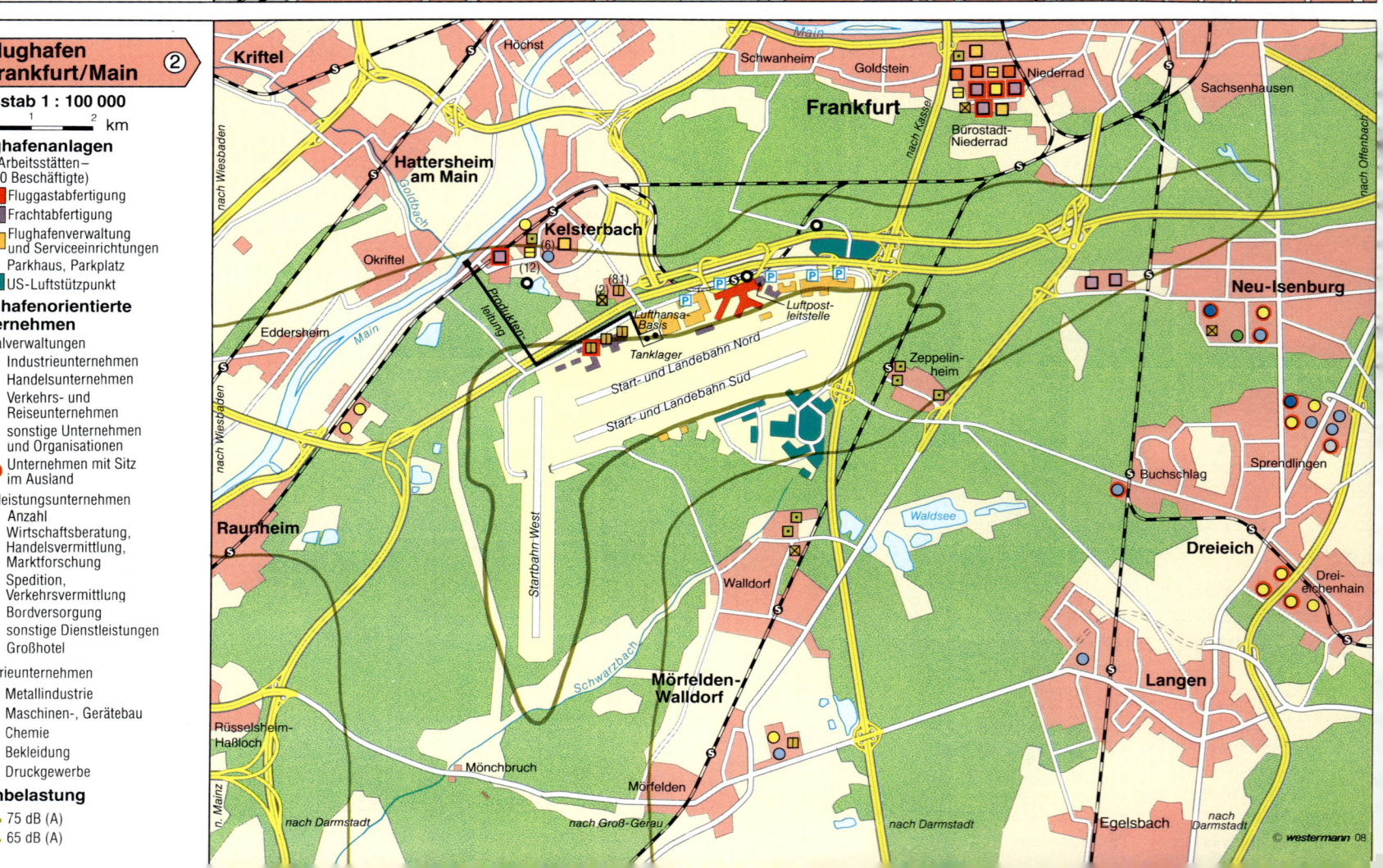

Rhein-Main-Gebiet – Wirtschaft

Maßstab 1 : 250 000
1 cm = 2,5 km

Orte/Verkehr (in Auswahl)
- über 10 000 Einwohner
- unter 10 000 Einwohner
- Stadtteil, Gemeindeteil
- Industriefläche
- internat. Flughafen

Verkehr
- Eisenbahn
- S-Bahn mit Haltepunkt und Endstation
- Autobahn
- Bundesstraße
- wichtige Straße
- schiffbarer Fluß

Bodenbedeckung
- Ackerland
- Obst, Gemüse
- Wein
- Wald

Industrien
- Eisen-, Blech-, Metallwaren
- Maschinenbau
- Kraftfahrzeugbau
- Schiffbau
- Elektronik
- Elektrotechnik
- Feinmechanik, Optik
- Chemie, Kunststoffe
- Gummi
- Atomindustrie
- Leder
- Textil, Bekleidung
- Holz, Möbel
- Zellulose, Papierherstellung
- Druckgewerbe
- Nahrungs-, Genußmittel
- Zuckerraffinerie
- Zement
- Glas
- Kraftwerk (Kohle, Erdgas, Heizöl)

Dienstleistungen
- Büro- u. Verwaltungszentrum

27

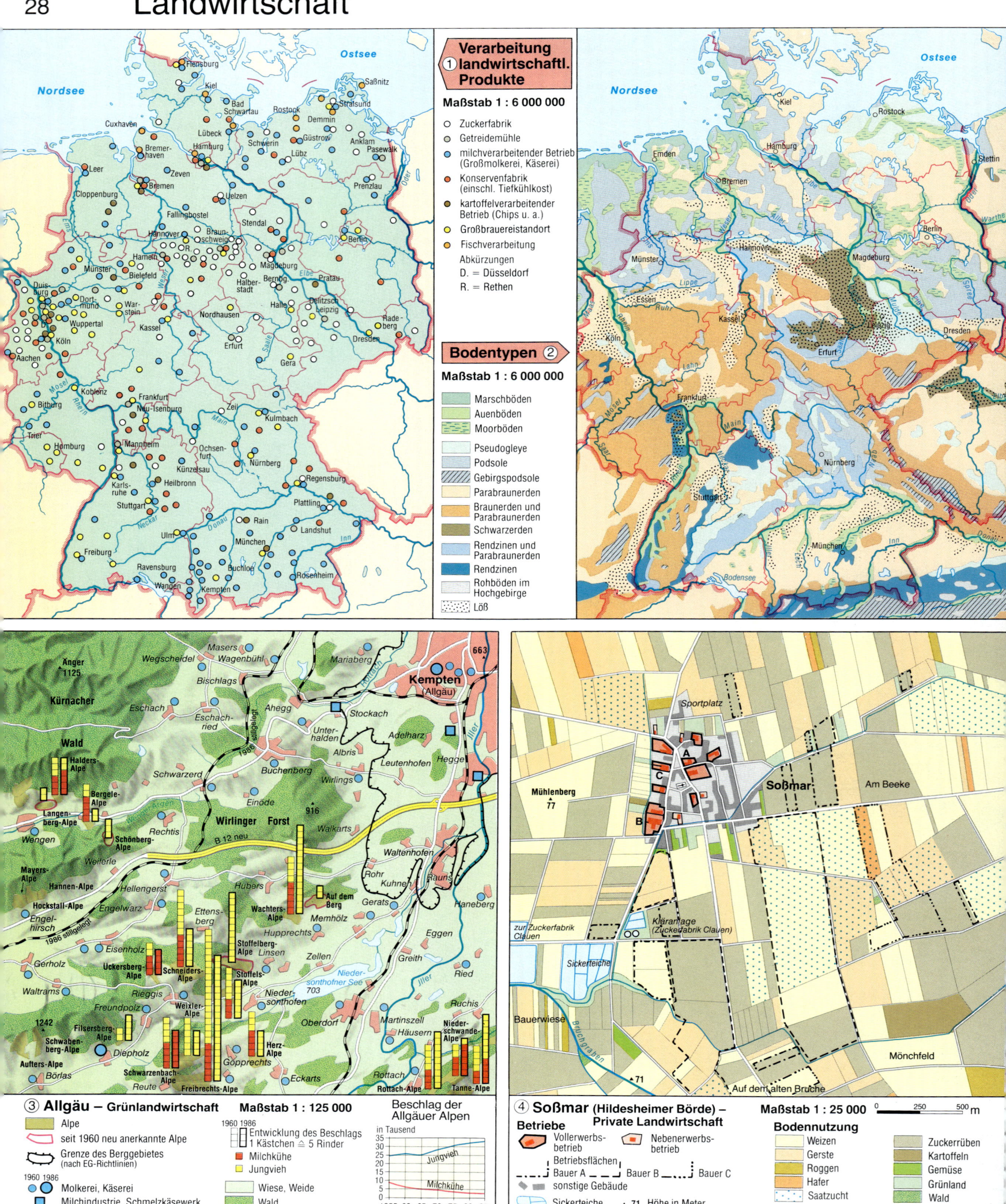

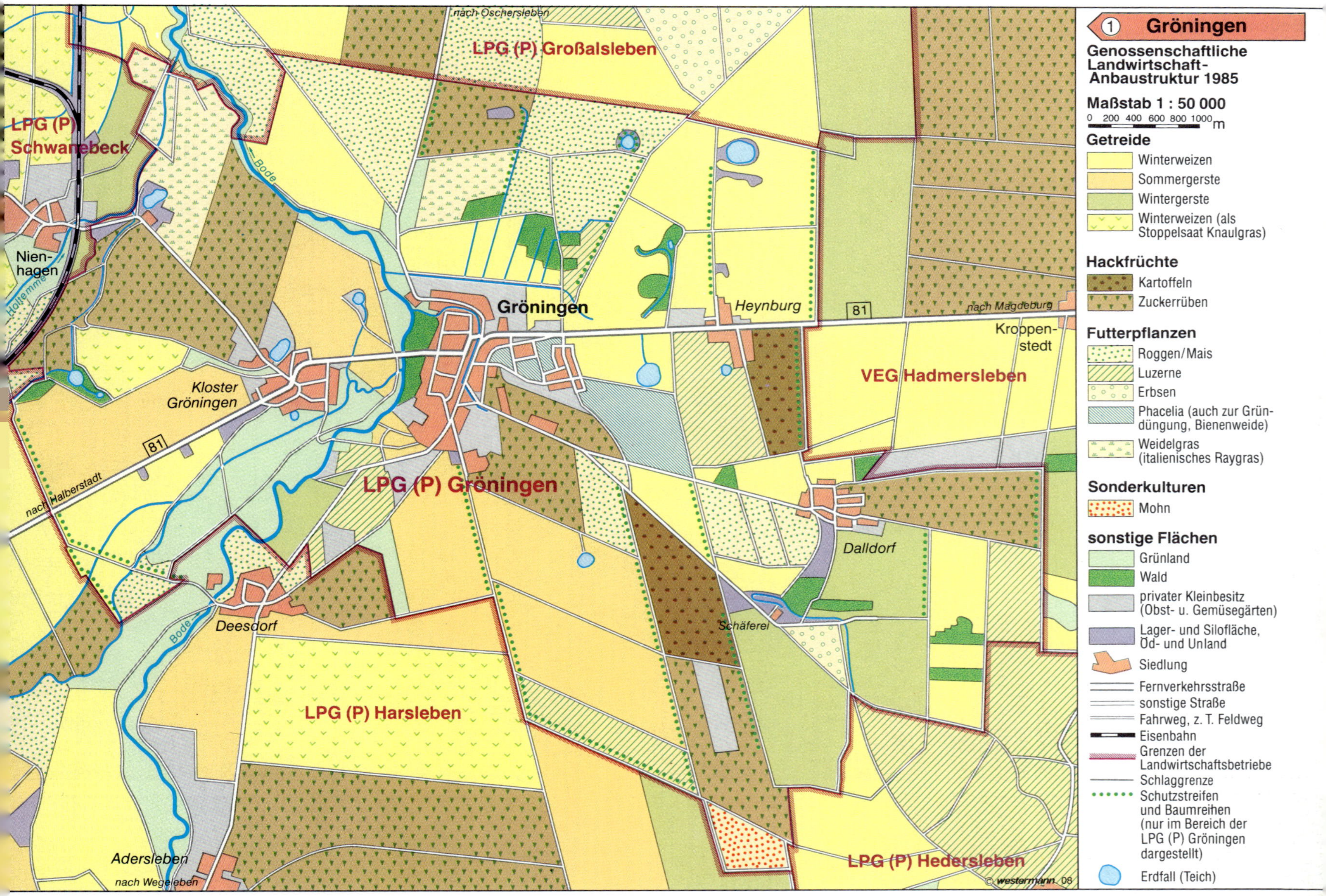

① Gröningen
Genossenschaftliche Landwirtschaft-Anbaustruktur 1985
Maßstab 1 : 50 000
0 200 400 600 800 1000 m
Getreide
Winterweizen
Sommergerste
Wintergerste
Winterweizen (als Stoppelsaat Knaulgras)
Hackfrüchte
Kartoffeln
Zuckerrüben
Futterpflanzen
Roggen/Mais
Luzerne
Erbsen
Phacelia (auch zur Gründüngung, Bienenweide)
Weidelgras (italienisches Raygras)
Sonderkulturen
Mohn
sonstige Flächen
Grünland
Wald
privater Kleinbesitz (Obst- u. Gemüsegärten)
Lager- und Silofläche, Öd- und Unland
Siedlung
Fernverkehrsstraße
sonstige Straße
Fahrweg, z. T. Feldweg
Eisenbahn
Grenzen der Landwirtschaftsbetriebe
Schlaggrenze
Schutzstreifen und Baumreihen (nur im Bereich der LPG (P) Gröningen dargestellt)
Erdfall (Teich)
nach Oschersleben
LPG (P) Großalsleben
LPG (P) Schwanebeck
Bode
Nienhagen
Holtemme
Gröningen
Heynburg
81
nach Magdeburg
Kroppenstedt
Kloster Gröningen
VEG Hadmersleben
nach Halberstadt
LPG (P) Gröningen
Dalldorf
Deesdorf
Schäferei
LPG (P) Harsleben
Adersleben
nach Wegeleben
LPG (P) Hedersleben
© westermann 08

Gröningen
Heynburg
Dalldorf
© westermann 08

Gröningen
Heynburg
Dalldorf
© westermann 08

Gröningen
Heynburg
Dalldorf
Schäferei
© westermann 08

② Gemarkung Gröningen (Ausschnitt)

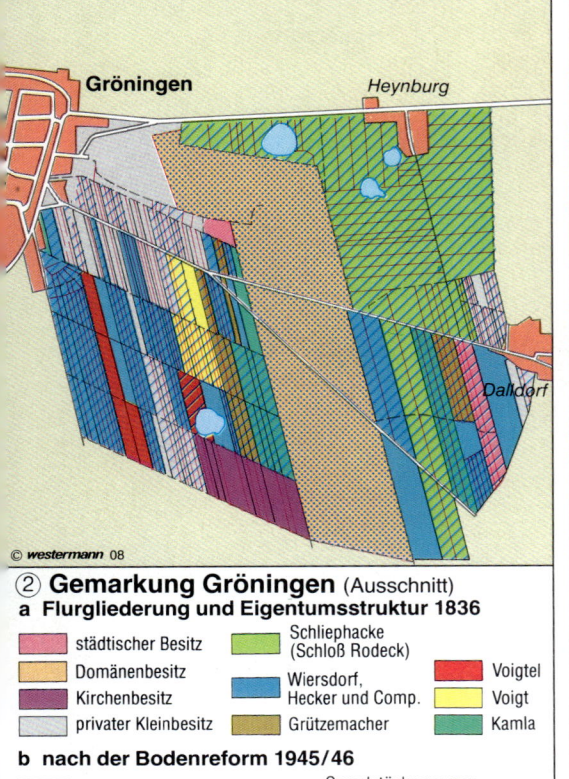

a Flurgliederung und Eigentumsstruktur 1836

- städtischer Besitz
- Domänenbesitz
- Kirchenbesitz
- privater Kleinbesitz
- Schliephacke (Schloß Rodeck)
- Wiersdorf, Hecker und Comp.
- Grützemacher
- Voigtel
- Voigt
- Kamla

b nach der Bodenreform 1945/46

- Volkseigenes Gut
- Neusiedler
- unveränderter Besitz ohne Raster

Grundstücksgrenzen
- unverändert
- durch Bodenreform entstanden

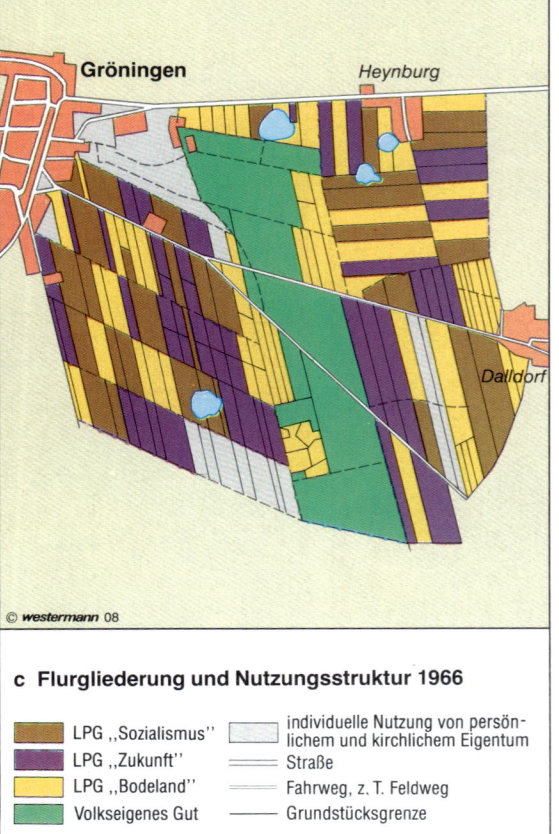

c Flurgliederung und Nutzungsstruktur 1966

- LPG „Sozialismus"
- LPG „Zukunft"
- LPG „Bodeland"
- Volkseigenes Gut
- individuelle Nutzung von persönlichem und kirchlichem Eigentum
- Straße
- Fahrweg, z. T. Feldweg
- Grundstücksgrenze

Maßstab 1 : 50 000

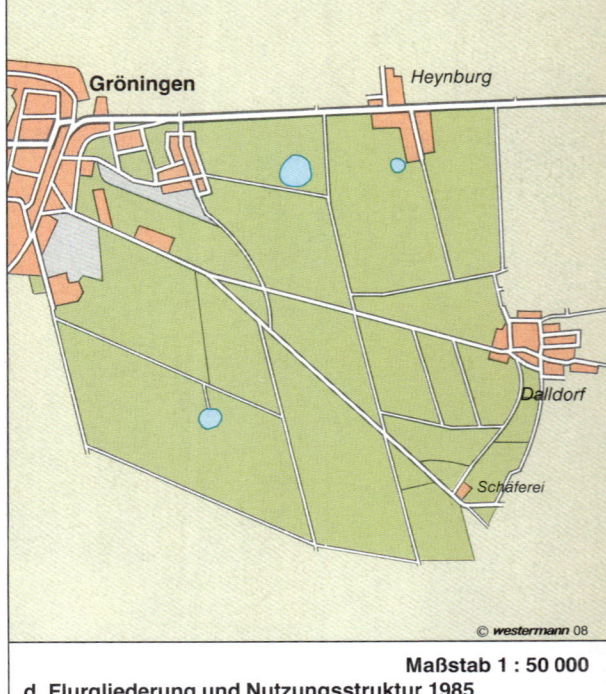

d Flurgliederung und Nutzungsstruktur 1985

- genossenschaftliche Nutzung durch LPG (P) Gröningen (volkseigenes, persönliches und kirchliches Eigentum)
- individuelle Nutzung von persönlichem Eigentum
- Siedlung
- Straße
- befestigter Fahrweg
- Schlaggrenze

Südschwarzwald/Kaiserstuhl - Wirtschaft

Maßstab 1 : 500 000   1 cm = 5 km

Bodennutzung
- Ackerland
- Obst
- Gemüse
- Wein
- Grünland (Wiese, Weide)
- Wald

Orte
- über 10 000 Einwohner
- unter 10 000 Einwohner (in Auswahl)
- Industrie- u. Verkehrsanlage

Bedeutende Bauwerke
- Schloß, Burg
- Kirche, Kloster

Verkehr
- Autobahn
- Bundesstraße
- Eisenbahn
  - Hauptstrecke
  - Nebenstrecke
- internationaler Flughafen
- schiffbarer Fluß/Kanal (über 1000 t Tragfähigkeit)

Grenzen
- Staatsgrenze
- Ländergrenze
- Regierungsbezirksgrenze

Weitere Erläuterungen Seite 31

① Kaiserstuhl - Weinbau bei Vogtsburg
Maßstab 1 : 25 000   1 cm = 250 m

- Weinbau
- Obstanbau
- Gärten, z. T. Beerenkulturen
- Wald
- Vulkanischer Boden
- Lößbedeckung
- Talauen
- Genossenschaftskellerei
- Weingut
- ~300~ Höhenlinie
- Großterrassen nach Flurbereinigung
- Ort
- Straße
- Wirtschaftsweg

② Hinterzarten - Fremdenverkehr
Maßstab 1 : 10 000   1 cm = 100 m

- Ortsfläche um 1927
- Ortsfläche heute
- Wiese, Weide
- Wald
- Hotel, Gasthof, Pension:
  - vor 1927 entstanden
  - nach 1927 entstanden
- Gaststätte, Café, Restaurant
- Privatzimmer
- Ferienwohnung, Ferienhaus
- Bauernhof
- Wanderweg

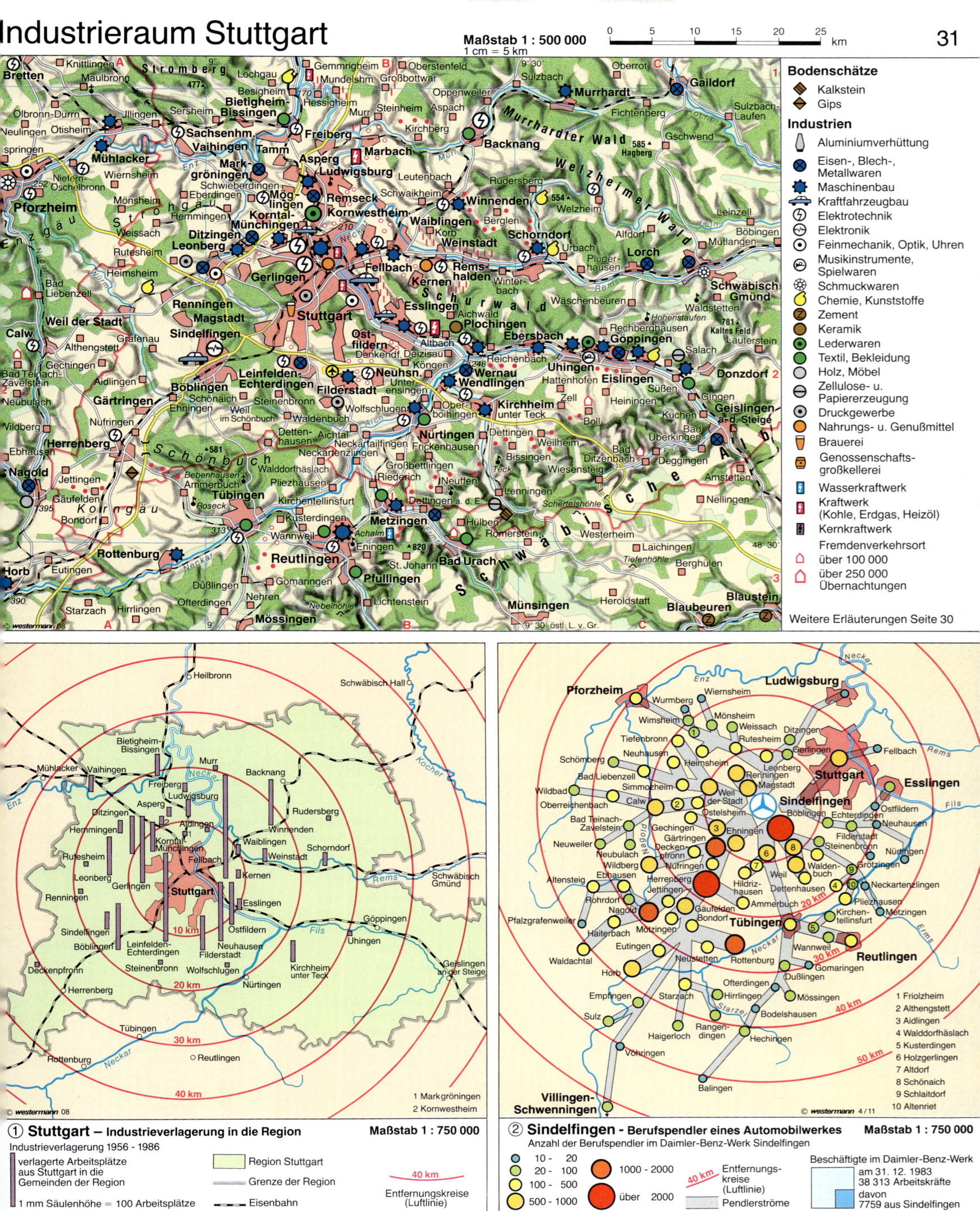

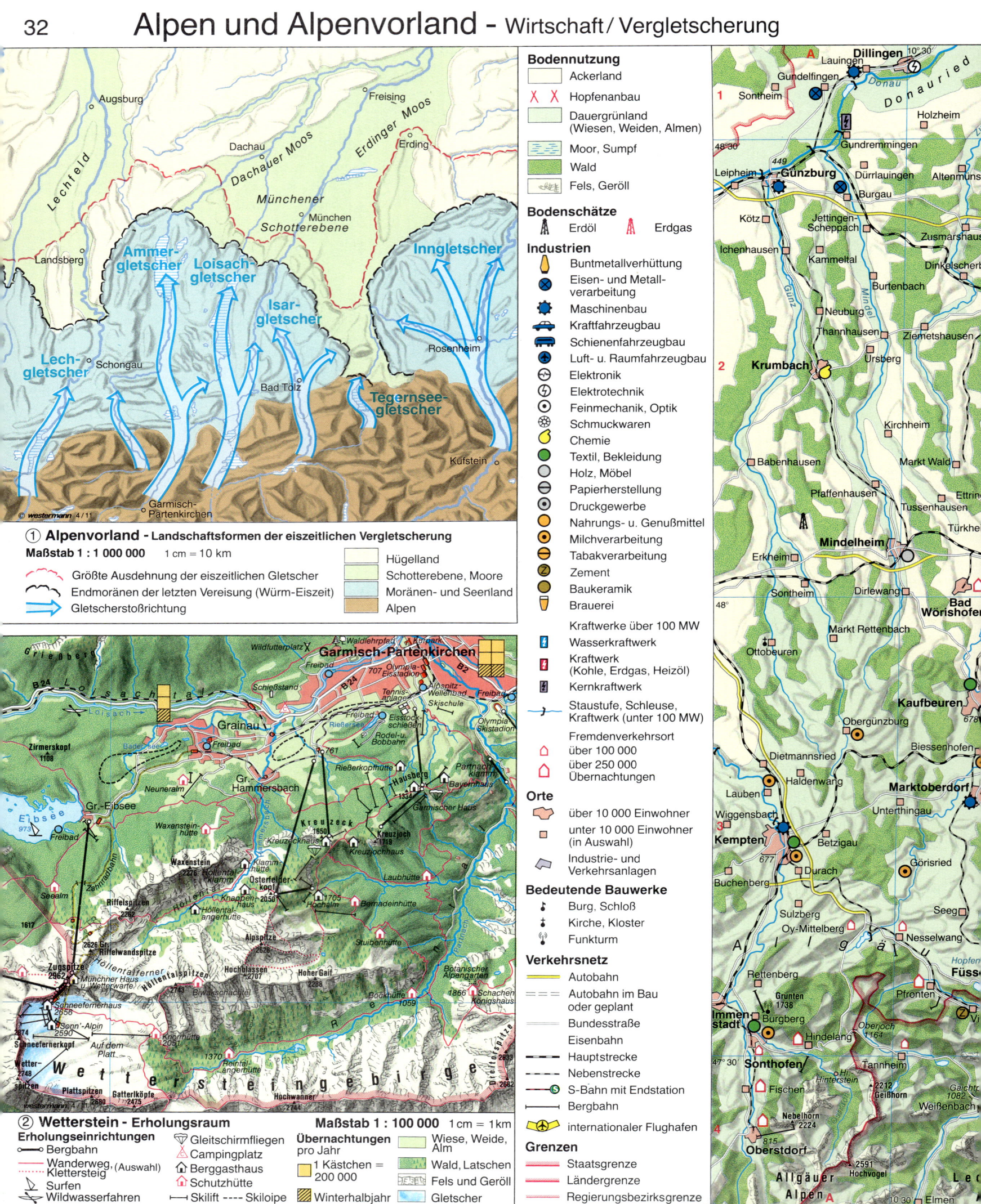

Hallertau
Nordendorf
Meitingen
Biberbach
Langweid
Gablingen
Thierhaupten
Pöttmes
Schrobenhausen
Hohenwart
Pfaffenhofen
Au
Nandlstadt
Furth
Ergolding
Altdorf
Landshut
Aindling
Hollenbach
Affing
Kühbach
Wittelsbach
Aichach
Aresing
Gerolsbach
Scheyern
Reichertshausen
Schweitenkirchen
Moosburg
Isar
Amper
Zolling
Langenbach
Allershausen
Jetzendorf
Hilgertshausen-Tandern
Petershausen
Kranzberg
Freising
Gersthofen
Aystetten
Neusäß
Stadtbergen
Augsburg
Friedberg
Dasing
Altomünster
Weichs
Markt Indersdorf
Glonn
Vierkirchen
Röhrmoos
Haimhausen
Fahrenzhausen
Flughafen München II
Erdinger Moos
Wartenberg
Taufkirchen
Diedorf
Gessertshausen
Kissing
Odelzhausen
Erdweg
Schwabhausen
Hebertshausen
Neufahrn
Hallbergmoos
Oberding
Eching
Erding
Bockhorn
Dorfen
Fischach
Bobingen
Mering
Ried
Egenhofen
Bergkirchen
Dachau
Unterschleißheim
Moosinning
Lengdorf
Wehringen
Königsbrunn
Großaitingen
Schwabmünchen
Untermeitingen
Langerringen
Merching
Maisach
Olching
Karlsfeld
Oberschleißheim
Garching
Ismaning
Wörth
Sankt Wolfgang
Isen
Mammendorf
Fürstenfeldbruck
Gröbenzell
Unterföhring
Kirchheim
Finsing
Pliening
Markt Schwaben
Moorenweis
Eichenau
München
Aschheim
Poing
Forstinning
Hohenlinden
Haag
Geltendorf
Puchheim
Germering
Frauenkirche
Feldkirchen
Haar
Anzing
Ebersberger Forst
Vaterstetten
Weil
Kaufering
Grafrath
Gilching
Gräfelfing
Planegg
Krailling
Zorneding
Ebersberg
Steinhöring
Wasserburg am Inn
Igling
Penzing
Türkenfeld
Inning
Wörthsee
Weßling
Gauting
Neuried
Neubiberg
Grasbrunn
Putzbrunn
Kirchseeon
Grafing
Pfaffing
Landsberg am Lech
Buchloe
Pürgen
Schondorf
Utting
Ammersee
Pilsensee
Seefeld
Herrsching
Starnberg
Pullach
Unterhaching
Ottobrunn
Hohenbrunn
Taufkirchen
Höhenkirchen-Siegertsbrunn
Baierbrunn
Grünwald
Oberhaching
Brunnthal
Glonn
Aßling
Rott
Griesstätt
Schäftlarn
Straßlach
Sauerlach
Römerstraße
Aying
Dießen
Andechs
Pöcking
Berg
Feldafing
Icking
Egling
Tuntenhausen
Schechen
Vogtareuth
Ermaringen
Fuchstal
Raisting
Tutzing
Starnberger See
Wolfratshausen
Otterfing
Valley
Feldkirchen-Westerham
Großkarolinenfeld
Mauerstetten
Satellitenfunkstelle
Wielenbach
Münsing
Geretsried
Holzkirchen
Bruckmühl
Bad Aibling
Rosenheim
Mangfall
Weyarn
Irschenberg
Kolbermoor
Bernried
Eurasburg
Dietramszell
Altenstadt
Schongau
Peiting
Peißenberg
Weilheim
Seeshaupt
Warngau
Raubling
Rohrdorf
Hohenpeißenberg
Polling
Königsdorf
Miesbach
Bad Feilnbach
Neubeuern
Brannenburg
Stötten
Auerberg
Penzberg
Bad Tölz
Bad Heilbrunn
Gaißach
Waakirchen
Gmund
Hausham
Schliersee
Fischbachau
Flintsbach
Lechbruck
Steingaden
Wies
Uffing
Riegsee
Staffelsee
Murnau
Wackersberg
Benediktbeuern
Lenggries
Bad Wiessee
Tegernsee
Rottach-Egern
Sonnenobservatorium
Wendelstein
Sudelfeld
Bayersoien
Bad Kohlgrub
Bayrischzell
Rotwand
Oberaudorf
Halblech
Hohe Bleick
Forggensee
Ohlstadt
Kochel
Kochelsee
Benediktenwand
Hirschberg
Kreuth
Roßstein
Risser Kogel
Mangfallgebirge
Kiefersfelden
Achenpaß
Thiersee
Oberammergau
Herzogstand
Jachenau
Walchensee
Sylvenstein
Halserspitze
Hinteres Sonnwendjoch
Kufstein
Schwangau
Ammergebirge
Ettal
Neuschwanstein
Hohenschwangau
Säuling
Linderhof
Oberau
Krottenkopf
Wallgau
Achental
Kirchbichl
Söll
Farchant
Krün
Schafreuter
Reutte
Garmisch-Partenkirchen
Soiernspitze
Österreich
Wörgl
Grainau
Plansee
Eibsee
Kreuzeck
Mittenwald
Östliche Karwendelspitze
Achensee
Hochiß
Kundl
Hopfgarten
Zugspitze
Thaneller
Westliche Karwendelspitze
Birkkarspitze
Kramsach
Rattenberg
Brixlegg
Wildschönau
Wettersteingebirge
Reith
Alpbach
Lermoos
Ehrwald
Scharnitz
Karwendelgebirge
Eben
Jenbach
Kitzbüheler Alpen
Fernpaß
Leutasch
Hochnißl
Schwaz
Fügen
Seefeld
11° östl. L. v. Gr.
© westermann 89/09

Deutschland – physisch

Maßstab 1 : 2 250 000
1 cm = 22,5 km

35

Landhöhen und Meerestiefen (in Meter)

Grenzen
- Staatsgrenze
- Ländergrenze

Orte
- über 1 000 000 Einwohner
- 500 000 – 1 000 000 Einwohner
- 100 000 – 500 000 Einwohner
- 20 000 – 100 000 Einwohner
- unter 20 000 Einwohner

- **Berlin** Hauptstadt eines Staates
- **Bonn** Regierungssitz eines Staates
- Erfurt Landeshauptstadt

Verkehr
- Eisenbahnlinien
- Fernverkehrsstrecke
- sonstige wichtige Verbindungen
- Eisenbahnfähre
- Tunnel
- Autobahn/Fernstraße (in Auswahl)
- Paß
- schiffbarer Fluß
- schiffbarer Kanal (über 1000 t Tragfähigkeit)

Gewässer
- Fluß
- See
- Kanal
- bedingt schiffbar
- Staumauer, Staustufe
- Moor, Sümpfe
- Watt

Deutschland (Nördlicher Teil)

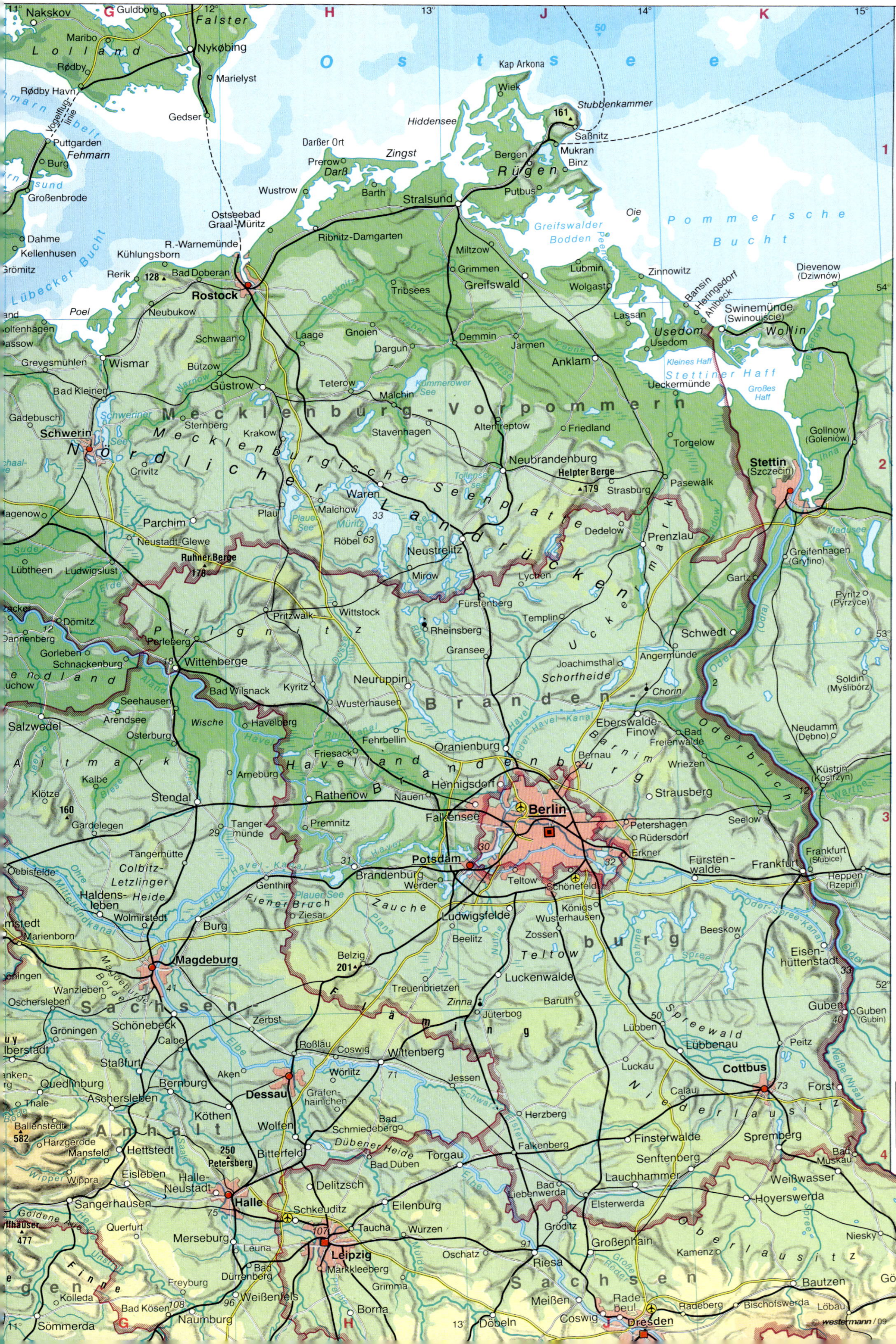

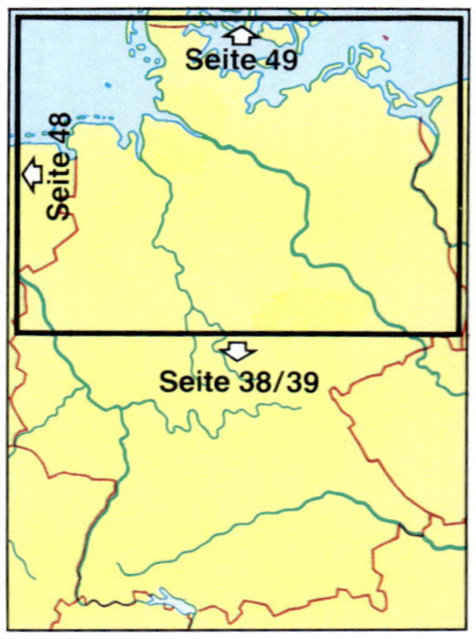

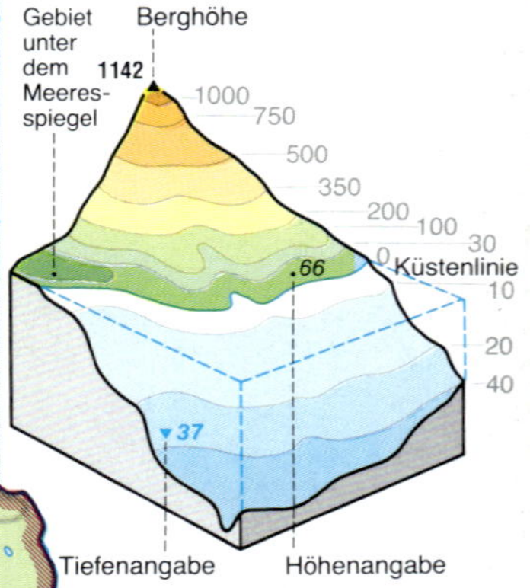

Deutschland (Südlicher Teil)

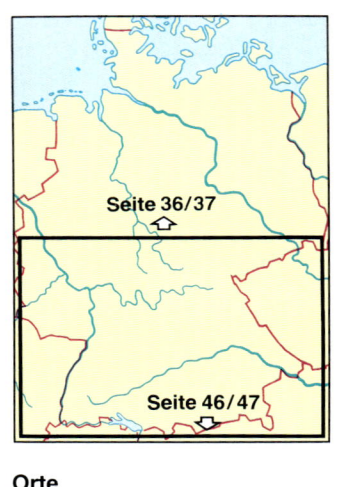

Orte

■	über 1 000 000 Einw.
■	500 000 – 1 000 000 Einw.
●	100 000 – 500 000 Einw.
○	20 000 – 100 000 Einw.
○	unter 20 000 Einw.
	geschlossener Besiedlung
♜	Schloß, Burg
♁	Kirche, Kloster

Verkehr

- Eisenbahnlinien
  - Fernverkehrsstrecke
  - Nahverkehrsverbindung
  - Tunnel
- Autobahn
- Fernstraße
- = Paß
- ✈ internationaler Flughafen
- schiffbarer Fluß (über 1000 t Tragfähigkeit)
- schiffbarer Kanal

Grenzen

- Staatsgrenze
- Ländergrenze
- **Prag** Hauptstadt eines Staates
- Bonn Regierungssitz eines Staates
- Mainz Landeshauptstadt

Landhöhen und Meerestiefen
(in Meter)

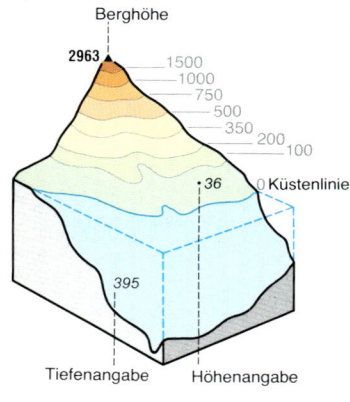

Berghöhe — 2963, 1500, 1000, 750, 500, 350, 200, 100
Küstenlinie — 36
Tiefenangabe — 395
Höhenangabe

Maßstab 1 : 1 500 000
1 cm = 15 km
0 20 40 60 80 100 km

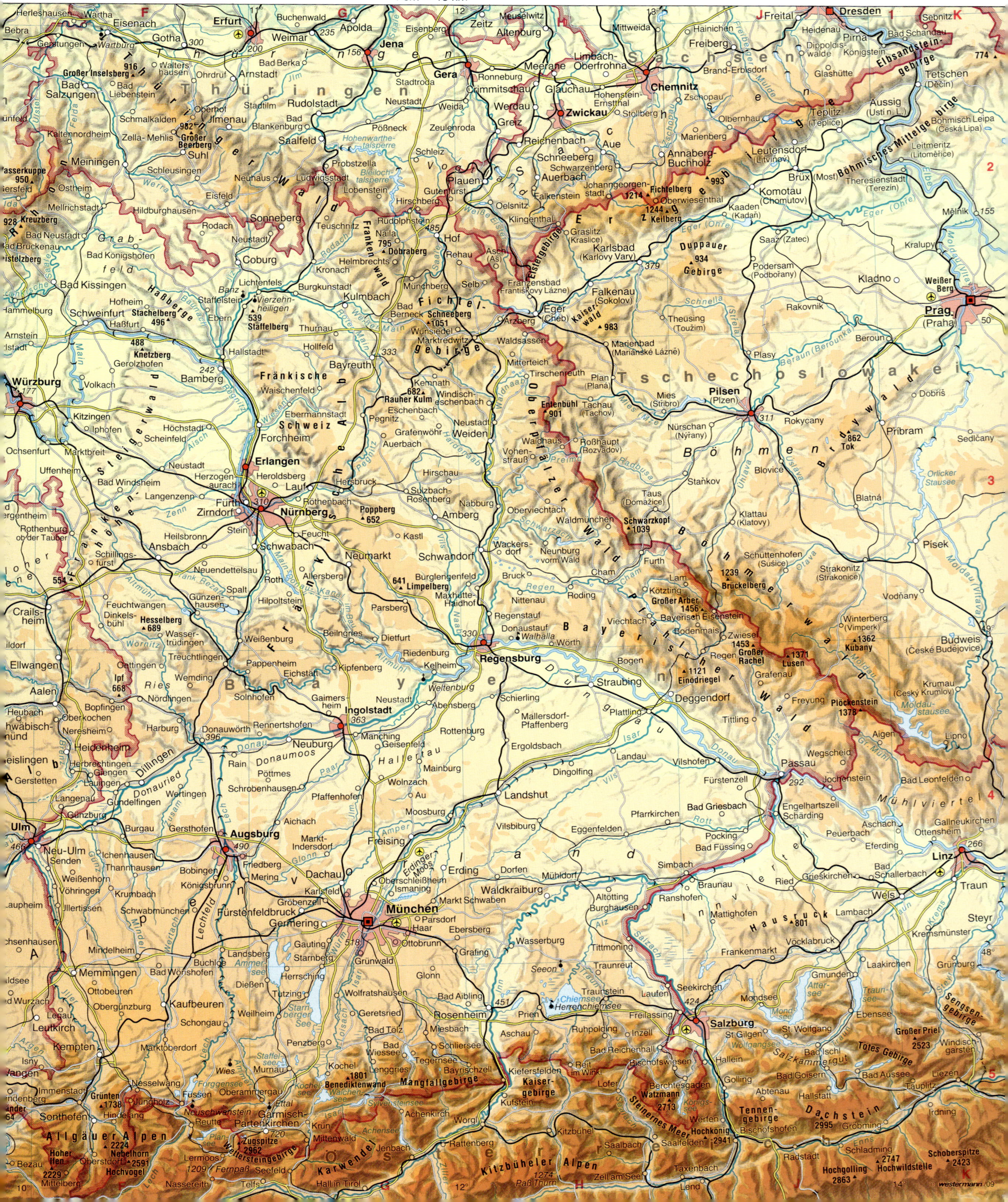

westermann 09

Deutschland - Historische Übersicht / Bevölkerung

Maßstab 1 : 7 000 000
1 cm = 70 km

Historische Veränderungen ①

- ▪▪▪▪ Deutsches Reich 1914
- ── Deutsches Reich 1937
- ── Bundesrepublik Deutschland
- ▪▪▪ Grenze zwischen der Bundesrepublik Deutschland und der DDR bis 1990

Deutschland und die Bundesländer entstanden aus kleinen Ländern und Freien Städten

Sachsen Länder und Freie Städte
Sachsen Preußische Provinzen

Abkürzungen
M.-S. Mecklenburg-Strelitz
S.-L. Schaumburg-Lippe
W. Waldeck (1929 an Preußen)

── sonstige Staatsgrenzen

Bevölkerung ②

Bevölkerungsdichte (Einwohner je km²)
- bis 50
- 50 - 200
- 200 - 500
- über 500

Städte mit mehr als
- • 250 000 Einwohner
- ○ 1 000 000 Einwohner
- ── Staatsgrenze

Altersaufbau der Bevölkerung Deutschlands
Alter in Jahren
Männer | Frauen
in Tausend Einwohner je Jahrgang
(Stand 1990)

© westermann 89/09

Bundesrepublik Deutschland - politisch

Maßstab 1 : 3 500 000
1 cm = 35 km

41

—	Staatsgrenze
—	Ländergrenze
—	Regierungsbezirksgrenze
Oberpfalz	Namen von Regierungsbezirken, die nicht nach dem Hauptort benannt sind.
■	Hauptstadt eines Staates
■	Regierungssitz eines Staates
●	Landeshauptstadt
•	Verwaltungssitz eines Regierungsbezirkes

Länderwappen

- Baden-Württemberg
- Niedersachsen
- Bayern
- Nordrhein-Westfalen
- Berlin
- Rheinland-Pfalz
- Brandenburg
- Saarland
- Bremen
- Sachsen
- Hamburg
- Sachsen-Anhalt
- Hessen
- Schleswig-Holstein
- Mecklenburg-Vorpommern
- Thüringen

© westermann 89/09

Deutschland – Klima

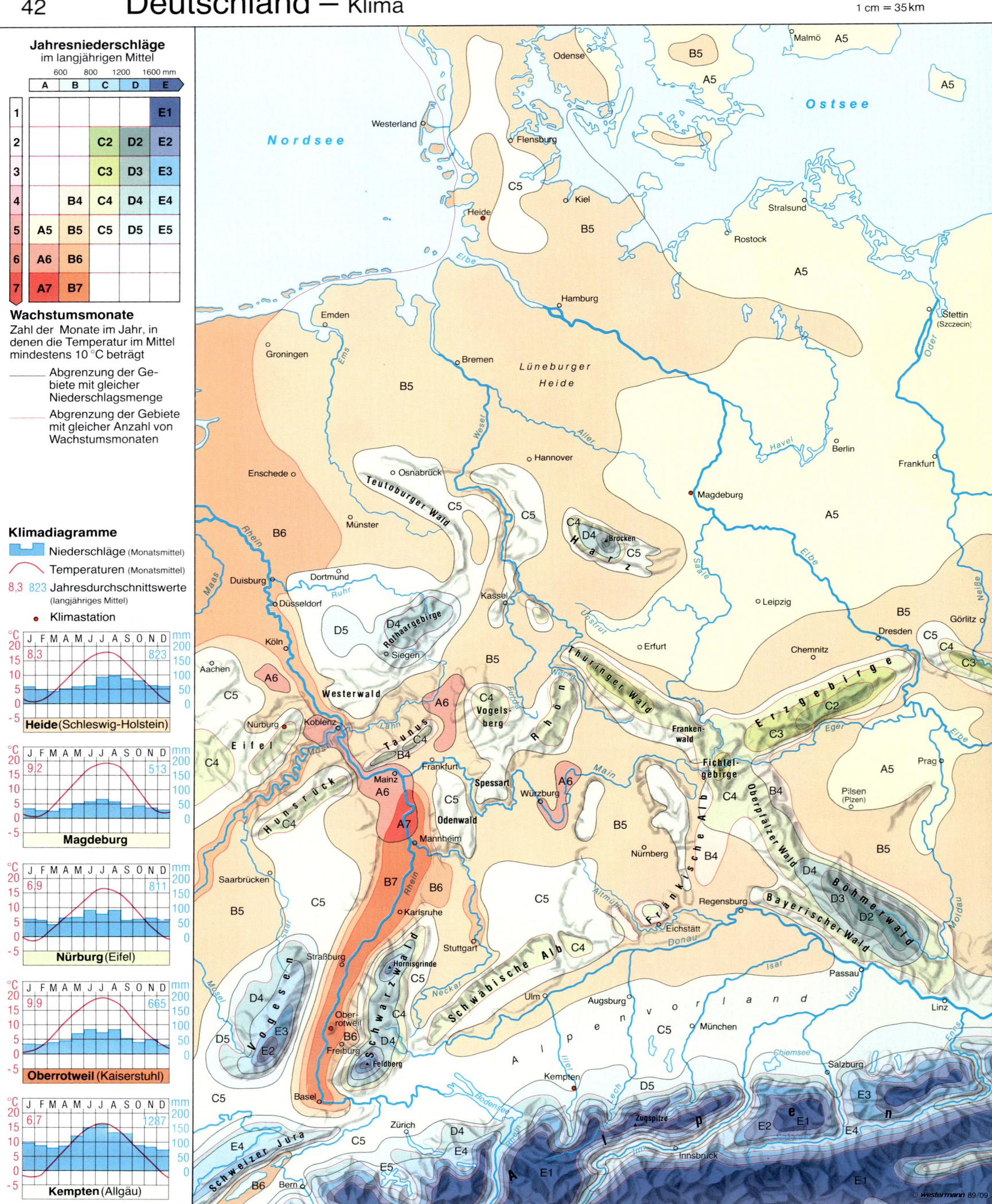

Maßstab 1 : 3 500 000
1 cm = 35 km

Jahresniederschläge
im langjährigen Mittel

	A	B	C	D	E
	600	800	1200	1600 mm	
1					E1
2			C2	D2	E2
3			C3	D3	E3
4		B4	C4	D4	E4
5	A5	B5	C5	D5	E5
6	A6	B6			
7	A7	B7			

Wachstumsmonate
Zahl der Monate im Jahr, in denen die Temperatur im Mittel mindestens 10 °C beträgt

— Abgrenzung der Gebiete mit gleicher Niederschlagsmenge
— Abgrenzung der Gebiete mit gleicher Anzahl von Wachstumsmonaten

Klimadiagramme

⎵ Niederschläge (Monatsmittel)
⌒ Temperaturen (Monatsmittel)
8,3 823 Jahresdurchschnittswerte (langjähriges Mittel)
• Klimastation

Heide (Schleswig-Holstein) — 8,3 / 823
Magdeburg — 9,2 / 513
Nürburg (Eifel) — 6,9 / 811
Oberrotweil (Kaiserstuhl) — 9,9 / 665
Kempten (Allgäu) — 6,7 / 1287

© westermann 89/09

Landwirtschaft / Forstwirtschaft / Waldschäden

Maßstab 1 : 3 500 000
1 cm = 35 km

43

Ackerbau
- auf sehr guten und guten Böden, z. T. Löß (vorwiegend Anbau von Weizen u. Zuckerrüben)
- auf mittleren und armen Böden

Viehwirtschaft
- Rinderhaltung auf Wiesen, Weiden und Almen, Milchwirtschaft
- Schweinehaltung in Großbeständen
- Hühnerhaltung in Großbeständen

Sonderkulturen
- Obst, Gemüse
- Wein
- Ahr Deutsches Weinbaugebiet
- X X Hopfen
- Tabak

Forstwirtschaft
- größere, geschlossene Waldgebiete

Waldschäden (nur Deutschland)
- ohne Schraffur: schwach geschädigt
- mittelstark geschädigt (Vitalitätsverluste von Bäumen)
- stark geschädigt, z. T. abgestorbene Bäume

Betroffene Baumarten

Tanne 95%
Fichte 49%
Kiefer 53%
Eiche 70%
Buche 63%

In der Bundesrepublik Deutschland sind 50 % des Waldbestandes krank
(Stand 1988)

- landwirtschaftlich nicht genutzte Gebiete (Dünen, Felsen und Gletscher)

Grenzen
- Staatsgrenze
- Ländergrenze

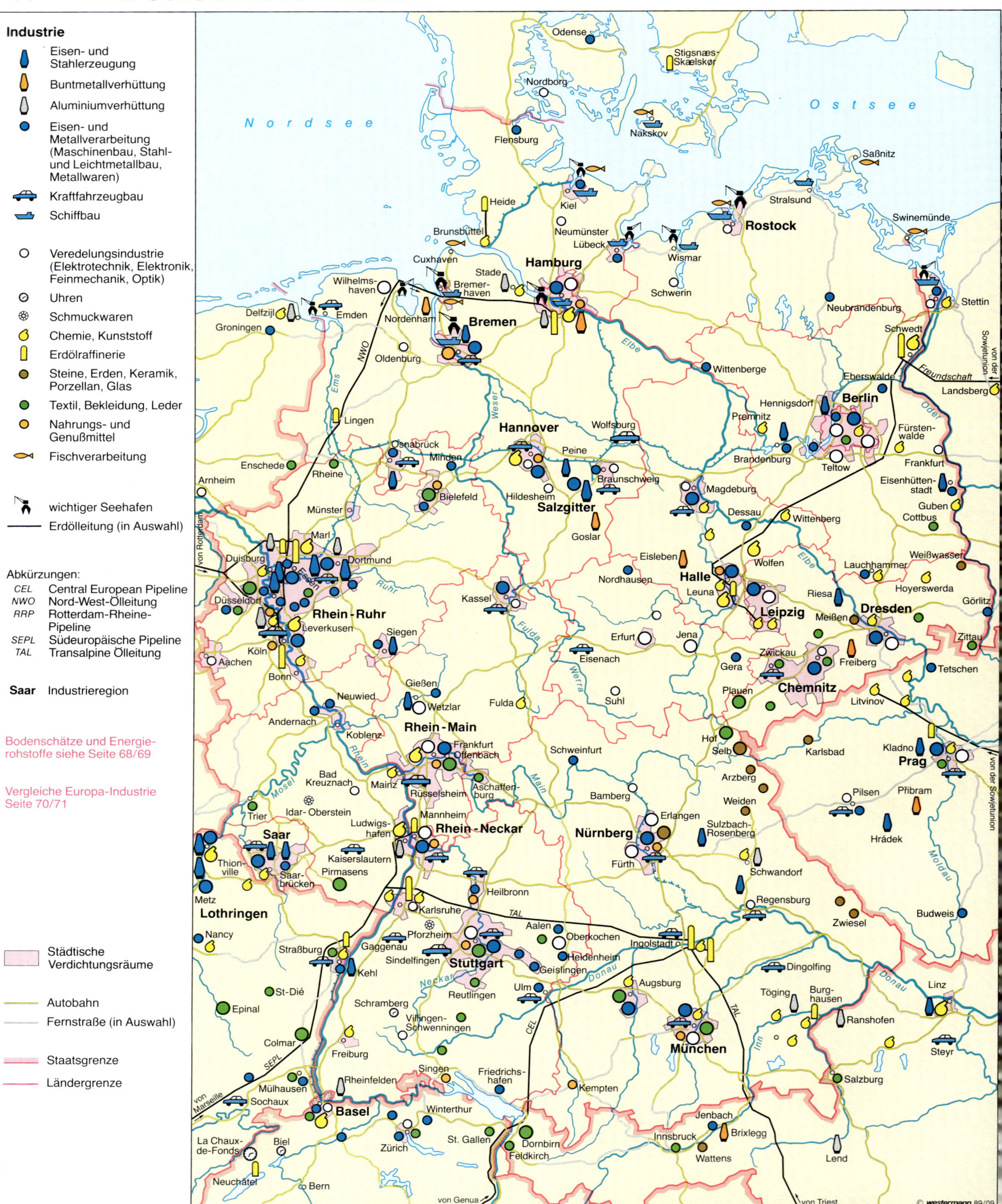

Deutschland – Industrie

Maßstab 1 : 3 500 000
1 cm = 35 km

Industrie

- Eisen- und Stahlerzeugung
- Buntmetallverhüttung
- Aluminiumverhüttung
- Eisen- und Metallverarbeitung (Maschinenbau, Stahl- und Leichtmetallbau, Metallwaren)
- Kraftfahrzeugbau
- Schiffbau
- Veredelungsindustrie (Elektrotechnik, Elektronik, Feinmechanik, Optik)
- Uhren
- Schmuckwaren
- Chemie, Kunststoff
- Erdölraffinerie
- Steine, Erden, Keramik, Porzellan, Glas
- Textil, Bekleidung, Leder
- Nahrungs- und Genußmittel
- Fischverarbeitung
- wichtiger Seehafen
- Erdölleitung (in Auswahl)

Abkürzungen:
- CEL Central European Pipeline
- NWO Nord-West-Ölleitung
- RRP Rotterdam-Rhein-Pipeline
- SEPL Südeuropäische Pipeline
- TAL Transalpine Ölleitung

Saar Industrieregion

Bodenschätze und Energierohstoffe siehe Seite 68/69

Vergleiche Europa-Industrie Seite 70/71

- Städtische Verdichtungsräume
- Autobahn
- Fernstraße (in Auswahl)
- Staatsgrenze
- Ländergrenze

© westermann 89/09

Fremdenverkehr/Erholungseignung

Maßstab 1 : 3 500 000
1 cm = 35 km

Natürliche Erholungseignung
- Waldgebiete
- Gewässer
- Relief

Fremdenverkehr in Deutschland
- bedeutendes Fremdenverkehrsgebiet
- HARZ – touristische Bezeichnung eines Fremdenverkehrsgebietes

Fremdenverkehrsorte
- Heilbad
- Seebad
- Luftkurort
- sonstiger Fremdenverkehrsort

Anzahl der Übernachtungen pro Jahr
- 250 000 – 1 000 000
- über 1 000 000

Großstädte
- mit 500 000 – 1 000 000 Übernachtungen pro Jahr
- mit über 1 000 000 Übernachtungen pro Jahr

Typische Urlaubszeiten in Deutschland
- an der Küste
- an Seen und in Mittelgebirgen
- in den Alpen

Verkehrswege (in Auswahl)
- Autobahn
- Fernstraße
- Eisenbahn
- Eisenbahnfähre
- Orte
- Verdichtungsräume
- Staatsgrenze

46 Alpenländer physisch

Maßstab 1 : 2 250 000
1 cm = 22,5 km

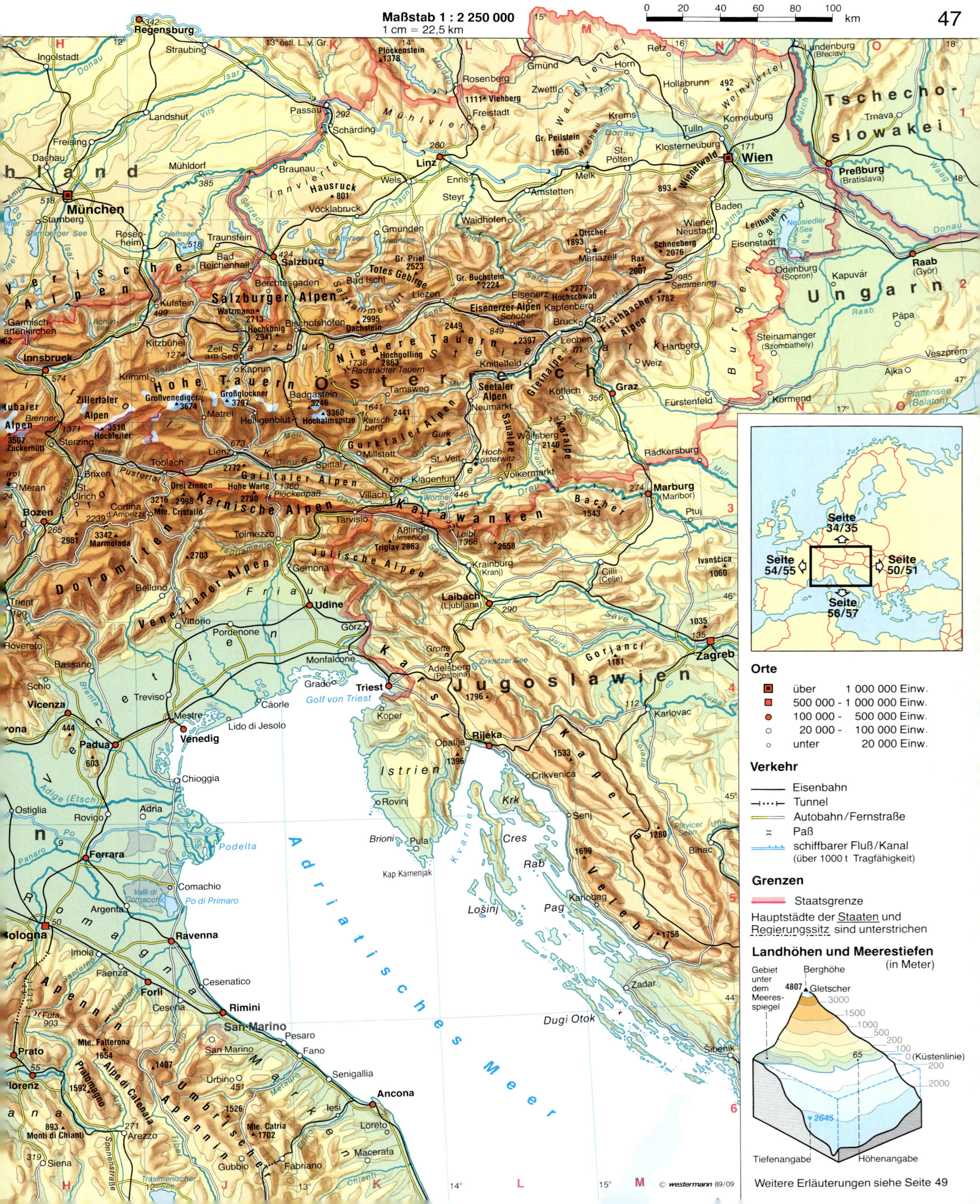

Benelux-Staaten

48 — Maßstab 1 : 2 250 000 — 1 cm = 22,5 km

Erläuterungen siehe Seite 46/47 und 49

Dänemark

Maßstab 1 : 2 250 000
1 cm = 22,5 km

49

Mitteleuropa

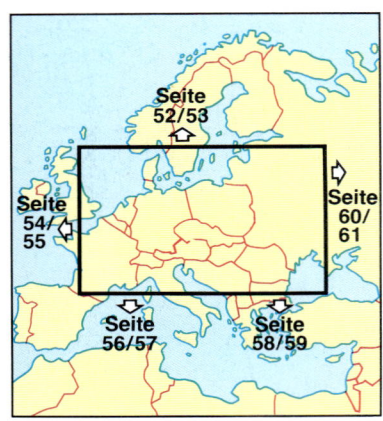

Orte
- ■ über 1 000 000 Einwohner
- ■ 500 000 – 1 000 000 Einwohner
- ● 100 000 – 500 000 Einwohner
- ○ 20 000 – 100 000 Einwohner
- ∘ unter 20 000 Einwohner

Verkehr
- Eisenbahn
- Tunnel
- Eisenbahnfähre
- Autobahn/Fernstraße
- Paß
- schiffbarer Fluß } (über 1000 t Tragfähigkeit)
- schiffbarer Kanal

Gewässer
- Fluß
- See
- Kanal, bedingt schiffbar
- Staumauer, Staustufe
- Wasserfall, Stromschnelle
- Moor, Sumpf

Grenzen
- Staatsgrenze
- Grenzen der autonomen Republiken in der Sowjetunion

Hauptstädte der **Staaten**
Regierungssitze der Staaten
Hauptstädte der Sowjetrepubliken sind unterstrichen

Landhöhen und Meerestiefen
(in Meter)

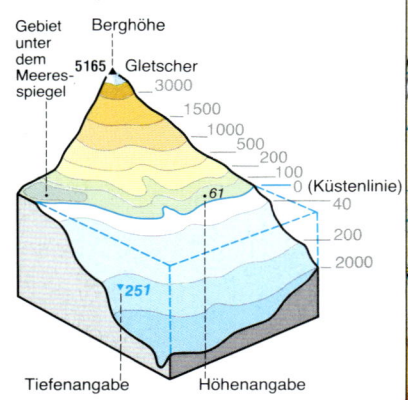

Maßstab 1 : 6 000 000
1 cm = 60 km
0 50 100 150 200 250 300 350 km

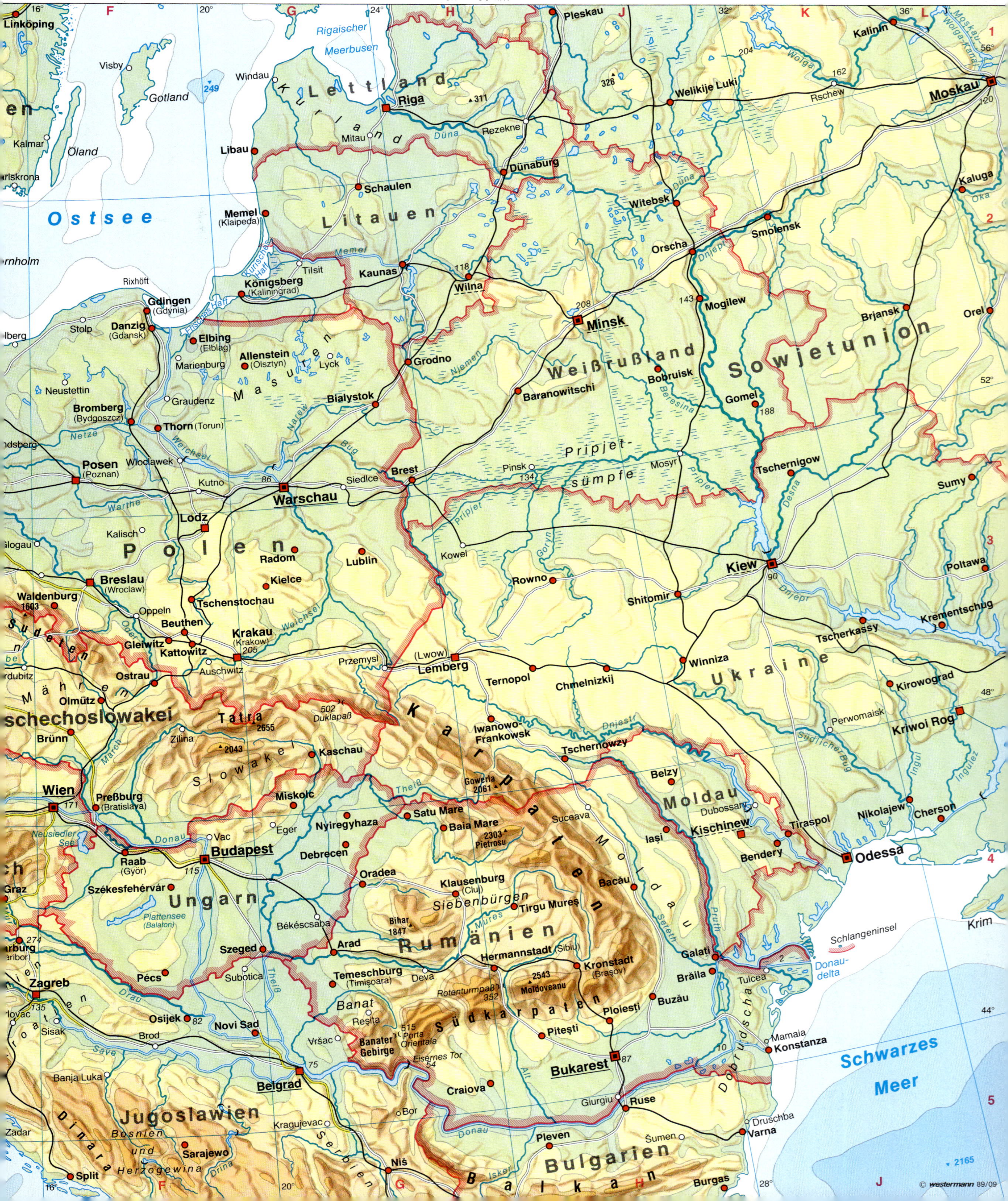

Nordeuropa

Maßstab 1 : 6 000 000
1 cm = 60 km
0 50 100 150 200 250 300 350 km

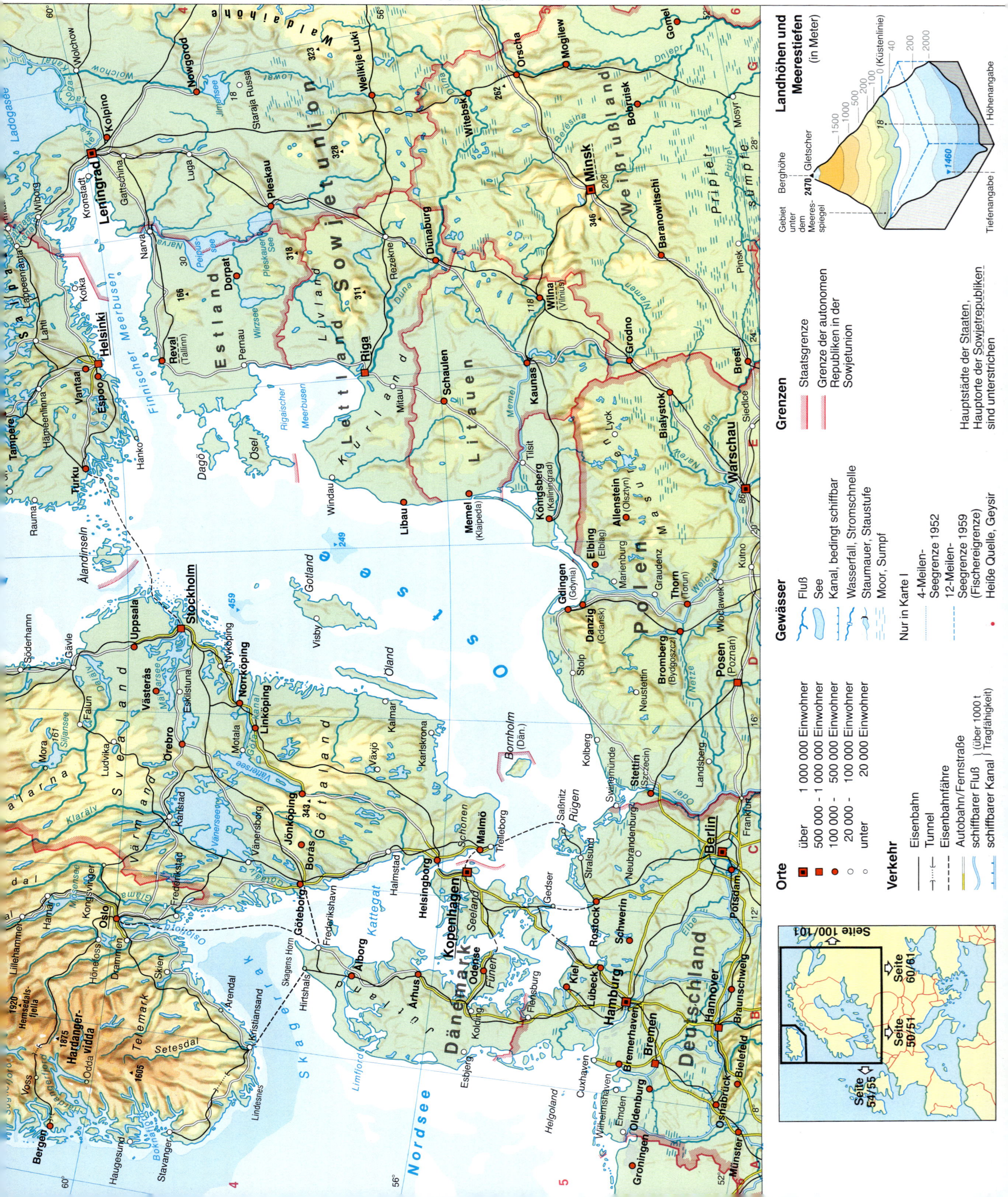

Westeuropa

Maßstab 1 : 6 000 000
1 cm = 60 km

0 50 100 150 200 250 300 350 km

55

Landhöhen und Meerestiefen (in Meter)

Grenzen
— Staatsgrenze
— Grenzen innerhalb Großbritanniens

Hauptstädte der Staaten und Regierungssitz sind unterstrichen

Gewässer
Fluß
See
Kanal, bedingt schiffbar
Wasserfall, Stromschnelle
Staumauer, Staustufe
Moor, Sumpf

Orte
■ über 1 000 000 Einwohner
■ 500 000 – 1 000 000 Einwohner
● 100 000 – 500 000 Einwohner
○ 20 000 – 100 000 Einwohner
  unter 20 000 Einwohner

Verkehr
Eisenbahn
Eisenbahnfähre
Autobahn/Fernstraße
Tunnel ↓ Paß
schiffbarer Fluß (über 1000 t Tragfähigkeit)
schiffbarer Kanal

Seite 52/53
Seite 58/59
Seite 56/57

Cities and geographical features visible on map:

Germany/Switzerland/Austria area:
Homberg, Frankfurt, Wiesbaden, Mainz, Würzburg, Nürnberg, Heidelberg, Mannheim, Karlsruhe, Stuttgart, Ulm, Augsburg, Saarbrücken, Trier, Koblenz, Luxemburg, Lüttich, Aachen, Lindau, Bodensee, Freiburg, Schwarzwald, Basel, Zürich, Luzern, Bern, Lausanne, Genf, Schweiz, Liechtenstein, Finsteraarhorn 4274, Monte Rosa 4634, Mont Blanc 4807, Mont Cenis 2083

France:
Lille, Amiens, St-Quentin, Reims, Verdun, Metz, Nancy, Straßburg, Mülhausen, Vogesen 1424, Épinal, Troyes, Dijon, Chalon-sur-Saône, Besançon, Lothringen, Champagne, Paris, Versailles, Fontainebleau, Orléans, Blois, Tours, Le Mans, Laval, Rennes, Angers, Nantes, St-Nazaire, Bretagne, Brest, Quimper, Lorient, St-Brieuc, St-Malo, Cherbourg, Caen, Le Havre, Rouen, Dieppe, Normandie, Burgund, Lyon, St-Étienne, Vichy, Clermont-Ferrand, Mt. Dore 1886, Auvergne, Zentralmassiv, Mt. Lozère 1702, Limoges, Montluçon, Bourges, Châteauroux, Poitiers, Périgueux, Brive, Cognac, Bordeaux, La Rochelle, Médoc, Arcachon, Montauban, Toulouse, Armagnac, Landes, Dax, Bayonne, Biarritz, Pau, Lacq, Lourdes, Adour, Garonne, Dordogne, Carcassonne, Béziers, Sète, Montpellier, Nîmes, Arles, Avignon, Mt. Ventoux 1912, Valence, Grenoble, Écrins 4102, Provence, Aix-en-Provence, Marseille, Toulon, Cannes, Nizza, Monaco, Côte d'Azur, Languedoc

Italy:
Mailand, Bergamo, Brescia, Novara, Turin, Alessandria, Piacenza, Parma, Genua, Riviera, La Spezia, San Remo, Pisa, Livorno, Apenninen, Italien, Kap Corse, Bastia, Calvi, Monte Cinto 2710, Ajaccio, Bonifacio, Olbia, Korsika (zu Frankreich)

Spain/Portugal:
Port-Vendres, Perpignan, Andorra la Vella, Andorra, Maladeta 3404, Pyrenäen, Gerona, Costa Brava, Badalona, Barcelona, Sabadell, Lérida, Katalonien, Huesca, Zaragoza, Pamplona, Vitoria, Logroño, Rioja, San Sebastián, Bilbao, Santander, Oviedo, Gijón, Villaviciosa, 2615, Kantabrisches Gebirge, Baskenland, Burgos, Soria, Palencia, Valladolid, Zamora, León, Ribadeo, Lugo, Orense, Galicien, Santiago de Compostela, Pontevedra, Vigo, Kap Finisterre, La Coruña, Braga, Porto, Douro, Duero, Ebro, Sil, Miño, Spanien, Portugal

British Isles/Channel:
Penzance, Land's End, Scilly-Inseln, Kap Lizard, Plymouth, Dartmouth, Exeter, Wight, Der Kanal, Kanal- oder Normannische Inseln (G.-B.), Guernsey, Jersey

Seas:
Mittelmeer, Golf von Biscaya, Atlantik

Südwesteuropa

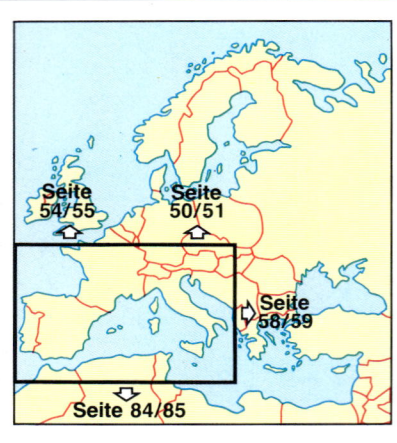

Orte
- ■ über 1 000 000 Einwohner
- ■ 500 000 – 1 000 000 Einwohner
- ● 100 000 – 500 000 Einwohner
- ○ 20 000 – 100 000 Einwohner
- ∘ unter 20 000 Einwohner
- ∴ Ruinenstätte

Verkehr
- Eisenbahn
- Tunnel
- Autobahn/Fernstraße
- Paß
- schiffbarer Fluß (über 1000 t Tragfähigkeit)
- schiffbarer Kanal

Gewässer
- Fluß
- See
- Kanal (bedingt schiffbar)
- Staumauer, Staustufe
- Moor, Sumpf
- Wadi
- Salzpfanne

Grenzen
- Staatsgrenze

Hauptstädte der Staaten und Regierungssitz sind unterstrichen

Landhöhen und Meerestiefen (in Meter)

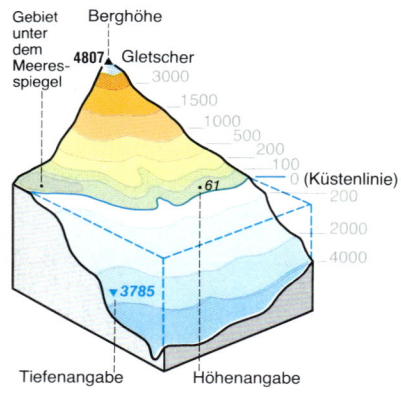

Paris
Nancy
Straßburg
Stuttgart
Augsburg
München
Passau
Linz
Wien
Preßburg (Bratislava)
Budapest
Deutschland
Österreich
Ungarn
Schweiz
Fontainebleau
Troyes
Epinal
Mülhausen
Freiburg
Basel
Zürich
Bodensee
Lindau
Ulm
Salzburg
Raab (Győr)
Székesfehérvár
Plattensee (Balaton)
Pécs
Dijon
Besançon
Bern
Luzern
Liechtenstein
Innsbruck
Brenner 1371
Großglockner 3797
Graz
Klagenfurt
Marburg (Maribor)
Ostalpen
Lausanne
Genf
Genfer See
Finsteraarhorn 4274
Bozen
3899 Ortler
3342
Dolomiten
Udine
Laibach (Ljubljana)
Slowenien
Zagreb
Kroatien
Osijek
Lyon
Clermont-Ferrand
Vichy
Montluçon
St-Etienne
Montblanc 4807
Aosta
4634 Monte Rosa
Como
Lago Maggiore
Comer See
Bergamo
Brescia
Garda See
Verona
Vicenza
Trient
Triest
Rijeka
Karlovac
Sisak
Brod
Banja Luka
Mailand
Novara
Turin
Mont Cenis 2083
Padua
Venedig
Istrien
Pula
Mantua
Po
Jugoslawien
Bosnien und Herzegowina
Sarajevo
Grenoble
Valence
4102 Ecrins
3841 Monte Viso
Piacenza
Parma
Modena
Ferrara
Alessandria
Ravenna
Genua
Bologna
Forli
Rimini
San Marino
Fano
Ancona
Dalmatinische Inseln
Zadar
Split
Mostar
Dinara
Durmitor 2522
Zentralmassiv
Auvergne
1886 Mt. Dore
Mt. Lozère 1702
Cevennen
Westalpen
Tenda 1873
Riviera
La Spezia
Nîmes
Avignon
Arles
Provence
Nizza
Monaco
San Remo
Cannes
Côte d'Azur
Aix-en-Provence
Marseille
Toulon
Montpellier
Béziers
Sète
Pisa
Livorno
Florenz
Toskana
Apennin
Siena
Perugia
Loreto
Grosseto
Terni
2914 Gran Sasso d'Italia
Abruzzen
Pescara
Dubrovnik
Ligurisches Meer
Kap Corse
Bastia
Elba
Calvi
2710 Monte Cinto
Korsika (zu Frankreich)
Ajaccio
Bonifacio
Perpignan
Port-Vendres
Gerona
Costa Brava
Badalona
Barcelona
Rom
Albaner Berge
Latina
Gargano
Foggia
Barletta
Bari
Cannae
Brindisi
Apulien
Benevento
Vesuv 1277
Neapel
Pompeji
Ischia
Capri
Salerno
Potenza
Tarent
Lecce
Otranto
Italien
Costa Smeralda
Olbia
Sassari
Monti del Gennargentu 1834
Oristano
Sardinien (zu Italien)
Cagliari
Kap Teulada
4389
Menorca
1445
El Arenal
Mallorca
3785
Tyrrhenisches Meer
Rossano
1929
Cosenza
Crotone
Kalabrien
Stromboli
Liparische Inseln
Messina
Reggio di Calabria
Palermo
Ägadische Inseln
Marsala
Selinunt
Sizilien
Agrigento
Ätna 3323
Taormina
Catania
Syrakus
Ragusa
Kap Passero
Mittelmeer
Pantelleria
Valletta
Malta
Pelagische Inseln
Bizerte
Karthago
Tunis
Algier
Bejaia
Skikda
Annaba
Beja
Medjerda
Nabeul
Tizi-Ouzu
Blida
Tellatlas
Sétif
Constantine
Sousse
Kairuan
Schott el-Hodna
Batna
2328 Djebel Aures
Tébessa
Tunesien
Bu Saada
Biskra
Sfax
Kerkenna-Inseln
1138 Djelfa
Algerien
Schott Melghir
Gafsa
Djerba
Gabès
Tozeur
243
Rhône
Donau
Seine
Loire
Drau
Save

Südosteuropa/Türkei

Ukraine
Perwomaisk
Kriwoi Rog
Saporoshje
Nikopol
Kachowkaer Stausee
Ingulez
Ingul
Südlicher Bug
Nikolajew
Cherson
Dnjepr
Melitopol
Odessa
Perekop
Dzhankoi
Krim
Simferopol
Sewastopol
Jailagebirge
1545
Jalta
Schlangen-insel
Sowjetunion
Taganrog
Rostow
Asow
Schachty
Nowotscherkassk
Don
Sal
Wesselyj-stausee
Manytsch-see
Salsk
Elista
Astrachan
-20
Shdanow
Berdjansk
Jejsk
Asowsches Meer
14
Tichorezk
Kropotkin
Krasnodar
Kuban
Kertsch
Noworossijsk
Armawir
Maikop
Stawropol
Newinnomyssk
Prikumsk
Kuma
Kaspisches Meer
Kisljar
Pjatigorsk
Kislowodsk
Naltschik
Terek
Grosnyj
Ordschonikidse
Tuapse
Sotschi
3256
3790
5633 Elbrus
Kaukasus
Kasbek 5047
2348
Suchumi
Grusinien
Kutaisi
Poti
Rioni
Tiflis (Tbilissi)
1348
Rustawi
Kura
Batumi
Artvin
Kirokawan
Leninakan
Sewansee
Kirowabad
Armenien
984
Jerewan
Kars
Schwarzes Meer
2245
Sinop
Cide
1985
Pontisches Gebirge
Samsun
Zonguldak
Ereğli
Karabük
Amasya
Ordu
Trabzon
3937 Kaçkar
Çoruh
Adapazarı
2378 Aladağ
Köroğlu dağları
Kızılırmak
Çorum
Yeşilırmak
Kelkit
3305
Aras
Karaköse
Ararat 5165
Nachitschewan
Sakarya
Eskişehir
Ankara
848
Kırıkkale
Yozgat
Sivas
1300
3015
2792
Erzincan
Erzurum
Westlicher Euphrat
Östlicher Euphrat
Türkei
Innerer Taurus
Keban-stausee
Tatvan
Vansee
1720
Van
Choi
Iran
Täbris
Urmiasee
Urmia
Anatolien
Hirfanli-stausee
Kayseri
2313
Elâzığ
Afyon
Tuz gölü (Großer Salzsee)
899
Aksaray
3916 Erciyas dağ
Malatya
900
Östlicher Taurus
Arnas 3550
Batman
Kurdistan
Eğridirsee
1027
Konya
Aladağ 3734
Adıyaman
Diyarbakır
Tigris
Cizre
Isparta
Ereğli
Seyhan
Ceyhan
Kahramanmaraş
Euphrat
Urfa
Qamishli
Taurus
3086
Karaman
Ak dağ 2647
Mittlerer Taurus
Tarsus
Mersin
Adana
Osmaniye
Gaziantep
Kilis
Tell Afar
1463 Djebel Sinjar
Ninive
250
Mosul
Erbil
Antalya
Alanya
Golf von Antalya
Anamur
Golf v. İskenderun
İskenderun
Antakya
570
Haleb (Aleppo)
Assad-Stausee
Rakka
Assur
Kirkuk
Sulaymaniyah
Kap Andreas
Asi
Deir-ez-Zor
Khabur
Zypern
Nicosia
Famagusta
Troodos 1953
Larnaca
Limassol
Latakia
1385
Hama
Syrien
1391
Tikrit
Samarra
Khanaqin
Tartus
Homs
Palmyra
Tadmor
Abu Kemal
Wadi Miyah
Haditha
Tripoli
3083
Libanon
Baalbek
Beirut
Sidon
691
Damaskus
Syrische Wüste
Irak
Bagdad
38
Rutba
Kerbela
Meer
32°
36°
40°
44°
F
G
H
J
1
2
3
4
5

Europa – Physische Übersicht / Geologie

① Mitteleuropa – Geologie
Maßstab 1 : 7 000 000

Nacheiszeit und Eiszeit (Quartär)
- Marsch
- Geest, Schotterfläche
- Löß
- Flußablagerung
- Jungmoränen, Sander
- Endmoränen
  - jüngere
  - ältere

Die Erdzeitalter und ihre Dauer

Buntsandstein, Muschelkalk, Keuper – Saurier, Säugetiere – Erdmittelalter 140 Mill. – Menschen, Erdneuzeit – Tertiär 60 Mill.
Trias 40 / Perm 25 / Jura 35 / Kreide 80 / Quartär (Diluvium, Alluvium)
Erdurzeit 1400 Mill. Jahre – Erdaltertum 340 Mill. Jahre
Karbon 70 / Devon 40 / Silur 30 / Ordovizium 70 / Kambrium 90 Mill.
Landpflanzen – Fische – erste Lebewesen
Entwicklung des Lebens auf der Erde in blauer Schrift

- Grundgebirge
- Vulkangestein
- erloschene Vulkane

Physische Übersicht
Seite 112/113 ↔ Seite 88/89 ↓ Seite 76/77

Landhöhen / Meerestiefen (in Meter)
- Tundra
- Wüste
- Sumpf, Moor
- Salzsee

Gebiet unter dem Meeresspiegel – Berghöhe 4807
3000 / 1500 / 1000 / 500 / 200 / 0 (Küstenlinie) / 200 / 2000 / 4000
Tiefenangabe ▼3785   Höhenangabe •61

Orte
- ■ über 500 000 Einwohner
- • unter 500 000 Einwohner

② Europa – Alter der Gebirge / Rohstofflagerstätten
Maßstab 1 : 36 000 000

- Urkontinent (älter als 2000 Mill. Jahre)
- Kaledonisches Gebirge gefaltet im Erdaltertum (vor 500 – 450 Millionen Jahren)
- Variskisches Gebirge, gefaltet im Erdaltertum (vor 400 – 350 Millionen Jahren)
- Alpidisches Gebirge (Beginn der Faltung vor 50 Millionen Jahren, reicht bis in die Gegenwart)
- Tafelländer und Becken
- ▲ tätige Vulkane
- • schwere Erdbeben

Bedeutende Lagerstätte von
- Salz
- Steinkohle
- Erdöl
- Braunkohle
- ◆ Eisenerz vom Urkontinent

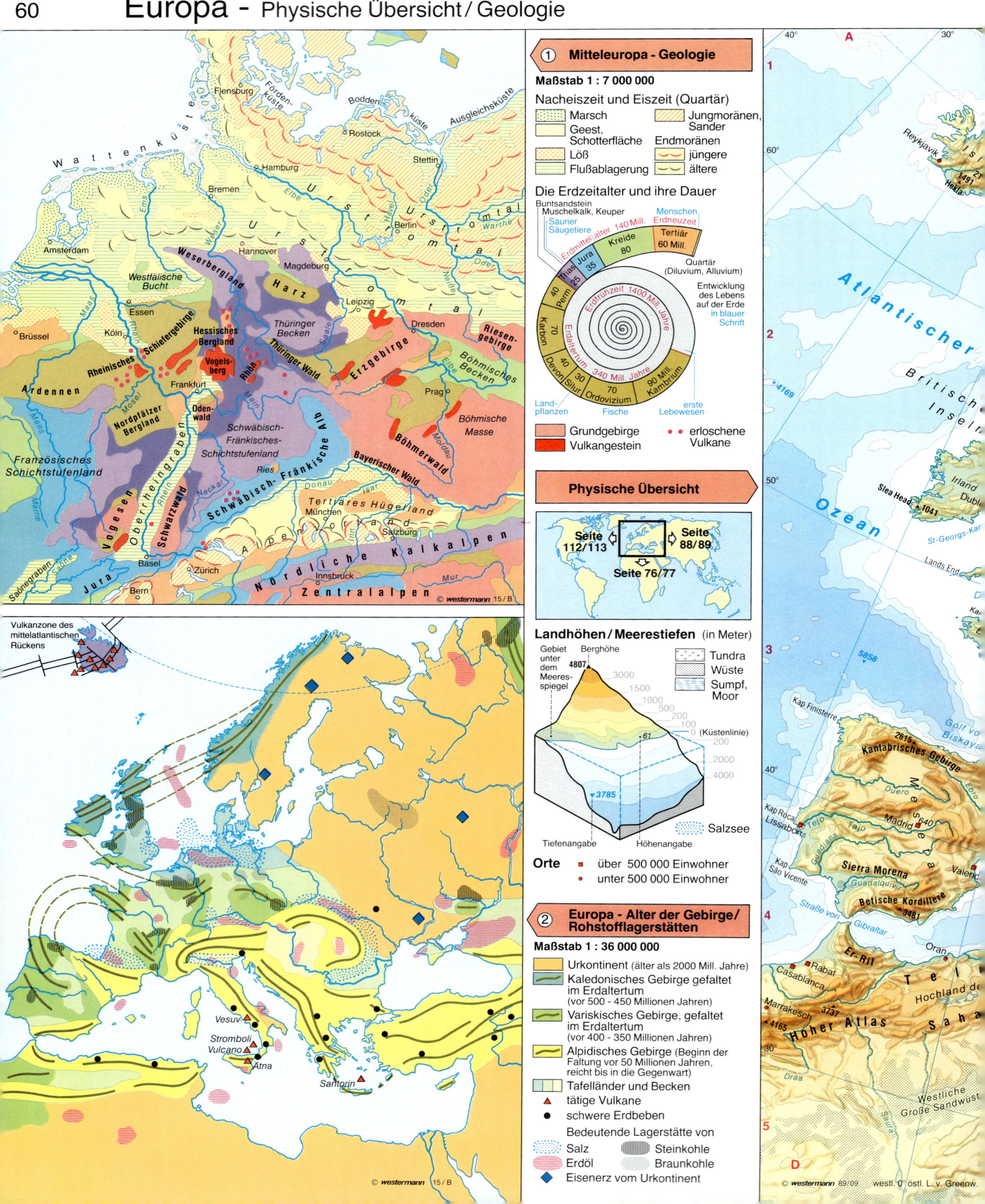

© westermann 15/B
© westermann 89/09

Maßstab 1 : 18 000 000
1 cm = 180 km

0 200 400 600 800 1000 km

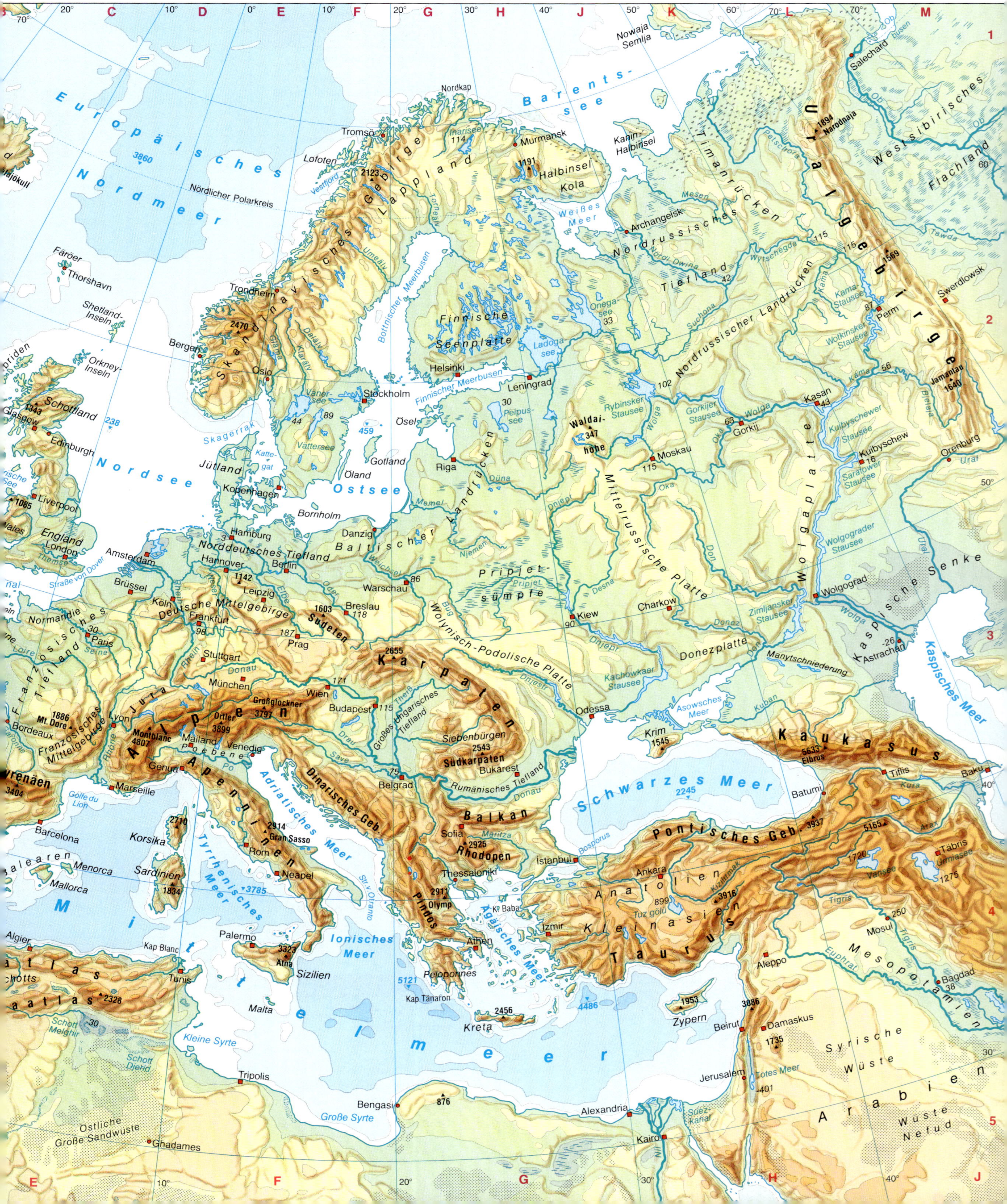

Europa - Staaten / Bevölkerung

① Europäische Zusammenschlüsse

Maßstab 1 : 36 000 000

EG (Europäische Gemeinschaft)
- Gründungsmitglieder der EG
- Neumitglieder der EG (mit Beitrittsdatum)
- Mit der EG verbunden (assoziiert)

Einrichtungen und Organisationen der EG (Auswahl)
- **EP** Europäisches Parlament
- **EUGH** Europäischer Gerichtshof
- **EGKS** Europäische Gemeinschaft für Kohle und Stahl (Montanunion)
- **EURATOM** Europäische Atomgemeinschaft

EFTA (European Free Trade Assoziation/Europäische Freihandelsgemeinschaft)
- Mitgliedsstaaten

RGW (Rat für gegenseitige Wirtschaftshilfe, auch COMECON genannt) Auflösung 1991
- Mitgliedsstaaten (außerdem Kuba, Mongolei, Vietnam)
- Mit dem RGW verbunden

NATO (North Atlantic Treaty Organization/Organisation des Nordatlantikvertrages)
- Mitgliedsstaaten (außerdem Kanada, USA)

Warschauer Pakt Auflösung 1991
- Mitgliedstaaten
- Sitz der Organisation

Staaten
- Staatsgrenze
- Regierungssitz
- Innerstaatliche Grenzen (Bundesstaaten, Föderalistische Republiken, Autonome Regionen) Weitere Bundesstaaten: Deutschland, Österreich, Schweiz

L. = Liechtenstein; **Lux.** = Luxemburg

Volkseinkommen
- reiche Staaten, hohe Entwicklung
- Schwellenländer, mittlere Entwicklung
- arme Staaten, niedrige Entwicklung

siehe auch Seite 164 »Erde-Staaten«

② Bevölkerungsdichte

Maßstab 1 : 36 000 000

Einwohner je km²
- fast unbewohnt
- 1 - 25
- 25 - 100
- 100 - 200
- über 200

Großstädte (z. T. Agglomerationen)
- ○ über 5 000 000 Einwohner
- ● 1 000 000 - 5 000 000 Einw.
- ○ über 500 000 Einwohner

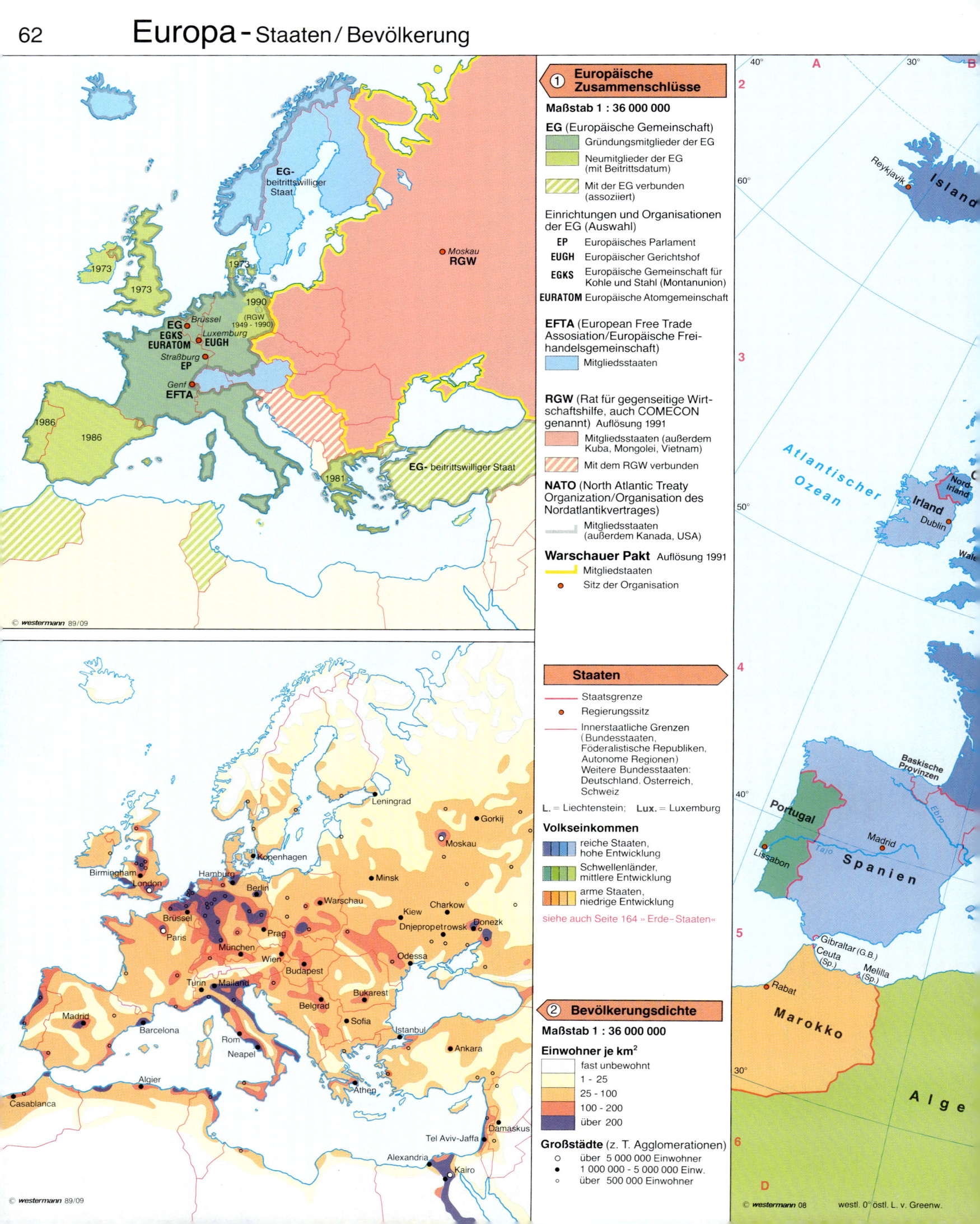

63

Maßstab 1 : 18 000 000
1 cm = 180 km

Europa – Klima

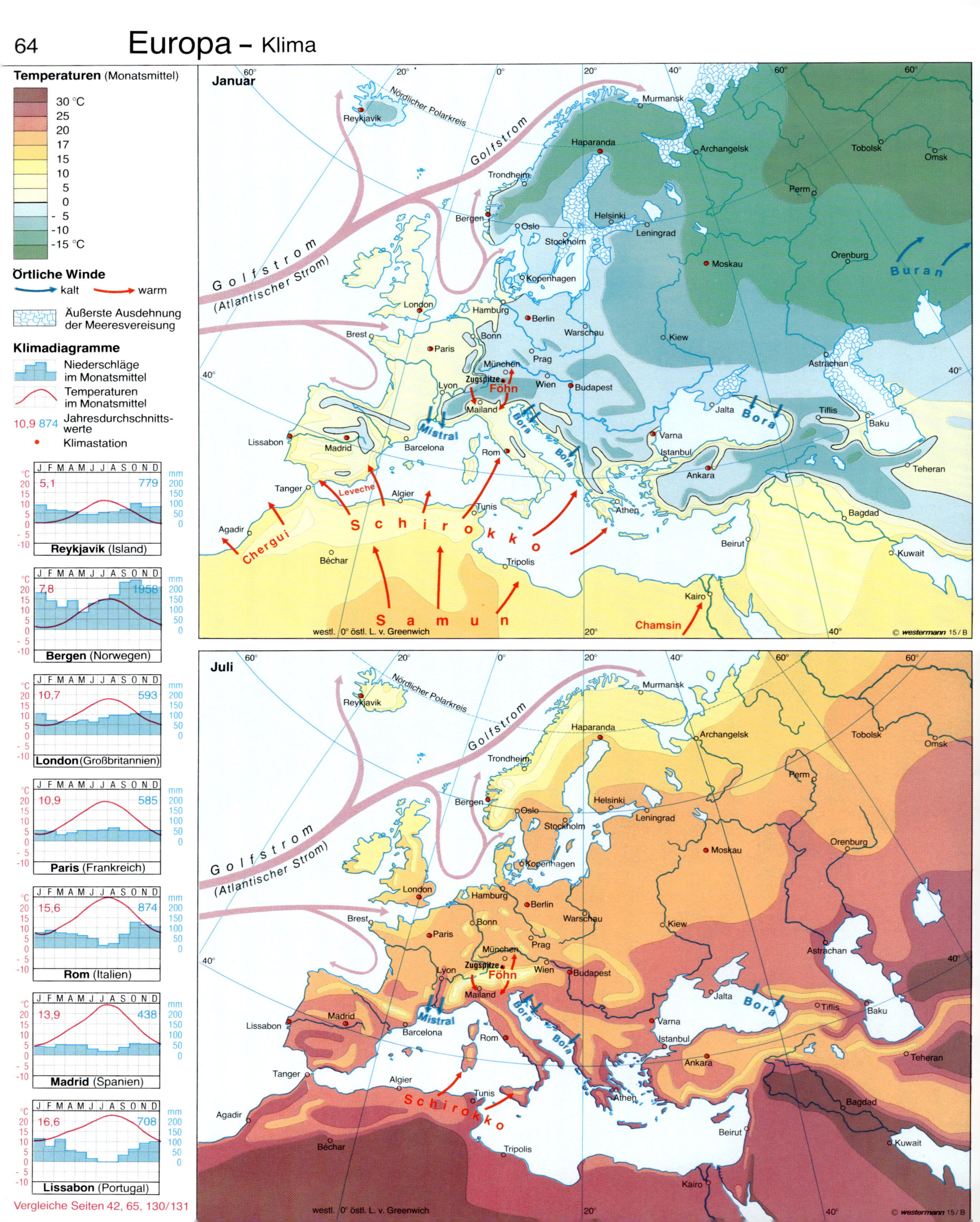

Maßstab 1 : 36 000 000
1 cm = 360 km

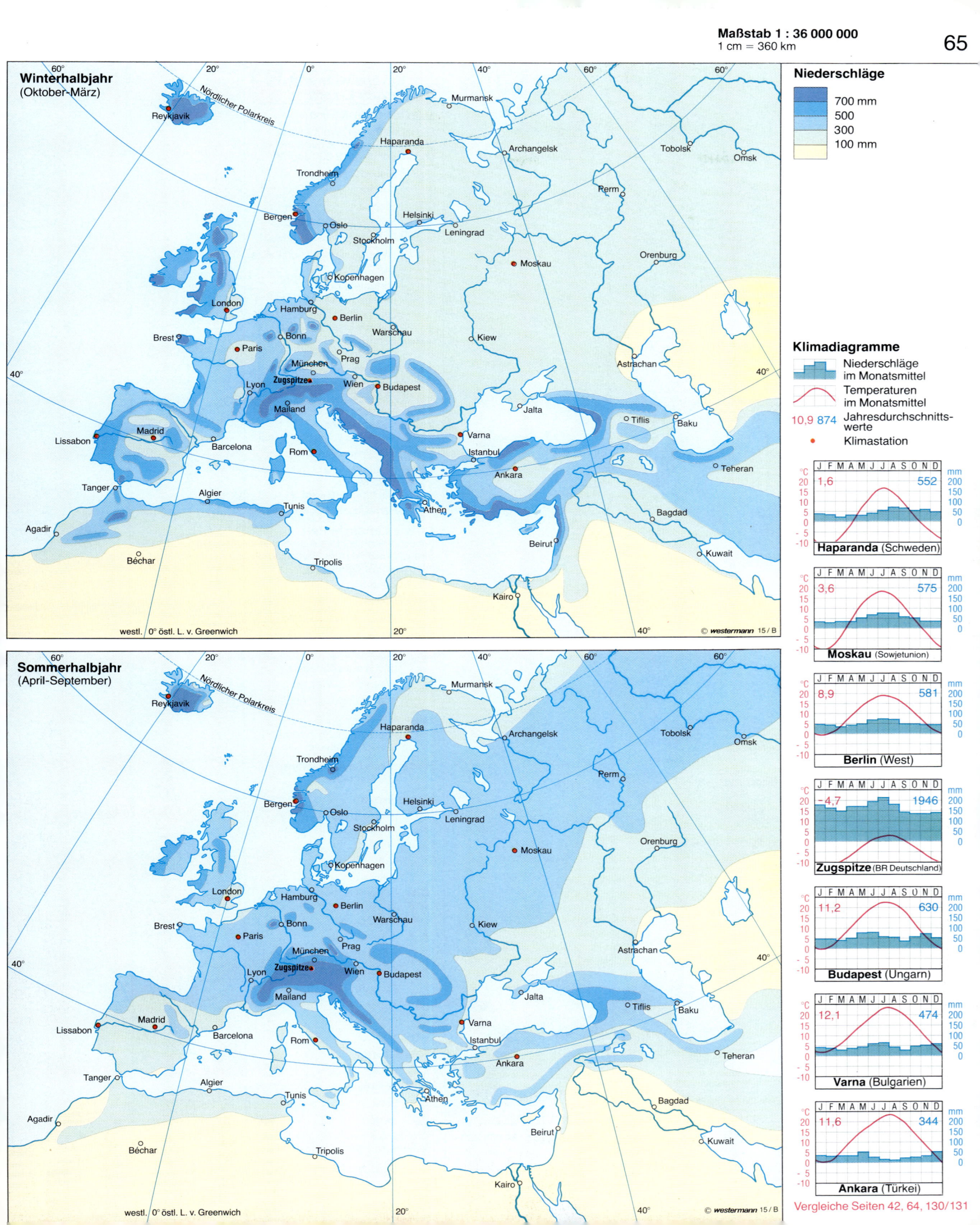

Winterhalbjahr (Oktober–März)

Sommerhalbjahr (April–September)

Niederschläge
- 700 mm
- 500
- 300
- 100 mm

Klimadiagramme
- Niederschläge im Monatsmittel
- Temperaturen im Monatsmittel
- 10,9 874 Jahresdurchschnittswerte
- Klimastation

Haparanda (Schweden) 1,6 552
Moskau (Sowjetunion) 3,6 575
Berlin (West) 8,9 581
Zugspitze (BR Deutschland) −4,7 1946
Budapest (Ungarn) 11,2 630
Varna (Bulgarien) 12,1 474
Ankara (Türkei) 11,6 344

Vergleiche Seiten 42, 64, 130/131.

Europa – Landwirtschaft / Eiszeit

① Europa während der letzten Eiszeit

Maßstab 1 : 36 000 000

Die letzte Eiszeit (Würmeiszeit oder Weichseleiszeit genannt) endete vor etwa 12 000 Jahren

- Eisbedeckung
- Tundra
- Steppe
- Nördlicher Nadelwald
- Sommergrüner Mischwald
- Immergrüne Hartlaubgehölze
- Löß
- vermutete Küste
- heutige Küste
- —50— Landhebung nach Abschmelzen des Eises (in Meter)
- Südgrenze des Dauerfrostbodens

(Vergleiche dazu Seite 132 / 133)

Ritzzeichnung eines Rentiers; gefunden in der Schweiz, etwa 30 000 Jahre alt

Landwirtschaft

Waldlandschaften
Holzentnahme, z.T. Forstwirtschaft
- Nördlicher Nadelwald
- Sommergrüner Laub- und Mischwald, Gebirgsnadelwald
- Hartlaubgehölze, z.T. Macchie

Offene Landschaften
(einschließlich lichtem Baum- und Strauchbewuchs) mit unterschiedlich intensiver Weidenutzung
- Tundra
- Steppe
- Wüste und Halbwüste

Kulturland
- Ackerland
- davon auf Lößboden
- Wiesen und Weiden
- mittelmeerischer Anbau
- Oasen
- landwirtschaftlich nicht genutzte Gebiete
- nördliche Anbaugrenze des Getreides

Nutzpflanzen

Pflanzliche Nahrungsmittel
- Weizen
- Mais
- Reis
- Sonnenblumen
- Zuckerrüben
- Dattelpalmen
- Zitrusfrüchte

Pflanzliche Rohstoffe
- Baumwolle

Genußmittel
- Tabak
- Tee
- Wein

Viehhaltung
- Rinder
- Schweine
- Schafe
- Ziegen

1 großes Zeichen = 20 Mill. Stück
1 kleines Zeichen = 5 Mill. Stück

— Staatsgrenze

② Europäische Gemeinschaft (EG)
Beschäftigte in der Landwirtschaft

Maßstab 1 : 24 000 000

Anteil an der Gesamtbeschäftigtenzahl (1982)
- weniger als 10%
- 10 – 20%
- 20 – 30%
- mehr als 30%

Strukturschwache Gebiete (nach Kommission der Europäischen Gemeinschaft vom 4. 4. 1984)

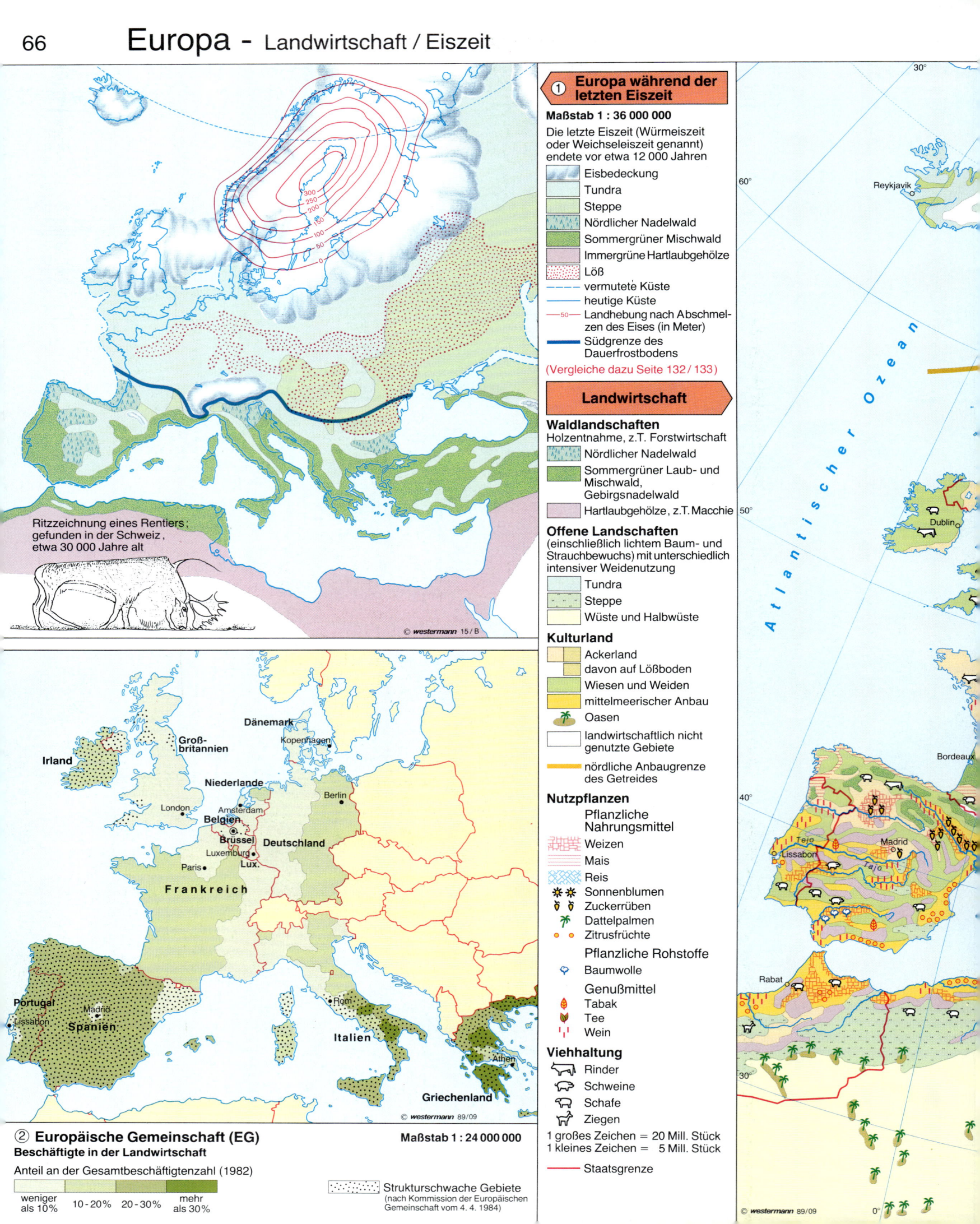

Maßstab 1 : 18 000 000
1 cm = 180 km

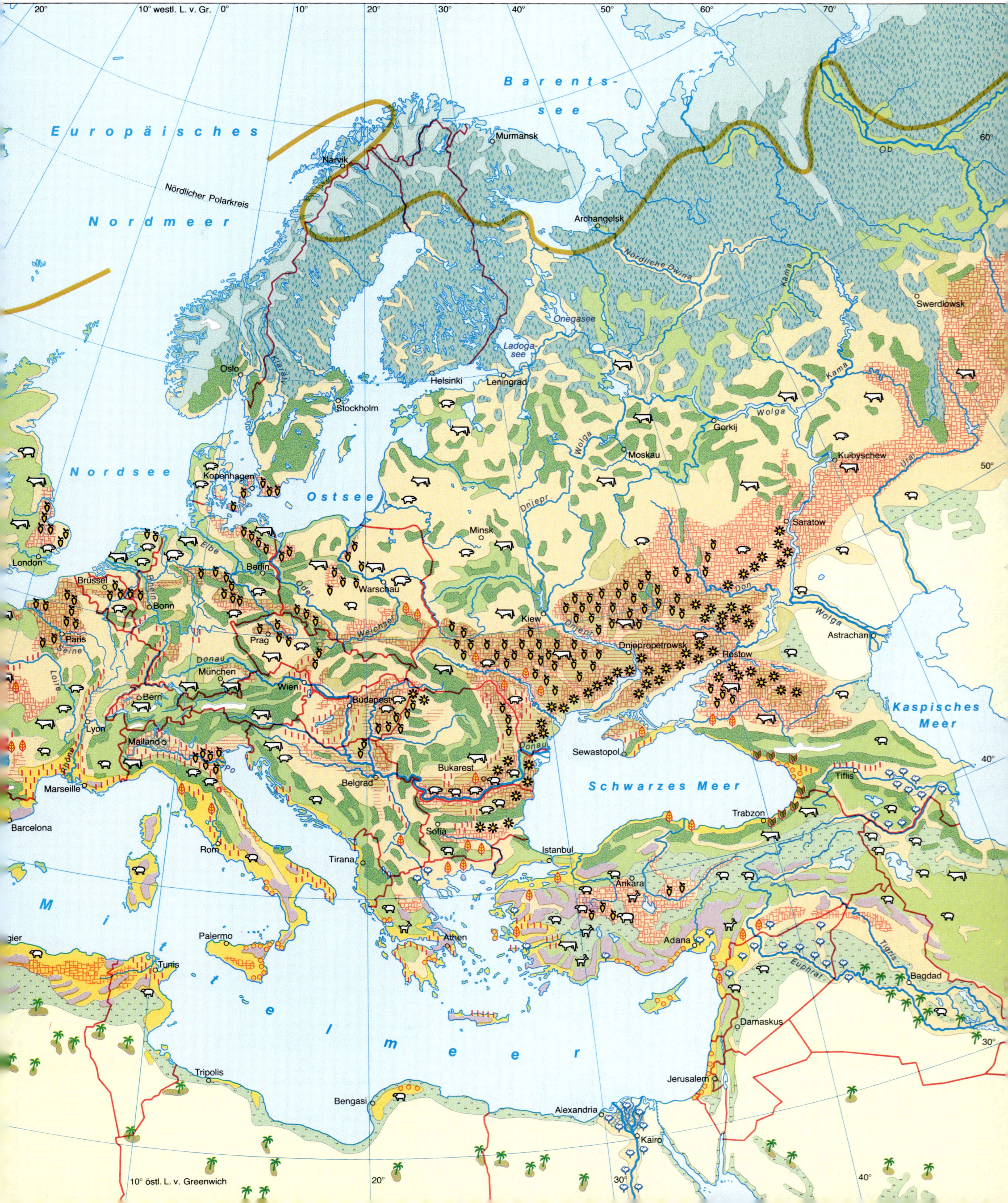

Europa – Bergbau / Energie

Bodenschätze

Energierohstoffe
- Erdöl
- Erdgas
- Steinkohle
- Braunkohle
- Uran

Metalle
- Eisen

Stahlveredler
- Chrom
- Wolfram
- Mangan

Buntmetalle
- Blei/Zink
- Nickel
- Kupfer
- Zinn
- Quecksilber

Edelmetalle
- Gold
- Silber
- Platin

Sonstige
- Phosphat
- Asbest
- Bauxit (Aluminiumrohstoff)
- Magnesit

Kontinentalschelf
200m – Tiefenlinie

Erdölleitung
Erdgasleitung
Staatsgrenze

① Nordsee – Erdöl und Erdgas

Maßstab 1 : 6 000 000   1 cm = 60 km

Jahresförderung wichtiger Erdöl- und Erdgasfelder (1983)

Erdölfeld
- 1 – 5 Mill. t
- 5 – 10 Mill. t
- 10 – 20 Mill. t

Erdgasfeld
- 1 – 5 Mrd. m³
- 5 – 10 Mrd. m³
- 10 – 20 Mrd. m³
- 20 – 50 Mrd. m³

Erdölraffinerie
(1 Teilstrich = 10 Mill. t Jahresleistung)

Erdölleitung
Erdölhafen
Erdgasleitung
Erdgasübernahmestation

Grenzen der nationalen Wirtschaftszonen im Meer

Meerestiefen
- 0 – 40 m ⎫ Kontinental-
- 40 – 100 m ⎬ schelf
- 100 – 200 m ⎭
- über 200 m
- 295 Tiefe in Meter

Geologisches Profil durch die Nordsee

Großbritannien — Nordsee — Norwegen
Auk, Josephine

Tertiär, Kreide, Jura/Trias, Zechstein (Salzdome), Karbon (Steinkohlevorkommen), Devon, Rotliegendes, Grundgebirge, tektonische Störung

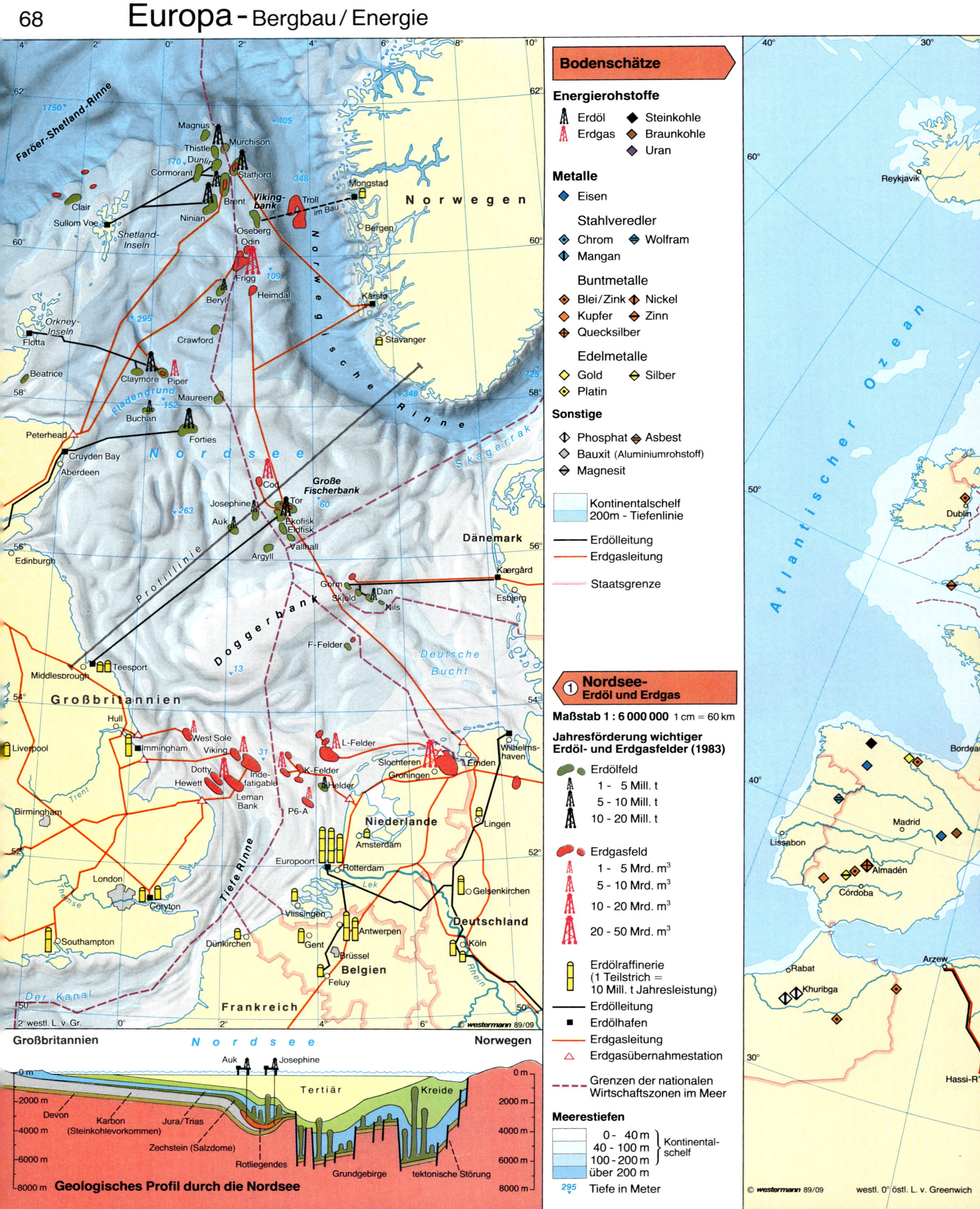

© westermann 89/09

Maßstab 1 : 18 000 000
1 cm = 180 km
0 200 400 600 800 1000 km

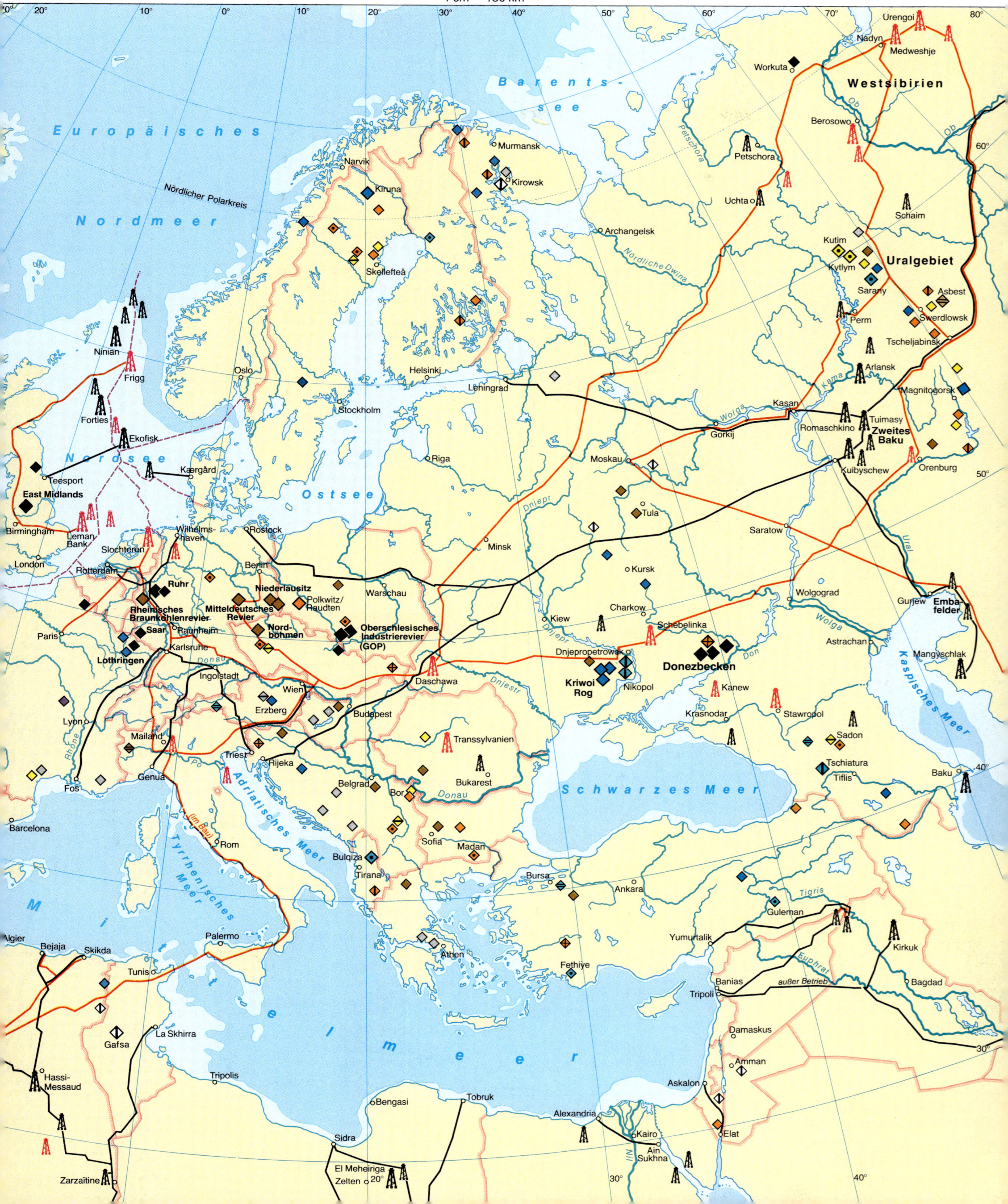

Europa - Industrie / Ausländische Arbeitnehmer

① Ausländische Arbeitnehmer in Deutschland
Maßstab 1 : 7 000 000

Anteil der ausländischen Arbeitnehmer und ihrer Familienangehörigen an der Gesamtbevölkerung
- unter 2,5 %
- 2,5 – 5
- 5 – 7,5
- 7,5 – 10
- 10 – 15 %

Arbeitsmarktregionen
Bremen — Bundesländer

Herkunft der Arbeitnehmer
1 mm Pfeilbreite = 200 000 Personen

Geldüberweisungen in die Heimatländer (pro Jahr)
1 Geldstück = 100 Mill. DM

Volkseinkommen
1 Geldstück = 1000 DM pro Kopf der Bevölkerung im Jahr

Für den östlichen Teil Deutschlands liegt keine Klassifizierung vor.

Industrie
- Eisen- und Stahlerzeugung
- Buntmetall- und Aluminiumverhüttung
- Eisen- u. Metallverarbeitung (Stahl- und Leichtmetallbau, Maschinenbau, Raum- und Luftfahrzeugbau, Schienenfahrzeugbau, Metallwaren)
- Kraftfahrzeugbau (Personenkraftwagen, Lastkraftwagen, Omnibusse, Spezialfahrzeuge)
- Schiffbau
- Veredelungsindustrie (Elektronik, Elektrotechnik, Feinmechanik, Optik)
- Chemie, Kunststoffe
- Textil- u. Bekleidung
- Holz-, Zellulose- und Papier

stark industrialisierte Gebiete
Rhein-Ruhr — Industriegebiet
Stuttgart — großes Industriezentrum
Linz — bedeutender Einzelstandort (z. T. ohne Benennung)

Abkürzungen
Ober-schles. Ind. — Oberschlesisches Industriegebiet

Staatsgrenze

② Europäische Gemeinschaft (EG)
Beschäftigte in Bergbau, Energie und Industrie
Anteil an der Gesamtbeschäftigtenzahl (1982)

- weniger als 30 %
- 30 – 40 %
- 40 – 50 %
- mehr als 50 %

Maßstab 1 : 24 000 000

⊙ Sitz der EG-Kommission
• Hauptstadt eines Mitgliedstaates

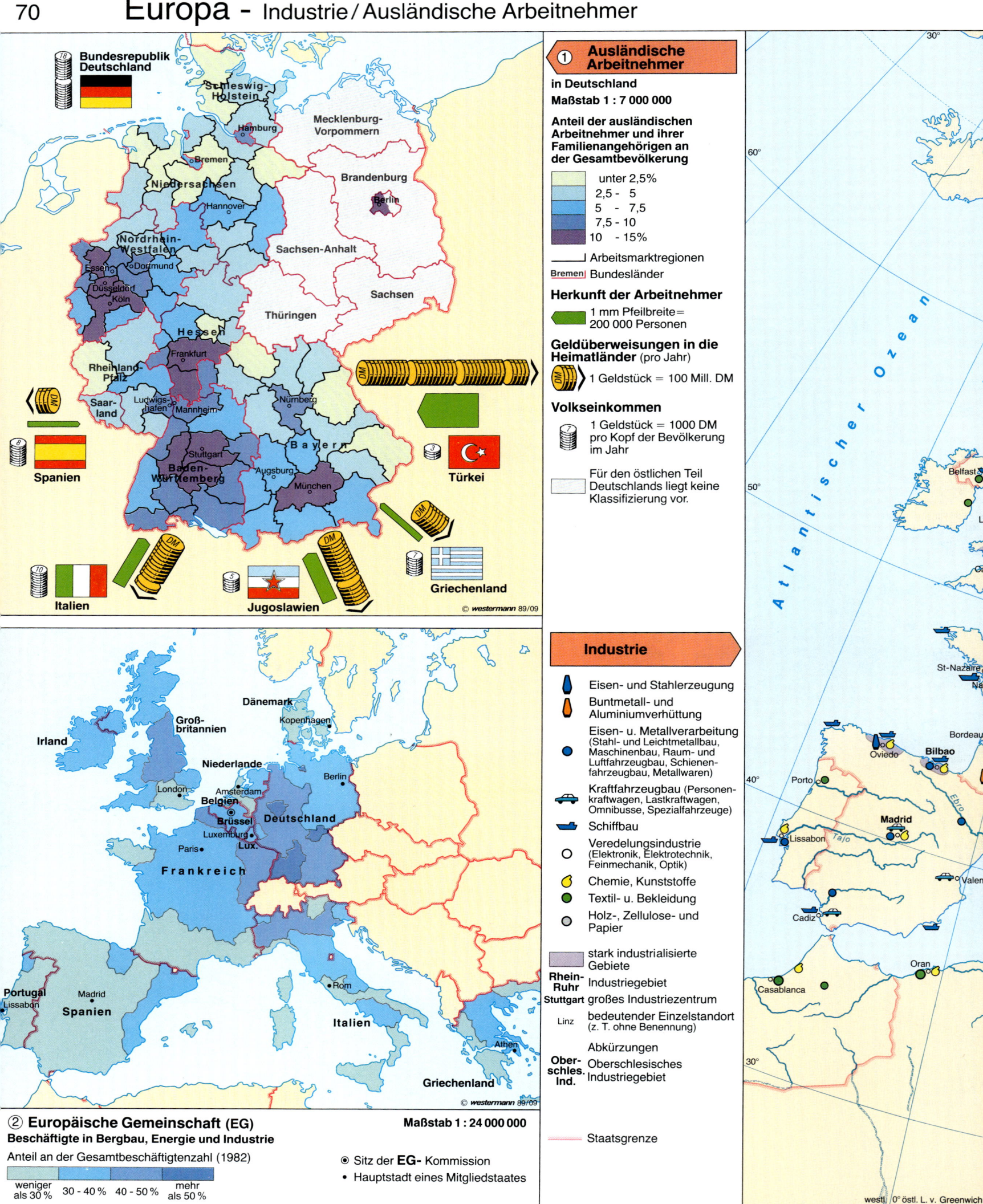

© westermann 89/09

Maßstab 1 : 18 000 000
1 cm = 180 km

Nordsee – Belastung der Umwelt

Maßstab 1 : 6 000 000
1 cm = 60 km

Lebensraum Meer
- Laichplätze der Nordsee-Heringe
- Wanderwege der Heringslarven
- Wanderwege der Nordsee-Heringe
- Fischkinderstuben
- Wattenmeer

Wasseraustausch durch Strömungen
- in 6 Monaten
- in 18 Monaten
- in 24 Monaten
- in 36 Monaten
- in mehr als 36 Monaten

Meerwasserverschmutzung
- Schwermetalleinleitung: Blei, Kupfer, Kadmium, Chrom (□ ≙ 20 t pro Jahr = 1 Güterwaggon)
- Erdölhafen
- chemische Industrie (z.T. Raffinerien)
- Erdölverschmutzungsgefahr in Offshore-Fördergebieten
- Säureeinleitung (Verklappung)
- Abfallverbrennung
- Schiffsunfälle (in Auswahl) (Ölverluste, Ölpest usw.)

Flußverschmutzung
- stark
- mäßig
- gering
- 120 000 t Meßstelle der Chloridbelastung (in Tonnen pro Jahr)
- Kalisalzgewinnung
- Staatsgrenze

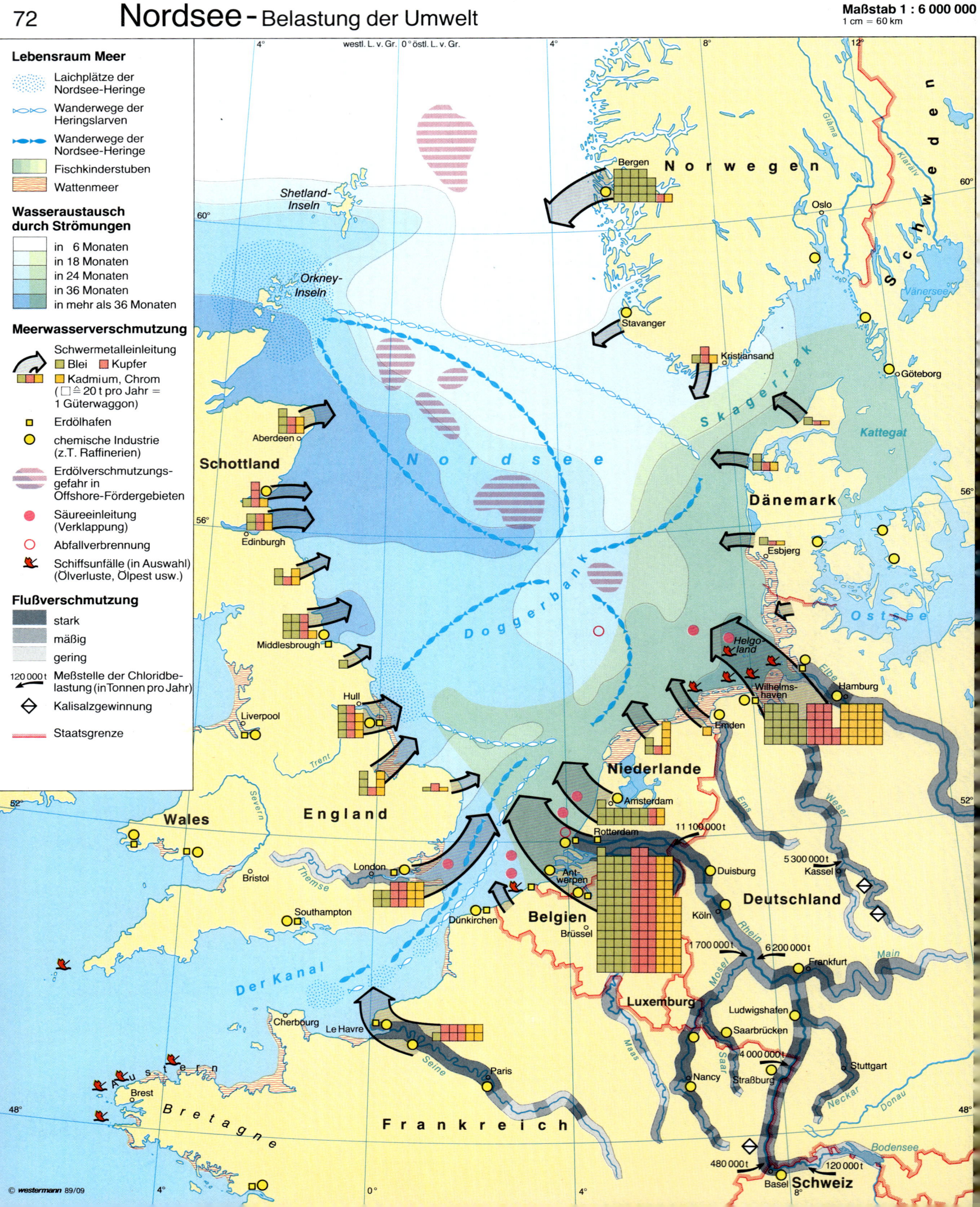

© westermann 89/09

Niederlande – Küstenschutz / Neulandgewinnung

1 Küstenschutz / Neulandgewinnung
Maßstab 1 : 2 000 000
1 cm = 20 km

Zeitraum der Neulandgewinnung
- vor 1600
- 1600 – 1800
- 1800 – 1900
- nach 1900
- geplant

1961 Jahr der Trockenlegung bzw. Fertigstellung

- Küstendünen
- Abschlußdamm
- Seedeich
- Kanal

2 Flutkatastrophe 1953
Maßstab 1 : 2 000 000

- überschwemmtes Gebiet

3 Rhein-Maas-Schelde-Deltaprojekt
Maßstab 1 : 500 000
1 cm = 5 km

Küstenschutz / Neulandgewinnung
- Hauptabschlußdamm
- sonstiger Damm (Deich)
- Uferbefestigung
- Schleuse
- 1972 Jahr der Fertigstellung
- neugewonnenes Land
- Salzwasser
- Süßwasser

Fremdenverkehr / Erholung
- Erholungsgebiet (Küstendünen)
- Seebad
- Erholungszentrum
- Naturschutzgebiet / Naturpark

Industrie / Verkehr
- Industrie-/Hafengelände
- Eisenbahn
- Autobahn
- Straße
- Fähre
- Kanal
- Schiffahrtsweg mit Seeschifftiefe
- Wohnbebauung
- sonstige Landfläche
- Staatsgrenze

74 Westeuropa – Wirtschaft

Maßstab 1 : 6 000 000
1 cm = 60 km

Legende

Landwirtschaft
Ackerbau
- auf sehr guten und guten Böden (vorwiegend Anbau von Weizen, Mais und Zuckerrüben)
- auf mittleren und armen Böden
- mittelmeerischer Anbau

Sonderkulturen
- Blumen (Schnittblumen, Duftstoffe)
- Hopfen
- Obst und Gemüse
- Tabak
- Wein
- Loire – Französisches Weinbaugebiet

Viehwirtschaft
- Wiesen und Weiden (siehe auch Europa-Landwirtschaft, Seite 67)

Forstwirtschaft
- größere geschlossene Waldgebiete
- Dünen, Felsen, Gletscher

Bergbau
- Erdöl
- Erdgas
- Steinkohle
- Braunkohle
- Uran
- Eisen
- Blei, Zink
- Bauxit
- Kali
- Steinsalz

Industrie
- Eisen- u. Stahlerzeugung
- Buntmetallverhüttung
- Aluminiumverhüttung
- Eisen- u. Metallverarbeitung (Maschinenbau, Stahl- u. Leichtmetallbau, Metallwaren)
- Kraftfahrzeugbau
- Schiffbau
- Luft- u. Raumfahrzeugbau
- Veredelungsindustrie (Elektrotechnik, Elektronik, Feinmechanik, Uhren)
- Chemie
- Erdölraffinerie
- Erdölleitung } in Auswahl
- Erdgasleitung
- Textil, Bekleidung, Leder
- Steine, Erden, Keramik, Porzellan, Glas
- Nahrungs- u. Genußmittel
- Fischverarbeitung
- Seehafen (ab 20 Mill. t Jahresumschlag)

Orte
- über 500 000 Einwohner
- unter 500 000 Einwohner
- Grenzen der nationalen Wirtschaftszonen im Meer
- Staatsgrenze

Europa – Fremdenverkehr

Maßstab 1 : 18 000 000
1 cm = 180 km

Fremdenverkehr

Feriengebiete / Fremdenverkehrsgebiete
- mit überwiegender Sommererholung
- mit Sommer- und Wintererholung, im Gebirge Wintersport
- landschaftlich reizvolle Gebiete, noch relativ wenig genutzt
- Riviera   Fremdenverkehrsgebiet

Bedeutende Fremdenverkehrsorte (in Auswahl)
Ausbau für den Fremdenverkehr
- vor 1960 / nach 1960
- ○ ● Heilbad
- ○ ● Fremdenverkehrsort
- ○ ● Fremdenverkehrsort mit starker Wintersaison
- ⚳ Wallfahrtsort

Ballungsräume mit mehr als 1 000 000 Einwohner, z. T. mit Besichtigungsfremdenverkehr

⊕ Zielflughafen des Ferienflugverkehrs

Autobahn (in Auswahl) dem Verkehr übergeben
- vor 1960
- nach 1960

— Staatsgrenze

Vergleiche auch Seite 45

---

① Balearen – Fremdenverkehr

Maßstab 1 : 3 000 000
1 cm = 30 km

- ○ Palma   wichtiger Ort, Ausflugsziel
- ● Paguera   Feriensiedlung
- ⊕ internationaler Flughafen
- ---- Fährverbindung zwischen den Inseln

Anzahl der Hotelbetten
- 1980
- davon 1970
- davon 1960
- 1 mm Säulenhöhe = 1000 Betten

Fluggäste 1980
davon 1970
▽ = 250 000 Fluggäste

Herkunft der Feriengäste siehe Karte ②

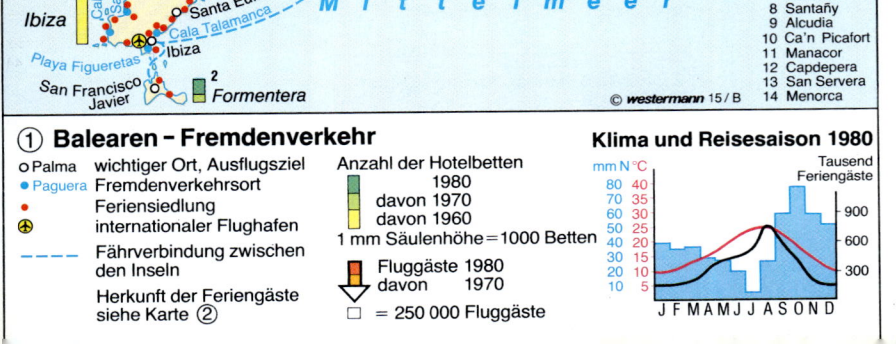

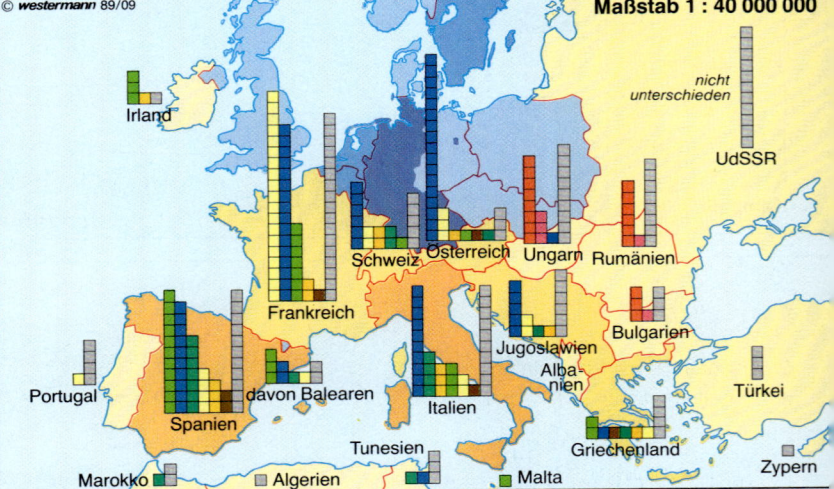

1. Ibiza
2. Formentera
3. Calvia West
4. Calvia Ost
5. Palma
6. El Arenal
7. Pollensa
8. Santañy
9. Alcudia
10. Ca'n Picafort
11. Manacor
12. Capdepera
13. San Servera
14. Menorca

Klima und Reisesaison 1980

② Wirtschaftliche Bedeutung des Fremdenverkehrs / Urlaubsgäste

Maßstab 1 : 40 000 000

In diesen Ländern sind aus dem Fremdenverkehr
die Einnahmen größer als die Ausgaben (aktive Reisebilanz):
- 0 – 2 Mrd. DM
- 2 – 10 Mrd. DM
- über 10 Mrd. DM

die Einnahmen kleiner als die Ausgaben (passive Reisebilanz):
- 0 – 2 Mrd. DM
- 2 – 10 Mrd. DM
- 25 Mrd. DM

Herkunft der Urlaubsgäste in Ländern mit aktiver Reisebilanz:
- Bundesrepublik Deutschland
- Großbritannien
- Frankreich
- Benelux
- USA
- Skandinavien
- DDR
- Tschechoslowakei
- übrige Länder
- ☐ = 500 000 Urlaubsgäste

Werte für 1981

Afrika – Physische Übersicht

Klimadiagramme
- Niederschlag
- Temperatur

Klimastationen: Kairo, Assuan, Khartum, Bahrdar Girgis, Kampala

① Flußoase Nil
Maßstab 1 : 18 000 000   1 cm = 180 km

Landnutzung/Wasserführung
- Ackerbau auf Bewässerungsland (vorwiegend Baumwoll- und Zuckerrohranbau)
- Halbwüste, Wüste
- schwach genutztes Weideland
- stark genutztes Weideland
- tropischer Regen- und Höhenwald
- tropischer Feldbau

- Fluß, ganzjährig schiffbar
- Staudamm   Schleuse
- Stromschnelle (Katarakt)
- Wadi
- zeitweilig überschwemmtes Gebiet
- Ablagerung von fruchtbarem Nilschlamm

Abflußdiagramm
monatlicher Wasserabfluß (2 mm Säulenhöhe = 1 Milliarde m³)

Nil bei Kairo

Zum Vergleich: **Rhein** bei Köln

- Wasserkraftwerke
- Düngemittelfabrik
- Staatsgrenze

Physische Übersicht
Seite 60/61, Seite 88/89, Seite 112/113, Seite 108/109

Orte (in Auswahl)
- ■ über 500 000 Einwohner
- • unter 500 000 Einwohner

Landhöhen/Meerestiefen (in Meter)
Gebiet unter dem Meeresspiegel — Berghöhe
- Sumpf
- Wüste

Tiefenangabe / Höhenangabe

② Gesira-Bewässerungsgebiet
Maßstab 1 : 2 250 000   1 cm = 22,5 km

- Bewässerung durch Kanäle
- Bewässerung durch Pumpen und Schöpfwerke
- Baumwollentkernung
- Zuckerfabrik

Weitere Erläuterungen siehe Karte ①

Orte auf den Karten
Alexandria, Suez, Kairo, Asyut, Assuan (1. Katarakt, Assuandamm), Nassersee, Dongola, 3./4./5./6. Katarakt, Atbara, Khartum, Auliadamm, Gesira, Sennardamm, Er-Roseires-Damm, Bahrdar Girgis, Tanasee, Doleib, Mongalla, Juba, Mobuto-Sese-Seko-See, Kampala, Owenfälledamm, Victoriasee

Länder: Israel, Jordanien, Saudi-Arabien, Ägypten, Sudan, Äthiopien, Uganda, Zaire, Kenia, Ruanda, Tansania

Gesira-Ausschnitt: Na'ima, Rufa'a, El Hasaheisa, Tabat, El Messellemiya, Hashaba, Wad Medani, Marangan, Barakat, El Managil, El Hosh, Ed Dueim, Um Garr, El Kawa, Hag Abdullah, Esh Shwawal, Sennar, Sennardamm

Atlantik: Azoren, Kapverdische Inseln, Kap Ve..., Trindade, Nördlicher Wendekreis, Äquator

30° westl. L. v. Gr.
20°
10°
0°
10°
20°
30°
40°
60° östl. L. v. Gr.
70°
50°
C
D
E
F
G
H
J
K
L
M
N
1
2
3
4
5
6
7
8
9
40°
30°
20°
10°
0°
Dublin
London
Lands End
Hamburg
Berlin
Minsk
Kuibyschew
Ural
Balchaschsee
Bonn
Warschau
Kiew
Charkow
Wolga
Paris
Prag
München
Wien
Budapest
Donau
Dnjepr
Don
Aralsee
Syrdarja
Taschkent
Alpen
4807
Mt. Blanc
Bordeaux
Bukarest
Kaukasus
5633
Kaspisches Meer
Kap Finisterre
Belgrad
Schwarzes Meer
Madrid
Barcelona
Rom
Sofia
İstanbul
Baku
Amudarja
Neapel
Ankara
Ararat
5165
Täbris
980
Lissabon
Elburs
5604
Kabul
M i t t e l m e e r
Athen
Taurus
Teheran
Straße von Gibraltar
Kap Blanc
Algier
Tunis
5121
Euphrat
Mesopotamien
Hochland von Iran
Madeira
Rabat
Casablanca
2328
Beirut
Damaskus
Bagdad
Kerman
Atlasgebirge
Kleine Syrte
Tripolis
Bengasi
Große Syrte
Alexandria
Jerusalem
Abadan
Tubkal
4165
Große Sandwüste
-133
Kairo
2637
Persisch-Arabischer Golf
Kanarische Inseln
Wadi Draa
Libysche Wüste
Nil
Rotes Meer
Arabien
Er Riad
Golf von Oman
Igidi
Schesch
Sebha
Fessan
Assuan
3019
Ras el-Had
Ahaggar
Tahat 3003
Nassersee
Mekka
Große Arabische Wüste
S a h a r a
Djebel Uweinat 1934
Tibesti
3415
Nuakschott
Adrar der Iforas
853
Aïr
1900
Nubien
Timbuktu
Tschadbecken
1310
Ennedi
Khartum
Atbara
Sana
3760
Sahel
Senegal
Niger
282
Niamey
180
Djebel Marra
3088
Kordofan
Weißer Nil
Blauer Nil
Ras Daschan
4620
Bab el-Mandeb
Aden
Golf von Aden
Sokotra
Kap Guardafui
5143
Dakar
Bamako
332
Wagadugu
Kano
1735
240
Tschadsee
Ndjamena
Schari
Bahr Salamat
Bahr el-Arab
Hochland von Äthiopien
Dschibuti
Addis Abeba
Somalihalbinsel
Oberguineaschwelle
Konakry
Freetown
1752
Volta
Benue
Adamaua
Asandeschwelle
Juba
460
4307
5824
Monrovia
Abidjan
Accra
Lagos
Kamerunberg
4070
Jaunde
Bangi
Uelle
Turkanasee
375
Bioko
Golf von Guinea
6363
Ubangi
Kongo (Zaire)
Aruwimi
Mogadishu
Niederguineaschwelle
Kongobecken
Kisangani
Ruwenzori
5109
Mt. Kenia
5199
Äquator
São Tomé
340
Victoriasee
1134
Nairobi
Zentralafrikanische Schwelle
Ostafrikanisches Seenhochland
Kilimanjaro
5895
Indischer Ozean
281
Kasai
Kinshasa
Mombasa
Seychellen
Atlantischer Ozean
773
Tanganjikasee
Sansibar
Amiranten
Ascension
Daressalam
Luanda
Kuango
Lualaba
Mweru-see
3175
Aldabra
Komoren
Kap d'Ambre
Agalega-Inseln
2610
Lundaschwelle
1630
Sambesi
Rowuma
Malawisee
472
2886
Sankt Helena
Lusaka
3000
Cargados-Carajos-Inseln
Kubango
Harare
Antananarivo
Madagaskar
1050
Kalaharibecken
Namib
Straße von Moçambique
2330
Brandberg
2606
900
Limpopo
Mauritius
Rodrigues
Réunion
Maskarenen
Walfischbai
Windhuk
Südlicher Wendekreis
Johannesburg
Maputo
Kap Ste. Marie
Oranje
Vaal
6400
3482
Drakensberge
Durban
Kapland
5457
Kapstadt
Kap der Guten Hoffnung
Kap Agulhas (Nadelkap)
© westermann 89/09

Afrika – Staaten / Bevölkerung

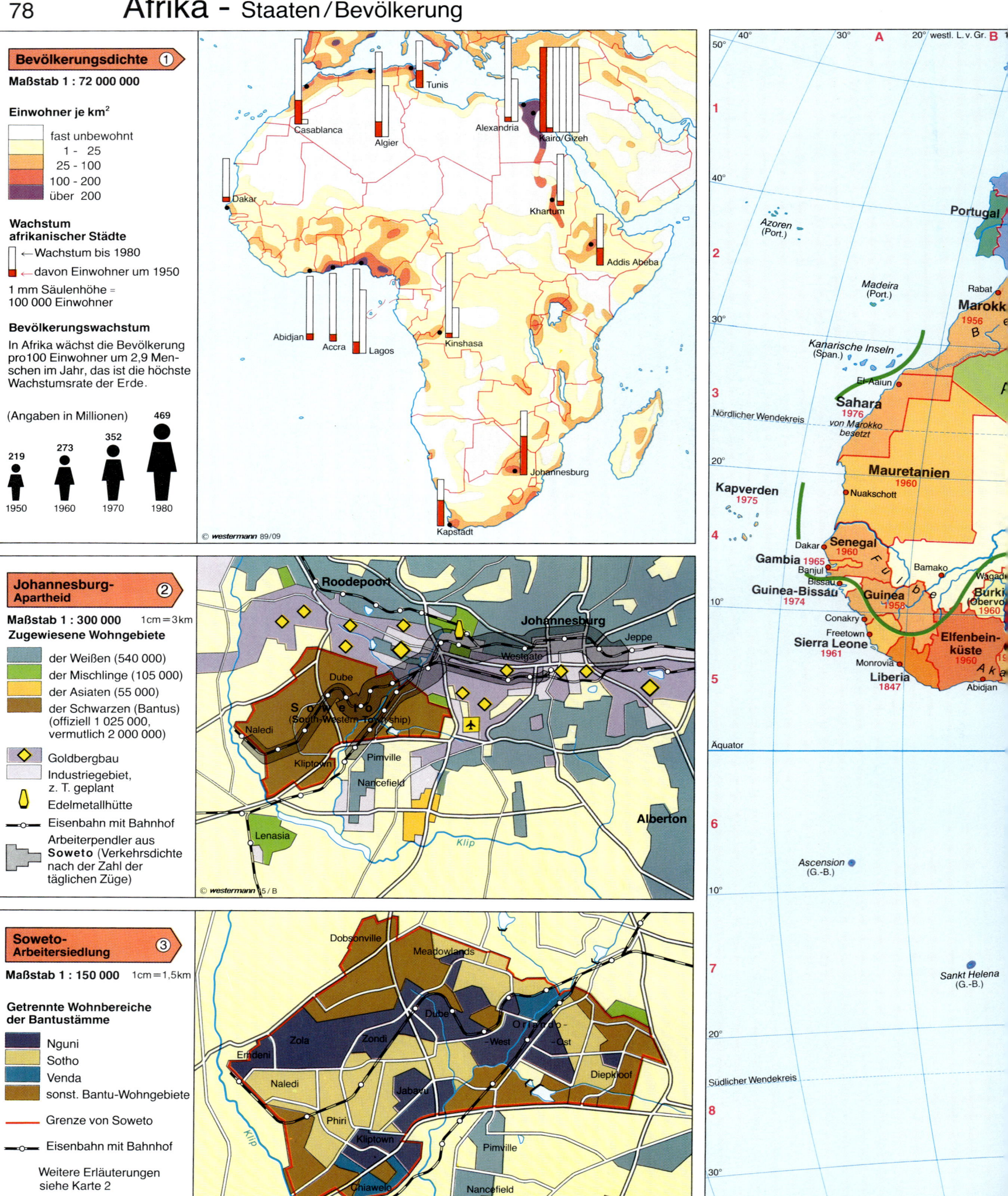

1 Bevölkerungsdichte
Maßstab 1 : 72 000 000

Einwohner je km²
- fast unbewohnt
- 1 – 25
- 25 – 100
- 100 – 200
- über 200

Wachstum afrikanischer Städte
- ← Wachstum bis 1980
- ← davon Einwohner um 1950
- 1 mm Säulenhöhe = 100 000 Einwohner

Bevölkerungswachstum
In Afrika wächst die Bevölkerung pro 100 Einwohner um 2,9 Menschen im Jahr, das ist die höchste Wachstumsrate der Erde.

(Angaben in Millionen)
- 219 – 1950
- 273 – 1960
- 352 – 1970
- 469 – 1980

2 Johannesburg – Apartheid
Maßstab 1 : 300 000   1 cm = 3 km

Zugewiesene Wohngebiete
- der Weißen (540 000)
- der Mischlinge (105 000)
- der Asiaten (55 000)
- der Schwarzen (Bantus) (offiziell 1 025 000, vermutlich 2 000 000)

- Goldbergbau
- Industriegebiet, z. T. geplant
- Edelmetallhütte
- Eisenbahn mit Bahnhof
- Arbeiterpendler aus Soweto (Verkehrsdichte nach der Zahl der täglichen Züge)

3 Soweto – Arbeitersiedlung
Maßstab 1 : 150 000   1 cm = 1,5 km

Getrennte Wohnbereiche der Bantustämme
- Nguni
- Sotho
- Venda
- sonst. Bantu-Wohngebiete
- Grenze von Soweto
- Eisenbahn mit Bahnhof

Weitere Erläuterungen siehe Karte 2

Staaten

Maßstab 1 : 36 000 000
1 cm = 360 km

Gründung der Staaten
- 1960 Jahr der Staatsgründung
- • Regierungssitz
- — Staatsgrenze
- -·-·- nicht festgelegte Grenze
- — Innerstaatliche Grenzen (Bundesstaaten)

Völker und Stämme
(in Auswahl)

- Orientalen: Araber - Berber - Somali - Tuareg
- Sudanneger: Fulbe - Haussa
- Guineavölker: Akan - Joruba - Ibo
- Bantuneger: Nguni - Pygmäen - Sotho - Tsonga - Venda - Xhosa - Zulu
- Buschmänner
- Hottentotten

Religionen
— Grenze in Afrika zwischen dem Islam im Norden, den Naturreligionen und Christen im Süden

Volkseinkommen
- reiche Staaten hohe Entwicklung
- Schwellenländer mittlere Entwicklung
- arme Staaten niedrige Entwicklung
- die ärmsten Staaten ungünstige Entwicklung

Siehe auch Seite 164 »Erde Staaten«

Wohngebiete der Bantustämme mit Selbstverwaltung (Homelands) in der Republik Südafrika
- • wichtige Bantustädte
- ○ sonstige Städte

Länder und Staatsgründungen (auf der Karte markiert)

- Großbritannien
- Bundesrepublik Deutschland
- Frankreich
- Italien
- Rumänien
- Jugoslawien
- Bulgarien
- Albanien
- Griechenland
- Türkei
- Zypern
- Syrien
- Libanon
- Israel
- Irak
- Jordanien
- Iran
- Saudi-Arabien
- Oman
- Jemen
- Sowjetunion

Afrika:
- Tunesien 1956 (Tunis, Tripolis)
- Algerien 1962 (Algier)
- Libyen 1951
- Ägypten 1922 (Kairo)
- Sudan 1956 (Khartum)
- Niger 1960 (Niamey)
- Tschad 1960 (Ndjamena)
- Benin 1960 (Porto Novo)
- Nigeria 1960 (Lagos)
- Togo 1960 (Lomé)
- Kamerun 1960 (Jaunde)
- Äquatorial-Guinea 1968 (Malabo)
- São Tomé und Principe 1975
- Zentralafrika 1960 (Bangi)
- Djibuti 1977
- Äthiopien seit 1. Jahrhundert n. Chr. (Addis Abeba)
- Somalia 1960 (Mogadishu)
- Gabun 1960 (Libreville)
- Kongo 1960 (Brazzaville)
- Zaire 1960 (Kinshasa)
- Cabinda (zu Angola)
- Uganda 1962 (Kampala)
- Kenia 1963 (Nairobi)
- Ruanda 1962 (Kigali)
- Burundi 1962 (Bujumbura)
- Tansania 1964 (Dodoma), Sansibar
- Seychellen 1976 (Victoria)
- Angola 1975 (Luanda)
- Malawi 1964 (Lilongwe)
- Sambia 1964 (Lusaka)
- Komoren 1975 (Moroni), Mayotte
- Mocambique 1975 (Maputo)
- Zimbabwe 1965 (Harare)
- Madagaskar 1960 (Antananarivo)
- Mauritius 1968 (Port Louis), Réunion (Fr.)
- Namibia seit 1978 vorgesehen (Windhuk), Walfischbai (Südafrika)
- Botswana 1966 (Gaborone)
- Swasiland 1968 (Mbabane)
- Lesotho 1966 (Maseru)
- Südafrika 1910 (Kapstadt, Pretoria, Johannesburg, Oranje-Freistaat, Natal, Transvaal)

Völker (auf der Karte beschriftet)
Berber, Tuareg, Haussa, Fulbe, Joruba, Ibo, Nubier, Araber, Pygmäen, Somali, Nguni, Buschmänner, Hottentotten, Venda, Tsonga, Zulu, Sotho, Xhosa

---

(4) Karte: Homelands in der Republik Südafrika
Maßstab 1 : 17 000 000

- Botswana
- Venda, Sibasa
- Gazankulu, Giyani
- Lebowakgomo
- Ramitsogu
- Ndebele
- Pretoria, Johannesburg
- Bophuthatswana
- KwaNdebele / Kangwane
- Swasiland
- Vaal
- Qwaqwa
- Witsieshoek
- Ulundi
- Bloemfontein
- Lesotho
- Oranje
- Umtata
- Transkei
- Ciskei
- East London
- Zwelitsha
- Durban

Afrika - Landwirtschaft

1 Senegal-Wüstenbildung in der Sahelzone

Maßstab 1 : 1 000 000

0 – 10 – 20 – 30 km

Natürliche Grundlagen

350 Durchschnittlicher Jahresniederschlag in mm

Dagana – monatlicher Niederschlag
- Monatlicher Niederschlag im langjährigen Mittel
- davon im Dürrejahr 1970
- Temperatur
- 27 °C Durchschnittstemperatur

Dagana – jährliche Niederschläge

Trockensavanne

Einfluß des Menschen

Wanderung der Nomaden
- in der Trockenzeit
- in der Regenzeit

Wassertümpel (Viehtränke nur in der Regenzeit möglich)

Motorgetriebener Tiefbrunnen – mit Entwicklungshilfe gebaut seit 1955 (Viehtränke ganzjährig)

Vegetationszerstörung durch Überweidung
- bedenklich
- extrem (zusätzlich Bodenzerstörung)

Zahl der Rinder und Ziegen

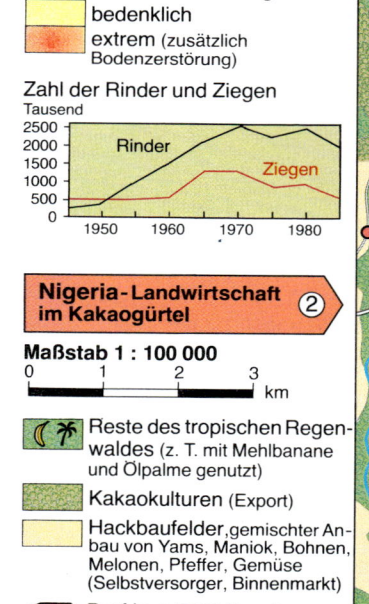

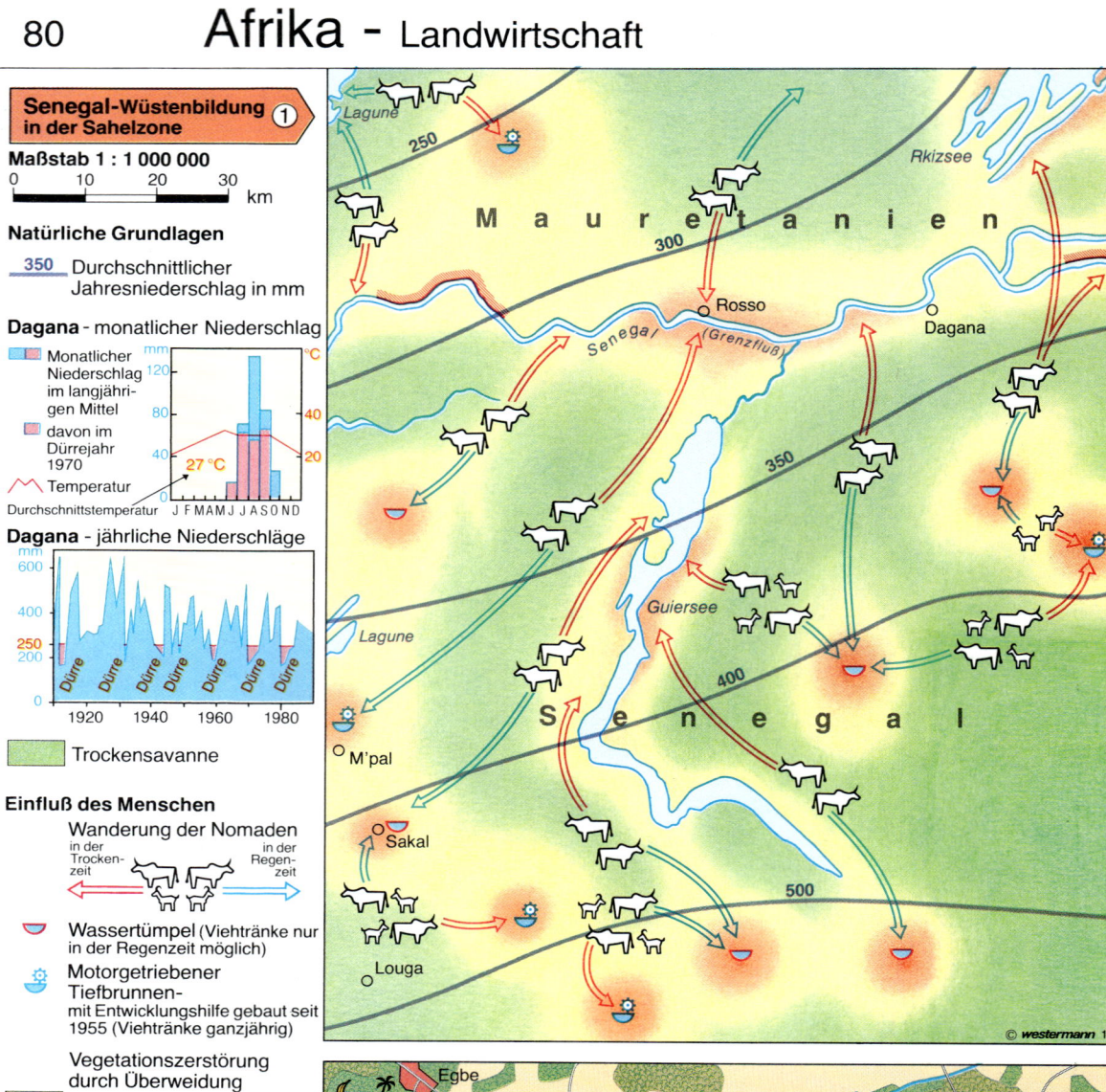

2 Nigeria - Landwirtschaft im Kakaogürtel

Maßstab 1 : 100 000

0 – 1 – 2 – 3 km

- Reste des tropischen Regenwaldes (z. T. mit Mehlbanane und Ölpalme genutzt)
- Kakaokulturen (Export)
- Hackbaufelder, gemischter Anbau von Yams, Maniok, Bohnen, Melonen, Pfeffer, Gemüse (Selbstversorger, Binnenmarkt)
- Dorf Irun (5000 Einwohner in 11 Sippen)
- Hüttensiedlung (von Wanderarbeitern, Zuwanderern aus Dürregebieten und Bauern aus Irun überwiegend nur während der Rodungs- und Erntearbeiten bewohnt)

Besitzverhältnisse am Beispiel von 2 Sippen (Wohnviertel und Landbesitz)
- Sippe Ogo
- Sippe Eshan

Straße (asphaltiert)

Weg, zum Teil Pfad

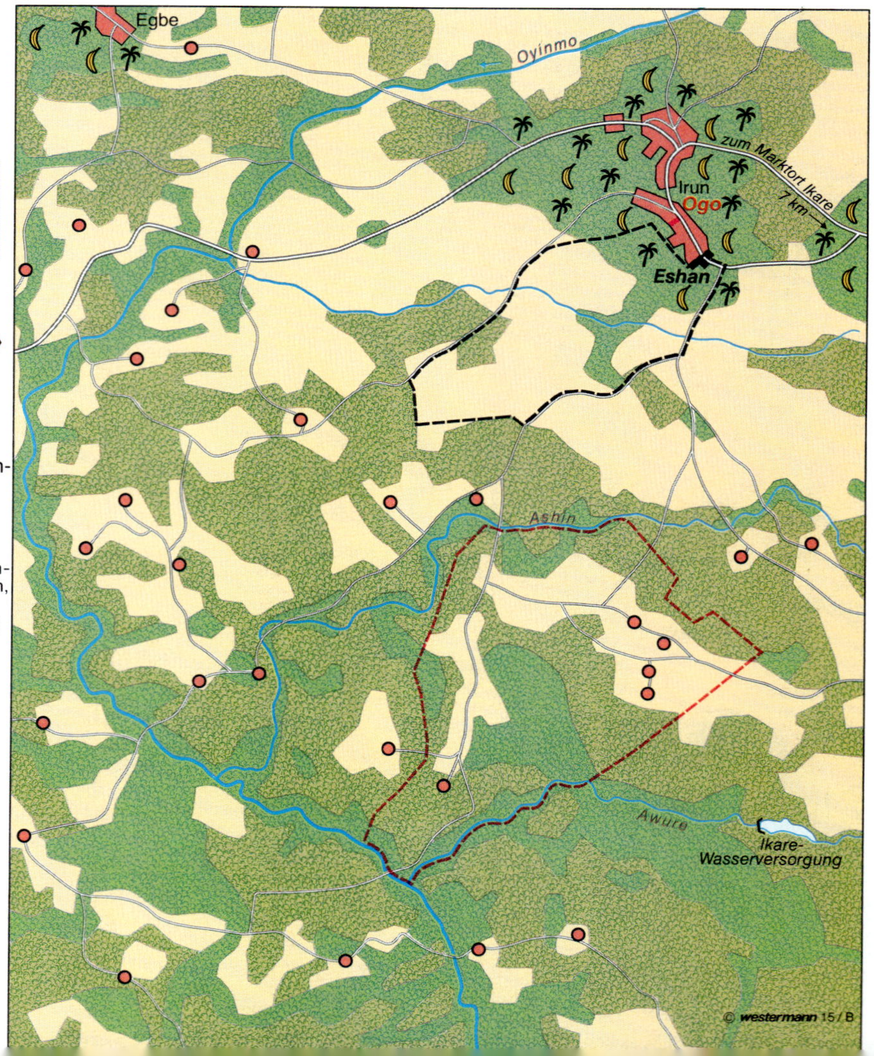

Maßstab 1 : 36 000 000
1 cm = 360 km

Waldlandschaften
Holzentnahme, z.T. Forstwirtschaft

- Sommergrüner Laub- und Mischwald, Gebirgsnadelwald
- Hartlaubgehölze
- Tropischer Regenwald und feuchter Monsunwald

Offene Landschaften
(einschließlich lichtem Baum- und Strauchbewuchs) mit unterschiedlich intensiver Weidenutzung

- Steppe und Hochgebirgsgrasland
- Feuchtsavanne
- Trockensavanne, z.T. tropischer Trockenwald
- Dornstrauchsavanne
- Halbwüste und Wüste

Kulturland

- Ackerbau
- mittelmeerischer und kapländischer Anbau
- Wiesen und Weiden (im Bereich des sommergrünen Laub- und Mischwaldes)
- Bewässerungsland, in Trockengebieten Oasen
- dürregefährdete Zone

Nutzpflanzen

Pflanzliche Nahrungsmittel
- Weizen
- Mais
- Reis (Naßfeldbau)
- Hirse
- Erdnüsse
- Zuckerrüben
- Zuckerrohr
- Bananen
- Dattelpalmen
- Ölpalmen
- Zitrusfrüchte

Pflanzliche Rohstoffe
- Baumwolle
- Sisal

Genußmittel
- Tabak
- Kaffee
- Kakao
- Tee
- Wein

Viehhaltung
- Rinder
- Schweine
- Schafe
- Ziegen

(1 großes Zeichen = 20 Mill. Stück
1 kleines Zeichen = 5 Mill. Stück)

— Staatsgrenze

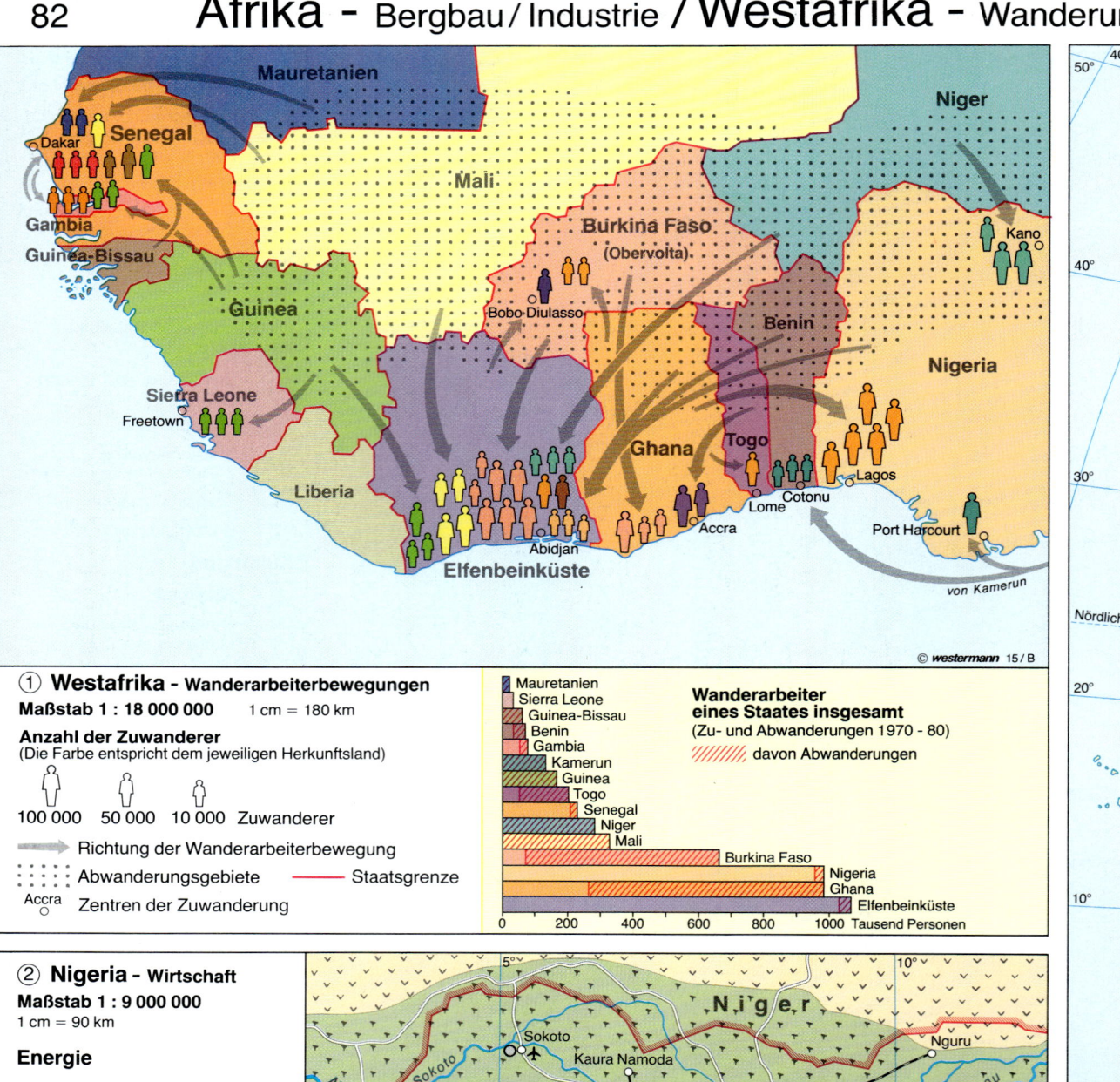

82 Afrika – Bergbau/Industrie / Westafrika – Wanderungen

① Westafrika – Wanderarbeiterbewegungen
Maßstab 1 : 18 000 000   1 cm = 180 km

Anzahl der Zuwanderer
(Die Farbe entspricht dem jeweiligen Herkunftsland)

- 100 000 / 50 000 / 10 000 Zuwanderer
- Richtung der Wanderarbeiterbewegung
- Abwanderungsgebiete
- Staatsgrenze
- Accra ○ Zentren der Zuwanderung

Wanderarbeiter eines Staates insgesamt (Zu- und Abwanderungen 1970 – 80)
davon Abwanderungen

Balkendiagramm (Tausend Personen, 0–1000):
- Mauretanien
- Sierra Leone
- Guinea-Bissau
- Benin
- Gambia
- Kamerun
- Guinea
- Togo
- Senegal
- Niger
- Mali
- Burkina Faso
- Nigeria
- Ghana
- Elfenbeinküste

② Nigeria – Wirtschaft
Maßstab 1 : 9 000 000   1 cm = 90 km

Energie
- Kraftwerk (Kohle, Erdgas, Heizöl)
- Wasserkraftwerk
- Stausee, Staudamm

Verkehr
- Eisenbahn
- Straße
- internationaler Flughafen
- Flugplatz
- Erdölhafen

Landwirtschaft
- Dornsavanne (Rinder, Schafe, Ziegen, Erdnüsse)
- Trockensavanne (Rinder, Schafe, Ziegen, Erdnüsse, Hirse, Baumwolle)
- Feuchtsavanne (Schafe, Ziegen, Yams)
- tropische Regenwaldzone (Kakao, Ölpalmen, Gummibäume)

Nur für ②
- Buntmetallverhüttung
- Aluminiumverhüttung
- Elektrotechnik
- Nahrungsmittel

weitere Erläuterungen siehe Seite 87

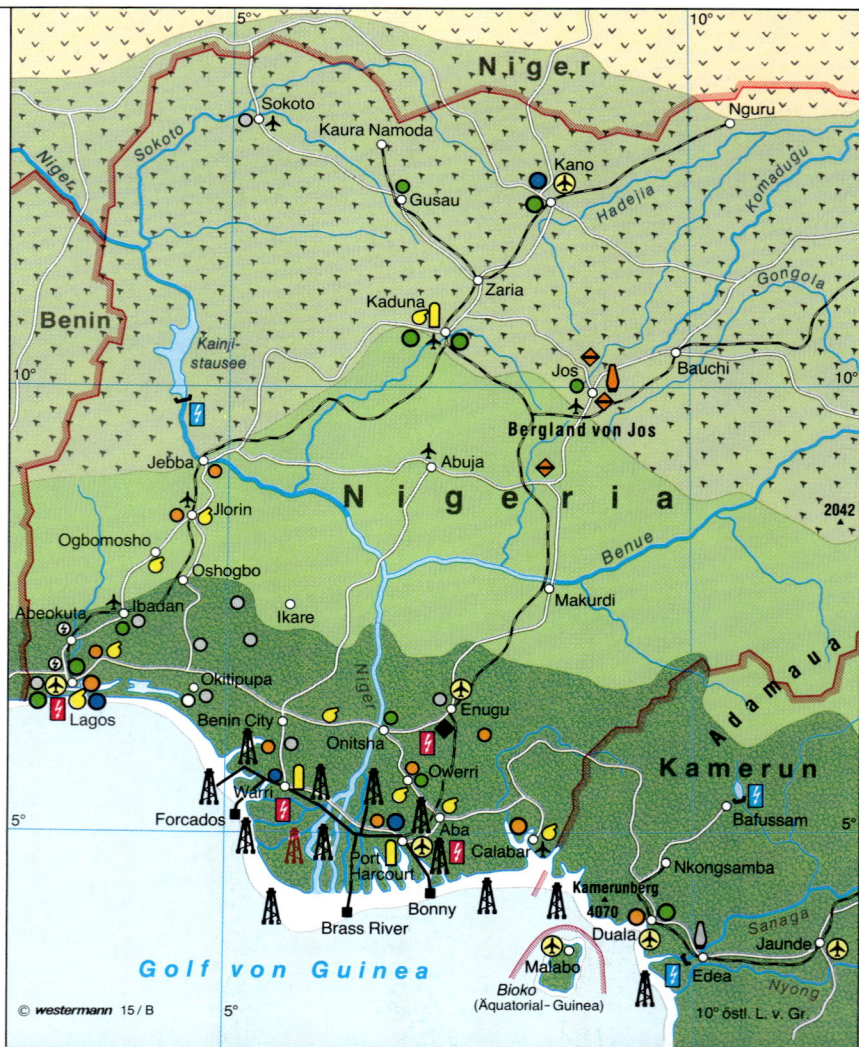

Maßstab 1 : 36 000 000
1 cm = 360 km

Bodenschätze

Energierohstoffe
- Erdöl
- Erdgas
- Steinkohle
- Braunkohle
- Uran

Metalle
- Eisen
- Stahlveredler (Chrom, Mangan, Kobalt)

Buntmetalle
- Kupfer
- Zinn
- Blei / Zink
- Nickel
- Quecksilber
- Bauxit (Aluminiumrohstoff)

Edelmetalle
- Gold
- Platin
- Phosphat
- Asbest
- Diamanten

Industrie
- Eisen- und Stahlerzeugung
- Buntmetall- und Aluminiumverhüttung
- Eisen- u. Metallverarbeitung, Maschinenbau
- Veredelungsindustrie (Elektronik, Elektrotechnik, Feinmechanik, Optik)
- Chemie (Kunststoffe, Gummi)
- Erdölraffinerie
- Textil, Bekleidung, Leder
- Holz, Holzverarbeitung

— Erdölleitung
— Erdgasleitung
--- wichtige Eisenbahn
— Staatsgrenze

Afrikas Stellung am Weltmarkt

- Diamanten 68 %
- Kobalt 66 %
- Platin 60 %
- Gold 46 %
- Mangan 37 %
- Phosphat 25 %
- Uran 20 %
- Kupfer 17 %

Nordafrika physisch

Maßstab 1 : 18 000 000
1 cm = 180 km
0 200 400 600 800 1000 km

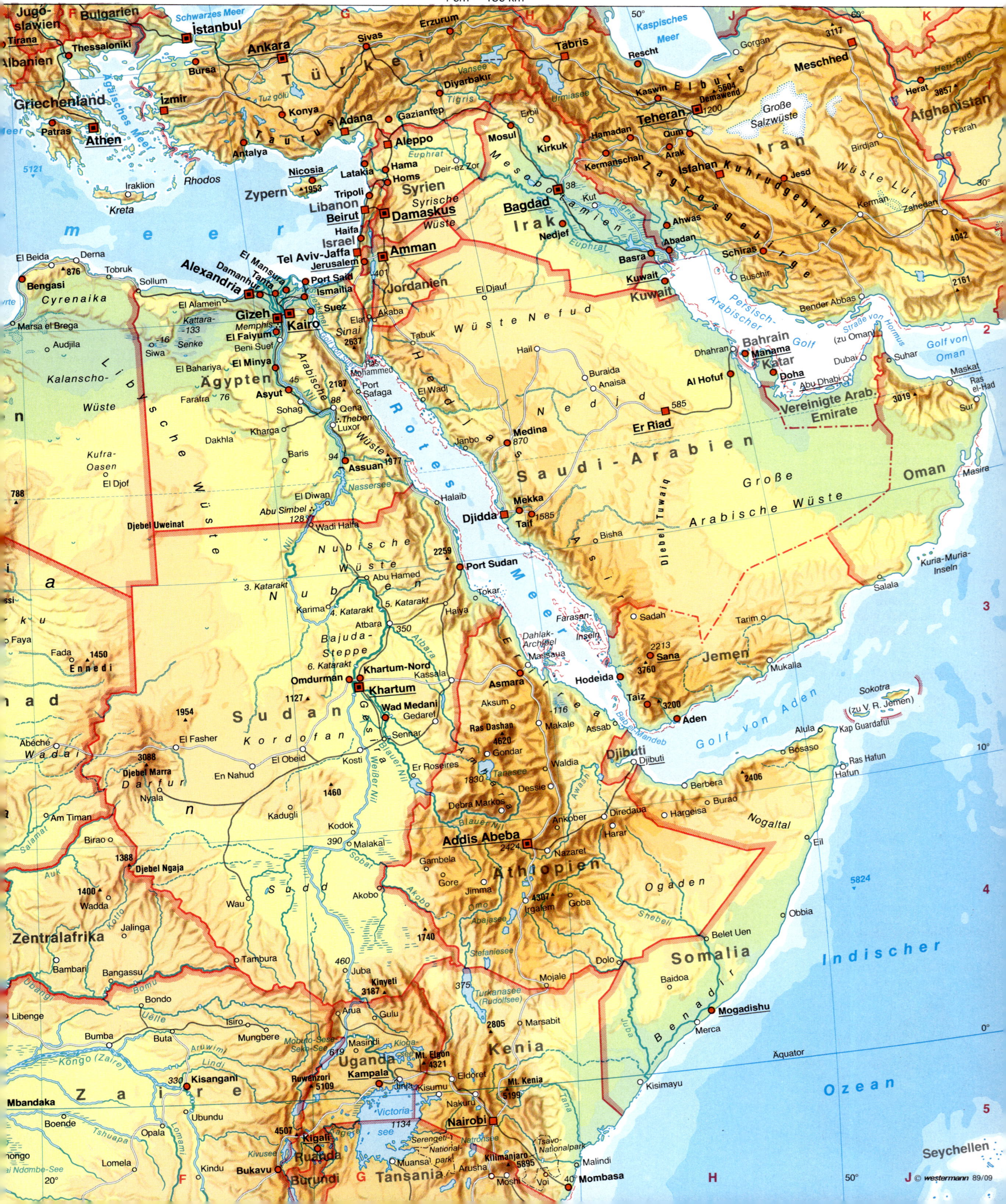

Südafrika physisch

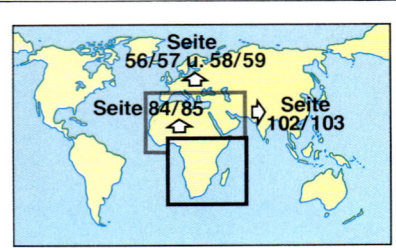

Orte
- ■ über 1 000 000 Einwohner
- ■ 500 000 - 1 000 000 Einwohner
- ● 100 000 - 500 000 Einwohner
- ○ 20 000 - 100 000 Einwohner
- ∘ unter 20 000 Einwohner

Verkehr
- Eisenbahn
- Fernstraße, z. T. Piste
- schiffbarer Fluß

Gewässer
- Fluß
- See
- Kanal (bedingt schiffbar)
- Staustufe, Staumauer
- Stromschnelle
- Sumpf
- Wadi (Trockental)
- Salzpfanne
- Oase

Grenzen
- Staatsgrenze
- Hauptstädte sind unterstrichen
- nicht festgelegte Grenze

Einzelzeichen
- geschichtlich bedeutsamer Ort
- Korallen

Landhöhen und Meerestiefen (in Meter)

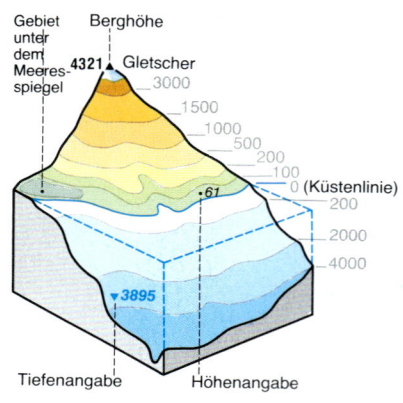

Sudan
Äthiopien
Ogaden
Somalia
Benadir
Mogadishu
Merca
Kisimayu
Kenia
Nairobi
Mt. Kenia
5199
Uganda
Kampala
Mt. Elgon
4321
Ruwenzori
5109
Victoriasee
1134
Ruanda
Kigali
Burundi
Bujumbura
Tansania
Dodoma
Daressalam
Tanga
Mombasa
Malindi
Kilimanjaro
5895
Massaisteppe
Serengeti-Nationalpark
Tsavo-Nationalpark
Pemba
Sansibar
Mafia
Mtwara
Malawi
Lilongwe
Blantyre
Mlanje
3003
Moçambique
Nampula
Nacala
Quelimane
Beira
Inhambane
Kap Correntes
Xai-Xai
Maputo
Zimbabwe
Harare
Bulawayo
Lusaka
Kabwe
Ndola
Kitwe
Chingola
Transvaal
Pretoria
Johannesburg
Vereeniging
Swasiland
Mbabane
Oranje-Freistaat
Natal
Pietermaritzburg
Durban
Richards Bai
Lesotho
East London
Komoren
Moroni
Grande Comore
Mohéli
Anjouan
Mayotte
Iles Glorieuses
Straße von Moçambique
Juan de Nova (Fr.)
Bassas da India (Fr.)
Madagaskar
Antananarivo
Antsirabe
2643
Fianarantsoa
2656
Toliara
Morondava
Mahajanga
Kap St. André
Antseranana
Kap d' Ambre
Tsaratanana
2886
Antalaha
Taomasina
Faradofay
Kap Ste. Marie
Indischer Ozean
Äquator
Seychellen
Victoria
Mahé (Seych.)
Amiranten (Seych.)
Alphonse (Seych.)
Coëtivy (Seych.)
Aldabra (Seych.)
Cosmoledo (Seych.)
Cerf (Seych.)
Farquhar (Seych.)
Agalega-Inseln (Mauritius)
Tromelin (Fr.)
Albatros (Mauritius)
Coco (Mauritius)
Maskarenen
Mauritius
Port Louis
St. Denis
Réunion (Fr.)
Piton des Neiges
3069
Rodriguez (Mauritius)
Südlicher Wendekreis
5824
5340
3895
6400
5603
Zum Vergleich
Hamburg
Hannover
Berlin
Köln
Stuttgart
München
600 km

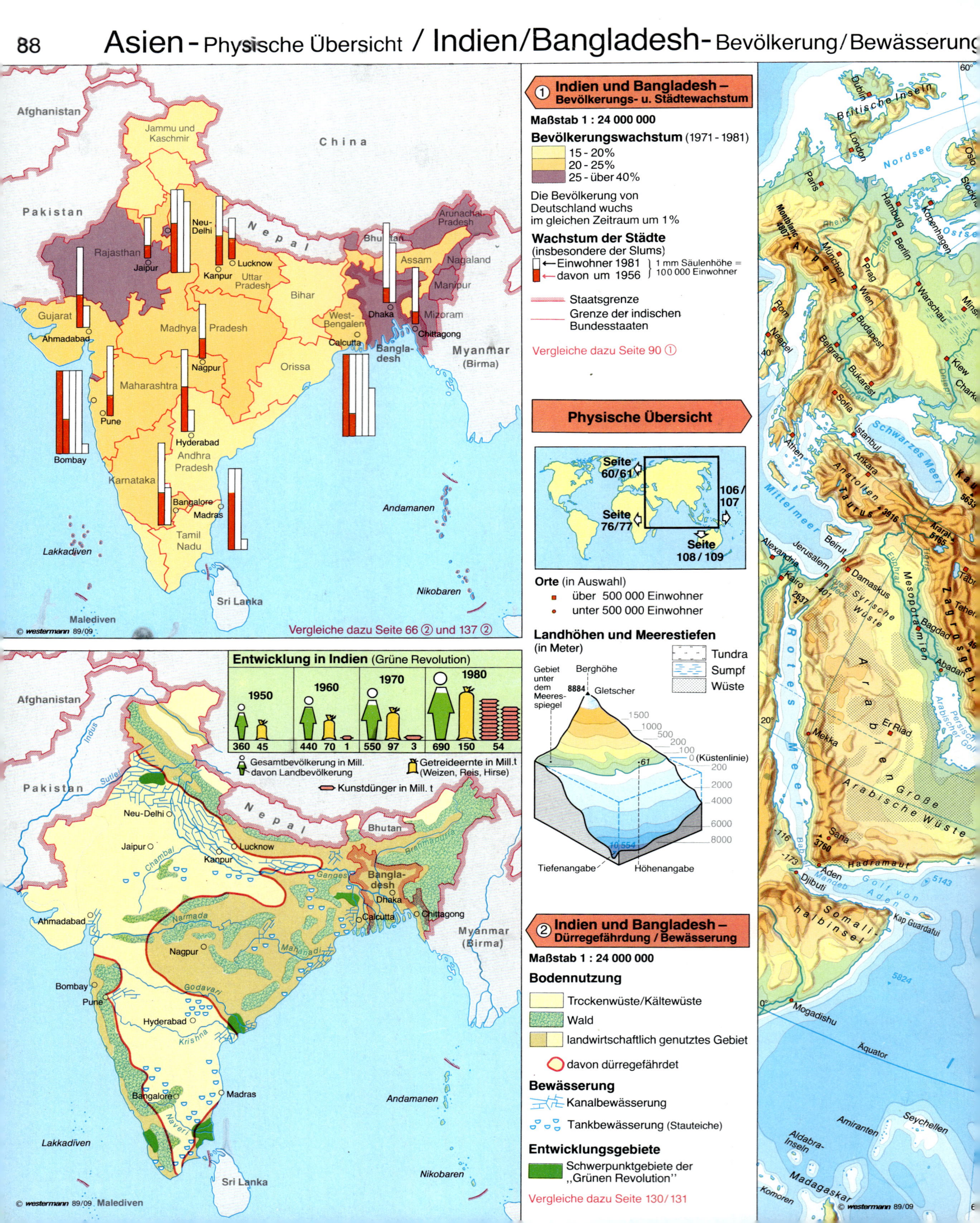

Asien - Physische Übersicht / Indien/Bangladesh - Bevölkerung/Bewässerung

① Indien und Bangladesh – Bevölkerungs- u. Städtewachstum

Maßstab 1 : 24 000 000

Bevölkerungswachstum (1971 - 1981)
- 15 - 20%
- 20 - 25%
- 25 - über 40%

Die Bevölkerung von Deutschland wuchs im gleichen Zeitraum um 1%

Wachstum der Städte (insbesondere der Slums)
- ← Einwohner 1981
- ← davon um 1956
- 1 mm Säulenhöhe = 100 000 Einwohner

— Staatsgrenze
— Grenze der indischen Bundesstaaten

Vergleiche dazu Seite 90 ①

Physische Übersicht

Seite 60/61
Seite 76/77
Seite 106/107
Seite 108/109

Orte (in Auswahl)
- ■ über 500 000 Einwohner
- • unter 500 000 Einwohner

Landhöhen und Meerestiefen (in Meter)
- Tundra
- Sumpf
- Wüste

Gebiet unter dem Meeresspiegel · Berghöhe · Gletscher
8884
1500, 1000, 200, 100, 0 (Küstenlinie), 200, 2000, 4000, 6000, 8000
-10 554
Tiefenangabe · Höhenangabe

② Indien und Bangladesh – Dürregefährdung / Bewässerung

Maßstab 1 : 24 000 000

Bodennutzung
- Trockenwüste/Kältewüste
- Wald
- landwirtschaftlich genutztes Gebiet
- ⬭ davon dürregefährdet

Bewässerung
- Kanalbewässerung
- Tankbewässerung (Stauteiche)

Entwicklungsgebiete
- Schwerpunktgebiete der „Grünen Revolution"

Vergleiche dazu Seite 130/131

Entwicklung in Indien (Grüne Revolution)

	1950	1960	1970	1980
Gesamtbevölkerung in Mill. / davon Landbevölkerung	360 / 45	440 / 70	550 / 97	690 / 150
Getreideernte in Mill. t (Weizen, Reis, Hirse)		1	3	54
Kunstdünger in Mill. t				

Vergleiche dazu Seite 66 ② und 137 ②

Maßstab 1 : 36 000 000
1 cm = 360 km
0 500 1000 1500 2000 2500 km

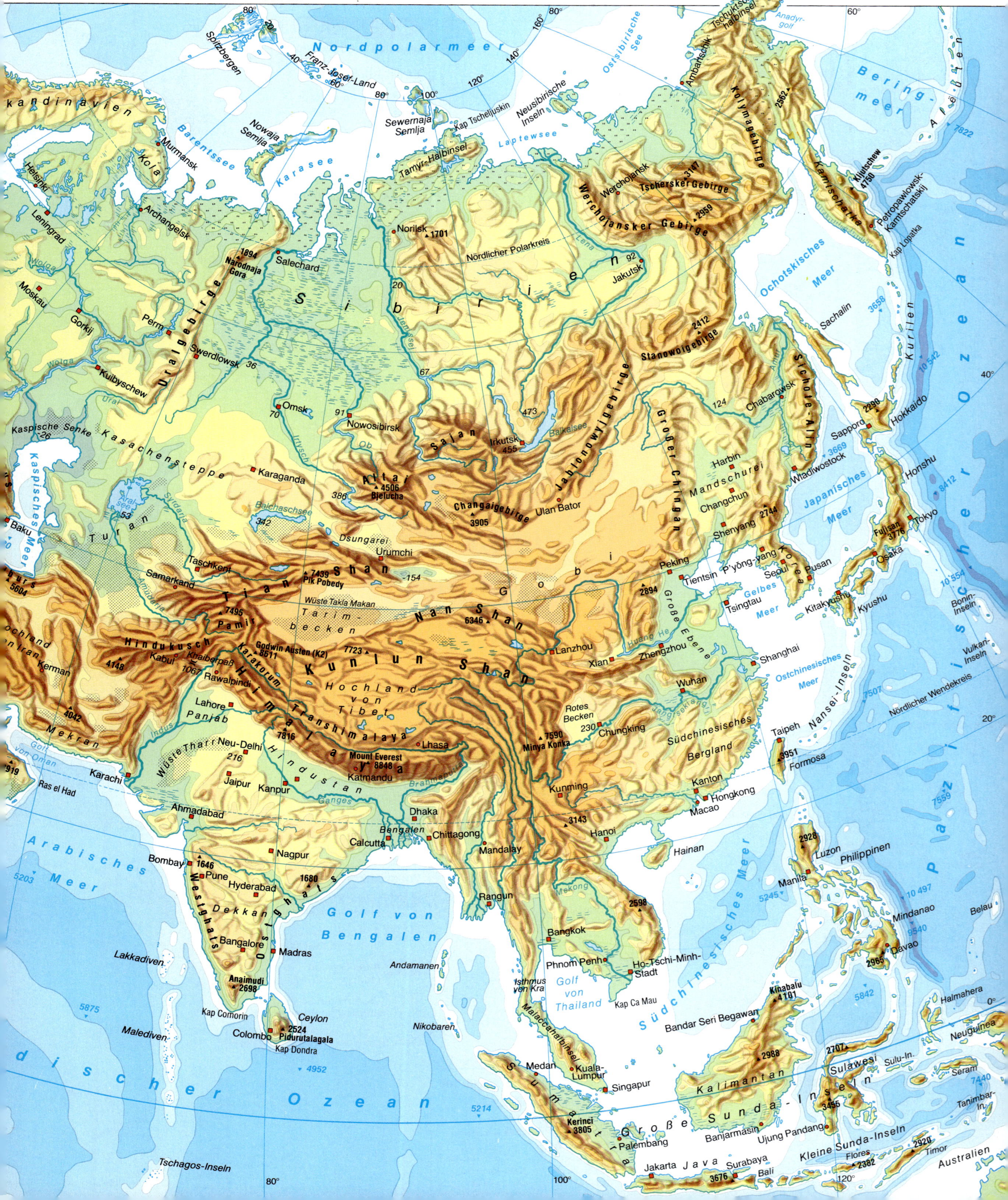

90 Asien – Staaten / Bevölkerung

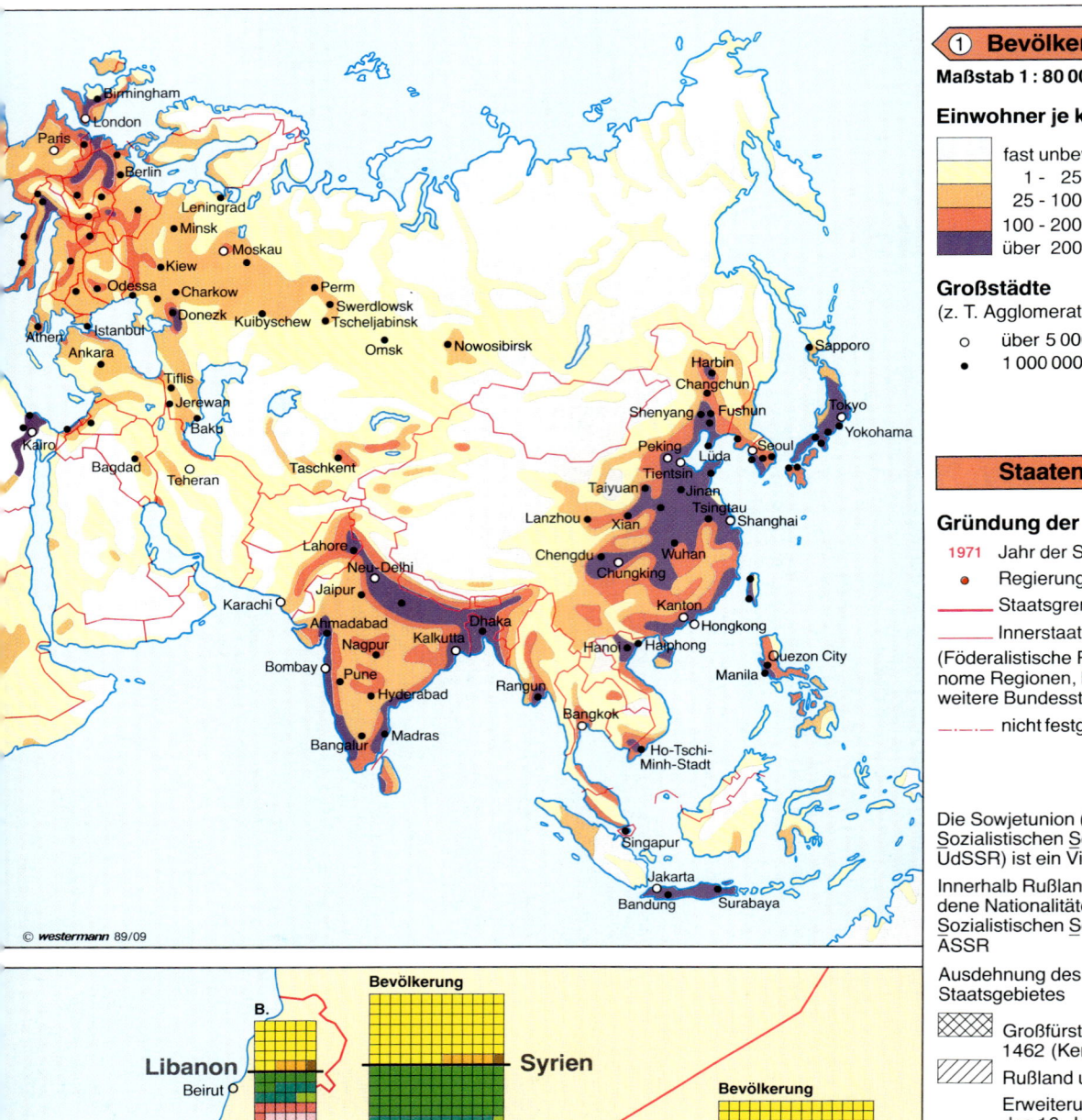

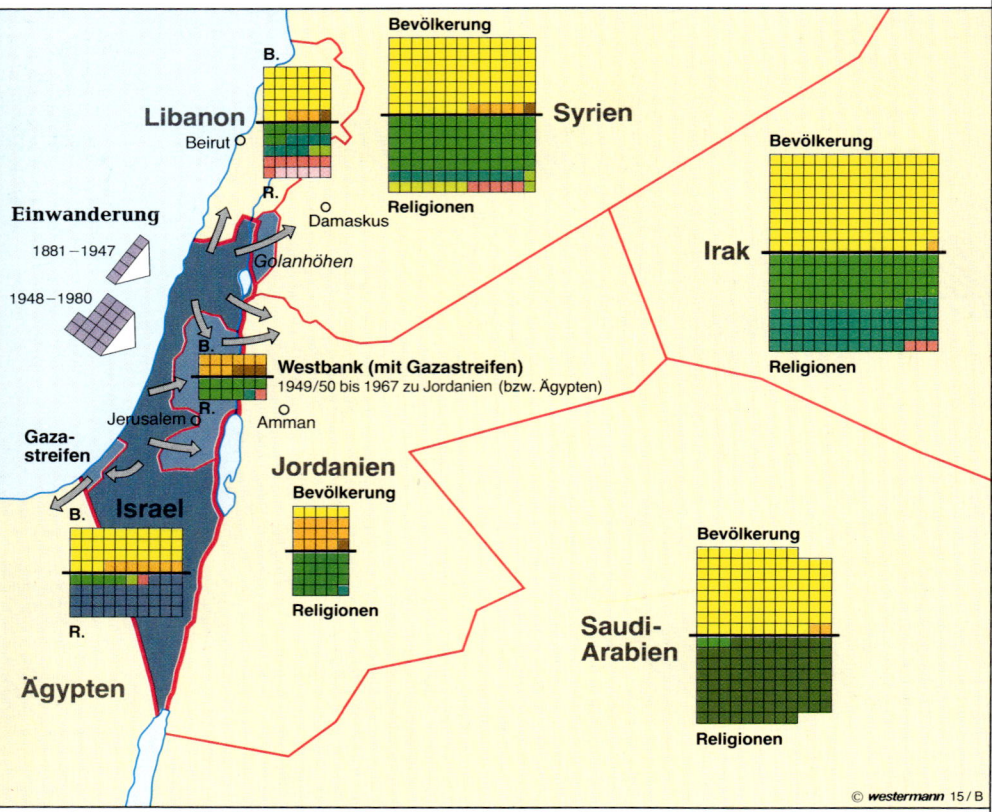

① Bevölkerungsdichte
Maßstab 1 : 80 000 000

Einwohner je km²
- fast unbewohnt
- 1 – 25
- 25 – 100
- 100 – 200
- über 200

Großstädte (z. T. Agglomerationen)
- ○ über 5 000 000 Einwohner
- ● 1 000 000 – 5 000 000 Einw.

Staaten

Gründung der Staaten
- 1971 Jahr der Staatsgründung
- ● Regierungssitz
- ―― Staatsgrenze
- ―― Innerstaatliche Grenze
  (Föderalistische Republiken, Autonome Regionen, Bundesstaaten; weitere Bundesstaaten: Malaysia)
- ―·―·― nicht festgelegte Grenze

Die Sowjetunion (Union der Sozialistischen Sowjetrepubliken = UdSSR) ist ein Vielvölkerstaat

Innerhalb Rußlands leben verschiedene Nationalitäten in Autonomen Sozialistischen Sowjetrepubliken = ASSR

Ausdehnung des russischen Staatsgebietes
- Großfürstentum Moskau 1462 (Kerngebiet)
- Rußland um 1550
- Erweiterung seit Ende des 16. Jahrhunderts
- ⊙ 1584 durch Gründung einer Niederlassung
- ○ 1868 Durch Erwerb oder Eroberung

Religionen
- ―― Nordgrenze des Islam
- ―― Verbreitung des Buddhismus

Volkseinkommen
- reiche Staaten hohe Entwicklung
- Schwellenländer mittlere Entwicklung
- arme Staaten niedrige Entwicklung
- die ärmsten Staaten ungünstige Entwicklung

Siehe auch Seite 164 »Erde Staaten«

② Israel und seine arabischen Nachbarn
Maßstab 1 : 6 000 000

- ―― Grenze Palästinas (Britisches Mandat 1920–1948)
- Israel heute
- seit 1967 besetzte oder angeeignete Gebiete
- sonstige Staatsgrenze
- ⇨ Flucht der Palästinenser 1948 und 1967

Bevölkerung
- Gesamtbevölkerung eines Staates
- davon Palästinenser
- davon in Flüchtlingslagern
- ☐ 100 000 Personen

Religionszugehörigkeit

Mohammedaner
- Sunniten
- Schiiten
- Drusen
- Alawiten
- Wahhabiten

Christen
- verschiedene christliche Religionsgemeinschaften
- Maroniten
- Juden

Westbank (mit Gazastreifen) 1949/50 bis 1967 zu Jordanien (bzw. Ägypten)

Maßstab 1 : 36 000 000
1 cm = 360 km

0 300 600 900 1200 1500 1800 2100 km

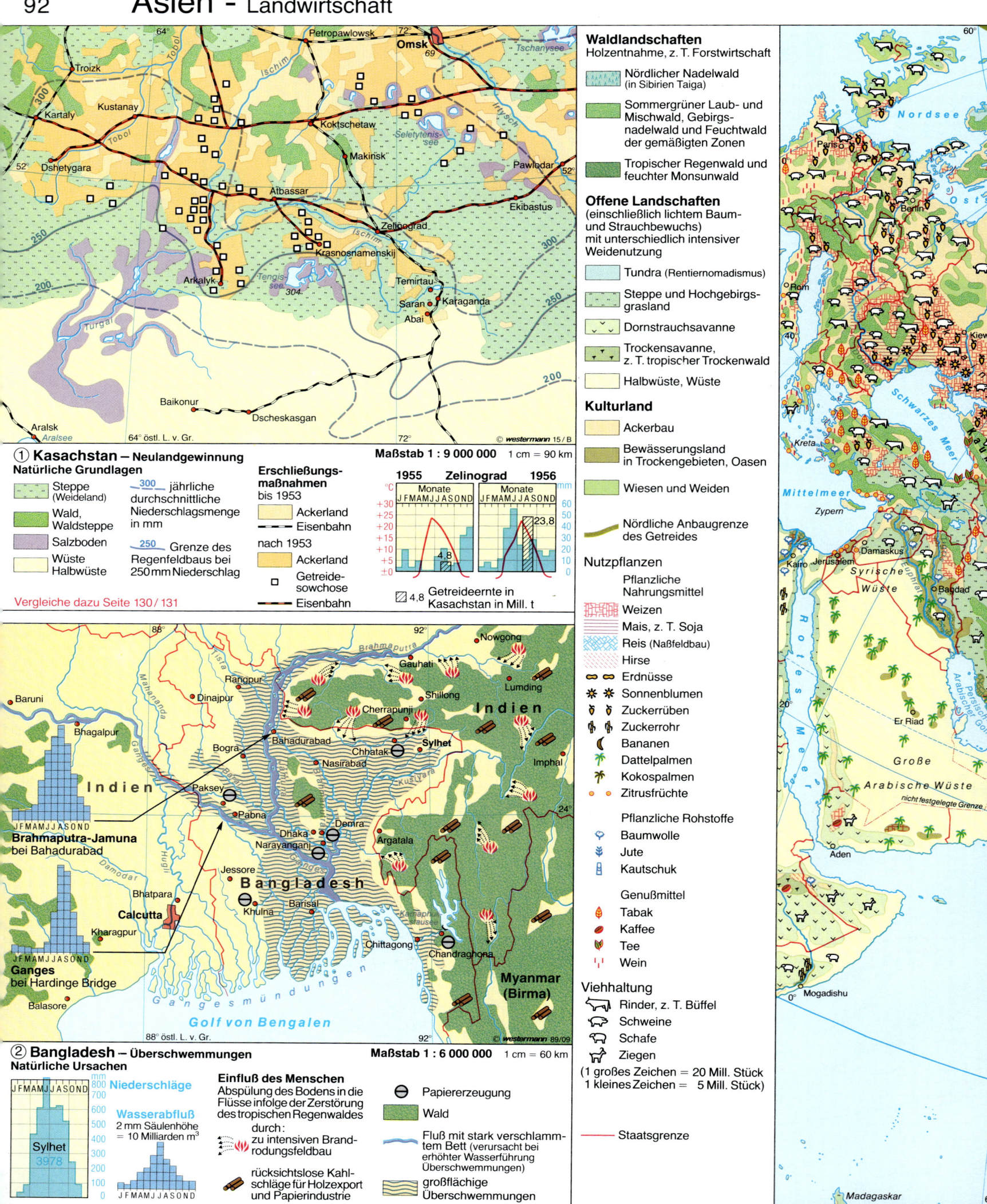

Asien - Landwirtschaft

① Kasachstan – Neulandgewinnung

Natürliche Grundlagen
- Steppe (Weideland)
- Wald, Waldsteppe
- Salzboden
- Wüste Halbwüste
- 300 jährliche durchschnittliche Niederschlagsmenge in mm
- 250 Grenze des Regenfeldbaus bei 250 mm Niederschlag

Erschließungsmaßnahmen
- bis 1953: Ackerland, Eisenbahn
- nach 1953: Ackerland, Getreidesowchose, Eisenbahn

Vergleiche dazu Seite 130/131

Maßstab 1 : 9 000 000   1 cm = 90 km

Zelinograd 1955 / 1956

Getreideernte in Kasachstan in Mill. t

② Bangladesh – Überschwemmungen

Natürliche Ursachen
- Niederschläge
- Wasserabfluß (2 mm Säulenhöhe = 10 Milliarden m³)

Brahmaputra-Jamuna bei Bahadurabad
Ganges bei Hardinge Bridge
Sylhet 3978

Einfluß des Menschen
Abspülung des Bodens in die Flüsse infolge der Zerstörung des tropischen Regenwaldes durch:
- zu intensiven Brandrodungsfeldbau
- rücksichtslose Kahlschläge für Holzexport und Papierindustrie

- Papiererzeugung
- Wald
- Fluß mit stark verschlammtem Bett (verursacht bei erhöhter Wasserführung Überschwemmungen)
- großflächige Überschwemmungen

Maßstab 1 : 6 000 000   1 cm = 60 km

Legende

Waldlandschaften – Holzentnahme, z. T. Forstwirtschaft
- Nördlicher Nadelwald (in Sibirien Taiga)
- Sommergrüner Laub- und Mischwald, Gebirgsnadelwald und Feuchtwald der gemäßigten Zonen
- Tropischer Regenwald und feuchter Monsunwald

Offene Landschaften (einschließlich lichtem Baum- und Strauchbewuchs) mit unterschiedlich intensiver Weidenutzung
- Tundra (Rentiernomadismus)
- Steppe und Hochgebirgsgrasland
- Dornstrauchsavanne
- Trockensavanne, z. T. tropischer Trockenwald
- Halbwüste, Wüste

Kulturland
- Ackerbau
- Bewässerungsland in Trockengebieten, Oasen
- Wiesen und Weiden
- Nördliche Anbaugrenze des Getreides

Nutzpflanzen

Pflanzliche Nahrungsmittel
- Weizen
- Mais, z. T. Soja
- Reis (Naßfeldbau)
- Hirse
- Erdnüsse
- Sonnenblumen
- Zuckerrüben
- Zuckerrohr
- Bananen
- Dattelpalmen
- Kokospalmen
- Zitrusfrüchte

Pflanzliche Rohstoffe
- Baumwolle
- Jute
- Kautschuk

Genußmittel
- Tabak
- Kaffee
- Tee
- Wein

Viehhaltung
- Rinder, z. T. Büffel
- Schweine
- Schafe
- Ziegen

(1 großes Zeichen = 20 Mill. Stück
1 kleines Zeichen = 5 Mill. Stück)

Staatsgrenze

Maßstab 1 : 36 000 000
1 cm = 360 km

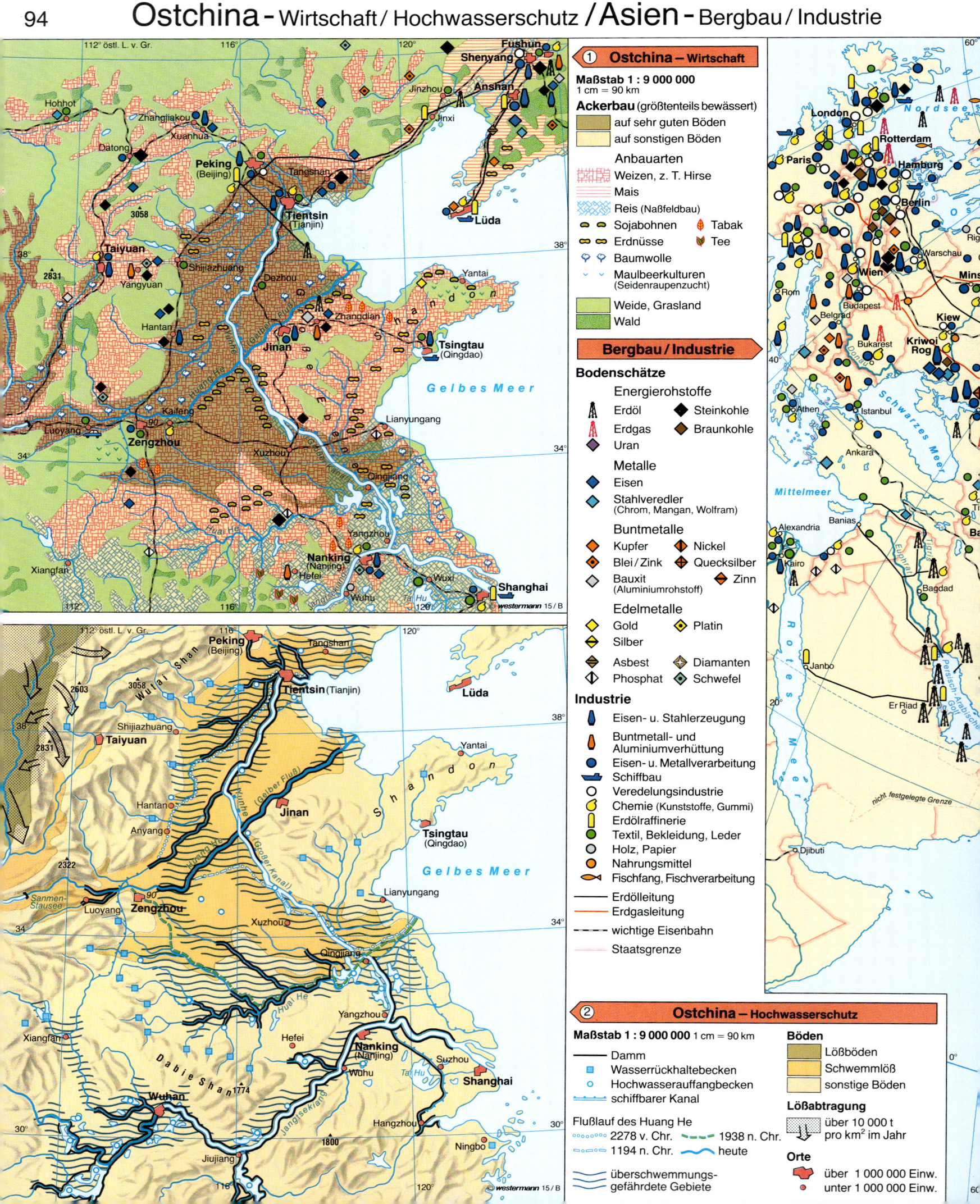

Ostchina – Wirtschaft / Hochwasserschutz / Asien – Bergbau / Industrie

① Ostchina – Wirtschaft

Maßstab 1 : 9 000 000
1 cm = 90 km

Ackerbau (größtenteils bewässert)
- auf sehr guten Böden
- auf sonstigen Böden

Anbauarten
- Weizen, z. T. Hirse
- Mais
- Reis (Naßfeldbau)
- Sojabohnen
- Tabak
- Erdnüsse
- Tee
- Baumwolle
- Maulbeerkulturen (Seidenraupenzucht)

- Weide, Grasland
- Wald

Bergbau / Industrie

Bodenschätze

Energierohstoffe
- Erdöl
- Steinkohle
- Erdgas
- Braunkohle
- Uran

Metalle
- Eisen
- Stahlveredler (Chrom, Mangan, Wolfram)

Buntmetalle
- Kupfer
- Nickel
- Blei / Zink
- Quecksilber
- Bauxit (Aluminiumrohstoff)
- Zinn

Edelmetalle
- Gold
- Platin
- Silber

- Asbest
- Diamanten
- Phosphat
- Schwefel

Industrie
- Eisen- u. Stahlerzeugung
- Buntmetall- und Aluminiumverhüttung
- Eisen- u. Metallverarbeitung
- Schiffbau
- Veredelungsindustrie
- Chemie (Kunststoffe, Gummi)
- Erdölraffinerie
- Textil, Bekleidung, Leder
- Holz, Papier
- Nahrungsmittel
- Fischfang, Fischverarbeitung

- Erdölleitung
- Erdgasleitung
- wichtige Eisenbahn
- Staatsgrenze

② Ostchina – Hochwasserschutz

Maßstab 1 : 9 000 000 1 cm = 90 km

- Damm
- Wasserrückhaltebecken
- Hochwasserauffangbecken
- schiffbarer Kanal

Flußlauf des Huang He
- 2278 v. Chr.
- 1938 n. Chr.
- 1194 n. Chr.
- heute

- überschwemmungsgefährdete Gebiete

Böden
- Lößböden
- Schwemmlöß
- sonstige Böden

Lößabtragung
- über 10 000 t pro km² im Jahr

Orte
- über 1 000 000 Einw.
- unter 1 000 000 Einw.

Maßstab 1 : 36 000 000
1 cm = 360 km

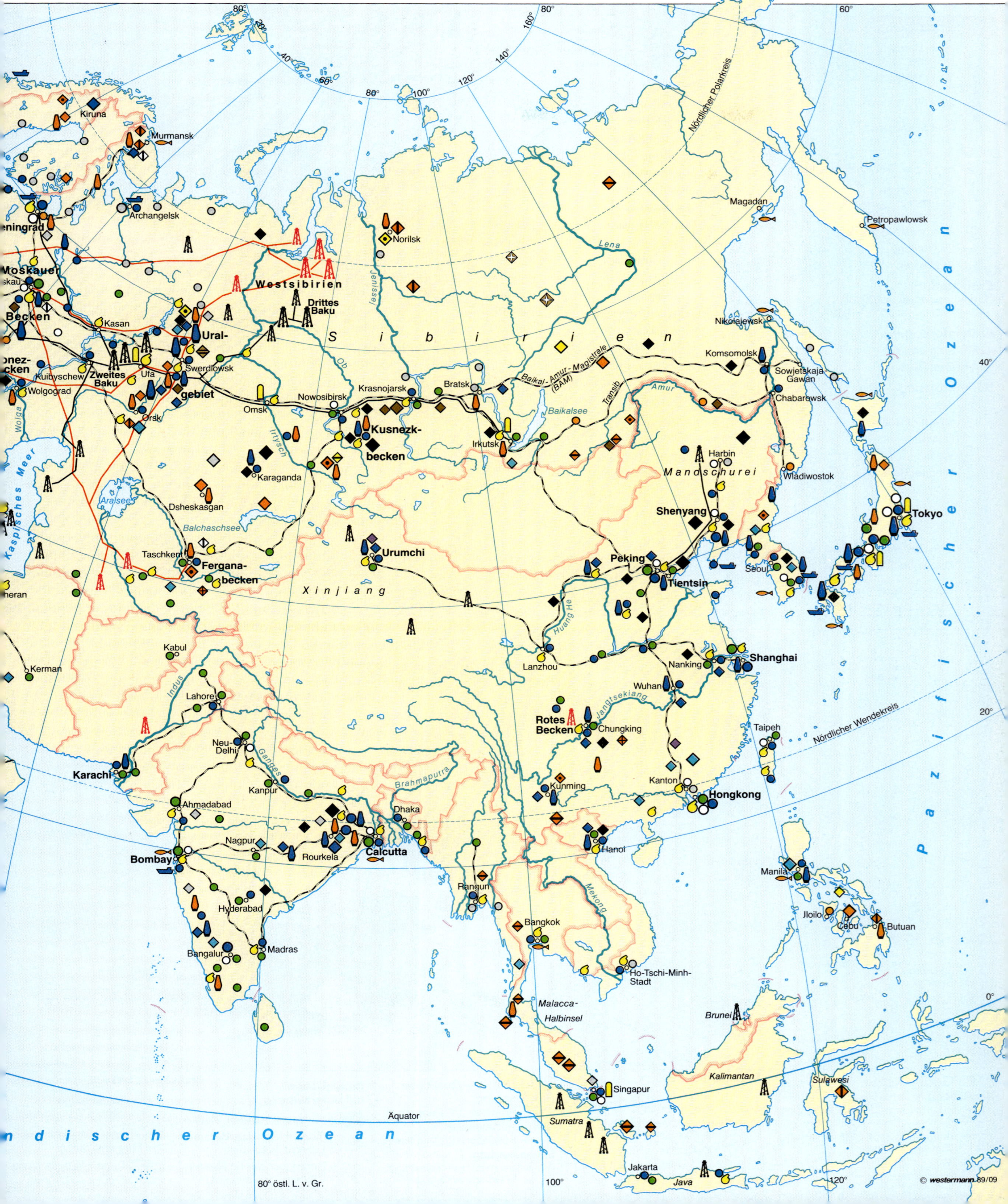

Arabien - Wirtschaft / Israel - Kibbuz

Maßstab 1 : 18 000 000
1 cm = 180 km

Erdölwirtschaft

Jahresförderung (1982) wichtiger Ölfelder
- 10 – 20 Millionen t
- 20 – 50 Millionen t
- über 50 Millionen t

- Erdölfeld
- davon bis 1957 erschlossen
- Erdölraffinerie (1 Teilstrich = 10 Mill. t Jahresleistung)
- Chemische Industrie
- Erdölleitung
- Erdölhafen

Erdölausfuhr (1 mm Bandbreite = 100 Mill. t)
- 1957
- 1982

Erdgasförderung
- Erdgasfeld
- Erdgasleitung

Bodennutzung
- Ackerbau
- davon Bewässerungsland
- Oasen
- Wald
- Steppe, Halbwüste, Wüste

- Orte über 500 000 Einw.
- Orte unter 500 000 Einw.
- Staatsgrenze
- nicht festgelegte Grenze

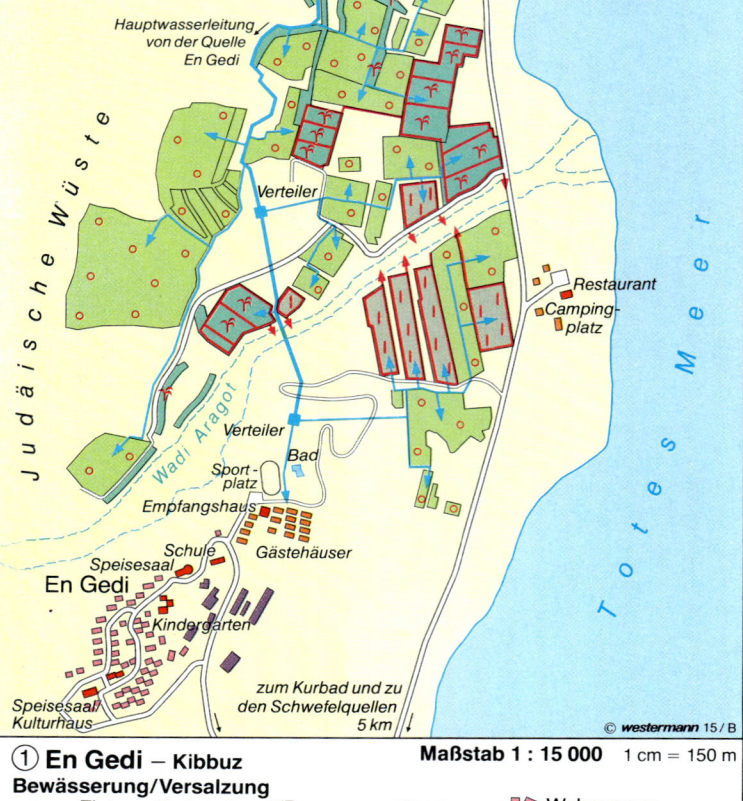

© westermann 89/09

---

① En Gedi – Kibbuz

Maßstab 1 : 15 000 — 1 cm = 150 m

Bewässerung/Versalzung
- Flutung (Dattelpalmen)/Beregnung (Wein) (Gefahr der Bodenversalzung)
- moderne Tröpfchenbewässerung (Blumen und Gemüse)
- Wasserleitungen
- Entwässerungskanal (zur Salzausspülung)
- Wohnungen
- Gemeinschaftseinrichtungen
- Lager- u. Kühlhäuser
- Fremdenverkehrseinrichtungen

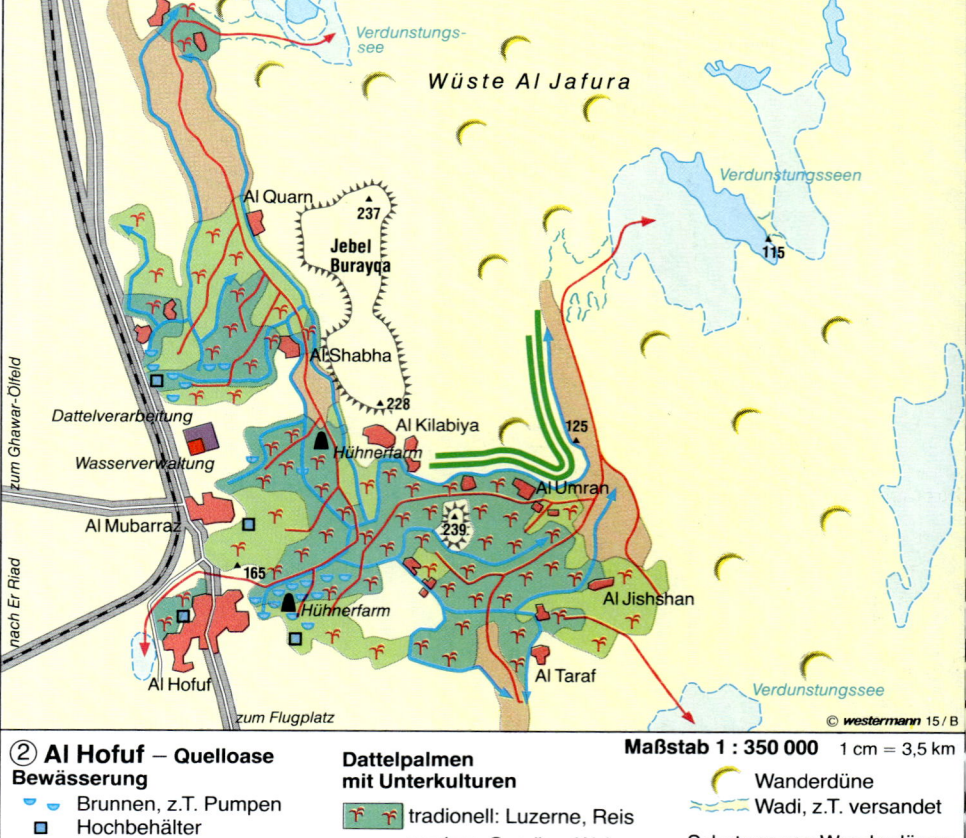

② Al Hofuf – Quelloase

Maßstab 1 : 350 000 — 1 cm = 3,5 km

Bewässerung
- Brunnen, z.T. Pumpen
- Hochbehälter
- Bewässerungshauptkanal

Entwässerung (Verhinderung von Bodenversalzung)
- Entwässerungshauptkanal

Dattelpalmen mit Unterkulturen
- tradionell: Luzerne, Reis
- modern: Gemüse, Weizen, Luzerne (rekultiviert)
- landwirtschaftliche Reservefläche (früher versumpft)

- Wanderdüne
- Wadi, z.T. versandet

Schutz gegen Wanderdünen und Flugsand durch
- Tamariskenpflanzung
- Erdölbesprühung

Japan – Wirtschaft / Bevölkerung

Maßstab 1 : 6 000 000
1 cm = 60 km

① Bevölkerungsdichte
Maßstab 1 : 18 000 000

Bewohner je km²
- 0 – 25
- 25 – 200
- 200 – 500
- über 500

Großstädte / Einwohner
- • 100 000 – 500 000
- ○ 500 000 – 1 000 000
- □ 1 000 000 – 5 000 000
- ⊡ über 5 000 000

Industrieproduktion
16 % Prozentanteile der Hauptregionen an der gesamten Industrieproduktion Japans

Region Hiroshima 5 %
Region Kitakyushu 4 %
Region Osaka-Kobe-Kyoto 17 %
Region Nagoya 16 %
Region Tokyo-Yokohama 27 %

Bodennutzung
- Ackerbau, meist auf Bewässerungsland
- Wald

Hauptanbauarten
- Reis
- Obst
- Mandarinen
- Wein
- Tee
- Maulbeerkulturen (Seidenraupenzucht)

Bodenschätze
- Steinkohle
- Erdgas
- Kupfer
- Blei/Zink
- Schwefel
- Silber

Industrie
- Eisen- u. Stahlerzeugung
- Buntmetallverhüttung
- Aluminiumverhüttung
- Eisen-, Metallverarbeitung
- Kraftfahrzeugbau
- Schiffbau
- Veredelungsindustrie
- Chemie, Kunststoffe
- Erdölraffinerie
- Textil, Bekleidung
- Holz, Zellulose, Papier
- Erdgasleitung

Verkehr
- Eisenbahn
- Schnellbahn (Shinkansen)
- Fernstraße, z. T. Autobahn

Orte
- über 1 000 000 Einwohner
- unter 1 000 000 Einwohner

Nordasien (Sowjetunion) – Wirtschaft

Waldlandschaften
Holzentnahme, z.T. Forstwirtschaft
- Nördlicher Nadelwald (in Sibirien Taiga)
- Sommergrüner Laub- und Mischwald, Gebirgsnadelwald und Feuchtwald der gemäßigten Zonen

Offene Landschaften
mit unterschiedlich intensiver Weidenutzung
- Tundra (arktische Tundra, Gebirgstundra, Waldtundra)
- Steppe und Hochgebirgsgrasland
- Wüste und Halbwüste
- Gletscher/Felsregion

Kulturland
- Ackerbau
- davon Bewässerungsland
- Weideland

Nutzpflanzen
- Weizen
- Zuckerrüben
- Mais
- Sojabohnen
- Reis
- Sonnenblumen
- Wein
- Zitrusfrüchte
- Tabak
- Tee
- Baumwolle

Bergbau

Energierohstoffe
- Erdöl
- Steinkohle
- Erdgas
- Braunkohle
- Uran

Metalle
- Eisen
- Stahlveredler (Chrom, Mangan, Wolfram, Kobalt, Wismut)

Buntmetalle
- Kupfer
- Blei/Zink
- Zinn
- Nickel
- Bauxit
- Quecksilber

Edelmetalle
- Gold
- Silber
- Platin

- Asbest
- Phosphat
- Diamanten

Industrie
- Eisen- und Stahlerzeugung
- Buntmetall- und Aluminiumverhüttung
- Eisen- u. Metallverarbeitung (Stahl- und Leichtmetallbau, Raum- und Luftfahrzeugbau, Kraft- u. Schienenfahrzeugbau, Metallwaren)
- Schiffbau
- Veredelungsindustrie (Elektronik, Elektrotechnik, Feinmechanik, Optik)
- Chemie (Kunststoff, Gummi)
- Erdölraffinerie
- Textil, Bekleidung, Leder
- Holz, Papier
- Nahrungsmittel
- Fischfang, Fischverarbeitung
- Kernkraftwerk
- Wärmekraftwerk
- Wasserkraftwerk

- Erdölleitung
- Erdgasleitung
- TPK Territorialer Produktionskomplex (z. T. im Ausbau)
- wichtige Eisenbahn
- Neubaustrecke

Maßstab 1 : 18 000 000
1 cm = 180 km

99

Nordasien (Sowjetunion)

© westermann 89/09
Nordpolarmeer
Tschuktschensee
Ostsibirische See
Laptewsee
Beringmeer
Ochotskisches Meer
Japanisches Meer
Tschuktschen-Halbinsel
Wrangelinsel
De Long-Straße
Anadyrgolf
St.-Lorenz-Insel
Komsomolze-I.
Sewernaja Semlja
Oktoberrevolution-I.
Bolschewik-I.
Kap Tscheljuskin
Wilkizkistraße
Kirow-Inseln
Neusibirische Inseln
Neusibirien
Faddejew-I.
Kotelny-Insel
Ljachow-Inseln
Laptewstraße
Bären-Inseln
Byrrangagebirge
Taimyr-Halbinsel
Taimyrsee
Dickson
Nordwik
Chatanga
Buolkalach
Bulun
Tiksi
Kasatschje
Tschokurdach
Tabor
Ambartschik
Nishnekolymsk
Pewek
Anjuigebirge
Kolymagebirge
Korjakengebirge
Markowo
Anadyr
Beringowskij
Kap Nawarin
Egwekinot
Jultin
Putorana-gebirge
Dudinka
Norilsk
Igarka
Turuchansk
Olenjok
Werchojansker Gebirge
Werchojansk
Momagebirge
Tscherskigebirge
Pobeda 3147
Ust-Nera
Oimjakon
Sussuman
Seimtschan
Magadan
Kap Alewin
Schelichowgolf
Kamtschatka
Palana
Ust-Kamtschatsk
Kljutschewskaja Sopka
Petropawlowsk-Kamtschatskij
Ust-Bolscheresk
Karaginskij
Bering-Insel
Tilitschiki
Mus Chaja 2959
Chandyga
Ochotsk
Eldikan
Jakutsk
Shigansk
Sangar
Wiljuisk
Suntar
Mirnyj
Tura
Noginskij
Mittelsibirisches Bergland
Jakutien
Taiga
Oljokminsk
Lensk
Tommot
Aldan
Dshugdshurgebirge
Ajan
Nelkan
Schantar-Inseln
Ocha
Sachalin
Alexandrowsk-Sachalinsk
Poronaisk
Tatarensund
Juschno-Sachalinsk
Korsakow
Cholmsk
Nelma
Kurilen
Urup
Iturup
Kunaschir
Paramuschir
seit 1945 von der Sowjetunion besetzt
La Pérouse-Straße
Wakkanai
Asahigawa
Hokkaido
Sapporo
Kushiro
Hakodate
Aomori
Morioka
Akita
Sendai
Honshu
Niigata
Kanazawa
Tokyo
Yokohama
Fujisan 3776
Nagoya
Kyoto
Japan
Jerbogatschen
Meteoreinschlag 1908
Sewero-Jenissejskij
Jenissei
Patomhochland
Peledui
Keshma
Ust Ilimsk
Bodaibo
Kirensk
Ust-Kut
Stanowoigebirge
Tschulman
Tynda
BAM
Bam
Seja
Tscheqdomyn
Komsomolsk
Sowjetskaja-Gawan
Sichote-Alin
Chabarowsk
Birobidshan
Blagoweschtschensk
Swobodnyj
Schimanowsk
Bjelogorsk
Pojarkowo
Leninskoje
Dalneretschensk
Ternej
Olga
Ussurijsk
Wladiwostok
Nachodka
Posjet
Atschinsk
Krasnojarsk
Kansk
Bratsk
Taischet
Nishneudinsk
Tulun
Sima
Tscheremchowo
Angarsk
Irkutsk
Baikalsee
Baikalgebirge
Bargusin
Ulan-Ude
Witimplateau
Kalakan
Mogotscha
Tschita
Jablonowyjgebirge
Nertschinsk
Sretensk
Borsja
Chilok
Abakan
Ostsajan
Kysyl
Munku Sardyk 3491
Tannugebirge
Ulan-Gom
Nauschki
Suchbaatar
Darchan
Ulan-Bator
Muren
Karakorum
Changaigebirge
Uljassutai
Altai
Mongolei
Gobi-Altai
Gobi
Dalan-Dzadgad
Sain-Schand
Erenhot
Hami
Barun-Urt
Tschoibalsan
Wall des Dschingis Khan
Manzhouli
Hailar
Großer Chingan
Yituliha
Kleiner Chingan
Qiqihar
Mandschurei
Harbin
Yichun
Jiamusi
Mudanjiang
Baicheng
Taoan
Changchun
Jilin
Yanji
Horqin Youyi Qianqi
Liaoyuan
Volksrepublik China
Fushun
Shenyang
Benxi
Anshan
Chifeng
Jinzhou
Dandong
Sinuiju
P'yong-yang
Hyesan
Songjin
Hungnam
Nordkorea
Wonsan
Südkorea
Russische Sowjetrepubliken
östl. L. v. Gr.

West- und Südasien

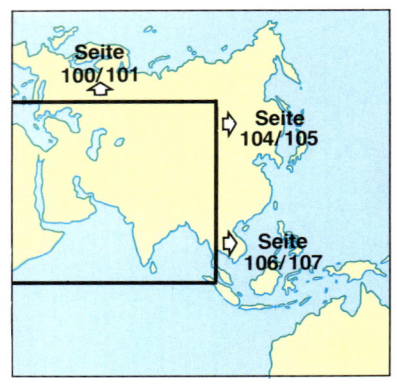

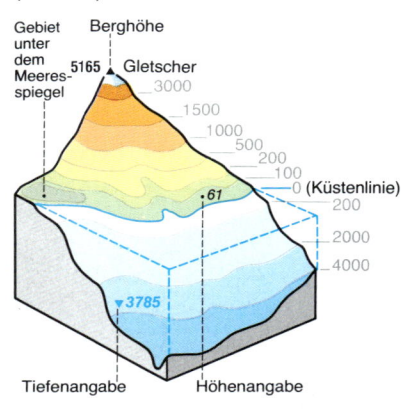

102

Karaganda
Temirtau
Balchasch
Balchaschsee
Dsheskasgan
Aralsk
Aralsee
Ksyl-Orda
Dshambul
Frunse
Alma Ata
Issyk-kul
Taschkent
Tschimkent
Namangan
Andishan
Kokand
Osch
Fergana
Leninabad
Samarkand
Buchara
Duschanbe
Tschardshou
Mary
Urgentsch
Nukus
Kungrad
Kysylkum
Karakumkanal
Meschhed
Kuschka
Herat
Afghanistan
Kabul
Kundus
Baghlan
Maimana
Hindukusch
Farah
Kandahar
Quetta
Pamir
Pik Kommunismus
Kaschi
Kongur
Shache (Yarkand)
Hotan
Sinkiang (Xinjiang)
Tarimbecken
Wüste Takla Makan
Seidenstraße
Tarim
Aksu
Korla
Kuruq Tagh
Loulan
Lob Nur
Turpan
Hami
Urumchi
Yining
Karamai
Dsungarei
Dsungarische Pforte
Tarbagatai
Saissan
Schwarzer Irtysch
Mongolischer Altai
Gobi
Mongolei
Altai
Dalan-Dzadgad
Innere Mongolei
Char Choto
Ala Shan
Yinchuan
Ning-xia
Jiayuguan
Yumen
Zhangye
Wuwei
Lanzhou
Xining
Tianshui
Qaidambecken
Golmud
Nan Shan
Altun Shan
Kunlun Shan
Volksrepublik China
Bayankala Shan
Tangkula Shan
Tangkula-Paß
Chengdu
Yaan
Garze
Batang
Qamdo
Xichang
Tibet (Xizang)
Lhasa
Transhimalaya
Shigatse
Zhongba
Nam Tsho
Mount Everest
Annapurna
Dhaulagiri
Nanda Devi
Kailas
Karakorum
Karakorum-Paß
Godwin Austen (K 2)
Nanga Parbat
Gilgit
Aksai-chin
Leh
Srinagar
Kashmir
Peshawar
Khaiber-Paß
Islamabad
Rawalpindi
Taxila
Jammu
Lahore
Lyallpur
Amritsar
Pandschab
Multan
Sulaimangebirge
Ludhiana
Simla
Chandigarh
Shipki-Paß
Saharanpur
Meerut
Siwalikkette
Neu-Delhi
Bahawalpur
Bikaner
Belutschistan
Pakistan
Sukkur
Mohenjo-Daro
Hyderabad
Karachi
Wüste Tharr
Sind
Jodhpur
Jaipur
Agra
Aravalligebirge
Gwalior
Kota
Bareilly
Lucknow
Kanpur
Allahabad
Varanasi
Gorakhpur
Nepal
Katmandu
Terai
Ganges
Patna
Bhagalpur
Bhutan
Thimphu
Gangtok
Brahmaputra
Dibrugarh
Gauhati
Shillong
Khasigebirge
Imphal
Dhaka
Bangladesh
Agartala
Chittagong
Khulna
Calcutta
Sundarbans
Gangesmündungen
Jamshedpur
Rourkela
Kharagpur
Cuttack
Bhubaneshwar
Ahmadabad
Gandhinagar
Golf von Kutch
Okha
Rajkot
Kathiawar-Halbinsel
Porbandar
Vadodara
Surat
Golf von Cambay
Indore
Bhopal
Vindhyagebirge
Satpuragebirge
Narmada
Jabalpur
Nagpur
Raipur
Malegaon
Akola
Indien
Bombay
Pune
Dekkan
Westghats
Ostghats
Godavari
Solapur
Hyderabad
Warangal
Vijayawada
Visakhapatnam
Kolhapur
Krishna
Hubli
Karnool
Panaji (Goa)
Malabarküste
Koromandelküste
Bangalore
Madras
Mangalore
Kaveri
Salem
Coimbatore
Calicut
Tiruchchirappalli
Cochin
Anaimudi
Madurai
Palkstraße
Jaffna
Adamsbrücke
Golf von Mannar
Trivandrum
Kap Comorin
Sri Lanka (Ceylon)
Colombo
Sri Jayewardenepura
Pidurutalagala
Kap Dondra
Lakkadiven (Indien)
Malediven
Male
Arabisches Meer
Golf von Bengalen
Andamanen (Indien)
Port Blair
Andamanisches Meer
Nikobaren (Indien)
Myanmar (Birma)
Patkaigebirge
Myitkyina
Mogok
Mandalay
Myingyan
Arakangebirge
Akyab
Prome
Pegu
Rangun
Bassein
Moulmein
Tavoy
Mergui
Chiangmai
Thailand
Banda Aceh
Sumatra
Leuser
Simeulue
Ras el-Had
Zum Vergleich
Hamburg
Hannover
Berlin
Köln
Stuttgart
München
600 km
90° © westermann 89/09

Ostasien physisch

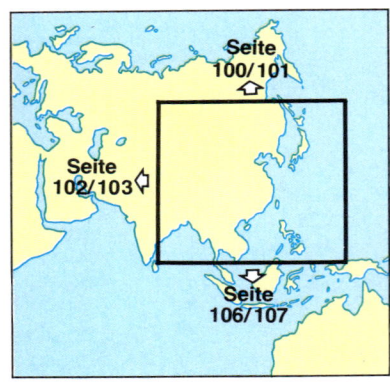

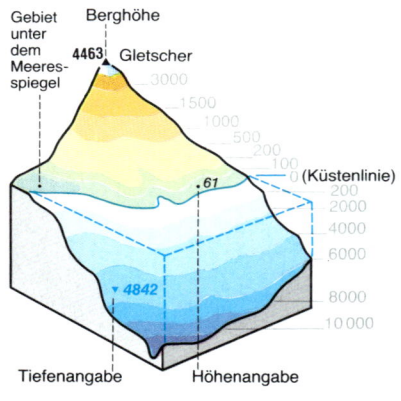

104

Maßstab 1 : 18 000 000
1 cm = 180 km

105

Südostasien

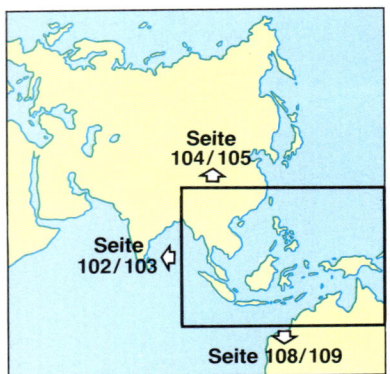

Orte

■	über 1 000 000 Einwohner
■	500 000 – 1 000 000 Einwohner
●	100 000 – 500 000 Einwohner
○	20 000 – 100 000 Einwohner
○	unter 20 000 Einwohner

Verkehr

- Eisenbahn
- Fernstraße
- schiffbarer Fluß

Gewässer

- Fluß
- Fluß, zeitweilig wasserführend
- See
- Kanal
- Staumauer, Staustufe
- Moor, Sumpf
- Wadi, Trockenfluß
- Salzpfanne, Salzsee

Grenzen

- Staatsgrenzen
- Hauptorte der Staaten sind unterstrichen

Einzelzeichen

- ∴ geschichtlich bedeutsamer Ort
- Wüste
- Korallen
- ⌒ Paß

Landhöhen und Meerestiefen
(in Meter)

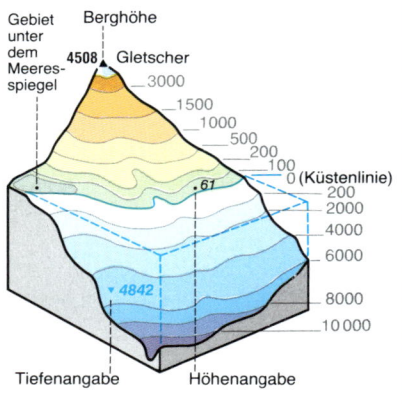

Gebiet unter dem Meeresspiegel — Berghöhe — Gletscher
4508
3000
1500
1000
500
200
100
0 (Küstenlinie)
200
2000
4000
6000
8000
10 000

Tiefenangabe — Höhenangabe

Maßstab 1 : 18 000 000
1 cm = 180 km

0 200 400 600 800 1000 km

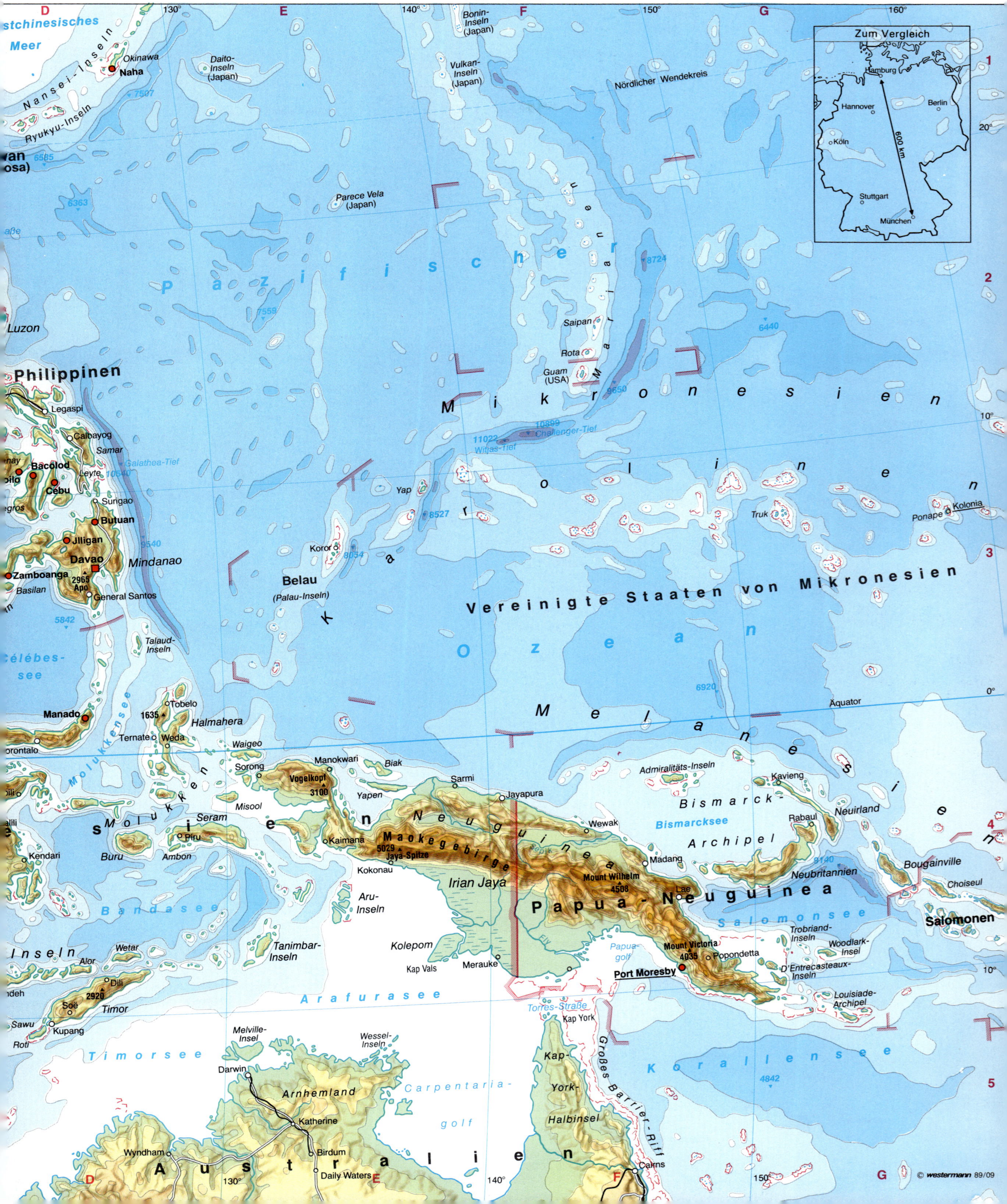

Australien/Neuseeland – Physische Übersicht/Bevölkerung

Bevölkerungsdichte

Einwohner je km² | Städte
- 0 – 10
- 10 – 100
- über 100 E.
- ○ über 1 000 000
- • 500 000 – 1 000 000 Einw.

Ureinwohner (Aborigines)

- ursprüngliche Wohngebiete
- heute zugewiesene Reservate
- ● Städte, in denen Aborigines – Minderheiten in Slums leben
- ◇ wichtige Vorkommen von Bodenschätzen in den Wohngebieten (siehe dazu Seite 110)

In Australien (14,9 Mill. Einwohner) leben ca. 200 000 Aborigines
Vergleiche dazu Seiten 78, ② und 114

Maßstab 1 : 80 000 000

109

Maßstab 1 : 18 000 000
1 cm = 180 km

0 200 400 600 800 1000 km

Legende
- Staatsgrenze
- Grenzen der Bundesstaaten in Australien
- Eisenbahn
- Straße, z. T. Piste

Weitere Erläuterungen siehe Seite 106

Zum Vergleich
Hamburg, Hannover, Berlin, Köln, Stuttgart, München — 600 km

Seite 106/107

Kartenbeschriftungen

Inseln und Inselgruppen:
- Guadalcanal
- San Cristobal
- Rennell
- Salomonen
- Santa-Cruz-Inseln
- Tuvalu (Ellice-In.)
- Funafuti
- Tokelau-Inseln (Neuseel.-USA)
- Rotuma
- Swain-Insel (USA)
- Espiritu Santo
- Vanuatu (Neue Hebriden)
- Wallis und Futuna (Fr.)
- Samoa
- Savaii
- Apia
- Tutuila (USA)
- Pago Pago
- Efate
- Vila
- Fiji
- Vanua Levu
- Viti Levu
- Suva
- Neukaledonien (Franz.)
- Loyalty-Inseln
- Nouméa
- Tonga
- Nukualofa
- Niue (Neuseel.)
- Norfolk-Insel (Austr.)
- Lord-Howe-Insel (Austr.)
- Kermadec-Inseln (Neuseel.)
- Chatham-Inseln (Neuseel.)
- Bounty-Inseln (Neuseel.)
- Antipoden-Inseln (Neuseel.)
- Auckland-Inseln (Neuseel.)
- Campbell-Insel (Neuseel.)
- Macquarie-Inseln (Austr.)
- Stewart-Insel
- Snares-Inseln
- Frazer-Insel

Meere:
- Korallensee
- Südsee
- Pazifischer Ozean
- Tasmansee
- Tongagraben
- Kermadecgraben

Australien (Orte):
- Rockhampton
- Gladstone
- Bundaberg
- Maryborough
- Brisbane
- Gold Coast
- Kap Byron
- Lismore
- Grafton
- Taree
- Newcastle
- Sydney
- Wollongong

Neuseeland:
- Nordinsel
- Südinsel
- Opua
- Whangarei
- Auckland
- Hamilton
- Tauranga
- New Plymouth
- Wanganui
- Gisborne
- Napier
- Westport
- Picton
- Nelson
- Greymouth
- Wellington
- Mount Cook 3764
- Neuseeländische Alpen
- Christchurch
- Timaru
- Dunedin
- Invercargill
- Cookstraße

Südlicher Wendekreis

Tiefen: 6150, 7570, 6584, 10882, 10047, 8592, 5176, 770, 6600, 1628, 1323

Australien/Neuseeland – Wirtschaft

Südostaustralien – Wasserversorgung

Maßstab 1 : 9 000 000   1 cm = 90 km

Bewässerung und Trinkwasserversorgungsgebiete

- Ackerbau u. Sonderkulturen (Obst, Gemüse, Wein, Zitrusfrüchte)
- Viehhaltung (Rinder, Schafe) und Ackerbau (Weizen, Reis)
- Schafweiden
- Wasserspeicher
- Trinkwasserleitung
- Bewässerungskanal

Niederschläge

250 Jährliche durchschnittliche Niederschlagsmenge in mm

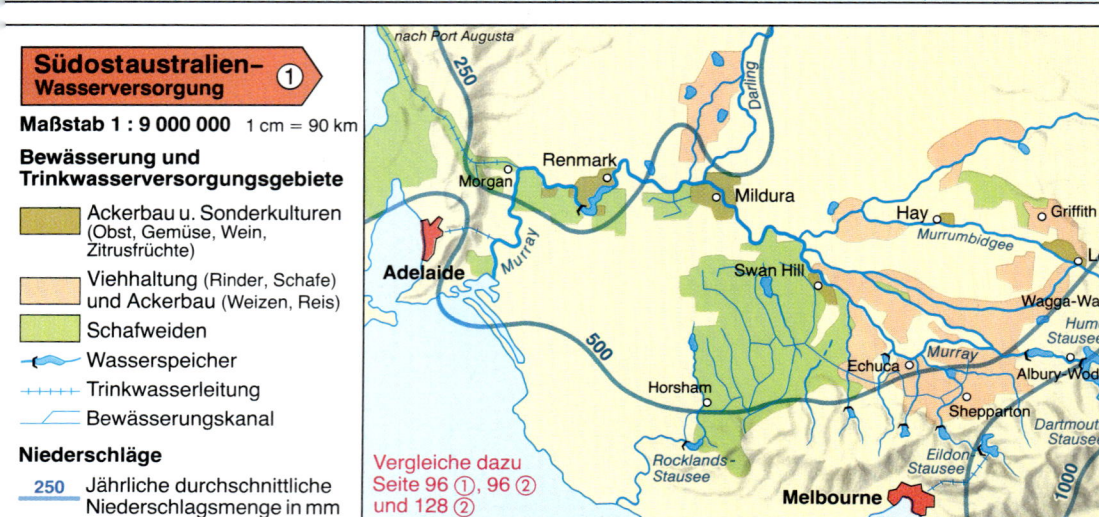

Vergleiche dazu Seite 96 ①, 96 ② und 128 ②

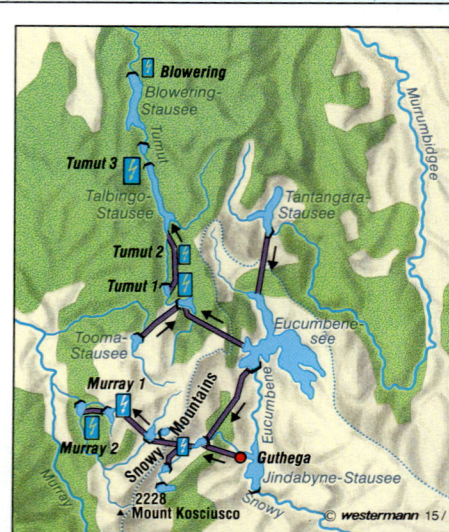

111

Maßstab 1 : 18 000 000
1 cm = 180 km

Waldlandschaften
Holzentnahme, z. T. Forstwirtschaft
- Feuchtwald der gemäßigten Zone, z. T. Eukalyptus
- Tropischer Regenwald

Offene Landschaften
(einschließlich lichtem Baum- und Strauchbewuchs) mit unterschiedlich intensiver Weidenutzung
- Feuchtsavanne
- Trockensavanne
- Strauchsavanne
- Wüste, Halbwüste, z. T. mit Igelgras und Salzbüschen

Kulturland
- Ackerbau
- davon Bewässerungsland
- Weideland

Nutzpflanzen
- Weizen
- Reis
- Zuckerrohr
- Bananen
- Zitrusfrüchte
- Wein

Viehhaltung
- Rinder
- Schafe

(1 Zeichen = 5 Millionen Stück)

Bergbau

Energierohstoffe
- Erdöl
- Erdgas
- Steinkohle
- Braunkohle
- Uran

Metalle
- Eisen
- Stahlveredler (Chrom, Mangan, Wolfram, Wismut)

Buntmetalle
- Kupfer
- Zinn
- Blei/Zink
- Nickel

Edelmetalle
- Gold
- Silber

- Bauxit (Aluminiumrohstoff)

Industrie
- Eisen- u. Stahlerzeugung
- Buntmetall- und Aluminiumverhüttung
- Eisen- und Metallverarbeitung
- Chemie (Kunststoff, Gummi)
- Erdölraffinerie
- Textil, Bekleidung, Leder
- Holz, Papier
- Nahrungsmittel

- Erdölleitung
- Erdgasleitung
- wichtige Eisenbahn
- wichtige Straße
- Staatsgrenze
- Grenze der Bundesstaaten in Australien

② Snowy Mountains – Wasserwirtschaft
Maßstab 1 : 2 000 000
1 cm = 20 km

- Wasserspeicher
- Wasserüberleitung
- Pumpstation
- Wasserkraftwerk

Größenstufen
- unter 300
- 300–1000 MW
- 1500 Megawatt (MW)

- Wasserscheide
- Wald

Vergleiche dazu Seite 119 ①

Amerika – Physische Übersicht

Südamerika – physisch

Maßstab 1 : 36 000 000
1 cm = 360 km

Gewässer
- Fluß
- Wasserfall, Stromschnelle
- Kanal
- Staudamm, Stausee
- See
- Salzsee

Orte (in Auswahl)
- über 500 000 Einwohner
- unter 500 000 Einwohner

Zum Vergleich: Deutschland im gleichen Maßstab

114 Amerika – Staaten/Bevölkerung

Gründung der Staaten
- **1981** Jahr der Staatsgründung
- • Regierungssitz
- — Staatsgrenze
- — Innerstaatliche Grenzen (Bundesstaaten, Provinzen) weitere Bundesstaaten: Mexiko, Venezuela

Vereinigte Staaten von Amerika (USA)
Aufnahme der 50 Einzelstaaten in den Bund
- Virginia vor 1790 (13 Neuenglandstaaten)
- Maine bis zum Bürgerkrieg 1861
- Idaho zwischen 1862 und 1912
- Hawaii nach 1912

Geschichtliche Entwicklung
- spanisch-portugiesische Interessengrenze 1494 (45° 45' westl. Länge)
- spanische Nordgrenze um 1750
- französisches Gebiet (Louisiana) um 1750, östlich und nördlich dieser Linie englisches Gebiet.

Bevölkerung
Zusammensetzung der Bevölkerung (über 10 % der Gesamtbevölkerung)
1. Neger und Mulatten (Mischlinge)
2. Indianer und Mestizen (Mischl.)
3. Asiaten
4. Weiße

Gesamtbevölkerung der Staaten
- unter 1 Mill.
- 1 – 10 Mill.
- 10 – 30 Mill.

Größter Kreisdurchmesser: Mexiko 72 Mill., Brasilien 122 Mill., USA 230 Millionen Einwohner.
Bevölkerungswachstum (in Millionen)

Nordamerika: 1950: 166 · 1960: 199 · 1970: 226 · 1980: 250
Mittel- und Südamerika: 1950: 164 · 1960: 216 · 1970: 285 · 1980: 365

Mittel- und Südamerika hat nach Afrika mit einer Zunahme von 2,7 auf 100 Bewohner im Jahr das zweithöchste Bevölkerungswachstum der Welt. Nordamerikas Bevölkerung wächst dagegen im Jahr nur um 0,7 auf 100 Bewohner.

■ Indianerreservationen in den USA

Zur Bedeutung der Flächenfarben der Staaten siehe Seite 164 »Erde-Staaten«.

Maßstab 1 : 36 000 000
1 cm = 360 km

| 0 | 500 | 1000 | 1500 | 2000 | 2500 km |

115

① **Bevölkerungsdichte**
Maßstab 1 : 80 000 000

Einwohner je km²
- fast unbewohnt
- 1 – 25
- 25 – 100
- 100 – 200
- über 200

Großstädte (z. T. Agglomerationen)
- ● über 5 000 000 Einwohner
- ○ 1 000 000 – 5 000 000 Einw.

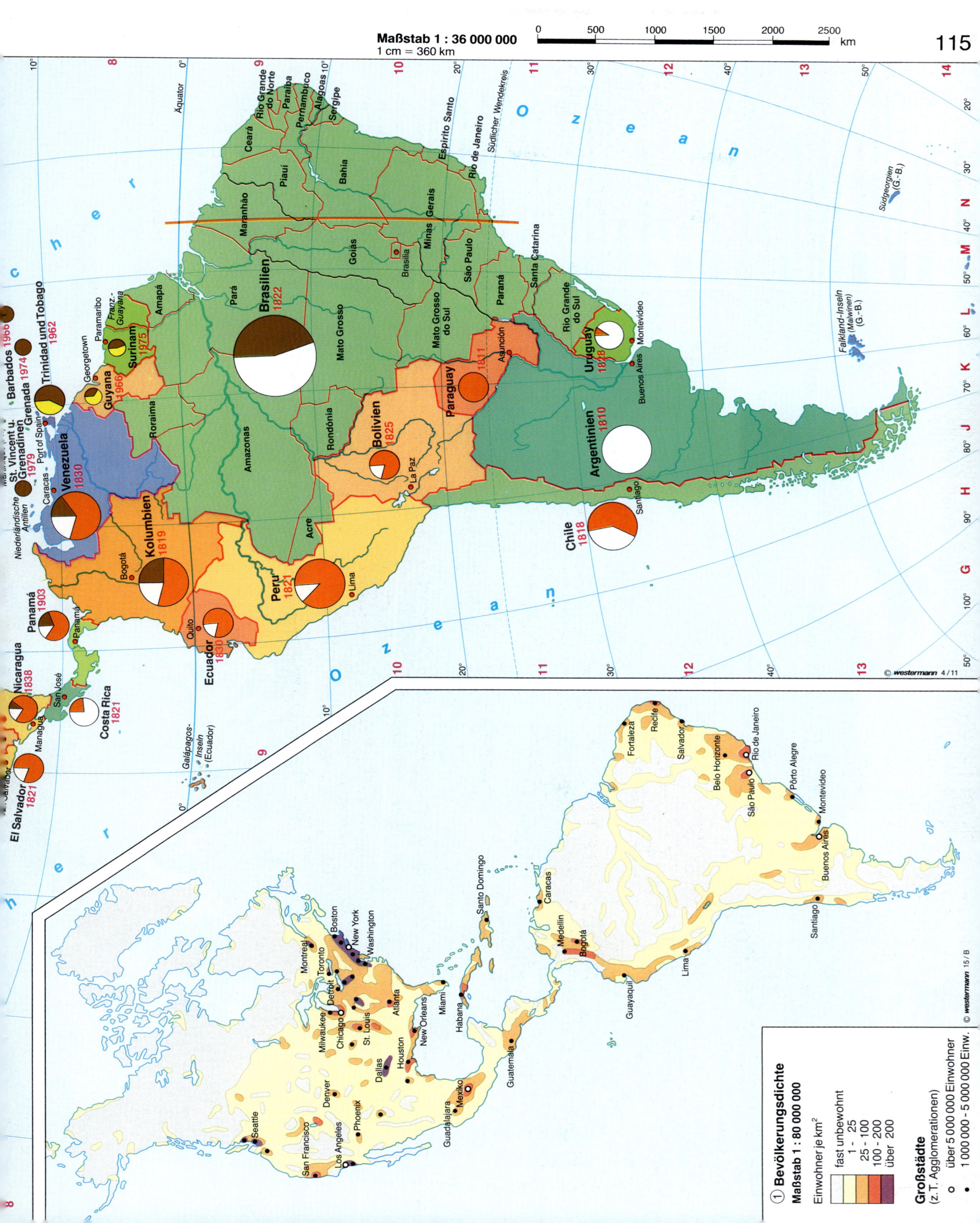

Amerika - Landwirtschaft

Waldlandschaften
Holzentnahme, z. T. Forstwirtschaft
- Nördlicher Nadelwald (Rentiernomadismus)
- Sommergrüner Laub- und Mischwald, Gebirgsnadelwald, Feuchtwald der gemäßigten Zonen
- Tropischer Regenwald

Offene Landschaften (einschließlich lichtem Baum- und Strauchbewuchs) mit unterschiedlich intensiver Weidenutzung
- Tundra
- Steppe und Hochgebirgssteppe
- Trockensavanne, z. T. Trockenwald
- Feuchtsavanne
- Halbwüsten und Wüsten
- Inlandeis, Gletscher

Kulturland
- Ackerbau
- davon Bewässerungsland
- Wiesen und Weiden (im Bereich des sommergrünen Laub- und Mischwaldes)
- Nördliche und südliche Anbaugrenze des Getreides

Nutzpflanzen

Pflanzliche Nahrungsmittel
- Weizen
- Reis
- Mais (in USA z. T. Sojabohnen)
- Zuckerrohr
- Zitrusfrüchte, Obst
- Zuckerrüben
- Erdnüsse
- Bananen

Pflanzliche Rohstoffe
- Baumwolle
- Kautschuk
- Tabak

Genußmittel
- Kaffee
- Tee
- Kakao
- Wein

Viehhaltung
- Rinder
- Schafe
- Schweine
- Ziegen

(1 großes Zeichen = 20 Mill. Stück, 1 kleines Zeichen = 5 Mill. Stück)

— Staatsgrenze

Maßstab 1 : 36 000 000
1 cm = 360 km

117

① Agrarindustrie in den USA
Rindermastbetriebe

1 Punkt = 100 Mastbetriebe in überwiegend herkömmlichen Farmen mit jeweils bis zu 1 000 Tieren
1 Punkt = 100 industriell ausgerichtete Großbetriebe mit jeweils über 1 000 - 100 000 Tieren

In der gesamten USA werden Rinder in 760 000 Farmbetrieben gehalten. Die Hälfte aller Schlachtrinder werden jedoch in nur 1500 Großbetrieben gemästet.

Zukauf von Rindern zur Mast

Wichtiger Standort von Schlachthöfen und Viehmärkten

Maßstab 1 : 18 000 000 1 cm = 180 km

Futtergetreideanbau
- Hirse
- Mais / Sojabohne
- davon auf Bewässerungsland
- Weidegebiete
- sonstige Landnutzung

Grenzen
- Staat
- Bundesstaat

Amerika Bergbau/Industrie

Bodenschätze

- Energierohstoffe
  - Erdöl
  - Erdgas
  - Steinkohle
  - Uran
- Metalle
  - Eisen
  - Stahlveredler (Chrom, Mangan, Kobalt)
- Buntmetalle
  - Kupfer
  - Zinn
  - Blei/Zink
  - Nickel
  - Quecksilber
  - Bauxit (Aluminiumrohstoff)
- Edelmetalle
  - Gold
  - Silber
  - Platin
- Phosphat
- Salpeter
- Diamanten

Industrie

- Eisen- und Stahlerzeugung
- Buntmetall- und Aluminiumverhüttung
- Eisen- und Metallverarbeitung (Stahl- und Leichtmetallbau, Maschinenbau, Raum- und Luftfahrzeugbau, Kraft- und Schienenfahrzeugbau, Metallwaren)
- Schiffbau
- Veredelungsindustrie (Elektronik, Elektrotechnik, Feinmechanik, Optik)
- Chemie (Kunststoffe, Gummi)
- Erdölraffinerie
- Textil, Bekleidung, Leder
- Holz, Papier
- Nahrungsmittel
- Fischfang, Fischverarbeitung
- Erdölleitung
- Erdgasleitung
- Staatsgrenze
- wichtige Eisenbahn

Maßstab 1 : 36 000 000
1 cm = 360 km

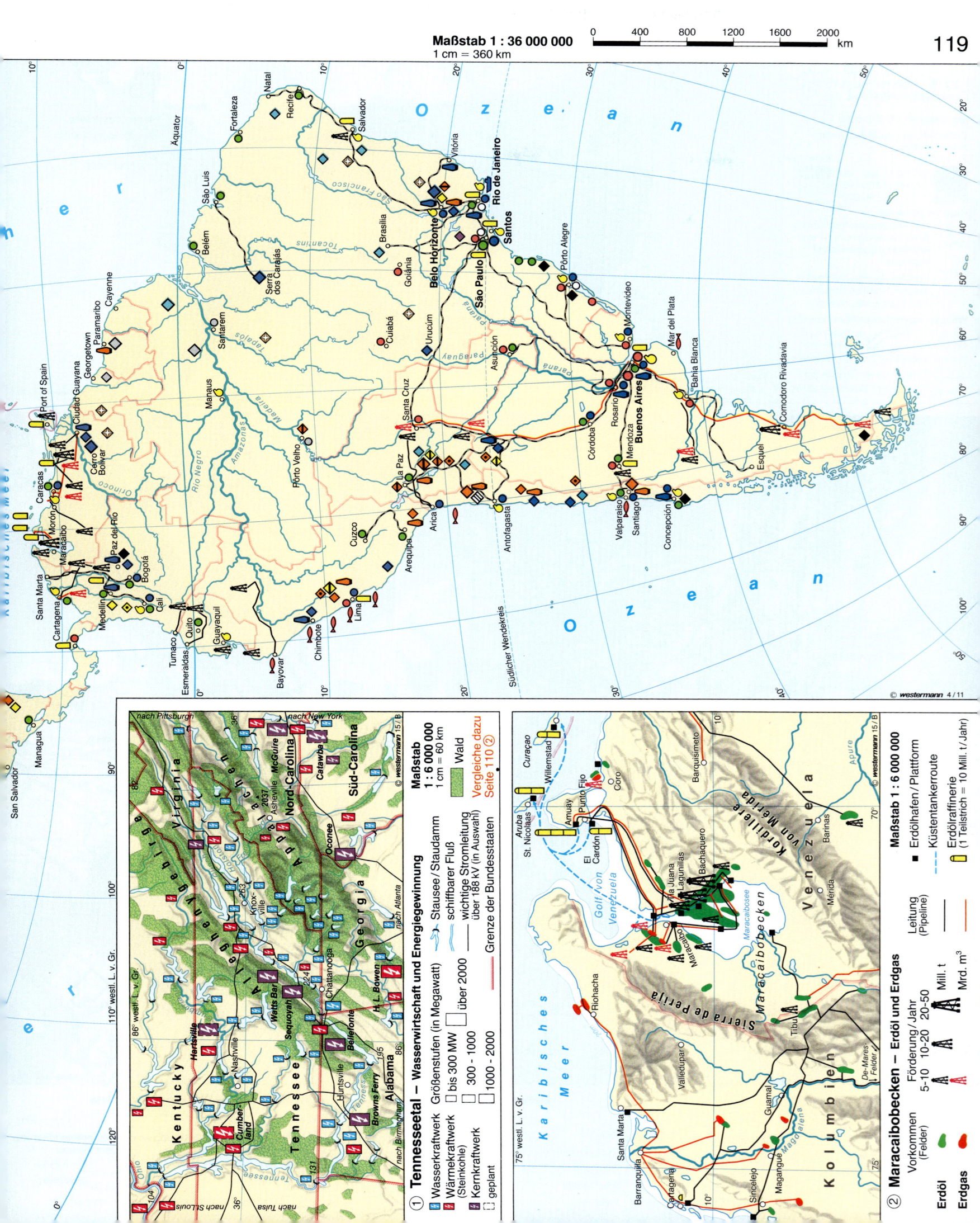

119

① Tennesseetal – Wasserwirtschaft und Energiegewinnung

Maßstab 1 : 6 000 000
1 cm = 60 km

Größenstufen (in Megawatt)
- bis 300 MW
- 300 – 1000
- 1000 – 2000
- über 2000

- Wasserkraftwerk
- Wärmekraftwerk (Steinkohle)
- Kernkraftwerk
- geplant

Stausee / Staudamm
schiffbarer Fluß
wichtige Stromleitung über 188 kV (in Auswahl)
Grenze der Bundesstaaten

Wald

Vergleiche dazu Seite 110 ②

② Maracaibobecken – Erdöl und Erdgas

Maßstab 1 : 6 000 000

- Erdölhafen / Plattform
- Küstentankerroute
- Erdölraffinerie (1 Teilstrich = 10 Mill. t/Jahr)

Leitung (Pipeline)

Erdöl und Erdgas
Förderung/Jahr: 5–10, 10–20, 20–50
Mill. t
Mrd. m³

Vorkommen (Felder)
Erdöl Erdgas

USA – Wirtschaft / Bevölkerung

① USA — Wanderung der Gesamtbevölkerung

Maßstab 1 : 36 000 000

Entwicklung von industriellen Arbeitsplätzen

Zunahme:
- 100 000 – 400 000
- 50 000 – 100 000
- 0 – 50 000

Abnahme

High Technology

- Utah: Bundesstaaten mit hohem Anteil an forschungs- und entwicklungsintensiver Industrie
- Bundesstaaten mit überdurchschnittlich hohem Pro-Kopf-Einkommen

Wanderung der Gesamtbevölkerung

aus einer Großregion *Süden* in Teile anderer Großregionen
(1 mm Pfeilbreite = 200 000 Personen)

- Grenze einer Großregion
- Grenze der Bundesstaaten

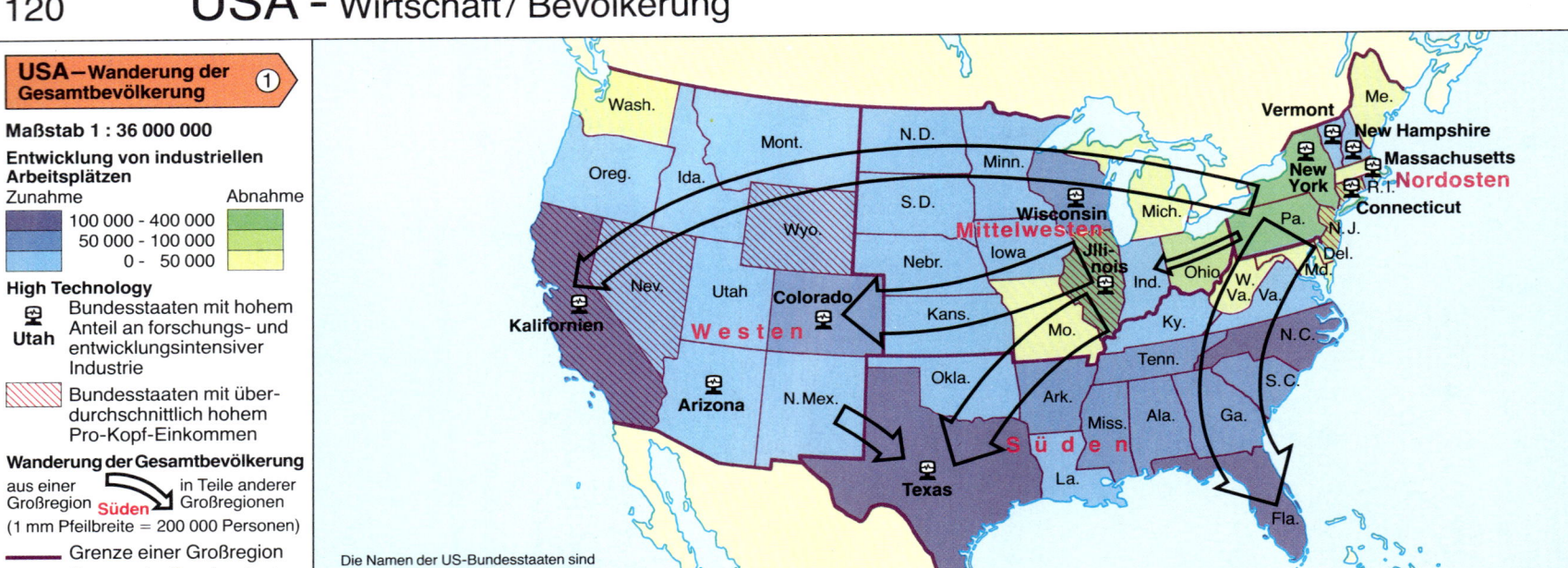

Die Namen der US-Bundesstaaten sind in ihrer amtlichen Kurzform eingetragen

Großregionen: Nordosten, Mittelwesten, Westen, Süden

② Kalifornien – Wirtschaft

Maßstab 1 : 4 500 000   1 cm = 45 km

Landnutzung
- Ackerbau
- davon bewässert
- Bewässerungskanäle
- Weideland
- Wald
- Steppe
- Wüste, Wüstengebirge
- Fels-, Eisregion
- Reis
- Zuckerrüben
- Zitrusfrüchte, Obst
- Baumwolle
- Wein

Orte
- über 1 000 000 Einw.
- unter 1 000 000 Einw.

Weitere Erläuterungen siehe Seite 121 ②

③ New York – Farbigenwohngebiete

Maßstab 1 : 200 000   1 cm = 2 km

Anteil der farbigen Bevölkerung an der Gesamtbevölkerung

Schwarze Wohnbevölkerung:
- 25 – 50 %
- über 50 %

Puertorikaner:
- 20 – 25 %
- über 25 %

Gebiete mit älteren Häusern (um 1900 erbaut)

USA – Wirtschaft / Bevölkerung

① USA – Minderheiten

Maßstab 1 : 36 000 000

Anteil der schwarzen Bevölkerung an der Gesamtbevölkerung (1980)
- unter 1 %
- 1 – 5 %
- 5 – 10 %
- 10 – 20 %
- 20 – 30 %
- über 30 %

Wanderung der schwarzen Bevölkerung in den USA (1975 – 1980)
aus einer Großregion ↘ in Teile anderer Großregionen
(1 mm Pfeilbreite = 20 000 Personen)

— Grenze einer Großregion
— Grenze der Bundesstaaten

Bundesstaaten mit hohem Anteil an spanisch sprechender Bevölkerung (Hispanics)

Hauptwanderung der Hispanics

Die Namen der US-Bundesstaaten sind in ihrer amtlichen Kurzform eingetragen

Großregionen: Nordosten, Mittelwesten, Westen, Süden

② Nordoststaaten – Wirtschaft

„Manufacturing"-Gürtel

Maßstab 1 : 9 000 000
1 cm = 90 km

Bodenschätze
- Erdöl
- Erdgas
- Eisen
- Stahlveredler
- Kupfer
- Blei/Zink
- Nickel
- Steinkohle
- Uran
- Gold
- Silber
- Platin
- Asbest

Industrie
- Eisen- u. Stahlerzeugung
- Buntmetallverhüttung
- Aluminiumverhüttung
- Eisen- und Metallverarbeitung, Maschinenbau
- Kraftfahrzeugbau
- Luft- u. Raumfahrzeugbau
- Schiffbau
- Elektrotechnik, Elektronik
- Kernforschung, Atomindustrie
- Chemie (Kunststoffe, Gummi)
- Erdölraffinerie
- Erdölleitung z. T. Produktenleitung
- Erdgasleitung
- Textil, Bekleidung
- Holzverarbeitung
- Nahrungs- u. Genußmittel
- Filmindustrie, Schallplatten
- Wasserkraftwerk
- Kraftwerk (Kohle, Erdgas, Heizöl)
- Kernkraftwerk

Größenstufen
- 300 – 1000
- über 1000 Megawatt (MW)

Verkehr
- wichtiger Seehafen
- wichtige Eisenbahn
- schiffbarer Fluß/Kanal

Transportwege für
- Eisenerz
- Steinkohle

(1 mm Bandbreite = 5 Mill. t)

Weitere Erläuterungen Seite 120 ②

Nordamerika – (Nördlicher Teil)

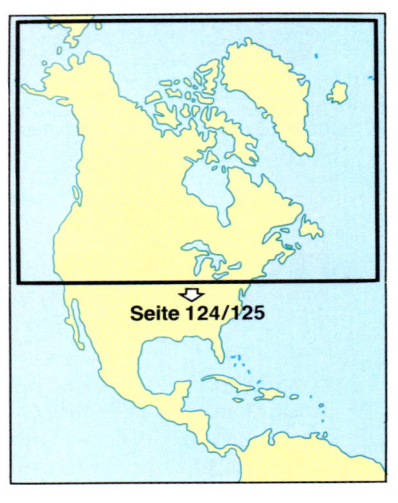

Orte
- ■ über 1 000 000 Einwohner
- ■ 500 000 – 1 000 000 Einwohner
- ● 100 000 – 500 000 Einwohner
- ○ 20 000 – 100 000 Einwohner
- ○ unter 20 000 Einwohner

Verkehr
- Eisenbahn
- Alaska Highway, Panamerican Highway
- Fernstraße
- Paß
- schiffbarer Fluß
- schiffbarer Kanal

Gewässer
- Flußlauf
- See
- Kanal, bedingt schiffbar
- Staustufe, Staumauer
- Stromschnelle, Wasserfall
- Moor, Sumpf

Grenzen
- Staatsgrenze
- Grenze der Provinzen in Kanada und der Bundesstaaten in den USA
- Hauptstädte sind unterstrichen
  - Staat,
  - Bundesstaat, Provinz

Einzelzeichen
- Nationalpark
- Tundra
- Wüste

Landhöhen und Meerestiefen (in Meter)

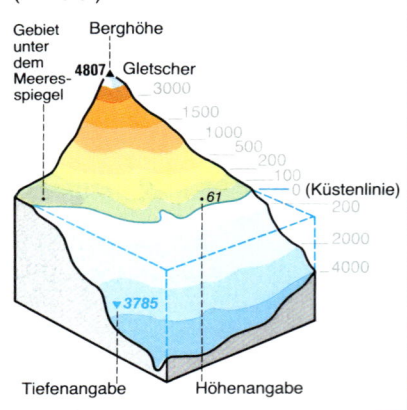

Zum Vergleich: Hamburg – München 600 km

Jan Mayen (Norw.)
Färöer (Dän.)
Island
Vatnajökull
2119
Reykjavík
Dänemarkstraße
Grönland (mit Dänemark assoziiert)
Gunnbjørn Field
3700
3231
2164
2850
2875
Tasiilaq
Kap Farvel
Qaqortoq
Nuuk (Godthåb)
Sisimiut
Qeqertarsuaq
Disko-I.
Upernavik
Qaanaaq
Davisstraße
Baffinbai
2136
Pearyland
Kap Morris Jesup
Alert
Königin-Elisabeth-Inseln
Ellesmere-I.
2896
Smithsund
Sverdrup-Inseln
Magnetischer Pol
Parry-Inseln
Melville-I.
Bathurst-I.
Devon-I.
Melvillesund
McClure-Straße
Bylot-I.
Prince of Wales-I.
Victoria-I.
Boothia-Halbinsel
Baffin-Insel
2591
229
Melville-Halbinsel
Foxe-becken
Nördlicher Polarkreis
Wager Bay
Barren grounds
Nordwestgebiete
Southampton-Insel
Cape Dorset
Frobisher Bay
Hudsonstraße
Keewatin
Ungava-Halbinsel
678
Kap Chidley
1622
Ungava-bai
Labrador-see
3809
Nain
Fort Chimo
Caniapiscau
Neufundland
Hudson-bai
257
Churchill
York Factory
Inoucdjouac
Belcher-Inseln
Schefferville
Michikamau-see
502
Goose Bay
Labrador
Uranium City
Athabasca-see
396
Kanada
Rentiersee
Lynn Lake
Manitoba
Kanadischer Schild
Saskatchewan
The Pas
Saskatoon
Winnipegsee
252
217
Manitobasee
Regina
Winnipeg
Kenora
Lake of the Woods
Jamesbai
Moosonee
Albany
Nottaway
Mistassinisee
Quebec
Ontario
Nipigonsee
Cochrane
Thunder Bay
Sept-Îles
Anticosti
St.-Lorenz-Golf
Corner Brook
Neufundland
Port-aux-Basques
St. John's
Kap Race
Miquelon (Franz.)
Saint-Pierre
Cabotstraße
Prinz-Eduard-I.
Charlottetown
Sydney
Kap Breton
Kap-Breton-Insel
Neu-Braunschweig
Fredericton
St. John
Neuschottland
Halifax
Kap Sable
Atlantischer Ozean
Quebec
Oberer See
183
406
Sault Ste. Marie
Sudbury
Montreal
Ottawa
Maine
Augusta
Vermont
Montpelier
New Hampshire
Concord
Massachusetts
Boston
Providence
Rhode Island
Hartford
Connecticut
Albany
New York
New Jersey
Trenton
Pennsylvania
Nord-Dakota
Bismarck
Fargo
Duluth
Minnesota
Michigan
Wisconsin
Minneapolis
St. Paul
Süd-Dakota
Oahe-Stausee
Pierre
Rapid City
Black Hills
207
Mississippi
Missouri
Michigansee
Huronsee
176
Toronto
Hamilton
Niagarafälle
Buffalo
Ontariosee
75
Madison
Milwaukee
Chicago
Lansing
Flint
Detroit
Eriesee
174
Erie
Cleveland
Toledo
Sioux City
341
Iowa
Nebraska
Vereinigte Staaten
70° westl. L. v. Greenw.
© westermann 89/09

Nordamerika (Südlicher Teil) / Mittelamerika

Orte
- ■ über 1 000 000 Einwohner
- ■ 500 000 – 1 000 000 Einwohner
- ● 100 000 – 500 000 Einwohner
- ○ 20 000 – 100 000 Einwohner
- ∘ unter 20 000 Einwohner

Verkehr
- Eisenbahn
- Panamerican Highway
- Fernstraße
- Paß
- schiffbarer Fluß
- schiffbarer Kanal

Gewässer
- Flußlauf
- See
- Kanal, bedingt schiffbar
- Staustufe, Staumauer
- Stromschnelle, Wasserfall
- Moor, Sumpf
- Wasserleitung

Grenzen
- Staatsgrenze
- Grenzen der Bundesstaaten in den USA und der Provinzen in Kanada
- Hauptstädte sind unterstrichen
  Staat, Bundesstaat/Provinz

Einzelzeichen
- Nationalpark
- ∴ Ruinenstätte

Landhöhen und Meerestiefen
(in Meter)

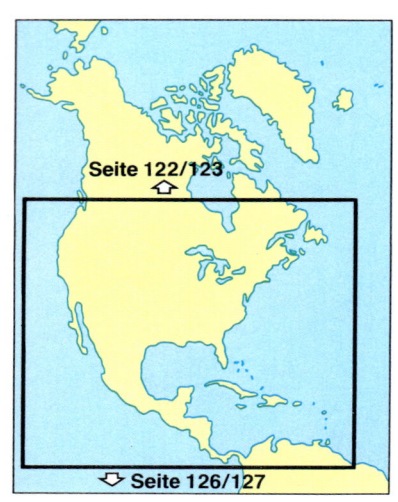

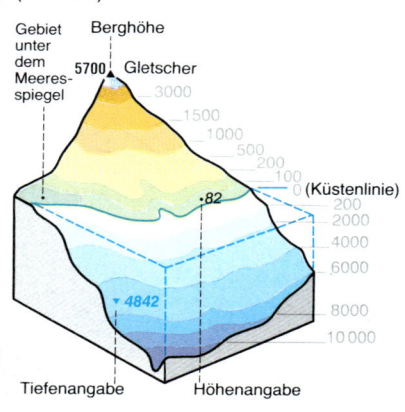

Maßstab 1 : 18 000 000
1 cm = 180 km

125

Südamerika

Maßstab 1 : 18 000 000
1 cm = 180 km

Orte
- über 1 000 000 Einwohner
- 500 000 - 1 000 000 Einwohner
- 100 000 - 500 000 Einwohner
- 20 000 - 100 000 Einwohner
- unter 20 000 Einwohner

Verkehr
- Eisenbahn
- Panamerican-Highway
- Fernstraße
- Paß
- schiffbarer Fluß
- schiffbarer Kanal

Gewässer
- Flußlauf
- See
- Stausee, Staumauer
- Stromschnelle, Wasserfall
- Moor, Sumpf

Grenzen
- Staatsgrenze
- Grenzen der Bundesstaaten in Brasilien
- Hauptstädte sind unterstrichen Staat, Bundesstaat

Landhöhen / Meerestiefen (in Meter)

Zum Vergleich — 600 km (Deutschland)

Atlantischer Ozean
Pazifischer Ozean

Brasilien (partial): Rio de Janeiro, Niterói, Campos, Juiz de Fora, Nova Iguaçu, Santos, São Paulo, Campinas, Bauru, Londrina, Curitiba, Ponta Grossa, Joinville, Blumenau, Florianópolis, Tubarão, Porto Alegre, Caxias do Sul, Rio Grande, Bagé, Santa Maria, Erexim, Pelotas, Serra Geral, Santa Catarina, Rio Grande do Sul, Paraná, São Paulo, Agulhas negras 2787, Kap Frio, Serra do Mar, Itaipu-Stausee, Iguaçu-Fälle

Paraguay: Asunción, Concepción, Encarnación, Posadas, Gran Chaco

Uruguay: Montevideo, Salto, Rivera, Paysandú, Rio Negro

Argentinien: Buenos Aires, La Plata, Rosario, Santa Fe, Paraná, Corrientes, Resistencia, Córdoba 2884, Mendoza, San Juan, Tucumán, Salta, Santa Rosa, Mercedes, Bahía Blanca, Mar del Plata, Necochea, Kap San Antonio, Neuquén, Zapala, Río Negro, Río Colorado, Salado, Bermejo, Pilcomayo, Halbinsel Valdés, San Matías-Golf, Comodoro Rivadavia, Kap Tres Puntas, San Jorge-Golf, Puerto Deseado, Chubut, Esquel, Río Gallegos, Bahía Grande, El Turbio, Feuerland, Ushuaia, Kap San Diego, Magellanstraße, Kap Hoorn

Chile: Santiago 520, Valparaíso, Talca, Chillán, Concepción, Valdivia, Puerto Montt, Chiloé, Chonos Archipel, Halbinsel Taitao, Wellington Insel, Punta Arenas, Antofagasta, Tocopilla, Copiapó, La Serena, Aconcagua 6960, La Cumbre-Paß, Ojos del Salado 6880, Llullaillaco 6723, Maipo 5323, Lanín 3776, Tronador 3554, Chimborazo

Höhen: 6020, 8050, 6212, 5266, 5745, 5021, 4058, 3300, 1243

Falkland-Inseln (Malwinen) (G.B.) — Stanley
Südgeorgien (G.B.)
Juan-Fernández-Inseln (Chile): Robinson-Crusoe-I., Alexander-Selkirk-I.
San Félix, San Ambrosio (Chile)

Südlicher Wendekreis

127

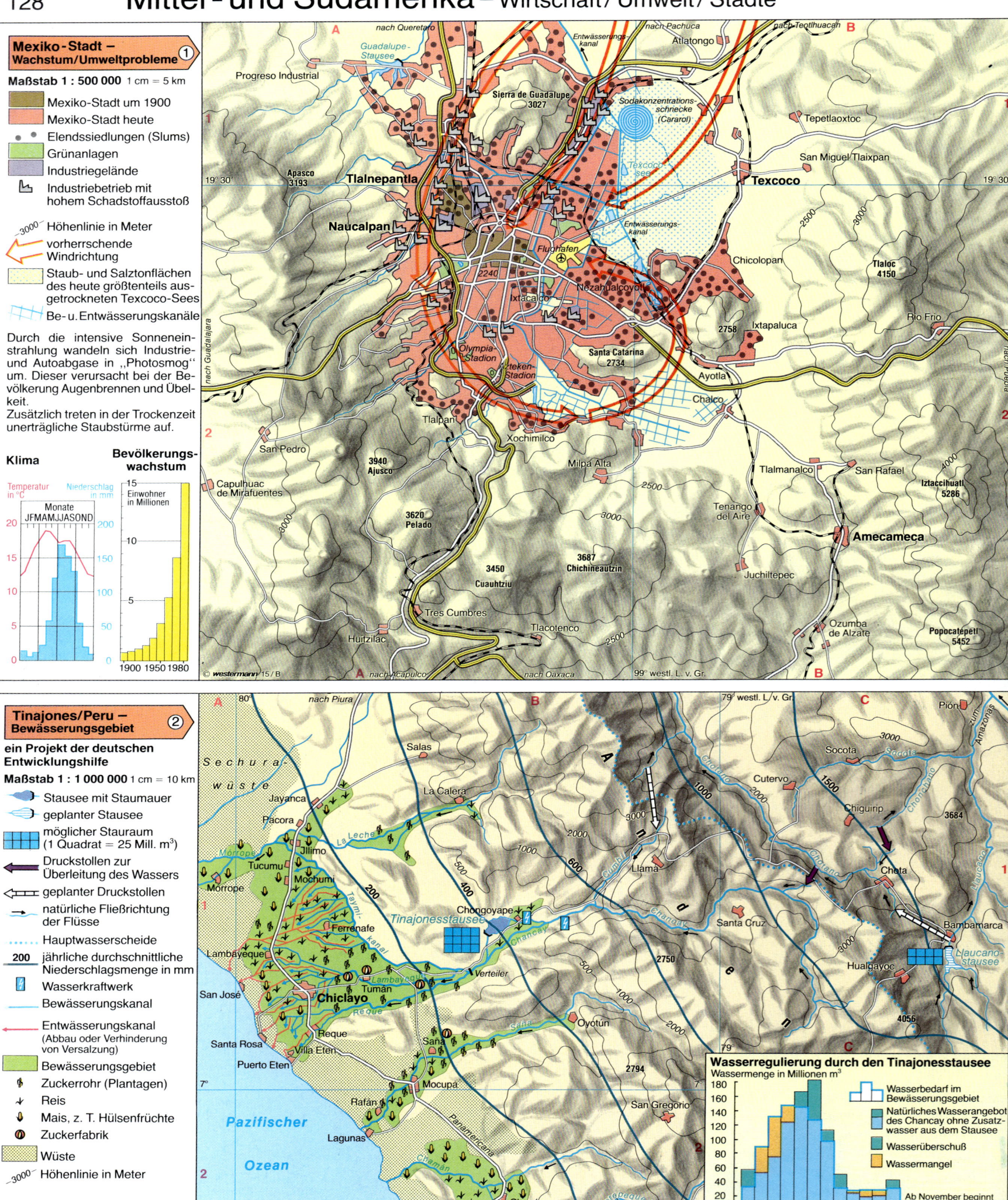

Mittel- und Südamerika – Wirtschaft / Umwelt / Städte

① Mexiko-Stadt – Wachstum/Umweltprobleme

Maßstab 1 : 500 000 1 cm = 5 km

- Mexiko-Stadt um 1900
- Mexiko-Stadt heute
- Elendssiedlungen (Slums)
- Grünanlagen
- Industriegelände
- Industriebetrieb mit hohem Schadstoffausstoß
- Höhenlinie in Meter
- vorherrschende Windrichtung
- Staub- und Salzonflächen des heute größtenteils ausgetrockneten Texcoco-Sees
- Be- u. Entwässerungskanäle

Durch die intensive Sonneneinstrahlung wandeln sich Industrie- und Autoabgase in „Photosmog" um. Dieser verursacht bei der Bevölkerung Augenbrennen und Übelkeit. Zusätzlich treten in der Trockenzeit unerträgliche Staubstürme auf.

Klima – Temperatur in °C / Niederschlag in mm

Bevölkerungswachstum – Einwohner in Millionen (1900, 1950, 1980)

② Tinajones/Peru – Bewässerungsgebiet

ein Projekt der deutschen Entwicklungshilfe

Maßstab 1 : 1 000 000 1 cm = 10 km

- Stausee mit Staumauer
- geplanter Stausee
- möglicher Stauraum (1 Quadrat = 25 Mill. m³)
- Druckstollen zur Überleitung des Wassers
- geplanter Druckstollen
- natürliche Fließrichtung der Flüsse
- Hauptwasserscheide
- 200 jährliche durchschnittliche Niederschlagsmenge in mm
- Wasserkraftwerk
- Bewässerungskanal
- Entwässerungskanal (Abbau oder Verhinderung von Versalzung)
- Bewässerungsgebiet
- Zuckerrohr (Plantagen)
- Reis
- Mais, z. T. Hülsenfrüchte
- Zuckerfabrik
- Wüste
- Höhenlinie in Meter

Wasserregulierung durch den Tinajonesstausee – Wassermenge in Millionen m³

- Wasserbedarf im Bewässerungsgebiet
- Natürliches Wasserangebot des Chancay ohne Zusatzwasser aus dem Stausee
- Wasserüberschuß
- Wassermangel

Ab November beginnt das landwirtschaftliche Jahr

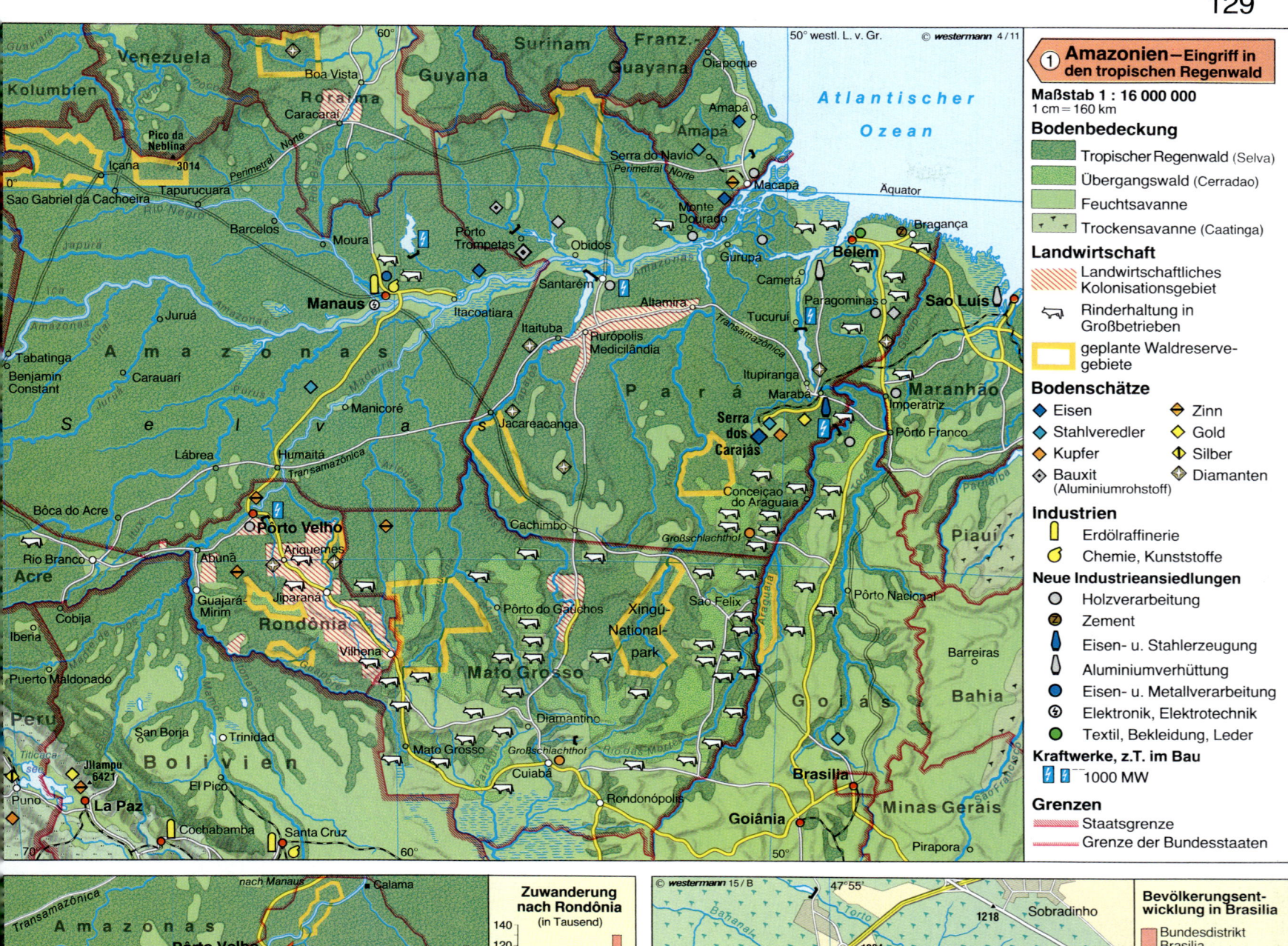

129

① Amazonien – Eingriff in den tropischen Regenwald

Maßstab 1 : 16 000 000
1 cm = 160 km

Bodenbedeckung
- Tropischer Regenwald (Selva)
- Übergangswald (Cerradao)
- Feuchtsavanne
- Trockensavanne (Caatinga)

Landwirtschaft
- Landwirtschaftliches Kolonisationsgebiet
- Rinderhaltung in Großbetrieben
- geplante Waldreservegebiete

Bodenschätze
- Eisen
- Stahlveredler
- Kupfer
- Bauxit (Aluminiumrohstoff)
- Zinn
- Gold
- Silber
- Diamanten

Industrien
- Erdölraffinerie
- Chemie, Kunststoffe

Neue Industrieansiedlungen
- Holzverarbeitung
- Zement
- Eisen- u. Stahlerzeugung
- Aluminiumverhüttung
- Eisen- u. Metallverarbeitung
- Elektronik, Elektrotechnik
- Textil, Bekleidung, Leder

Kraftwerke, z.T. im Bau
- 1000 MW

Grenzen
- Staatsgrenze
- Grenze der Bundesstaaten

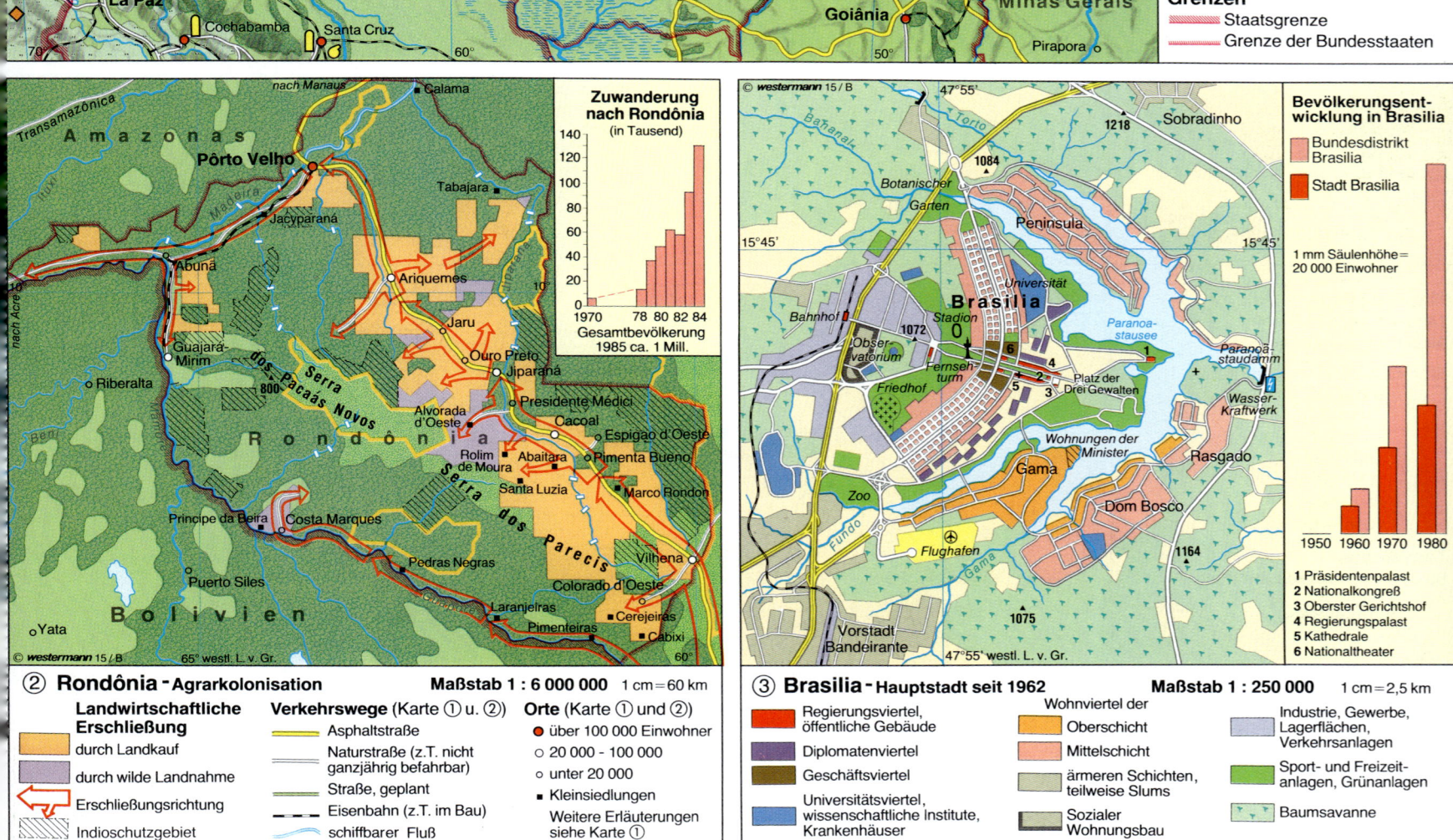

② Rondônia – Agrarkolonisation

Maßstab 1 : 6 000 000   1 cm = 60 km

Landwirtschaftliche Erschließung
- durch Landkauf
- durch wilde Landnahme
- Erschließungsrichtung
- Indioschutzgebiet

Verkehrswege (Karte ① u. ②)
- Asphaltstraße
- Naturstraße (z.T. nicht ganzjährig befahrbar)
- Straße, geplant
- Eisenbahn (z.T. im Bau)
- schiffbarer Fluß

Orte (Karte ① und ②)
- über 100 000 Einwohner
- 20 000 – 100 000
- unter 20 000
- Kleinsiedlungen
- Weitere Erläuterungen siehe Karte ①

Zuwanderung nach Rondônia (in Tausend)
Gesamtbevölkerung 1985 ca. 1 Mill.

③ Brasilia – Hauptstadt seit 1962

Maßstab 1 : 250 000   1 cm = 2,5 km

- Regierungsviertel, öffentliche Gebäude
- Diplomatenviertel
- Geschäftsviertel
- Universitätsviertel, wissenschaftliche Institute, Krankenhäuser

Wohnviertel der
- Oberschicht
- Mittelschicht
- ärmeren Schichten, teilweise Slums
- Sozialer Wohnungsbau

- Industrie, Gewerbe, Lagerflächen, Verkehrsanlagen
- Sport- und Freizeitanlagen, Grünanlagen
- Baumsavanne

1 Präsidentenpalast
2 Nationalkongreß
3 Oberster Gerichtshof
4 Regierungspalast
5 Kathedrale
6 Nationaltheater

Bevölkerungsentwicklung in Brasilia
- Bundesdistrikt Brasilia
- Stadt Brasilia

1 mm Säulenhöhe = 20 000 Einwohner

1950 1960 1970 1980

130 Erde - Klima

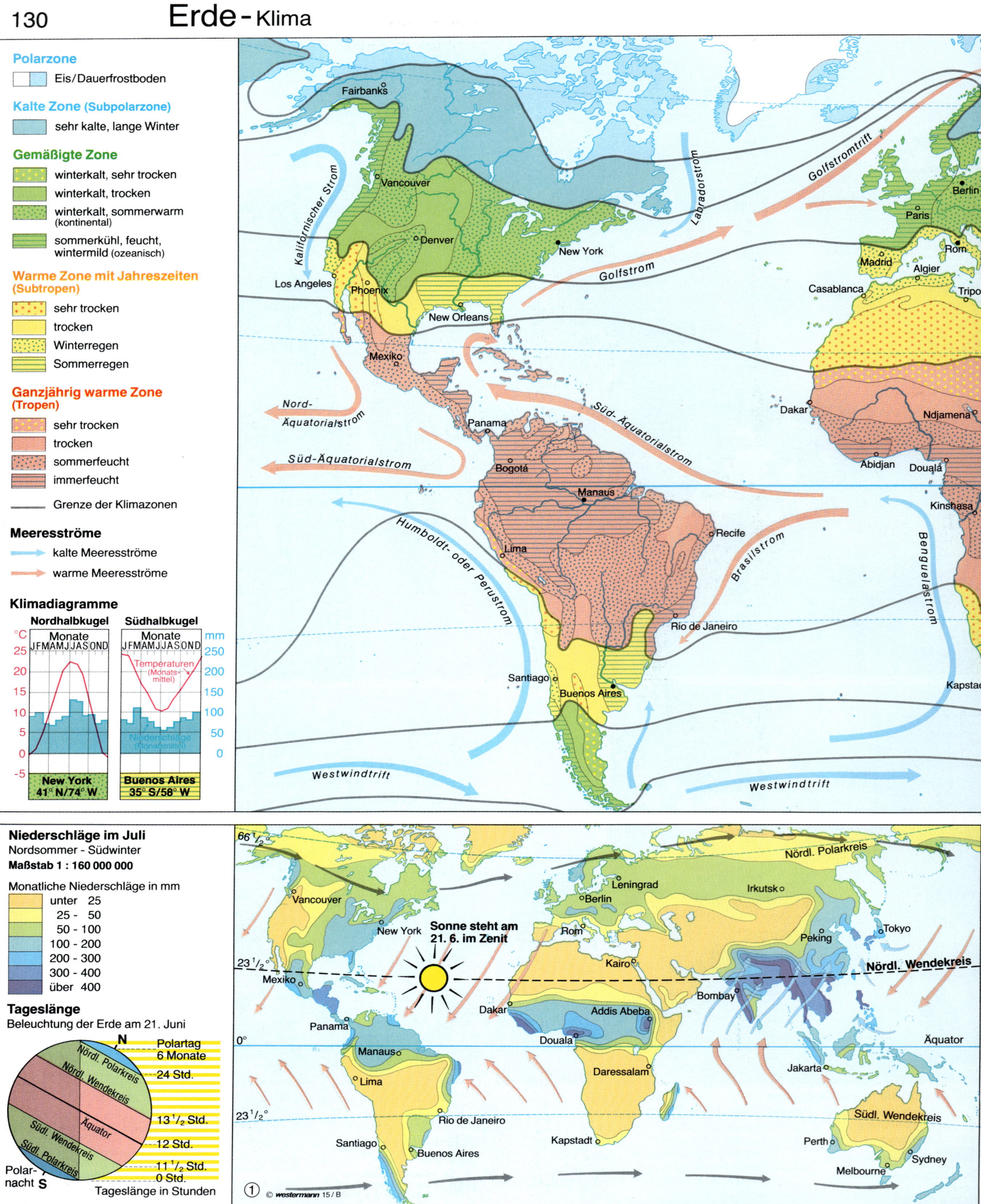

Polarzone
- Eis/Dauerfrostboden

Kalte Zone (Subpolarzone)
- sehr kalte, lange Winter

Gemäßigte Zone
- winterkalt, sehr trocken
- winterkalt, trocken
- winterkalt, sommerwarm (kontinental)
- sommerkühl, feucht, wintermild (ozeanisch)

Warme Zone mit Jahreszeiten (Subtropen)
- sehr trocken
- trocken
- Winterregen
- Sommerregen

Ganzjährig warme Zone (Tropen)
- sehr trocken
- trocken
- sommerfeucht
- immerfeucht

― Grenze der Klimazonen

Meeresströme
- kalte Meeresströme
- warme Meeresströme

Klimadiagramme

Nordhalbkugel — New York 41° N/74° W
Südhalbkugel — Buenos Aires 35° S/58° W

Temperaturen (Monatsmittel)
Niederschläge (Monatsmittel)

Niederschläge im Juli
Nordsommer - Südwinter
Maßstab 1 : 160 000 000

Monatliche Niederschläge in mm
- unter 25
- 25 – 50
- 50 – 100
- 100 – 200
- 200 – 300
- 300 – 400
- über 400

Tageslänge
Beleuchtung der Erde am 21. Juni

- Polartag 6 Monate
- Nördl. Polarkreis 24 Std.
- Nördl. Wendekreis
- Äquator 13½ Std.
- 12 Std.
- Südl. Wendekreis 11½ Std.
- Südl. Polarkreis
- Polarnacht 0 Std.

Tageslänge in Stunden

Sonne steht am 21. 6. im Zenit

① © westermann 15/B

Maßstab 1 : 80 000 000   131

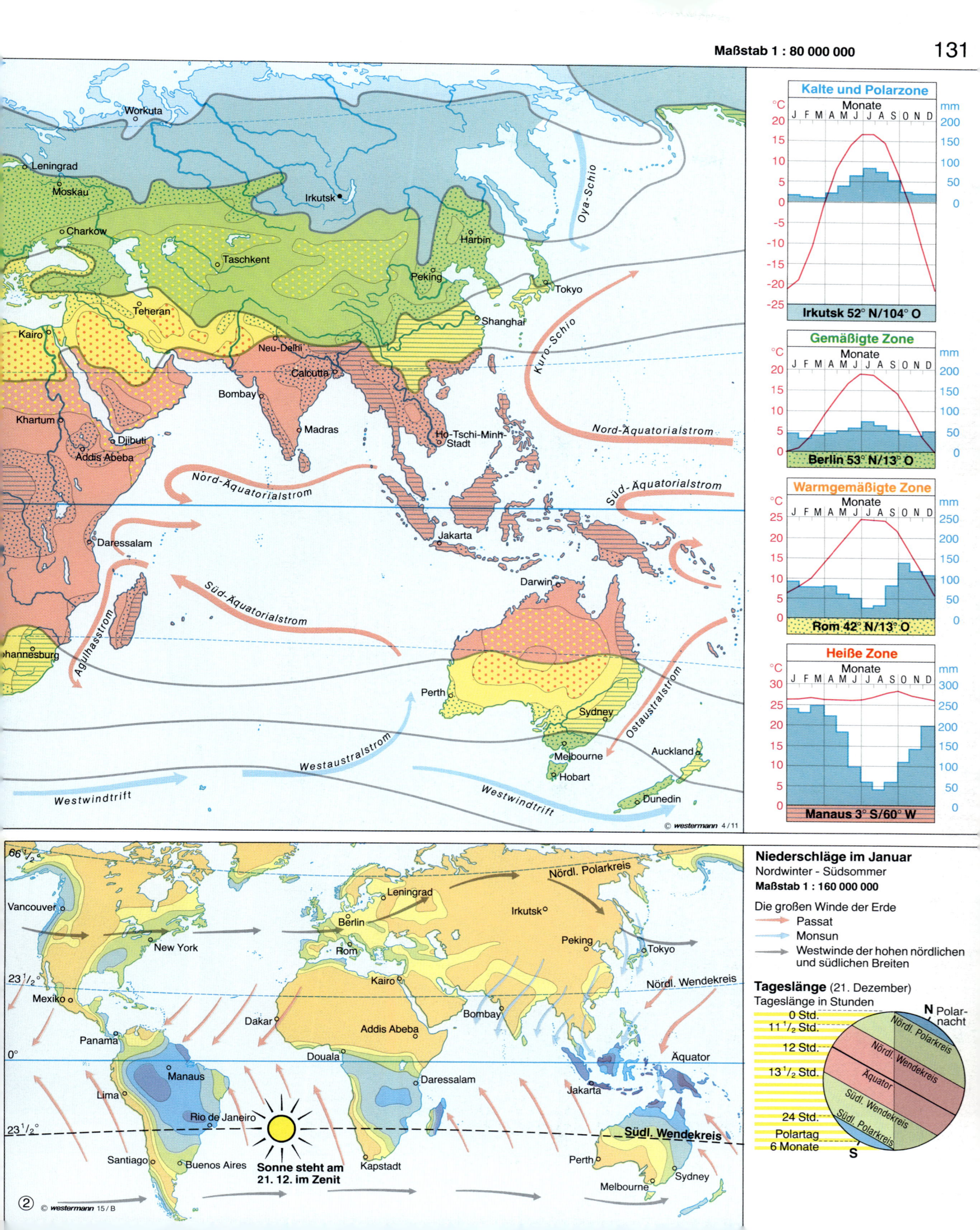

Kalte und Polarzone
Irkutsk 52° N/104° O

Gemäßigte Zone
Berlin 53° N/13° O

Warmgemäßigte Zone
Rom 42° N/13° O

Heiße Zone
Manaus 3° S/60° W

Niederschläge im Januar
Nordwinter - Südsommer
Maßstab 1 : 160 000 000

Die großen Winde der Erde
- Passat
- Monsun
- Westwinde der hohen nördlichen und südlichen Breiten

Tageslänge (21. Dezember)
Tageslänge in Stunden
- 0 Std.
- 11½ Std.
- 12 Std.
- 13½ Std.
- 24 Std.
- Polartag 6 Monate

Polarnacht
Nördl. Polarkreis
Nördl. Wendekreis
Äquator
Südl. Wendekreis
Südl. Polarkreis

Sonne steht am 21. 12. im Zenit

132 Erde - Natürliche Vegetationszonen/Anbaugürtel

Vegetationszonen

- polare Kältewüste
- Tundra
- Nördlicher Nadelwald (borealer Nadelwald) und Gebirgsnadelwälder
- Sommergrüner Laub- und Mischwald sowie Feuchtwälder der gemäßigten Zonen
- Steppen und Hochgebirgsgrasländer
- Hartlaubgehölze der Winterregengebiete
- Halbwüsten und Wüsten
- Dornstrauch- und Sukkulentensavanne
- Trockensavanne z. T. tropische Trockenwälder
- Feuchtsavanne
- Tropischer Regenwald und feuchter Monsunwald

- - - Südgrenze des Dauerfrostbodens
— Nord- und Südgrenze des Getreideanbaus
— Grenze des Wanderfeldbaus

Verbreitungsgebiete von Nutzpflanzen

vorherrschender Anbau von
- Weizen
- Mais
- Gerste, Hafer, Roggen (Kartoffeln)
- Reis (Naßfeldbau)
- Hirse
- Zuckerrohr
- Bananen
- Kaffee
- Kakao
- Tee
- Baumwolle

Fischfanggebiete

- Hauptfischfang im Bereich der kalten Meere

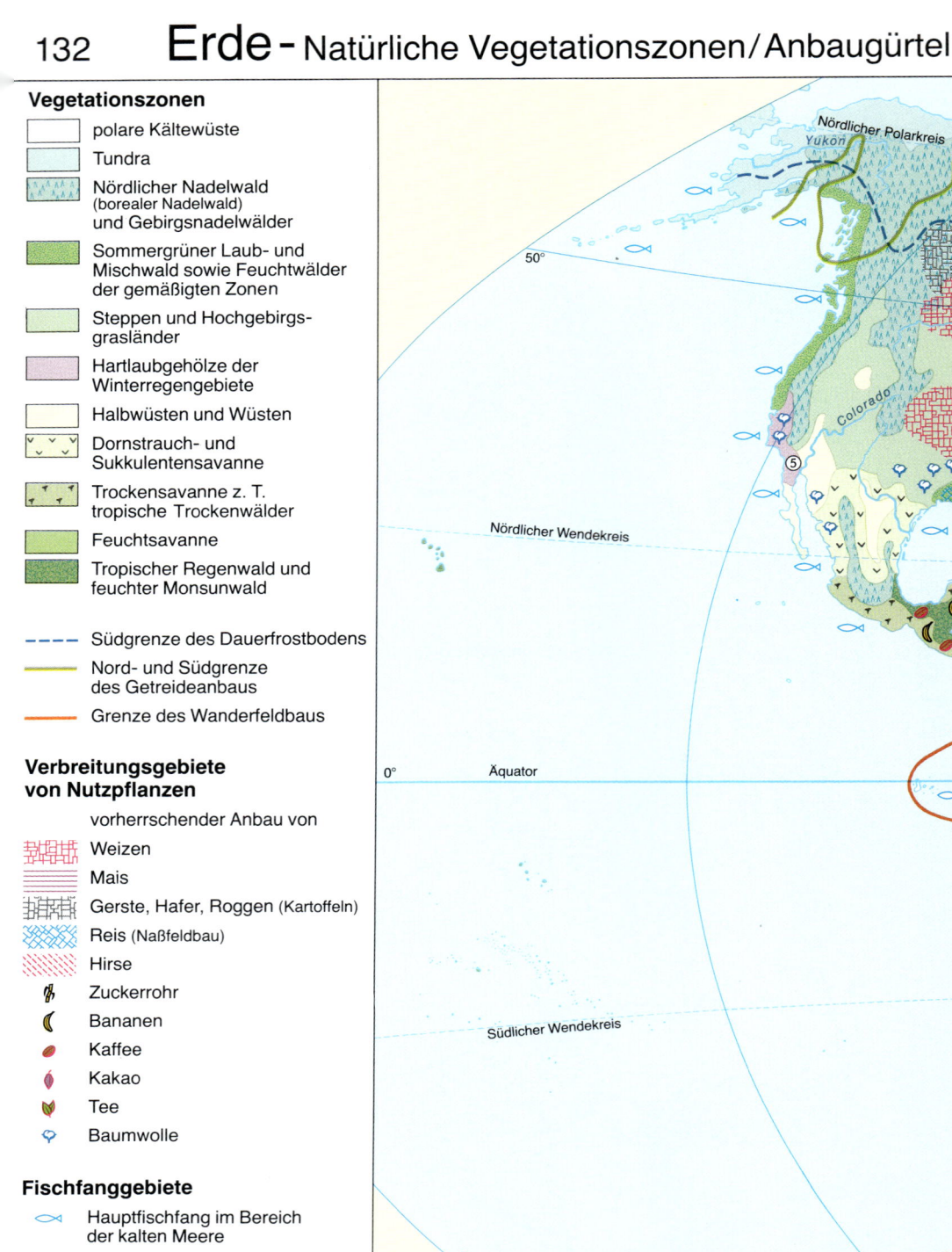

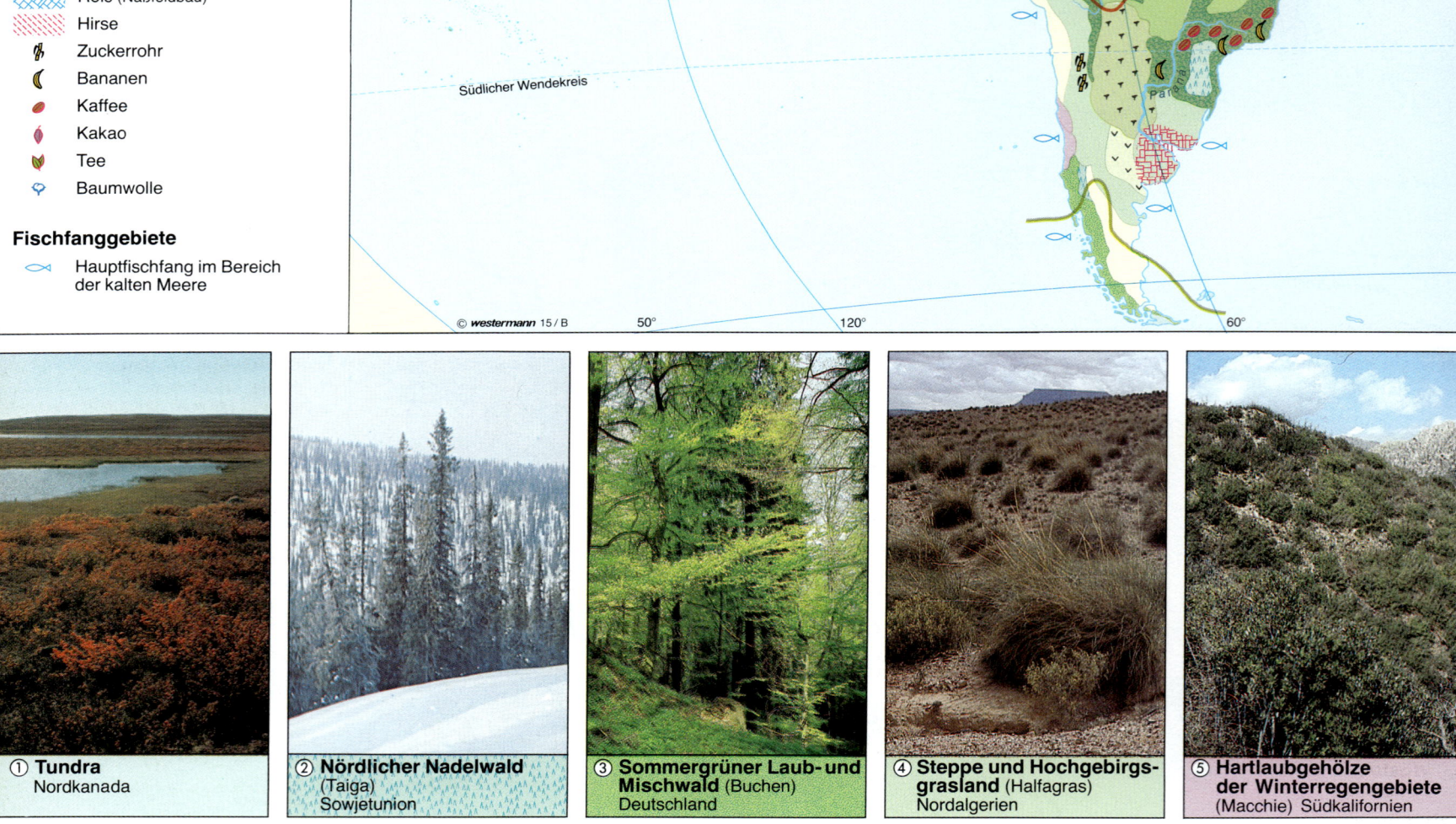

---

① **Tundra** Nordkanada

② **Nördlicher Nadelwald** (Taiga) Sowjetunion

③ **Sommergrüner Laub- und Mischwald** (Buchen) Deutschland

④ **Steppe und Hochgebirgsgrasland** (Halfagras) Nordalgerien

⑤ **Hartlaubgehölze der Winterregengebiete** (Macchie) Südkalifornien

Maßstab 1 : 80 000 000
1 cm = 800 km

133

⑥ **Wüste** (Sandwüste)
Südalgerien

⑦ **Dornstrauchsavanne**
Agadez/Niger

⑧ **Trockensavanne**
(Schirmakazien)
Kenia

⑨ **Feuchtsavanne**
Ruanda

⑩ **Tropischer Regenwald**
Amazonasgebiet/Brasilien

134 Erde – Weltwirtschaft / Weltverkehr

Bodenschätze

- ⚒ Erdöl
- ⚒ Erdgas
- ◆ Steinkohle
- ◆ Braunkohle
- ◆ Uran
- ◆ Eisen
- ◆ Stahlveredler (Chrom, Mangan, Wolfram)
- ◆ Kupfer
- ◆ Nickel
- ◆ Zinn
- ◆ Blei / Zink
- ◆ Quecksilber
- ◇ Bauxit (Aluminiumrohstoff)
- ◆ Gold
- ◆ Silber
- ◆ Platin   ◆ Diamanten

Größenstufen
- ◇ ⚒ etwa 3 % – 10 %
- ◇ ⚒ über 10 % der Weltproduktion

Gebiete mit hoher Industriedichte

Agrarprodukte für den Export siehe Seiten 132 / 133 und 137 ①

Aufteilung der Meere nach den Beschlüssen der Seerechtskonferenz der Vereinten Nationen 1972
- freies Meer
- Wirtschaftszonen der Küstenländer

Weltverkehr

Massengutaufkommen einzelner Großräume im Seeverkehr
1 Quadrat = 50 Millionen t im Jahr

Schiffahrtsrouten mit einem Frachtaufkommen von
- 10 – 100 Millionen t im Jahr
- 100 – 500 Millionen t im Jahr
- über 500 Millionen t im Jahr

● Seehäfen mit einem Güterumschlag von über 50 Millionen t im Jahr

● Weltflughafen mit einem Frachtaufkommen von über 300 000 t im Jahr (20 t = ein Güterwaggon)

— Grenzen der Wirtschaftsräume*
— Staatsgrenze

Abkürzungen:
A. = Amsterdam
R. = Rotterdam

① Der Außenhandel der Bundesrepublik Deutschland
1985 – ohne ehem. DDR
(Einfuhr und Ausfuhr in Prozent des gesamten Warenwertes)

Einfuhr von der Bundesrepublik Deutschland in einem Wirtschaftsraum eingekaufte Waren

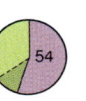

Ausfuhr von der Bundesrepublik Deutschland in einem Wirtschaftsraum verkaufte Waren

- Anteil der Rohstoffe an der Einfuhr
- Gesamtwarenwert von Einfuhr und Ausfuhr (1 mm Bandbreite = 25 Milliarden DM)
- Grenzen der Wirtschaftsräume* (siehe Hauptkarte)

*Wirtschaftsräume sind in dieser Karte unter statistischen Gesichtspunkten zusammengefaßte Großregionen

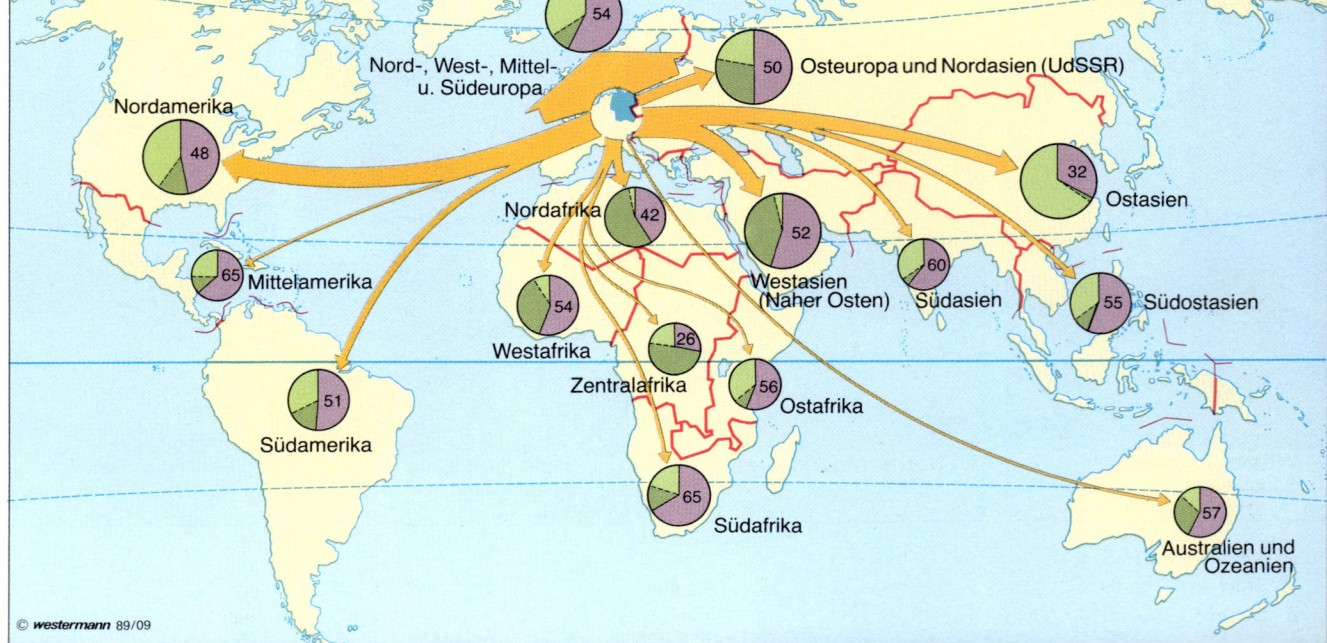

Maßstab 1 : 160 000 000

© westermann 89/09

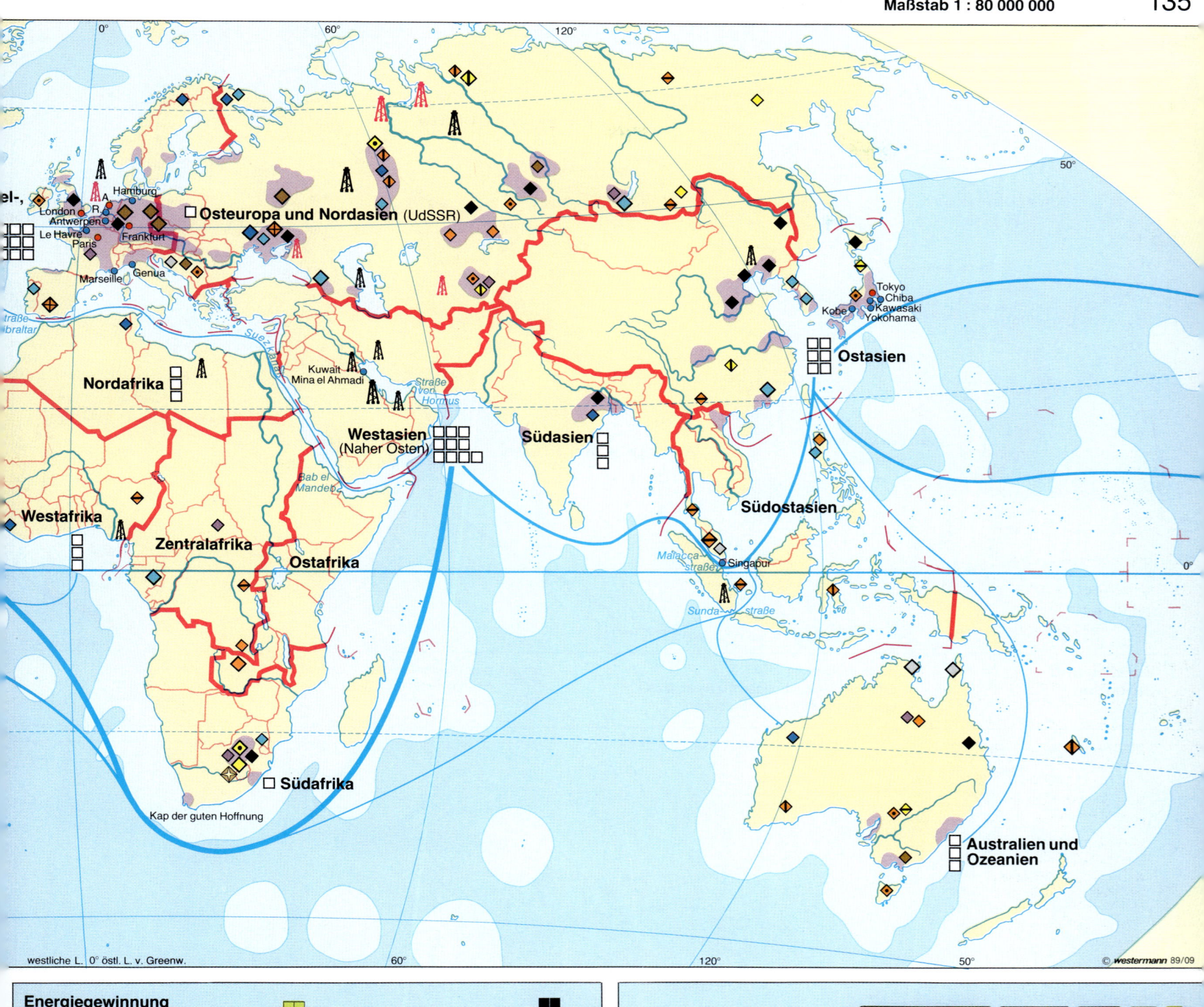

Maßstab 1 : 80 000 000 135

Osteuropa und Nordasien (UdSSR)

Hamburg · London · Antwerpen · Le Havre · Paris · Frankfurt · Marseille · Genua

Tokyo · Chiba · Kobe · Kawasaki · Yokohama

Ostasien

Nordafrika — Kuwait, Mina el Ahmadi · Straße von Hormus

Westasien (Naher Osten) · **Südasien**

Westafrika · **Zentralafrika** · **Ostafrika**

Bab el Mandeb · Malacca-straße · Singapur · Sunda-straße

Südostasien

Südafrika — Kap der guten Hoffnung

Australien und Ozeanien

westliche L. 0° östl. L. v. Greenw. © westermann 89/09

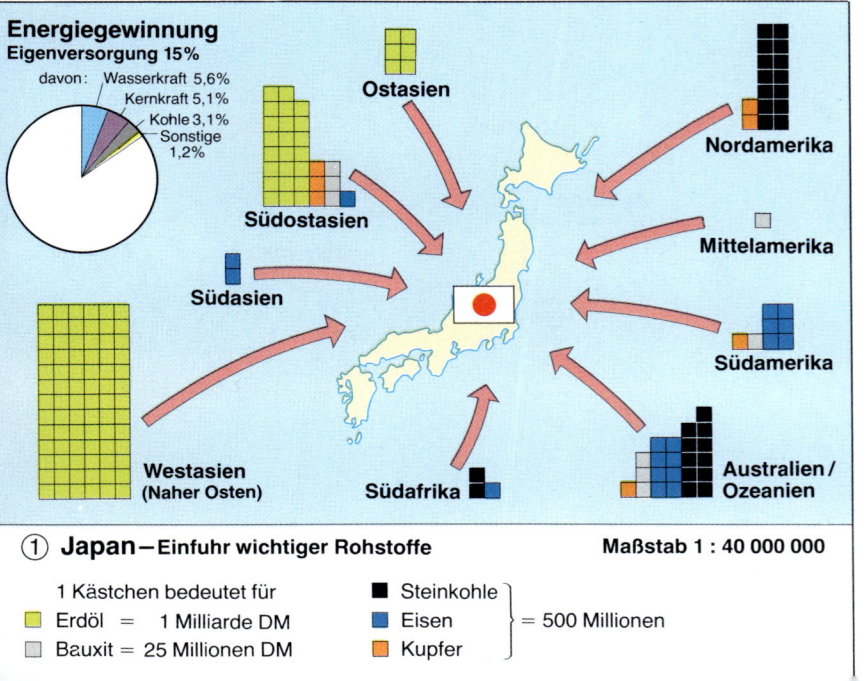

---

① Japan – Einfuhr wichtiger Rohstoffe   Maßstab 1 : 40 000 000

Energiegewinnung
Eigenversorgung 15%
davon:
- Wasserkraft 5,6%
- Kernkraft 5,1%
- Kohle 3,1%
- Sonstige 1,2%

Ostasien · Nordamerika · Südostasien · Mittelamerika · Südasien · Südamerika · Westasien (Naher Osten) · Südafrika · Australien / Ozeanien

1 Kästchen bedeutet für:
- Erdöl = 1 Milliarde DM
- Bauxit = 25 Millionen DM
- Steinkohle
- Eisen   = 500 Millionen
- Kupfer

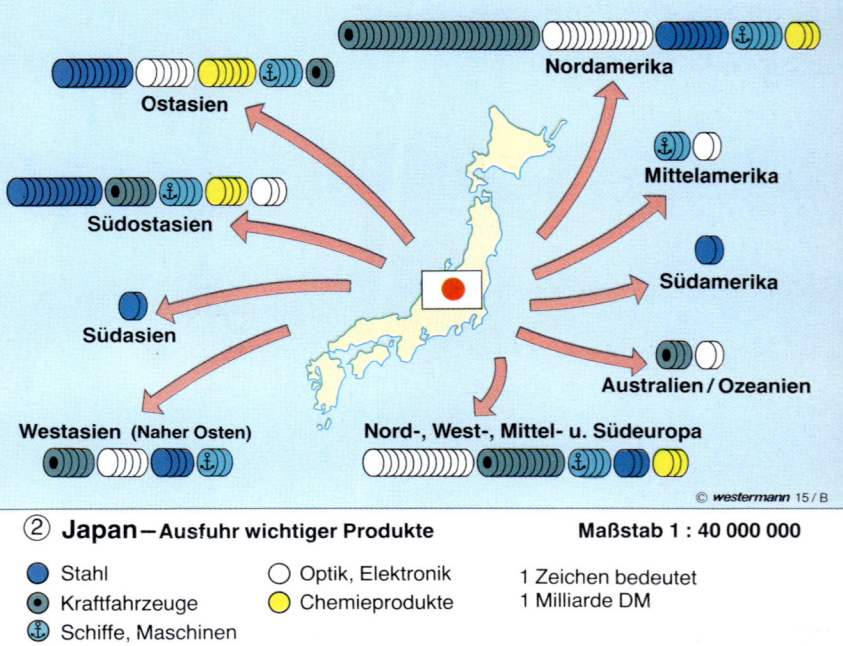

② Japan – Ausfuhr wichtiger Produkte   Maßstab 1 : 40 000 000

Nordamerika · Ostasien · Mittelamerika · Südostasien · Südamerika · Südasien · Australien / Ozeanien · Westasien (Naher Osten) · Nord-, West-, Mittel- u. Südeuropa

- Stahl
- Kraftfahrzeuge
- Schiffe, Maschinen
- Optik, Elektronik
- Chemieprodukte

1 Zeichen bedeutet 1 Milliarde DM

© westermann 15 / B

136 Naturkatastrophen   Maßstab 1 : 120 000 000

① **Vulkane und Erdbeben**
- ▲ junge Vulkane
- ● Erdbeben (Katastrophen mit Jahreszahl)
- ⬅ Flutwellengefahr durch Erdbeben
- erdbebengefährdet (Junge Faltengebirge)
- Grabenbruch
- Plattengrenzen, z. T. vermutet (Gebiete häufiger Erdbeben)

② **Wirbelstürme, Überschwemmungen, Dürre und Schädlinge**
- Zugstraßen von Wirbelstürmen
- häufige Überschwemmungen
- dürregefährdete Landstriche
- regelmäßiger Einfall von Wanderheuschrecken

Industrieländer/Entwicklungsländer

Maßstab 1 : 120 000 000

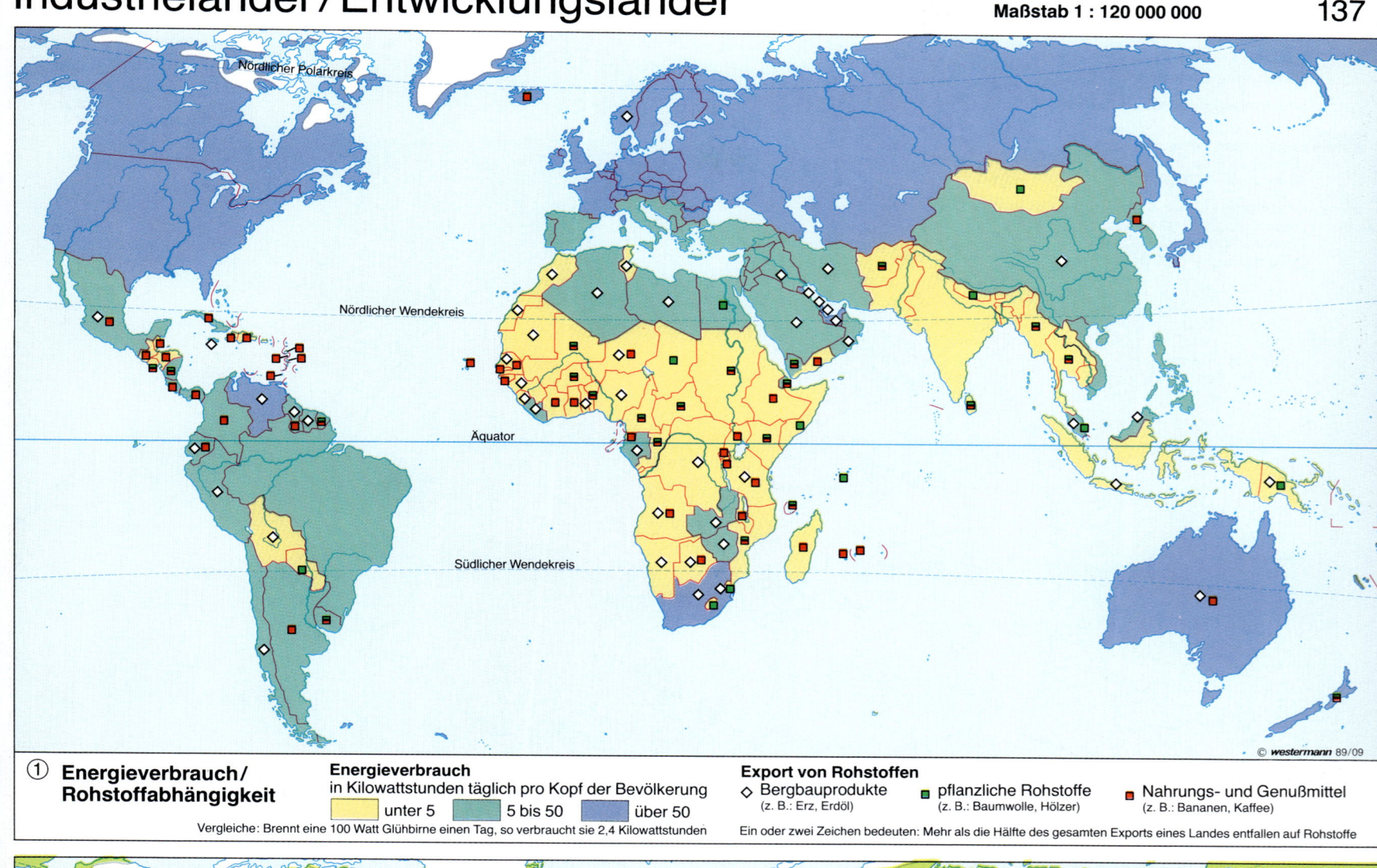

① **Energieverbrauch/Rohstoffabhängigkeit**

Energieverbrauch in Kilowattstunden täglich pro Kopf der Bevölkerung
- unter 5
- 5 bis 50
- über 50

Vergleiche: Brennt eine 100 Watt Glühbirne einen Tag, so verbraucht sie 2,4 Kilowattstunden

Export von Rohstoffen
- ◇ Bergbauprodukte (z. B.: Erz, Erdöl)
- ◼ pflanzliche Rohstoffe (z. B.: Baumwolle, Hölzer)
- ◼ Nahrungs- und Genußmittel (z. B.: Bananen, Kaffee)

Ein oder zwei Zeichen bedeuten: Mehr als die Hälfte des gesamten Exports eines Landes entfallen auf Rohstoffe

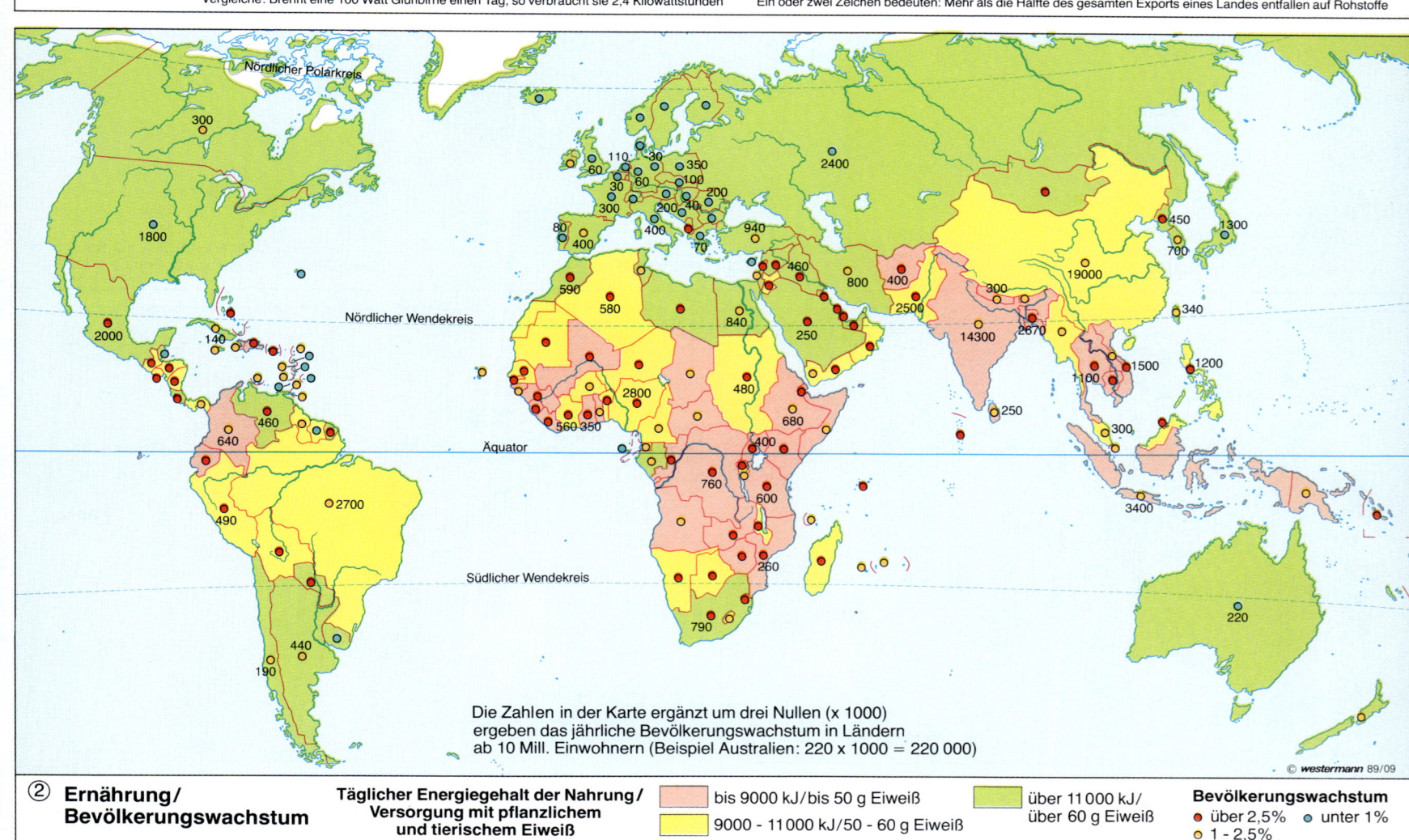

② **Ernährung/Bevölkerungswachstum**

Täglicher Energiegehalt der Nahrung/Versorgung mit pflanzlichem und tierischem Eiweiß
- bis 9000 kJ/bis 50 g Eiweiß
- 9000 – 11 000 kJ/50 – 60 g Eiweiß
- über 11 000 kJ/über 60 g Eiweiß

Bevölkerungswachstum
- ● über 2,5%
- ● unter 1%
- ● 1 – 2,5%

Die Zahlen in der Karte ergänzt um drei Nullen (x 1000) ergeben das jährliche Bevölkerungswachstum in Ländern ab 10 Mill. Einwohnern (Beispiel Australien: 220 x 1000 = 220 000)

© westermann 89/09

Wirtschaftsbündnisse der Staaten / Polargebiete

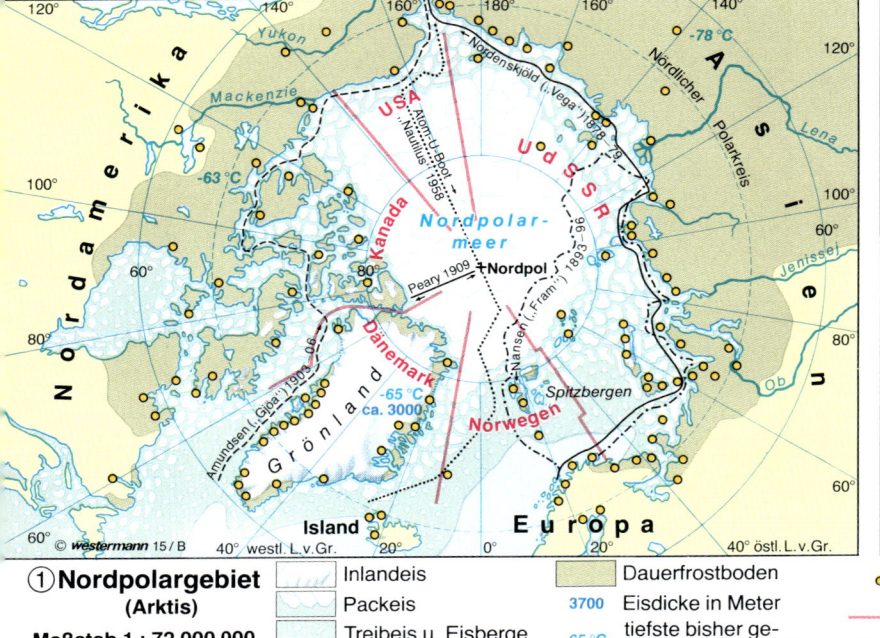

138

- **Europäische Gemeinschaft (EG)**
- angeschlossene (assoziierte) Staaten
- **Europäische Freihandelszone (European Free Trade Association = EFTA)**
- **Organisation für wirtschaftliche Zusammenarbeit (Organization for Economic Co-operation and Development = OECD)**
- **Lateinamerikanische Integrationsvereinigung (Asociación Latino-americana de Integración = ALADI)**
- **Rat für gegenseitige Wirtschaftshilfe (Council for Mutual Economic Aid = COMECON)** Auflösung 1991
- **Organisation der erdölexportierenden Länder (Organisation of the Petroleum Exporting Countries = OPEC)**

Maßstab 1 : 160 000 000

© westermann 08

① Nordpolargebiet (Arktis)
Maßstab 1 : 72 000 000

- Inlandeis
- Packeis
- Treibeis u. Eisberge
- Dauerfrostboden
- 3700 Eisdicke in Meter
- −65 °C tiefste bisher gemessene Winterkälte
- Wetter- u. Forschungsstation (in der Antarktis: Argentinien, Chile, Bundesrepublik Deutschland, Großbritannien, Sowjetunion, USA)
- Grenzen der Hoheitsgebiete (Antarktis: beanspruchte Gebiete)
- wichtige Forschungsreisen

Die USA und die Sowjetunion erkennen keine Hoheitsansprüche in der Antarktis an.
Ein von 12 interessierten Staaten geschlossener Vertrag über die friedliche Nutzung der Antarktis ist am 23. 6. 1961 in Kraft getreten.

② Südpolargebiet (Antarktis)
Maßstab 1 : 72 000 000

Sachwortverzeichnis

Das Sachwortverzeichnis umfaßt ausgewählte in Karten verwendete Begriffe, für die eine zusätzliche Erklärung dienlich ist.

A

Agglomeration: Eine regionale Verdichtung von Bevölkerung und Wirtschaft (Verdichtungsraum).

Agrarkolonisation: Erschließung bisher nur wenig oder nicht genutzter Gebiete für Landwirtschaft und Forst- und Holzwirtschaft.

Anbaugrenze: Der natürliche Grenzbereich, bis zu dem eine bestimmte Kulturpflanze angebaut werden kann, richtet sich nach Temperatur und Niederschlag des jeweiligen Anbauortes.

Apartheid: In der Republik Südafrika seit 1950 gesetzlich festgelegte Politik der sozialen, wirtschaftlichen, politischen und räumlichen Trennung der weißen und nicht-weißen Einwohner.

Archipel: Die Bezeichnung für Inselgruppen in den Ozeanen. Früher wurden nur die Inseln des Ägäischen Meeres damit bezeichnet.

Assoziierung: Loser Anschluß eines Landes z. B. an eine Staatengruppe, Wirtschafts- oder Verteidigungsgemeinschaft. Assoziierte Länder haben nicht die Rechte und Pflichten eines Vollmitgliedes.

Ausgleichsküste: Küstenparallele Strömung läßt aus einer gegliederten Küste durch Materialverlagerung eine ausgeglichene Küstenlinie entstehen.

Autonomie: Selbstverwaltung von Gebieten oder Regionen innerhalb des Staates, dessen Gebietshoheit sie unterstehen.

B

Boddenküste: Ein Flachküstenbereich, entstanden durch Meeresüberflutung des von Gletschern flachwellig abgelagerten Gesteins.

Bundesstaat: Mehrere Gliedstaaten (Bundesländer) sind zu einem Zentralstaat vereint. Die einzelnen Bereiche der Staatsverwaltung und Staatsregierung sind auf Bund und Einzelstaaten aufgeteilt.

C

Charterverkehr: Im Gegensatz zum Linienverkehr eine zu bestimmten Anlässen betriebene Beförderung von Personen und Gütern. Der Begriff wird vor allem auf den Urlaubsflugreiseverkehr angewendet.

D

Dornstrauchsavanne: Anpassung der Pflanzen an die ausgeprägte Trockenzeit durch Organe zur Wasserspeicherung (z. B. Affenbrotbaum) und Bedornung (lockere Dornwälder, niedrige Dornbüsche); nur vereinzelt Grasbüschel.

Düne: Eine durch den Wind aufgeschüttete Sandablagerung in Trocken- und Küstengebieten.

E

EFTA: **E**uropäische **F**reihandelszone = **E**uropean **F**ree **T**rade **A**ssociation als Antwort auf die Gründung der EWG. Dieser Zusammenschluß von 1959 sieht für die Mitgliedsländer die Beseitigung von Zöllen für Industriegüter und andere Handelserleichterungen vor.

EG: **E**uropäische **G**emeinschaft; seit 1967 die Bezeichnung für die Zusammenlegung der drei übernationalen europäischen Zusammenschlüsse EGKS-Montanunion (Europäische Gemeinschaft für Kohle und Stahl seit 1951), EWG (Europäische Wirtschaftsgemeinschaft seit 1957) und EAG-Euratom (Europäische Atomgemeinschaft seit 1958). Die Ziele, die sich die EG gesteckt hat, sind neben der Überwindung der staatlichen Zersplitterung und Bildung einer politischen Union, die Schaffung eines gemeinsamen Marktes sowie einer gemeinsamen Wirtschafts- und Währungsunion.

Emission: Die von einem Verursacher in die Luft abgegebenen, verunreinigenden Fest- und Schadstoffe.

Erdölbesprühung: Zur Verfestigung des Flugsandes wird z. B. in Saudi-Arabien entlang der Verkehrswege Erdöl versprüht.

F

Feuchtsavanne: Die kurze Trockenzeit führt bei dem hochwüchsigen und in dichten Baumgruppen stehenden Laubmischwald zum Laubfall. Das harte Gras ist mehrere Meter hoch und von geringem Futterwert.

Fjord: Eine ins Landesinnere eingreifende Meeresbucht, die vom Gletschereis mehrere hundert bis tausend Meter tief ausgehobelt wurde.

Föderation: Verbindung mehrerer Staaten zu einem Bündnis politischer, wirtschaftlicher oder militärischer Art. Die Mitgliedstaaten behalten ihre Selbständigkeit.

Freihafen: Untersteht nicht der Zollhoheit des betreffenden Staates. In dieses Gebiet können Waren zollfrei eingeführt werden, um hier gelagert, verarbeitet oder von hier wieder ausgeführt zu werden.

G

Geest: Ein Landschaftstyp, der die sandigen und daher wenig fruchtbaren Ablagerungen der Gletscher in Nordwestdeutschland umfaßt.

Geysir: Bis zu 10 m tiefe, mit Grundwasser gefüllte Hohlräume in Vulkangebieten, die über eine schmale Röhre mit der Oberfläche in Verbindung stehen. Aus der Tiefe wird dem Wasser mehr Wärme zugeführt, als durch die Röhre nach oben abgegeben werden kann, es beginnt zu sieden. In regelmäßigen Abständen werden Wasserdampf und ein Teil des siedenden Wassers unter Druck herausgeschleudert.

Gletscher: Ein talwärts wandernder Eisstrom bildet sich nur dort, wo während des Jahres mehr Schnee fällt, als im Sommer tauen kann. Der Neuschnee verdichtet sich durch wiederholtes Auftauen und Gefrieren zu altem, körnigem Schnee (Firn). Mit zunehmendem Druck geht der Firn in Gletschereis über.

I

Immission: Die Ablagerung von in der Luft enthaltenen, verunreinigenden Fest- und Schadstoffen auf der Erdoberfläche.

K

Kibbuz: Eine Gemeinschaftssiedlung in Israel auf landwirtschaftlicher – neuerdings industrieller – Basis. Ländereien und Gebäude gehören der Gemeinschaft. Die Mitgliedschaft ist freiwillig. Die Mitglieder erhalten keinen Lohn, aber der Kibbuz ist verantwortlich für alle materiellen und kulturellen Bedürfnisse, Ausbildung, Urlaub und Hilfe für die älteren Mitglieder und zum Teil für Auslandsreisen. Der Staat greift in Leitung und Wirtschaft eines Kibbuz nicht ein.

Kläranlage: Mit mechanischen, biologischen und chemischen Verfahren wird eine Reinigung der häuslichen, gewerblichen und industriellen Abwässer angestrebt.

Klima: Die jährlich annähernd gleiche Verteilung der häufigsten, mittleren und extremen Werte, wie sie sich aus der Untersuchung der einzelnen Wetterelemente über einen langen Zeitraum (30 Jahre) ergeben.

Kontinentalschelf: Der bis 200 m tiefe vom Meer überspülte Rand der Kontinentalschollen. Auf den flachen Kontinentalschelf folgt der steilere Kontinentalabhang.

L

Laichplatz: Ort, an dem Wassertiere ihre Eier ablegen.

Leichterverladung (LASH): **L**ighter **a**bord **s**hip. Verladung von Massengut auf Binnenschiffahrtskähne ohne eigenen Antrieb (Leichter), die über See in großen LASH-Schiffen befördert werden. Im Bestimmungshafen werden die Leichter zu Wasser gelassen und mit Schleppern ins Landesinnere geschleppt.

Löß: Ein vom Wind z. B. aus den eiszeitlich abgelagerten Gesteinen herausgewehter feinkörniger, kalkhaltiger Staub.

M

Marsch: Niederung an Flachküsten mit starken Gezeiten. Sie hat sich aus den Anschwemmungen und Ablagerungen von Feinsanden und Schlick gebildet.

Moor: Ein dauernd durchgefeuchtetes Gelände mit schlammigem Boden, in oder über dem sich unvollständig zersetztes pflanzliches Material angereichert hat.

Moräne: Von Gletschern beim Vorstoß mitgeführtes und beim Abschmelzen abgelagertes Gestein.

N

NATO: **N**ordatlantikpakt = **N**orth **A**tlantik **T**reaty **O**rganization von 1949. Die Mitglieder dieses Verteidigungsbündnisses (westeuropäische Staaten, USA und Kanada) verpflichten sich zur Bereitschaft, internationale Streitfälle friedlich und ohne Anwendung von Gewalt zu regeln, bei Angriffen von Nicht-Mitgliedstaaten außerdem zu gegenseitigem Beistand (Beistand muß sich nicht gleich in militärischer Hilfe äußern).

O

Oase: Gegenüber einer wüstenhaften Umgebung zeichnet sie sich durch reiches Pflanzenwachstum und Grundwassernähe, Quellen, artesische Brunnen oder aber Flußläufe aus.

Sachwortverzeichnis

OECD: Organisation für wirtschaftliche Zusammenarbeit und Entwicklung = **O**rganization for **E**conomic **C**ooperation ans **D**evelopment; eine 1960 gegründete Wirtschaftsorganisation der westlichen Industrieländer zur Vorbereitung einer wirtschaftlich fundierten atlantischen Partnerschaft und Koordination der Entwicklungshilfe.

Offshore-Bereich: Küstennaher, wirtschaftlich sehr bedeutsamer Meeresbereich, z. B. für die Erdölsuche und -förderung, soweit die technischen Möglichkeiten dieses zulassen.

P

Pendler: Ein Erwerbstätiger, der regelmäßig, meist täglich oder wöchentlich einen Weg zwischen Wohn- und Arbeitsgemeinde zurücklegt.

Photochemischer Smog: (kurz: Photosmog): Photosmog enthält zahlreiche sauerstoffhaltige organische Verbindungen, Stickoxide, Ozon und Kohlenmonoxid. Die organischen Verbindungen, die stark augenreizend wirken, entstehen unter Einwirkung des Sonnenlichts (photochemische Sauerstoffanreicherung).

Planet: Ein auf einer Umlaufbahn um eine Sonne befindlicher im reflektierten Sonnenlicht leuchtender großer Himmelskörper.

Plattentektonik: Theorie, nach der die Erdkruste in verschieden große, relativ starre Platten von bis zu 100 km Dicke gegliedert ist. Diese Platten verschieben sich aufgrund von Strömungsprozessen sehr langsam gegeneinander.

R

Reservation: Ein den Ureinwohnern vom Staat zugewiesenes und vertraglich umgrenztes Siedlungsgebiet mit weitgehender Selbstverwaltung.

Revierpark: Regionaler Freizeitpark im Ruhrgebiet

RGW: Der 1949 gegründete „Rat für gegenseitige Wirtschaftshilfe" (auch COMECON) der Ostblockstaaten wird von der Sowjetunion geführt. Der Sinn liegt in einer gegenseitigen Abstimmung der Wirtschaftspläne, in der Arbeitsteilung auf dem Gebiet der Industrieproduktion und in der gemeinsamen Durchführung bestimmter wirtschaftlicher Projekte.

S

Salzpfanne: Kleine flache und abflußlose Muldenform in Trockengebieten. Bei der Verdunstung des sich in dieser Mulde sammelnden Wassers bleiben die Salze zurück. (In großräumiger Form in Nordwestafrika Schott genannt.

Salzsee: Abflußloser See in Trockengebieten. Mit zunehmendem Alter des Sees nimmt auch die Salzanreicherung zu.

Sander: Eine Ablagerung der Gletscherbäche im Vorfeld von Gletschern, bestehend aus den Schottern und Sanden. In Gletschernähe findet sich grobes und in Gletscherferne feines Ablagerungsmaterial.

Schott: Siehe Salzpfanne.

Schwellenland: Ein Land, das in seiner wirtschaftlichen Entwicklung zwischen Industrieland und Entwicklungsland steht.

Schwemmlöß: Der ursprünglich feinkörnige Löß ist durch Abspülung mit gröberem Material, z. B. Kies, durchsetzt.

Schwermetalleinleitung: Durch die Einleitung von Schwermetallen (z. B. Blei, Kupfer, Kadmium) und Schwermetallverbindungen in die Gewässer können starke umweltschädigende Wirkungen ausgehen. Über die Nahrungskette Pflanze – Tier – Mensch entsteht dadurch auch eine Gesundheitsgefährdung des Menschen.

Siel: Ein Deichtor, das bei Flut geschlossen und bei Ebbe geöffnet ist.

Slum: Elendsviertel mit heruntergekommener Bausubstanz oder selbstgebauten Blech-, Abfallbretter- und Pappbuden, mangelnde bzw. fehlende sanitäre Einrichtungen (auch Favela, Barriada, Basti).

Smog: Ein Gemisch aus Wasserdampf, Staub, Ascheteilen, Salzkristallen, verschiedenen zum Teil giftigen Gasen und Säurebeimengungen.

Sodakonzentrationsschnecke: (Cararol): Aufgrund der hohen Verdunstung weist das Wasser, das über den Entwässerungskanal abgeleitet wird, einen hohen Salzgehalt auf. In der Konzentrationsschnecke wird durch Verdunsten des Wassers Soda gewonnen. Soda (Natriumcarbonat) ist ein weißes, in Wasser leicht lösliches Salz. Verwendung findet Soda z. B. bei der Glasherstellung, bei der Herstellung von Seife und von Wasch- und Reinigungsmitteln.

Sowchose: Abk. für Sowjetwirtschaft = **Sow**jetskoje **chos**jajstwo. Hochspezialisierte, staatseigene landwirtschaftliche Großbetriebe für Getreideanbau und Viehwirtschaft. Der einstige Bauer ist heute ein „Lohnarbeiter".

Steinkohleeinheiten (SKE): Maßeinheit für den Vergleich des Energiegehaltes verschiedener Energieträger.

Steppe: Meist baumlose, offene Pflanzenformation außerhalb der Tropen. Sie setzt sich aus Gräsern, hochwüchsigen Stauden, Knollen- und Zwiebelgewächsen zusammen.

Stern: Ein selbstleuchtender Himmelskörper.

Sumpf: Eine flache, stehende Wasserfläche die mit Sumpfpflanzen durchwachsen ist. Nur bei hohen Temperaturen, geringem Niederschlag und der sich daraus ergebenden hohen Verdunstung erfolgt eine teilweise Austrocknung.

T

Taiga: Name für das größte zusammenhängende Waldgebiet der Erde in der Sowjetunion mit überwiegend Nadelhölzern (z. B. Lärche, Tanne, Fichte, Kiefer) und nur wenigen kleinblättrigen Laubbäumen (z. B. Birken, Espen).

Tamariske: Tiefwurzelnde immergrüne Bäume und Sträucher der Steppen und Wüsten mit schuppenförmigen Blättern.

Tankbewässerung: Regenwasser wird in Speicherbecken gesammelt und bei Bedarf zur Bewässerung eingesetzt.

Tektonik: Die Lehre vom Bau der Erdkruste und den Bewegungsvorgängen, die das Gefüge und die Lagerungsverhältnisse der Krustenstücke der Erde verändern.

Transitverkehr: Personen- und Güterverkehr, der auf dem Weg von einem Land in ein anderes Land durch ein Drittland (Transitland) führt. Häufig ist Transitverkehr nur auf bestimmten Verkehrswegen (Transitstrecken) erlaubt, die durch internationale Verträge festgelegt worden sind.

Trockensavanne: Busch- und Grasformationen in den Tropen mit längerer Trockenzeit und mit weitständigen, laubwerfenden Bäumen.

Tröpfchenbewässerung: Schlauchleitungen, die in bestimmten Abständen mit Tropflöchern versehen sind, ermöglichen eine Anpassung der benötigten Wassermenge an den Wasserbedarf der jeweiligen Pflanzenart. Jedes Tropfloch versorgt eine Pflanze direkt mit Wasser und Dünger.

Tropischer Regenwald: Artenreicher, immergrüner Wald mit charakteristischem Stockwerkbau. Ein üppiges Pflanzenwachstum in einem feucht-warmen Klima auf der Grundlage sich schnell zersetzender, absterbender Pflanzenteile.

Tundra: Kältesteppe mit Moosen, Flechten, Gräsern und Zwergsträuchern. Sehr langsames Pflanzenwachstum bei einer Schneedeckendauer bis zu 300 Tagen.

V

Verdichtungsraum: Für die Bundesrepublik Deutschland in den sechziger Jahren definiert und verbindlich festgelegt. Folgende Merkmale muß ein Verdichtungsraum erfüllen:
- Mindestfläche von 100 km^2 und Mindesteinwohnerzahl von 150 000.
- Eine Bevölkerungsdichte von 1000 Einwohnern pro km^2.
- Die Hälfte der Gesamtfläche muß sich aus Gemeinden zusammensetzen, die mehr als 1250 Einwohner und Arbeitskräfte auf 1 km^2 aufweisen.

Verhüttung: Aufbereitung von Erzen (z. T. in Hochöfen), für eine industrielle Weiterverarbeitung.

Versalzung: In Trockengebieten gelangen z. B. die durch Bewässerung gelösten Bodensalze mit dem rasch verdunstenden Wasser an die Oberfläche und lagern sich dort als Salzkruste ab.

Volkseinkommen: Für ein Staatsgebiet bedeutet dies: Die Summe des Geldwertes aller in einer Periode (meist ein Jahr) produzierten Sachgüter und erbrachten Dienstleistungen aus dem In- und Ausland, abzüglich des Eigenverbrauchs der Betriebe.

W

Wadi: Ein Flußbett in Trockengebieten, das nur nach einem starken Regen gewaltige Wassermengen führt.

Warschauer Pakt: Militärbündnis der kommunistischen Staaten in Osteuropa unter der Führung der Sowjetunion. 1955 als Gegengewicht zur NATO geschlossen.

Wasserscheide: Sie trennt Gebiete voneinander, die das Wasser aufgrund ihrer verschiedenen Gefällsrichtungen in verschiedene Flußsysteme fließen läßt.

Watt: Es setzt sich aus Sand, feinsten Mineralbestandteilen und organischer Substanz zusammen und wird täglich zweimal überflutet (Gezeiten).

Wüste: Ein durch Wasser- oder Wärmemangel pflanzenarmes oder pflanzenleeres Gebiet.

Das Register umfaßt alle Namen der physischen Karten sowie alle zusätzlichen Namen der Wirtschaftskarten des Heimatteiles.

Das Orientierungssystem besteht aus
- Seitenzahlen für die Kartenseiten und zusätzlichen
- arabischen Ziffern für Teilkarten.
  Gradfelder werden aus
- roten Buchstaben im oberen und unteren und aus
- roten Zahlen im rechten und linken Kartenrand gebildet.

In dieser Reihenfolge ist die Lage der Namen nach Atlasseite, Teilkarte und Gradfeld im Register ausgewiesen.

Bei Flüssen ist in der Regel die Lage des quellnächsten Namens angegeben. Bei über mehrere Gradfelder hinwegreichenden Namen wird auf den Wortanfang verwiesen. Gleichlautenden Begriffen ist eine unterscheidende Lage- oder Objektbezeichnung beigefügt: Valencia (Spanien), Valencia (Venezuela). Bei Staatsnamen erfolgt ein Verweis auf die politischen Karten.

Die hierbei benutzten Abkürzungen bedeuten:
(B.)   = Berg
(Fl.) = Fluß
(G.)   = Gebirge
(I.)   = Insel, Inseln
(Kl.) = Kloster, Kirche
(Kr.) = Kreis
(L.)   = Landschaft
(O.)   = Ort, Siedlung
(Schl.) = Schloß, Burg
(St.) = Staat

Sämtliche Namen sind alphabetisch geordnet. Die Umlaute ä, ö, ü sind wie die Selbstlaute a, o, u behandelt; ß ist ss gleichgestellt. Buchstaben mit besonderen Zeichen aus fremden Schriften gelten als einfache lateinische Buchstaben.

Namenteile wie Bad, Djebel, Golf, Kap, Mount, Porto, Puerto, Rio, Saint u. a. bleiben in ihrer Stellung zum Hauptnamen erhalten.

Gibt es zu einem ausländischen Ortsnamen eine gängige deutsche Bezeichnung, so ist der ausländische Name in Klammern zur deutschen Bezeichnung gesetzt, z. B. Preßburg (Bratislava). Zusätzlich ist an entsprechender Stelle der Zweitname mit Verweis auf den Hauptnamen aufgenommen, z. B. Bratislava = Preßburg.

A

Aachen 38/39, B 2
Aalen 38/39, F 4
Aarau 38/39, D 5
Aare 46/47, D 3
Aba 84/85, D 4
Abadan 102/103, C 2
Abadla 84/85, C 1
Abajasee 84/85, G 4
Abakan 100/101, K 4
Abbeville 48, B 5
Abéché 84/85, E/F 3
Åbenrå = Apenrade
Abensberg 38/39, G 4
Aberdeen 54/55, C 2
Abidjan 84/85, C 4
Abisko 52/53, D 1
Abruzzen 56/57, G 3
Abtenau 38/39, J 5
Abu Dhabi 102/103, D 3
Abu Hamed 84/85, G 3
Abuja 84/85, D 4
Abu Kemal 58/59, H 5
Abu Simbel 84/85, G 2
Acapulco 124/125, C 5
Accra 84/85, C 4
Achenkirch 38/39, G 5
Achensee 46/47, H 2
Achern 38/39, D 4
Achim 36/37, E 2
Aconcagua 126/127, B/C 6
Acre 114/115, J 9
Adamsbrücke 102/103, F 5
Adana 58/59, F 4
Adapazari 58/59, E 4
Adda 46/47, F 3
Addis Abeba 84/85, G 4
Adelaide 108/109, C 4
Adelaide-Insel 138, 2
Adelsberg (Postojna) 46/47, L 4
Aden 102/103, C 4
Adenau 38/39, B 2
Adige (Etsch) 46/47, H 4
Adiyaman 58/59, G 4
Adamaua 84/85, E 4
Admiralitäts-Inseln 106/107, F 4
Adour 54/55, C 6
Adrar 84/85, C 2
Adrar der Iforas 84/85, D 2/3
Adria 46/47, J 4
Adriatisches Meer 58/59, A 3
Ærø 49, D 6
Afghanistan 90/91, D 3
Afyon 58/59, E 4
Agades 84/85, D 3
Agadir 84/85, C 1
Ägadische Inseln 56/57, F 4
Ägäisches Meer 58/59, D 4
Agalega-Inseln 86/87, F 3
Agger 38/39, C 2
Agra 102/103, F 3
Agrigento 56/57, G 4
Agrinion 58/59, C 4
Agulhas Negras 126/127, E 5
Ägypten 78/79, F/G 3
Ahaggar (Hoggar) 84/85, D 2
Ahaus 36/37, C 2
Ahlbeck 36/37, K 2
Ahlen 36/37, C 4
Ahmadabad 102/103, F 3
Ahr 38/39, B 2
Ahrensburg 36/37, F 2
Ahrensdorf 18/19, C 3
Ahrensfelde 18/19, E 2
Ahwas 102/103, C 2
Aichach 38/39, G 4
Aigen 38/39, J 4
Ain 46/47, B 3

Aïr 84/85, D 3
Airolo 46/47, E 3
Aisch 38/39, F 3
Aisne 48, E 6
Aix-en-Provence 54/55, E 6
Aix-les-Bains 46/47, B 4
Ajaccio 54/55, F 6
Ajagus 100/101, H 5
Ajan 100/101, O 4
Ajka 46/47, O 2
Akaba 102/103, B 3
Aken 36/37, H 4
Akhisar 58/59, D 4
Åkirkeby 49, H 6
Akita 104/105, H 2
Akjujt 84/85, B 3
Akobo 84/85, G 4
Akola 102/103, F 3
Aksai-Chin 102/103, F 2
Aksaray 58/59, F 4
Aksu 104/105, B 1
Aksum 84/85, G 3
Aktjubinsk 100/101, F 4
Akureyri 52/53, C 1
Aladağ 58/59, F 4
Alagoas 114/115, N 9
Aland 84/85, G 3
Ålandinseln 52/53, D 3
Alanya 58/59, E 4
Ala Shan 104/105, D 1
Alaska 114/115, A 2
Alaskakette 122/123, D 3
Alassio 46/47, E 6
Alba 46/47, E 5
Albacete 56/57, C 4
Albaner Berge 56/57, G 3
Albanien 62/63, F/G 4
Albany (Australien) 108/109, A 4
Albany (Fl., Kanada) 122/123, L 4
Albany (USA) 124/125, F 2
Albatros 86/87, F/G 3
Albert 48, C 5
Alberta 114/115, E 3
Albertkanal 48, E 4
Albertville 46/47, C 4
Ålborg 49, C 3
Ålborgbucht 49, D 4
Albstadt 38/39, E 4
Albuquerque 124/125, C 3
Albury 108/109, D 4
Alcázar de San Juan 56/57, C 4
Aldabra 86/87, E 3
Aldan 100/101, N 4
Alentejo 56/57, A 4
Aleppo = Haleb
Alert 122/123, N 1
Alessandria 56/57, F 2
Ålesund 52/53, A 3
Aleuten 112/113, A/B 4
Aleutenkette 122/123, C 4
Alexander-Archipel 122/123, F 4
Alexander-Selkirk-Insel 126/127, A 6
Alexandria 84/85, F 1
Alexandrowsk-Sachalinsk 100/101, P 4
Alfeld 36/37, E 4
Algarve 56/57, A 4
Algeciras 56/57, B 4
Algerien 78/79, D 2
Algier 84/85, D 1
Al Hofuf 102/103, C 3
Alicante 56/57, C 4
Alice Springs 108/109, C 3
Alingsås 49, F 3
Aliskerowo 100/101, R 3
Alkmaar 48, E 3
Allahabad 102/103, G 3
Allenstein (Olsztyn) 50/51, G 2
Aller 38/39, G 3
Allersberg 38/39, G 3
Allgäuer Alpen 38/39, E/F 5
Alma-Ata 100/101, H 5
Almelo 36/37, B 3
Almería 56/57, C 4
Alor 106/107, D 4
Alpenvorland 38/39, E-H 4

Alphonse 86/87, F 2
Alsdorf 38/39, B 2
Alsen 49, C 6
Alsenz 38/39, C 3
Alsfeld 38/39, E 2
Alsleben 24, A 1
Alt Stahnsdorf 18/19, F 3
Alta 52/53, E 1
Altai (G.) 100/101, J 4
Altai (O.) 104/105, C 1
Altamira 126/127, D 3
Altdobern 25, 1 B 1
Altdorf 46/47, E 3
Alte Oder 18/19, G 1
Altena 36/37, C 4
Altenau 36/37, F 4
Altenbeken 36/37, D 4
Altenburg 38/39, H 2
Altenkirchen 38/39, C 2
Altensteig 38/39, D 4
Altentreptow 36/37, J 2
Altes Land 36/37, E 2
Altiplano 126/127, C 4
Altkastilien 56/57, B 3
Altkirch 38/39, G 5
Altlandsberg 18/19, E/F 2
Altlandsberg-Seeberg 18/19, E 2
Altmark 36/37, F/G 3
Altmühl 38/39, F 3
Altötting 38/39, H 4
Altranft 18/19, G 1
Altstätten 38/39, E 5
Alt-Töplitz 18/19, B 3
Altun Shan 104/105, B/C 2
Alula 84/85, J 3
Alz 38/39, H 4
Alzenau 38/39, E 2
Alzey 38/39, D 3
Amadeussee 108/109, C 3
Amager 49, F 5
Åmål 49, F 1
Amami-Inseln 104/105, F/G 3
Amapá 114/115, L 8
Amasya 58/59, F 3
Amazonas (Bundesstaat) 114/115, K 9
Amazonas (Fl.) 126/127, D 3
Ambartschik 100/101, R 3
Amberg 38/39, G 3
Ambon 106/107, D 4
Amderma 100/101, G 3
Ameland 48, F 2
Amersfoort 48, F 3
Amga 100/101, O 3
Amgun 100/101, O 4
Amhara 84/85, G 3
Amiranten 86/87, F 2
Åmli 49, B 2
Amman 102/103, B 2
Ammer 38/39, G 4
Ammerland 36/37, C/D 2
Ammersee 38/39, G 4/5
Amorbach 38/39, E 3
Åmot 49, A 1
Amoy (Xiamen) 104/105, E 3
Amper 38/39, G 4
Amritsar 102/103, F 2
Amrum 36/37, D 1
Amselfeld 58/59, C 3
Amsterdam 48, E 3
Amstetten 46/47, L 1
Am Timan 84/85, F 3
Amudarja 100/101, G 5
Amundsengolf 122/123, G 2
Amuntai 106/107, C 4
Amur (Heilongjiang) 104/105, F 1
Anabar 100/101, M 2
Anadyr (Fl.) 100/101, S 3
Anadyr (O.) 100/101, T 3
Anadyrgolf 100/101, T 3
Anaimudi 102/103, F 4
Anaisa 102/103, C 3
Anamur 58/59, F 4
Anatolien 58/59, E/F 4
Anchorage 122/123, D 3
Ancona 56/57, G 3
Andalusien 56/57, B 4

Andamanen 102/103, H 4
Andamanisches Meer 106/107, A 2
Anden = Kordilleren
Andermatt 46/47, E 3
Andernach 38/39, C 2
Andishan 100/101, H 5
Andong 104/105, F 1
Andorra 62/63, E 4
Andorra la Vella 54/55, D 6
Andra Pradesh 86/87, D/E 4
Andropow (Rybinsk) 100/101, D 4
Andros 124/125, F 4
Angara 100/101, K 4
Angarsk 100/101, L 4
Angel-Fälle 126/127, C 2
Ängelholm 49, F 4
Angeln 36/37, E 1
Angermanälv 52/53, D 3
Angermünde 36/37, K 2
Angers 54/55, C 5
Anglesey 54/55, B 3
Angola 78/79, E 7
Anguilla 124/125, G 5
Anholt 49, E 4
Anjouan 86/87, E 3
Anjuigebirge 100/101, R 3
Ankara 58/59, E/F 3
Anklam 36/37, J 2
Annaba 84/85, D 1
Annaberg-Buchholz 38/39, H 2
Annaburg 24, C/D 1
Annapolis 124/125, F 3
Annapurna 104/105, B 3
Annecy 46/47, C 4
Anqing 104/105, E 2
Ansbach 38/39, F 3
Anshan 104/105, F 1
Anshero-Sudshensk 100/101, J 4
Anshun 104/105, D 3
Antakya 58/59, F 4
Antalaha 86/87, F 3
Antalya 58/59, E 4
Antananarivo 86/87, E 3
Antarktis = Südpolargebiet
Antiatlas 84/85, C 1/2
Antibes 46/47, D 6
Anticosti 122/123, N 5
Antigua und Barbuda 114/115, K/L 7
Antipoden-Inseln 108/109, G 5
Antofagasta 126/127, B 5
Antseranana 86/87, E/F 3
Antsirabe 86/87, E 3
Antwerpen 48, E 4
Anyang 104/105, E 2
Aomen = Macao
Aomori 104/105, H 1
Aosta 56/57, E 2
Aparri 106/107, D 1
Apeldoorn 48, F 3
Apenninen 56/57, F 2
Apenrade (Åbenrå) 49, C 5
Apia 108/109, H 2
Apo 106/107, D 3
Apolda 38/39, G 1
Appalachen 124/125, E 3
Appenzell 38/39, E 5
Apt 46/47, B 6
Apuka 100/101, R 3
Apulien 56/57, G 3
Apure 126/127, C 2
Äquatorial-Guinea 78/79, D 5
Arabisches Meer 102/103, E 4
Arabische Wüste 84/85, G 2
Aracaju 126/127, F 4
Arad 50/51, G 4
Arafura-See 106/107, E 4
Aragonien 56/57, C 3
Araguaia 126/127, E 3
Arak 102/103, C 2
Aralsee 100/101, F 5
Aralsk 100/101, G 5
Araninsel 54/55, A 3
Aranjuez 56/57, C 3
Ararat (B., Türkei) 58/59, H 4

Ararat (O., Australien) 108/109, D 4
Aras 58/59, H 3
Arauane 84/85, C 3
Arauca 126/127, C 2
Aravalligebirge 102/103, F 3
Arbara 84/85, G 3
Arc 46/47, C 4
Arcachon 54/55, C 5
Archangelsk 100/101, E 3
Arches 38/39, B 4
Ardennen 48, E 6
Arendal 52/53, B 4
Arendsee 36/37, G 3
Arequipa 126/127, B 4
Arezzo 46/47, H 6
Argatala 102/103, H 3
Argen 38/39, E/F 5
Argens 46/47, C 6
Argenta 46/47, H 5
Argentera 46/47, D 5
Argentinien 114/115, K 12
Argonnen 48, E 6
Argun 104/105, E 1
Århus 49, D 4
Arizona 114/115, E 5
Ärjäng 49, F 1
Arkalyk 100/101, G 4
Arkansas (Bundesstaat) 114/115, G 5
Arkansas (Fl.) 124/125, D 3
Arkona 36/37, J 1
Arktis = Nordpolargebiet
Arlberg 46/47, F 2
Arles 54/55, E 6
Armagnac 54/55, C 6
Armawir 58/59, H 2
Armenien 62/63, J 4
Armentières 48, C 5
Armidale 108/109, D 4
Arnas 58/59, H 4
Arneburg 36/37, H 3
Arnheim 48, G 4
Arnhemland 108/109, C 2
Arno 56/57, F 3
Arnsberg 36/37, D 4
Arnstadt 38/39, F 2
Arnstein 38/39, E 2/3
Arnstorf 38/39, H 4
Arolsen 36/37, D 4
Arras 48, C 5
Års 49, C 4
Artern 36/37, G 4
Artois 48, C 5
Artvin 58/59, H 3
Arua 86/87, D 1
Aruba 124/125, F 5
Aru-Inseln 106/107, E 4
Arusha 86/87, D 2
Aruwimi 86/87, C 1
Arve 46/47, C 3
Arvika 49, F 1
Arzberg 38/39, H 2
Ås 49, D 1
Asahikawa 104/105, H 1
Asandeschwelle 76/77, G/H 6
Aš = Asch
Ascension 76/77, D 7
Asch (Aš) 38/39, H 2
Aschach 38/39, K 4
Aschaffenburg 38/39, E 3
Aschau 38/39, H 5
Aschchabad 100/101, F 6
Ascherben 36/37, G 4
Aserbaidshan 62/63, J 4
Ashburton 108/109, A 3
Ashford 48, A 4
Asir 102/103, C 3
Askja 52/53, C 1
Asmara 84/85, G 3
Asow 58/59, G 2
Asowsches Meer 58/59, F 2
Asperg 38/39, E 4
Assab 84/85, H 3
Assad-Stausee 58/59, G 4
Assam 90/91, E 3
Assen 48, G 3
Assens 49, C 5
Assino 100/101, J 4

Aßling (Jesenice) 46/47, K 3
Assuan 84/85, G 2
Assur 102/103, C 2
Asti 46/47, E 5
Åstorp 49, G 4
Astrachan 100/101, E 5
Asuncíon 126/127, D 5
Asyut 84/85, F/G 2
Atacama 126/127, C 5
Atar 84/85, B 2
Atbassar 100/101, G 4
Athabasca 122/123, H 4
Athabascasee 122/123, J 4
Athen 58/59, C 4
Äthiopien 78/79, G/H 5
Athos 58/59, D 3
Atlanta 124/125, E 3
Atlantische Küstenebene 112/113, K/L 6
Atlantischer Ozean 1, H/J 3-7
Ätna 56/57, G 4
Atrek 100/101, F 6
Atschinsk 100/101, K 4
Attendorn 36/37, C 4
Attersee 46/47, K 2
Au 38/39, G 4
Auckland 108/109, G 4
Auckland-Inseln 108/109, F 6
Audincourt 38/39, B 5
Audjila 84/85, F 2
Aue (Fl.) 36/37, D 3
Aue (O.) 38/39, H 2
Auerbach (Bayern) 38/39, G 3
Auerbach (Sachsen) 38/39, H 2
Augsburg 38/39, F 4
Auk 84/85, E/F 3
Aulendorf 38/39, E 5
Auma 24, A 3
Aurich 36/37, C 2
Ausangate 126/127, B/C 4
Auschwitz 50/51, F 3
Aussig (Usti nad Labem) 38/39, K 2
Austin 124/125, D 3
Australien 108/109
Australische Alpen 108/109, D 4
Autun 46/47, A 3
Auvergne 54/55, D 5
Auyán-Tepui 126/127, C 2
Avesnes 48, D 5
Avignon 54/55, E 6
Ávila 56/57, B 3
Avilés 56/57, B 3
Avricourt 38/39, B 4
Awash 84/85, H 3
Aydin 58/59, D 4
Ayers Rock 108/109, C 3
Ayutthaya 106/107, B 2
Azoren 84/85, A 1

B

Baalbek 58/59, G 5
Baar 38/39, D 5
Bab el Mandeb 84/85, H 3
Babol 102/103, D 2
Babylon 102/103, C 2
Bacău 50/51, H 4
Baccarat 46/47, C 1
Bacharach 38/39, C 2
Bacher 46/47, M 3
Backnang 38/39, E 4
Backofenberg 18/19, C 3
Bacolod 106/107, D 2
Bad Aibling 38/39, H 5
Badajoz 56/57, B 4
Badalona 56/57, D 3
Bad Aussee 38/39, J 5
Bad Bentheim 36/37, C 3
Bad Bergzabern 38/39, D 3
Bad Berka 38/39, G 2
Bad Berneck 38/39, G 2
Bad Bevensen 36/37, F 2
Bad Blankenburg 38/39, G 2
Bad Bramstedt 36/37, E 2
Bad Breisig 38/39, C 2
Bad Brückenau 38/39, E 2

Bad Buchau 38/39, E 4
Bad Camberg 38/39, D 2
Bad Doberan 36/37, G 1
Bad Driburg 36/37, E 4
Bad Düben 36/37, H 4
Bad Dürkheim 38/39, C/D 3
Bad Dürrheim 38/39, D 4
Bad Ems 38/39, C 2
Baden (Österreich) 46/47, N 2
Baden (Schweiz) 46/47, E 2
Baden-Baden 38/39, D 4
Baden-Württemberg 41
Bad Essen 36/37, D 3
Bad Frankenhausen 36/37, G 4
Bad Freienwalde 18/19, F/G 1
Bad Freienwalde-Sonnenburg 18/19, G 2
Bad Friedrichshall 38/39, E 3
Bad Füssing 38/39, J 4
Bad Gandersheim 36/37, F 4
Badgastein 46/47, K 2
Bad Goisern 38/39, J 5
Bad Griesbach 38/39, J 4
Bad Harzburg 38/39, F 4
Bad Hersfeld 38/39, E 2
Bad Homburg 38/39, D 2
Bad Honnef 38/39, C 2
Bad Hönningen 38/39, C 2
Bad Ischl 46/47, K 2
Bad Karlshafen 36/37, E 4
Bad Kleinen 36/37, G 2
Bad Köngishofen 38/39, F 2
Bad Kösen 24, A 2
Bad Köstritz 24, A/B 3
Bad Kreuznach 38/39, C 3
Bad Krozingen 38/39, G 5
Bad Langensalza 36/37, F 4
Bad Lausick 24, C 2
Bad Lauterberg 38/39, F 4
Bad Leonfelden 38/39, K 4
Bad Liebenstein 38/39, F 2
Bad Liebenwerda 36/37, J 4
Bad Liebenzell 38/39, D 4
Bad Mergentheim 38/39, E 3
Bad Münder 38/39, E 3
Bad Münstereifel 38/39, B 2
Bad Muskau 36/37, K 4
Bad Nauheim 38/39, D 2
Bad Neuenahr-Ahrweiler 38/39, C 2
Bad Niederbronn 38/39, C 4
Bad Oeynhausen 36/37, D 3
Bad Oldesloe 36/37, F 2
Bad Orb 38/39, E 2
Bad Pyrmont 36/37, E 4
Bad Reichenhall 38/39, H 5
Bad Rippoldsau-Schapbach 38/39, D 4
Bad Saarow-Pieskow 18/19, G 3
Bad Saarow-Pieskow-Silberberg 18/19, G 3
Bad Sachsa 36/37, F 4
Bad Säckingen 38/39, G 5
Bad Salzdetfurth 36/37, F 3
Bad Salzschlirf 38/39, E 2
Bad Salzuflen 36/37, D 3
Bad Schallerbach 38/39, J 4
Bad Schandau 38/39, K 2
Bad Schmiedeberg 36/37, H 44
Bad Schussenried 38/39, E 4
Bad Schwalbach 38/39, C/D 2
Bad Schwartau 36/37, F 2
Bad Segeberg 36/37, F 2
Bad Soden-Salmünster 38/39, E 2
Bad Sooden-Allendorf 36/37, E 4
Bad Tölz 38/39, G 5
Bad Überkingen 38/39, E 4
Bad Urach 38/39, E 4
Bad Vilbel 38/39, D 2
Bad Waldsee 38/39, E 5
Bad Wiessee 38/39, G 5
Bad Wildungen 36/37, D/E 4
Bad Wilsnack 36/37, G 3
Bad Wimpfen 38/39, E 3
Bad Windsheim 38/39, F 3
Bad Wörishofen 38/39, F 5

Bad Wurzach 38/39, E 5
Bad Zwischenahn 36/37, D 2
Baffinbai 122/123, M 2
Baffin-Insel 122/123, M 2
Bafing 84/85, B 3
Bagdad 102/103, C 2
Bagé 126/127, D 6
Bagenkop 36/37, F 1
Baghlan 102/103, E 2
Bahamabank 124/125, F 4
Bahamas 114/115, J 6
Bahawalpur 102/103, F 3
Bahia 114/115, M 10
Bahia Blanca 126/127, C/D 6
Bahia Grande 126/127, C 8
Bahrein 90/91, C 3
Baia Mare 50/51, G 4
Baicheng 104/105, F 1
Baiersbronn 38/39, D 4
Baikalgebirge 100/101, L 4
Baikalsee 100/101, L 4
Baikonur 100/101, G 5
Bains-les-Bains 38/39, B 4
Bajan-Chongor 104/105, D 1
Bakkabucht 52/53, D 1
Bakoy 84/85, O 3
Baku 100/101, E 5
Balaton = Plattensee
Balchasch 100/101, H 5
Balchaschsee 100/101, H 5
Balearen 56/57, D 4
Bali 106/107, C 4
Balikesir 58/59, D 4
Balikpapan 106/107, C 4
Balingen 38/39, D 4
Ballarat 108/109, D 4
Ballenstedt 36/37, E 4
Balsthal 38/39, G 5
Baltimore 124/125, F 3
Baltischer Landrücken 60/61, F/G 2
Baltrum 36/37, C 2
Bam 100/101, N 4
Bamako 84/85, C 3
Bambari 84/85, F 4
Bamberg 38/39, F 33
Bamenda 84/85, D 4
Banana 86/87, B 2
Banat 50/51, G 4
Banater Gebirge 50/51, G 4
Banda Aceh 106/107, A 3
Bandar Seri Begawan 106/107, C 3
Banda-See 106/107, D 4
Bandirma 58/59, D 3
Bandundu 86/87, B 2
Bandung 106/107, B 4
Banff-Nationalpark 122/123, H 4
Bangalore 102/103, F 4
Bangassu 84/85, F 4
Bangfou 104/105, E 2
Bangi 84/85, E 4
Bangka 106/107, B 4
Bangkok 106/107, B 2
Bangladesh 90/91, E 3
Bangweulusee 86/87, C/D 3
Bani 84/85, C 3
Banja Luka 58/59, B 2
Banjarmasin 106/107, C 4
Banjul 84/85, B 3
Banks-Insel 122/123, G 2
Bank von Campeche 124/125, D 4
Bansin 36/37, K 1
Bantrybai 54/55, A 4
Banyuwangi 106/107, C 4
Banz 38/39, F 2
Baoji 104/105, D 2
Baotou 104/105, E 1
Barabinsk 100/101, H 4
Baranowitschi 50/51, H 2
Barbados 114/115, L 7
Barbuda 124/125, G 5
Barcaldine 108/109, D 3
Barcelona 56/57, D 3
Barcelonette 46/47, C 5
Bardai 84/85, E 2
Bareilly 102/103, F 3
Bäreninseln 100/101, R 2

Bärenklau 18/19, C 2
Barentssee 100/101, C 2
Bargteheide 36/37, F 2
Bargusin 100/101, L 4
Bari 56/57, H 3
Baris 84/85, G 2
Barito 106/107, C 4
Barkleytafelland 108/109, C 2
Bar-le-Duc 48, F 7
Barletta 56/57, H 3
Barnaul 100/101, J 4
Barnewitz 18/19, A 2
Barnim 18/19, E 2
Barnimer Heide 18/19, E/F 1
Baro 58/59, B 3
Barquisimeto 126/127, B/C 1
Barr 38/39, C 4
Barranquilla 126/127, B 1
Barreiras 126/127, E 4
Barrengrounds 122/123, H 3
Barrow 108/109, A 3
Barsinghausen 36/37, E 3
Bar-sur-Aube 46/47, A 1
Barth 36/37, H 1
Barun-Urt 104/105, E 1
Baruth 36/37, J 3
Bärwalde 25, 1 B 2
Basdorf 18/19, D 2
Basel 38/39, C 5
Bashi-Straße 104/105, F 3
Basilan 106/107, D 3
Baskenland 56/57, C 3
Baskische Provinzen 62/63, D 4
Basra 102/103, C 2
Bassano 46/47, H 4
Bassas da India 86/87, D/E 3
Baskenland 56/57, C 3
Basse-Terre 124/125, G 5
Bass-Straße 108/109, D 4
Bassum 36/37, D 3
Bastia 54/55, F 6
Bastogne 48, F 6
Bata 84/85, D 4
Batang 104/105, C 2
Bathurst 108/109, D 4
Bathurst-Insel (Australien) 108/109, C 2
Bathurst-Insel (Kanada) 122/123, J 2
Batman 58/59, H 4
Batna 56/57, E 5
Baton Rouge 124/125, D 3
Batumi 58/59, H 3
Baturi 84/85, E 4
Bauchi 84/85, D 3
Baume-les-Dames 38/39, B 5
Baumholder 38/39, C 3
Baunach 38/39, F 2
Baunatal 38/39, E 4
Bauru 126/127, D/E 5
Bautzen 36/37, K 4
Bayankala Shan 104/105, C 2
Bayerisch Eisenstein 38/39, J 3
Bayerischer Wald 38/39, H 3-J 4
Bayern 41
Bayon 38/39, B 4
Bayonne 54/55, C 6
Bayreuth 38/39, G 3
Bayrischzell 38/39, H 5
Beaufortsee 122/123, D 2
Beaune 46/47, A 2
Beauvais 48, C 6
Bebra 38/39, E 2
Béchar 84/85, C 1
Beckum 36/37, D 4
Bederkesa 36/37, D 2
Beelitz 18/19, C 4
Beerfelde 18/19, G 3
Beerfelden 38/39, D 3
Beeskow 36/37, K 3
Beetz 18/19, C 1
Beetzsee 18/19, A 3
Beiersdorf 18/19, F 2
Beijing = Peking
Beilngries 38/39, G 3
Beira 86/87, D 3
Beirut 58/59, F 5
Bei Shan 104/105, C 1
Beja (Portugal) 56/57, B 4
Beja (Tunesien) 56/57, F 4

Bejaia 84/85, D 1
Békéscsaba 50/51, G 4
Belau (Palau-Inseln) 106/107, E 3
Belcher-Inseln 122/123, L 4
Belém 126/127, E 3
Belet Uen 84/85, H 4
Belfast 54/55, B 3
Belfort 38/39, B 5
Belgien 62/63, E 3
Belgrad 58/59, B 2
Belitung 106/107, B 4
Belize (O.) 124/125, E 5
Belize (St.) 114/115, H 7
Bellegarde 46/47, B 3
Bellinzona 46/47, F 3
Belluno 46/47, J 3
Belmopan 124/125, E 5
Belo Horizonte 126/127, E 4
Belutschistan 102/103, E 2/3
Belzig 36/37, H 3
Belzy 50/51, H 4
Benadir 84/85, H 4
Bender Abbas 102/103, D 3
Bendery 50/51, J 4
Bendigo 108/109, D 4
Benediktenwand 38/39, G 5
Bénestroff 38/39, B 4
Benevento 56/57, G 3
Bengalen 102/103, G 3
Bengasi 84/85, F 1
Bengkulu 106/107, B 4
Benguela 86/87, B 3
Beni-Abbes 84/85, C 1
Benidorm 56/57, C 4
Benin 78/79, D 4
Benin City 84/85, D 4
Beni Suef 84/85, G 2
Ben Nevis 54/55, B 2
Bennewitz 24, C 2
Bensheim 38/39, D 3
Benue 84/85, D 4
Benxi 104/105, F 1
Beraun (Berounka) 38/39, J 3
Berbera 84/85, H 3
Berberati 84/85, E 4
Berchtesgaden 38/39, H 5
Berdjansk 58/59, G 2
Beresina 50/51, J 2
Beresniki 100/101, F 4
Berga 24, B 3
Bergamasker Alpen 46/47, F 3
Bergamo 56/57, F 2
Berge 18/19, B 2
Bergen (Niedersachsen) 36/37, E 3
Bergen (Norwegen) 52/53, A 3
Bergen (Rügen) 36/37, J 1
Berger Damm 18/19, B 2
Bergfelde 18/19, D 2
Bergheim 38/39, B 2
Bergholz-Rehbrücke 18/19, C 3
Bergisches Land 34/35, B 3
Bergisch-Gladbach 36/37, B 2
Bergland von Guayana 112/113, M/N 9
Bering-Inseln 100/101, R 4
Beringowskij 100/101, S 3
Beringstraße 122/123, C 3
Berjosowo 100/101, G 3
Berkel 36/37, B 3
Berleburg 38/39, D 1
Berlin 18/19, C/D 2
Berlin-Adlershof 18/19, E 3
Berlin-Altglienicke 18/19, E 3
Berlin-Biesdorf 18/19, E 2
Berlin-Blankenburg 18/19, D 2
Berlin-Blankenfelde 18/19, D 2
Berlin-Bohnsdorf 18/19, E 3
Berlin-Britz 18/19, D 3
Berlin-Buch 18/19, D/E 2
Berlin-Buchholz 18/19, D 2
Berlin-Buckow 18/19, D 3
Berlin-Charlottenburg 18/19, D 2
Berlin-Dahlem 18/19, D 3
Berlin-Falkenberg 18/19, E 2
Berlin-Friedenau 18/19, D 3

Berlin-Friedrichsfelde 18/19, R 2/3
Berlin-Friedrichshagen 18/19, E 3
Berlin-Friedrichshain 18/19, D 2
Berlin-Frohnau 18/19, D 2
Berlin-Gatow 18/19, C 3
Berlin-Haselhorst 18/19, C 2
Berlin-Heiligensee 18/19, C 2
Berlin-Heinersdorf 18/19, D 2
Berlin-Hellersdorf 18/19, E 2
Berlin-Hermsdorf 18/19, D 2
Berlin-Hohenschönhausen 18/19, D/E 2
Berlin-Karlshorst 18/19, E 3
Berlin-Karow 18/19, D/E 2
Berlin-Kaulsdorf 18/19, E 3
Berlin-Kladow 18/19, C 3
Berlin-Konradshöhe 18/19, C 2
Berlin-Köpenick 18/19, E 3
Berlin-Kreuzberg 18/19, D 3
Berlin-Lichtenberg 18/19, D/E 2
Berlin-Lichtenrade 18/19, D 3
Berlin-Lichterfelde 18/19, D 3
Berlin-Lübars 18/19, D 2
Berlin-Mahlsdorf 18/19, E 2
Berlin-Mariendorf 18/19, D 3
Berlin-Marienfelde 18/19, D 3
Berlin-Marzahn 18/19, E 2
Berlin-Mitte 18/19, D 2
Berlin-Müggelheim 18/19, E 3
Berlin-Neukölln 18/19, D 3
Berlin-Nieder-Johannisthal 18/19, D/E 3
Berlin-Niederschönhausen 18/19, D 2
Berlin-Nikolassee 18/19, C 3
Berlin-Oberschönweide 18/19, E 3
Berlin-Pankow 18/19, D 2
Berlin-Prenzlauer Berg 18/19, D 2
Berlin-Rahnsdorf 18/19, E 3
Berlin-Reinickendorf 18/19, D 2
Berlin-Rosenthal 18/19, D 2
Berlin-Rudow 18/19, D 3
Berlin-Schmargendorf 18/19, D 3
Berlin-Schmöckwitz 18/19, E 3
Berlin-Schöneberg 18/19, D 3
Berlin-Siemensstadt 18/19, C 2
Berlin-Spandau 18/19, C 2
Berlin-Staaken 18/19, C 2
Berlin-Steglitz 18/19, D 3
Berlin-Tegel 18/19, D 2
Berlin-Tempelhof 18/19, D 3
Berlin-Tiergarten 18/19, D 2
Berlin-Treptow 18/19, D 3
Berlin-Waidmannslust 18/19, D 2
Berlin-Wannsee 18/19, C 3
Berlin-Wartenberg 18/19, E 2
Berlin-Wedding 18/19, D 2
Berlin-Weißensee 18/19, D 2
Berlin-Wilmersdorf 18/19, D 3
Berlin-Wittenau 18/19, D 2
Berlin-Zehlendorf 18/19, C/D 3
Bermejo 126/127, C 5
Bermuda-Inseln 124/125, G 3
Bern 46/47, D 3
Bernau 18/19, E 2
Bernay 48, A 6
Bernburg 36/37, G 4
Berner Alpen 46/47, D 3
Bernkastel-Kues 38/39, C 3
Beroun 38/39, K 3
Bersenbrück 36/37, C 3
Besançon 54/55, E 5
Bestensee 18/19, E 4
Betev 58/59, D 3
Bethel 122/123, C 3
Betische Kordillere 56/57, B 4
Betpak-Dala (Hungersteppe) 100/101, G 5
Betschuanaland 86/87, B/C 4
Betsiboka 86/87, E 3
Betzdorf 38/39, C 2
Betzin 18/19, A 1
Beuna 24, A 2

Beuron 38/39, D 4
Beuthen 50/51, F 3
Beverungen 36/37, E 4
Bezau 38/39, E 5
Béziers 54/55, D 6
Bhagalpur 102/103, G 3
Bhopal 102/103, F 3
Bhubaneshwar 102/103, G 3
Bhutan 90/91, E 3
Biak 106/107, E 4
Bialystok 50/51, G 2
Biarritz 54/55, C 6
Biberach 38/39, E 4
Biedenkopf 38/39, D 2
Biel 46/47, D 2
Bielefeld 36/37, D 3
Bielefeld-Sennestadt 36/37, D 4
Bieler See 46/47, D 2
Biella 46/47, E 4
Biesdorf 18/19, J 2
Biese 36/37, G 3
Biesenthal 18/19, E 1
Bietigheim-Bissingen 38/39, E 4
Big Bend-Nationalpark 124/125, C 3/4
Bihac 46/47, M 5
Bihar (B., Rumänien) 50/51, G 4
Bihar (St., Indien) 90/91, E 3
Bijsk 100/101, J 4
Bikaner 102/103, F 3
Bilbao 56/57, C 3
Billings 124/125, C 2
Bilma 84/85, E 3
Bindow 18/19, F 3
Bingen 38/39, C 3
Binz 36/37, J 1
Bioko 84/85, D 4
Birao 84/85, F 3
Birdjan 102/103, D 2
Birdum 108/109, C 2
Birkenfeld 38/39, C 3
Birkenwerder 18/19, D 2
Birkholz 18/19, E 2
Birma = Myanmar
Birmingham (England) 54/55, C 3
Birmingham (USA) 124/125, E 3
Bir Moghrein 84/85, B 2
Birobidshan 100/101, O 5
Bischofshofen 46/47, K 2
Bischofswerda 36/37, K 4
Bischofswiesen 38/39, H 5
Bischweiler 38/39, B 4
Bisha 102/103, C 3
Bispingen 36/37, E 3
Bissagos-Inseln 84/85, B 3
Bissau 84/85, B 3
Bitburg 38/39, B 3
Bitche (Bitsch) 38/39, C 3
Bitola 58/59, C 3
Bitterfeld 36/37, H 4
Bitterfontein 86/87, B 5
Bitterrootkette 124/125, B 2
Bjelaja 100/101, F 4
Bjelgorod 100/101, D 4
Bjelogorsk 100/101, N 4
Bjelomorsk 52/53, H 2
Bjelucha 100/101, J 5
Blåbjerg 49, B 5
Black Hills 124/125, C 2
Blagoweschtschensk 100/101, N 4
Blankenburg 36/37, F 4
Blankenfelde 18/19, D 3
Blankenheim 38/39, B 2
Blankensee (O.) 18/19, C 4
Blankensee (S.) 18/19, C 4
Blantyre 86/87, D 3
Blatná 38/39, J 3
Blau 38/39, E 4
Blaubeuren 38/39, E 4
Blaue Berge 108/109, D 4
Blauer Berg 36/37, F 3
Blauer Nil 84/85, G 3

Blåvands Huk 49, A 5
Bleckede 36/37, F 2
Bleicherode 36/37, F 4
Bleilochtalsperre 38/39, G 2
Blida 56/57, D 4
Blies 38/39, C 3
Bliesendorf 18/19, B 3
Bloemfontein 86/87, C 4
Blois 54/55, D 5
Blossin 18/19, F 3
Blovice 38/39, J 3
Blumberg 18/19, E 2
Blumenau 126/127, D 5
Bo 84/85, B 4
Boa Vista 126/127, C 2
Bobigny 48, C 7
Bobingen 38/39, F 4
Bo Diulasso 84/85, C 3
Bobruisk 50/51, J 2
Bocholt 36/37, B 4
Bochow 18/19, B 3
Bochum 36/37, C 4
Bodaibo 100/101, M 4
Bode 36/37, G 4
Boden 52/53, E 2
Bodenmais 38/39, J 3
Bodensee 38/39, E 5
Bodenwerder 36/37, E 4
Bodman-Ludwigshafen 38/39, D/E 5
Bodö 52/53, C 2
Boende 86/87, C 2
Bogen 38/39, H 4
Bogor 106/107, B 4
Bogotá 126/127, B 2
Böhlen 24, B 2
Böhlitz-Ehrenberg 24, B 2
Böhmen 34/35, E/F 4
Böhmerwald 38/39, J 3/4
Böhmisches Mittelgebirge 38/39, J/K 2
Böhmisch Leipa (Česká Lípa) 38/39, K 2
Bohmte 36/37, D 3
Boise 124/125, B 2
Boizenburg 36/37, F 2
Bokel 36/37, D 2
Boknafjord 52/53, A 4
Bokwafjord 52/53, A 4
Bollersdorf 18/19, G 2
Bollweiler 38/39, C 5
Bologna 56/57, F 2
Bolschewik-Insel 100/101, L 2
Boltenhagen 36/37, G 2
Bombay 102/103, F 4
Bomu 86/87, C 1
Bonaire 124/125, G 5
Bondo 86/87, C 1
Bonette 46/47, C 5
Bonifacio 54/55, F 6
Bonin-Inseln 104/105, H 3
Bonn 38/39, C 2
Boothia-Halbinsel 122/123, K 2
Bopfingen 38/39, F 4
Bophuthatswana 78/79, 4
Boppard 38/39, C 2
Bor 58/59, C 2
Borås 52/53, C 4
Bordeaux 54/55, C 5
Borgarnes 52/53, B 1
Borgsdorf 18/19, C/D 2
Borken (Hessen) 38/39, E 1
Borken (Nordrhein-Westfalen) 36/37, B 4
Borkheide 18/19, B 4
Borkum (I.) 36/37, B 2
Borkum (O.) 36/37, B 2
Borkwalde 18/19, B 3
Borna 36/37, H 4
Borneo = Kalimantan
Bornheim 38/39, B 2
Bornholm 49, J 5
Börnicke (Kreis Bernau) 18/19, E 2
Börnicke (Kreis Nauen) 18/19, B 2
Borsja 100/101, M 4
Bosaso 84/85, H 3

Bosnien und Herzegowina 62/63, F 4
Bosporus 58/59, D 5
Bossangoa 84/85, E 4
Boston 124/125, F 2
Botrange 48, G 5
Botswana 78/79, F 8
Bottnischer Meerbusen 52/53, D 3
Bottrop 36/37, B 4
Bötzow 36/37, C 2
Bötzsee 18/19, F 2
Boué 86/87, B 1
Bougainville 106/107, G 4
Bouillon 48, F 6
Boulay-Moselle 38/39, B 3
Boulogne 48, B 5
Bounty-Inseln 108/109, G 5
Bourg-en-Bresse 46/47, B 3
Bourges 54/55, D 5
Bourgoin 46/47, B 4
Bourke 108/109, D 4
Boxberg 25, 1 C 2
Bozen 56/57, F 2
Brabant 48, E 5
Brädikow 18/19, A 2
Braga 56/57, A 3
Brahmaputra 102/103, H 3
Brahmsee 36/37, E/F 1
Brăila 50/51, H 4
Brake 36/37, D 2
Bramsche 36/37, C 3
Branco 126/127, C 2
Brandberg 86/87, B 4
Brande 49, C 5
Brandenburg 18/19, A 3
Brandenburg (Bundesland) 41
Brandenburg (L.) 36/37, H/J 3
Brandenburg (O.) 36/37, H 3
Brand-Erbisdorf 38/39, J 2
Brandis 24, C 2
Brasilia 126/127, E 4
Brasilianische Bergland 112/113, N/O 11
Brasilien 114/115, L 9
Braşov = Kronstadt
Bratislava = Preßburg
Bratsk 100/101, K 4
Braunau 46/47, K 1
Braunlage 36/37, F 4
Braunsbedra 24, A 2
Braunschweig 36/37, F 3
Braunsdorf 18/19, F 3
Brazzaville 86/87, B 2
Brdywald 38/39, J/K 3
Břeclav = Lundenburg
Breda 48, E 4
Bredow 18/19, B 2
Bredstedt 36/37, D 1
Breg 38/39, D 4/5
Bregenz 46/47, F 2
Breidafjord 52/53, A 1
Breisach 38/39, C 4
Breisgau 38/49, C 5
Bremen (Bundesland) 41
Bremen (O.) 36/37, D 2
Bremerhaven 36/37, D 2
Bremervörde 36/37, E 2
Brenner 46/47, H 2
Brenta 46/47, H 4
Brenz 38/39, F 4
Brescia 56/57, F 2
Breslau (Wrocław) 50/51, F 3
Brest (Frankreich) 54/55, B 4
Brest (Sowjetunion) 50/51, G 2
Bretagne 54/55, C 4
Bretten 38/39, D 3
Briançon 46/47, C 5
Bridgetown 124/125, H 5
Brie 48, D 7
Brielow 18/19, A 3
Brienz 46/47, D 3
Brienzer See 46/47, E 3
Briese 18/19, D 2
Brieselang 18/19, C 2
Briey 48, F 6
Brig 46/47, D 3
Brigach 38/39, D 4/5
Brighton 54/55, C 4

Brignoles 46/47, B 6
Brilon 36/37, D 4
Brindisi 56/57, H 3
Brioni 46/47, K 5
Brisbane 108/109, E 3
Bristol 54/55, C 4
Bristolkanal 54/55, B 4
Britische Inseln 60/61, C/D 2
British-Columbia 114/115, D 3
Brive 54/55, D 5
Brixen 46/47, H 3
Brjansk 50/51, K 1
Brocken 36/37, F 4
Brod 58/59, B 2
Brønderslev 49, C 3
Broken Hill 108/109, D 4
Bromberg (Bydgoszcz) 50/51, F 2
Brome 36/37, F 3
Brookstrecke 122/123, D 3
Broome 108/109, B 2
Bruay 48, C 5
Bruche 38/39, B 4
Bruchsal 38/39, D 3
Brück 18/19, B 4
Bruck 46/47, M 2
Brückelberg 38/39, J 3
Bruck in der Oberpfalz 38/39, H 3
Brügge 48, D 4
Brühl 38/39, B 2
Brunei 90/91, F 4
Brünn 50/51, F 3
Brunne 18/19, A 1
Brunow 18/19, F 2
Brunsbüttel 36/37, E 2
Brusendorf 18/19, E 3
Brüssel 48, D 5
Brüx (Most) 38/39, J 2
Bruyères 38/39, B 4
Buake 84/85, C 4
Buar 84/85, E 4
Bucaramanga 126/127, B 2
Buchara 100/101, G 6
Büchen 36/37, F 2
Buchen 38/39, E 3
Buchenwald 38/39, G 1
Buchholz (Brandenburg) 18/19, F 2
Buchholz in der Nordheide 36/37, E 2
Buchloe 38/39, F 4
Buchow-Karpzow 18/19, B 2
Bucht von Benin 84/85, D 4
Bucht von Bonny 84/85, D 5
Bückeburg 36/37, E 3
Buckow 18/19, G 2
Buckow-Hasenholz 18/19, F/G 2
Budapest 50/51, F 4
Büdingen 38/39, D/E 2
Budweis (České Budějovice) 50/51, E 3
Buenaventura 126/127, B 2
Buenos Aires 126/127, C/D 6
Buffalo 124/125, F 2
Bug 50/51, G 2
Bühl 38/39, D 4
Bujumbura 86/87, C/D 2
Bukama 86/87, C 2
Bukarest 50/51, H 4
Bukavu 86/87, C 2
Bulawayo 86/87, C 4
Bulbjerg 49, B 3
Bulgarien 62/63, G 4
Bulun 100/101, N 2
Bumba 86/87, C 1
Bunbury 108/109, A 4
Bundaberg 108/109, E 3
Bünde 36/37, D 3
Bundesrepublik Deutschland 41
Bungsberg 36/37, F 1
Bunguran-Inseln 106/107, B 3
Buolkalach 100/101, M 2
Buraida 102/103, C 3
Burao 84/85, H 4
Burem 84/85, C 3
Büren 36/37, D 4
Burg (Fehmarn) 36/37, G 1

Burg (Sachsen-Anhalt) 36/37, G 3
Burgas 58/59, D 3
Burgau 38/39, F 4
Burgdorf 36/37, F 3
Burgenland 46/47, N 2
Burghausen 38/39, H 4
Burgkunstadt 38/39, G 2
Burglengenfeld 38/39, H 3
Burgos 56/57, B 3
Burgstädt 24, C 3
Burgund 54/55, D 5
Burgundische Pforte 46/47, C 2
Burkina-Faso (Obervolta) 78/79, C/D 4
Burladingen 38/39, E 4
Burnia 84/85, F 4
Bursa 58/59, D 5
Buru 106/107, D 4
Burundi 78/79, E 6
Bury Saint Edmunds 48, A 3
Bu Saada 56/57, E 5
Buschir 102/103, D 3
Buschmannland 86/87, B 4
Buschow 18/19, A 2
Busendorf 18/19, B 3
Bussang 38/39, B 5
Bussen 38/39, E 4
Busto Arsizio 46/47, E 4
Buta 86/87, C 1
Butuan 106/107, D 3
Butte 124/125, B 2
Butzbach 38/39, D 2
Butzow 18/19, A 3
Bützow 36/37, G 2
Bützsee 18/19, B 1
Buxtehude 36/37, E 2
Büyük Menderes (Mäander) 58/59, D 4
Buzău 50/51, H 4
Bydgoszcz = Bromberg
Bykle 49, A 1
Bylot-Insel 122/123, M 2
Byrrangebirge 100/101, K 2

C

Cabinda 86/87, B 2
Cabora Bassa 86/87, D 3
Cáceres 56/57, B 4
Cádiz 56/57, B 4
Caen 54/55, C 4
Cagliari 56/57, F 4
Caicos-Inseln 124/125, F 4
Cairns 108/109, D 2
Cajamarca 126/127, B 3
Calais 48, B 4
Calau 36/37, J 4
Calbayog 106/107, D 2
Calbe 36/37, G 4
Calcutta 102/103, G 3
Calgary 122/123, H 4
Cali 126/127, B 2
Calicut 102/103, F 4
Callao 126/127, B 4
Calvi 56/57, F 6
Calvinia 86/87, B/C 5
Calw 38/39, D 4
Camagüey 124/125, F 4
Camargue 46/47, A 6
Cambrai 48, D 5
Cambrian Mountains 54/55, B 4
Cambridge 54/55, C 3
Camburg 24, A 2
Cammer 18/19, A 3
Campbell-Insel 108/109, F 6
Campeche 124/125, D 5
Campina Grande 126/127, F 3
Campinas 126/127, E 5
Campo Grande 126/127, D 5
Campos (L.) 112/113, N/O 11
Campos (O.) 126/127, E/F 5
Canberra 108/109, D 4
Caniapiscau 122/123, N 4
Cannae 56/57, H 3
Cannes 54/55, E 6
Canterbury 48, A 4

Cáorle 46/47, J 4
Cape Dorset 122/123, M 3
Cape Town = Kapstadt
Capri 56/57, G 3
Caputh 18/19, C 3
Caquetá 126/127, B 3
Caracas 126/127, C 1
Carbotstraße 122/123, N 5
Carcassonne 54/55, D 6
Cardiff 54/55, C 4
Carlisle 54/55, C 2
Carnarvon 108/109, A 3
Carnegiesee 108/109, B 3
Carpentariagolf 108/109, C 2
Carpentras 46/47, B 5
Carrara 46/47, G 5
Carrauntuohill 54/55, A 4
Carson City 124/125, B 3
Cartagena (Kolumbien) 126/127, B 1
Cartagena (Spanien) 56/57, C 4
Caruaru 126/127, F 3
Casablanca 84/85, C 1
Casale Monferrato 46/47, E 4
Casiquiare 126/127, C 2
Casper 124/125, C 2
Castellane 46/47, C 6
Castellón de la Plana 56/57, C 4
Castries 124/125, G 5
Castrop-Rauxel 36/37, C 4
Catania 56/57, G 4
Cauca 126/127, B 2
Caxias do Sul 126/127, D/E 5
Cayenne 126/127, D 2
Cayman-Inseln 124/125, E 5
Ceará 114/115, N 9
Cebu 106/107, D 2
Ceduna 108/109, C 4
Celébes-See 106/107, D 3
Celébes = Sulawesi
Celje = Cilli
Celle 36/37, F 3
Cerf 86/87, F 2
Cerro de Pasco 126/127, B 4
Cesena 46/47, J 5
Cesenatico 46/47, J 5
Česká Lípa = Böhmisch Leipa
České Budějovice = Budweis
Český Krumlov = Krumau
Ceuta 84/85, C 1
Cevennen 54/55, D 6
Ceyhan 58/59, G 4
Chablais 46/47, C 3
Chalkidike 58/59, C 3
Chalkis 58/59, C 4
Challenger-Tief 106/107, F 2
Chalmer-Ju 100/101, G 3
Châlons-sur-Marne 48, D 7
Chalon-sur-Saône 54/55, E 5
Cham 38/39, H 3
Chamb 38/39, H 3
Chambal 102/103, F 3
Chambéry 46/47, B 4
Chamonix 46/47, C 4
Champ du Feu 38/39, C 4
Champagne 48, D 7
Chan Chan 126/127, A 3
Chandigarh 102/103, F 2
Chandyga 100/101, O 3
Changaigebirge 104/105, C/D 1
Changchun 104/105, F 1
Changde 104/105, E 3
Changsha 100/104, E 3
Chania 58/59, C 5
Chanjiang 104/105, E 3
Chankasee 100/101, O 5
Chantanga 100/101, L 2
Chanty-Mansijsk 100/101, G 3
Charbarowsk 100/101, O 5
Char Choto 104/105, D 1
Charkow 100/101, D 4
Charleroi 48, C 6
Charleston (Süd-Carolina) 124/125, F 3
Charleston (West-Virginia) 124/125, E 3
Charleville 108/109, D 3
Charleville-Mézières 48, E 6
Charlotte 124/125, E 3

Charlottetown 122/123, N 5
Charmes 38/39, B 4
Charters Towers 108/109, D 3
Chartres 48, B 7
Chasseral 46/47, C 2
Chasseron 46/47, C 3
Chatanga 100/101, L 2
Châteauroux 54/55, D 5
Château-Salins 48, G 7
Chatham 48, A 4
Chatham-Inseln 108/109, H 5
Châtillon-sur-Seine 46/47, A 2
Chaumont 46/47, B 1
Cheb = Eger (O.)
Cheju 104/105, F 2
Chéliff 56/57, D 4
Chemnitz 38/39, H 2
Chengdu 104/105, D 2
Cheongjin 104/105, F 1
Cherbourg 54/55, C 4
Cherson 50/51, K 3
Chesapeakebai 124/125, F 3
Cheta 100/101, K 2
Chetumal 124/125, D 5
Cheyenne 124/125, C 2
Chiangmai 106/107, A 2
Chianje 86/87, B 3
Chiavari 46/47, F 5
Chiavenna 46/47, F 3
Chicago 124/125, D 2
Chichén Itzá 124/125, E 4
Chiclayo 126/127, A/B 3
Chiemsee 38/39, H 5
Chifeng 104/105, E 1
Chihuahua 124/125, C 4
Chile 114/115, J 11
Chillán 126/127, B 6
Chiloé 126/127, B 7
Chilok 100/101, L 4
Chilwasee 86/87, D 3
Chimborazo 126/127, B 3
Chimbote 126/127, A/B 3
China 90/91, E/F 3
Chingola 86/87, C 3
Chioggia 46/47, J 4
Chios 58/59, D 4
Chipata 86/87, D 3
Chirripó 124/125, E 6
Chittagong 102/103, H 3
Chmelnizkij 50/51, H 3
Choi 58/59, J 3
Choiseul 106/107, G 4
Cholmsk 100/101, P 5
Chomotov = Komotau
Ch'ŏngjin 104/105, F/G 1
Chongqing = Chungking
Chonos-Archipel 126/127, B 7
Chorin 36/37, J 3
Christchurch 108/109, G 5
Christiansø 49, J 5
Christinendorf 18/19, D 4
Christmas-Insel 106/107, B 5
Chubsugul Nur 104/105, C 1
Chubut 126/127, C 7
Chugachberge 122/123, E 3
Chungking (Chongqing) 104/105, D 3
Chur 46/47, F 3
Churchill (Fl.) 122/123, J 4
Churchill (O.) 122/123, K 4
Cide 58/59, F 3
Cilli (Celje) 46/47, M 3
Cima Presanella 46/47, G 3
Cincinnati 124/125, E 3
Cirebon 106/107, B 4
Ciskei 78/79, 4
Ciudad Bolivar 126/127, C 2
Ciudad Guayana 126/127, C 2
Ciudad Juárez 124/125, C 3
Ciudad Real 56/57, B 4
Cizre 58/59, H 4
Clacton-on-Sea 48, B 4
Clairvaux 46/47, A 1
Clausthal-Zellerfeld 36/37, F 4
Clermont-Ferrand 54/55, D 5
Cleveland 124/125, E 3
Clipperton-Insel 124/125, B 5
Cloncurry 108/109, C 3
Cloppenburg 36/37, D 3

Cluj = Klausenburg
Cluny 46/47, A 3
Coatzacoalcos 124/125, D 5
Cobar 108/109, D 4
Coburg 38/39, F 2
Cochem 38/39, C 2
Cochin 102/103, F 5
Cochrane 122/123, L 5
Coco 86/87, F/G 3
Coesfeld 36/37, C 4
Coëtivy 86/87, F 2
Coevorden 36/37, B 3
Cognac 54/55, C 5
Coimbatore 102/103, F 4
Coimbra 56/57, A 3
Colbitz-Letzlinger Heide 36/37, G 3
Colchester 48, A 4
Col de Tende 54/55, E 5
Colditz 24, C 2
Colmar 46/47, D 1
Colombo 102/103, F 5
Colón 126/127, F 6
Colorado (Bundesstaat) 114/115, F 5
Colorado (Fl., Argentinien) 126/127, C 6
Coloradoplateau 112/113, G/H 6
Columbia (Fl.) 124/125, A 2
Columbia (O.) 124/125, E 3
Columbus (Georgia) 124/125, E 3
Columbus (Ohio) 124/125, E 3
Comachio 46/47, J 5
Como 56/57, F 2
Comodoro Rivadavia 126/127, C 6
Compiègne 48, C 6
Conakry 84/85, B 4
Concepción (Chile) 126/127, B 6
Concepción (Paraguay) 126/127, D 5
Concord 124/125, F 2
Concordia 126/127, D 6
Connecticut 114/115, J/K 4
Connemara 54/55, A 4
Constantine 84/85, D 1
Cookstraße 108/109, G 5
Cooktown 108/109, D 2
Coolgardie 108/109, A 4
Copiapó 126/127, B 5
Copper Creek 108/109, C 3
Coppermine 122/123, H 3
Corcovadogolf 126/127, D 6
Cordoba (Argentinien) 126/127, C 6
Córdoba (Spanien) 56/57, B 4
Cork 54/55, A 4
Corner Brook 122/123, N 5
Cornwall 54/55, B 4
Corny 38/39, B 3
Coropaxi 126/127, B 3
Coropuna 126/127, B 4
Corpus Christi 124/125, D 4
Corrientes 126/127, D 5
Cortina d'Ampezzo 46/47, H 3
Çorum 58/59, F 3
Corumbá 126/127, D 4
Cosenza 56/57, G 4
Cosmoledo 86/87, E 2
Costa Blanca 56/57, C 4
Costa Brava 56/57, D 3
Costa del Sol 56/57, B 4
Costa Rica 114/115, H 8
Costa Smeralda 56/57, F 3
Coswig (Sachsen) 36/37, J 4
Coswig (Sachsen-Anhalt) 36/37, H 4
Côte d'Azur 54/55, E 6
Côte d'Or 46/47, A 3
Cotonu 84/85, D 4
Cottbus 36/37, K 4
Cottische Alpen 46/47, C 5
Courcelles-Chaussy 38/39, B 3
Crailsheim 38/39, F 3
Craiova 50/51, G 4
Crécy-en-Brie 48, C 6
Creil 48, C 6

FNL

Cremona 46/47, G 4
Cres 46/47, L 5
Crêt de la Neige 46/47, B 3
Crikvenica 46/47, L 4
Crimmitschau 38/39, H 2
Crivitz 36/37, G 2
Cromer 48, B 3
Crotone 56/57, H 4
Cruzeiro do Sul 126/127, B 3
Cuamba 86/87, D 3
Cúcuta 126/127, D 4
Cuenca (Peru) 126/127, B 3
Cuenca (Spanien) 56/57, C 3
Cuiabá 126/127, D 4
Culiacán 124/125, C 4
Cumaná 126/127, C 1
Cuneo 46/47, D 5
Cunnamulla 108/109, D 3
Curaçao 124/125, G 5
Curitiba 126/127, D/E 5
Cuttack 102/103, G 3
Cuxhaven 36/37, D 2
Cuxhaven-Duhnen 36/37, D 2
Cuzco 126/127, B 4
Cyrenaika 84/85, F 1

D

Dachau 38/39, G 4
Dachstein 46/47, K 2
Dagö 52/53, E 4
Dahlak-Archipel 84/85, G/H 3
Dahlem 38/39, B 2
Dahlewitz 18/19, D 3
Dahlwitz-Hoppegarten 18/19, E 2
Dahme 18/19, E 3
Dahme (Fl. zur Spree) 36/37, J 3
Dahme (Schleswig-Holstein) 36/37, G 1
Dahmsdorf 18/19, F/G 4
Daito-Inseln 104/105, G 3
Dakar 84/85, B 3
Dakhla (Ägypten) 84/85, F 2
Dakhla (Sahara) 84/85, B 2
Dalaj Nuur 104/105, E 1
Dalälv 52/53, D 3
Dalan-Dzadgad 104/105, D 1
Dalarna 52/53, C 3
Dallas 124/125, D 3
Dallgow 18/19, C 2
Dalmatinische Inseln 58/59, A 2
Dalneretschensk 100/101, O 5
Daloa 84/85, C 4
Dalsland 49, E 2
Dalua 104/105, D 3
Daly Waters 108/109, C 2
Damanhur 84/85, G 1
Damaraland 86/87, B 4
Damaskus 58/59, G 5
Damelang-Freienthal 18/19, A 4
Damm 18/19, A 1
Damman 102/103, D 3
Dammastock 46/47, E 3
Damme 18/19, A 2
Damp 36/37, E 1
Dampier 108/109, A 3
Damsdorf 18/19, A 3
Dänemark 62/63, E 3
Danewitz 18/19, E 2
Danmarkstraße 122/123, R 3
Dannenberg 36/37, G 2
Dannenreich 18/19, F 3
Dannenreich-Friedrichshof 18/19, F 3
Danzig (Gdansk) 50/51, F 2
Darchan 104/105, D 1
Dardanellen 58/59, D 4
Daressalam 86/87, D/E 2
Darfur 84/85, F 3
Dargun 36/37, H 2
Darling 108/109, D 4
Darmstadt 38/39, D 3
Darß 36/37, H 1
Darßer Ort 36/37, H 1
Dartmoor 54/55, B 4
Darwin 108/109, B 2
Dassow 36/37, F 2

FNL

Datteln 36/37, C 4
Daun 38/39, B 2
Dauphiné-Alpen 46/47, C 4
Davao 106/107, D 3
Davisstraße 122/123, O 3
Davos 46/47, F 3
Dawson 122/123, F 3
Dawson Creek 122/123, G 4
De Aar 86/87, C 5
Deal 48, B 4
Dębno = Neudamm
Debra Markos 84/85, G 3
Debrecen 50/51, H 4
Dechtow 18/19, B 1
Děčín = Tetschen
Dedelow 36/37, J 2
Deetz 18/19, B 3
Deggendorf 38/39, H 4
Deir-ez-Zor 58/59, G 5
Deister 36/37, E 3
Dekkan 102/103, F/G 4
Delaware 114/115, J 5
Delémont 46/47, D 2
Delft 48, E 4
Delfzijl 48, G 2
Delitzsch 36/37, H 4
Delle 38/39, B 5
Delme 36/37, D 3
Delmenhorst 36/37, D 2
De Long-Straße 100/101, S 2
Delos 58/59, D 4
Delphi 58/59, C 4
Demawend 102/103, C 2
Demmin 36/37, J 2
Dempo 106/107, B 4
Den Haag 48, D 3
Den Helder 48, E 3
Denizli 58/59, E 4
D'Entrecasteaux-Inseln 106/107, G 4
Dents du Midi 46/47, C 3
Denver 124/125, C 3
Derby 108/109, B 2
Der Kanal 54/55, B 4
Der Pfahl 38/39, H/J 3
Derna 84/85, F 1
Derwitz 18/19, B 3
Des Moines 124/125, D 2
Desna 50/51, J 3
Dessau 36/37, H 4
Dessie 84/85, G 3
Detmold 36/37, D 4
Detroit 124/125, E 2
Deuben 24, B 2
Deutsch Wusterhausen 18/19, E 3
Deutsche Bucht 36/37, C 1
Deutsche Mittelgebirge 60/61, E/F 2
Deutschland 41
Deutzen 24, B 2
Deva 50/51, G 4
Deventer 48, G 3
Devodi 102/103, G 4
Devon-Insel 122/123, L 2
Devonport 108/109, D 5
Dhahran 102/103, C 3
Dhaka 102/103, H 3
Dhaulagiri 104/105, B 2
Dhofar 102/103, D 4
Diamantina (Fl. Australien) 108/109, D 3
Diamantina (O., Mato Grosso) 126/127, D 4
Diamantino 126/127, E 4
Dibrugarh 102/103, H 3
Dickson 100/101, J 2
Dieburg 38/39, D 3
Diedersdorf 18/19, D 3
Diemel 36/37, E 4
Diensdorf-Radlow 18/19, G 4
Diepensee 18/19, E 3
Diepholz 36/37, D 3
Dieppe 54/55, D 4
Dießen 38/39, G 5
Dietfurt 38/39, G 3
Dietikon 38/39, D 5
Dieuze 38/39, B 4
Dievenow (Fl.) 36/37, K 2

Dievenow (O., Dziwnów) 36/37, K 1
Diez 38/39, C/D 2
Digne 46/47, C 5
Dijon 54/55, E 5
Dili 106/107, D 4
Dill 38/39, D 2
Dillenburg 38/39, D 2
Dillingen 38/39, F 4
Dinant 48, E 5
Dinara 58/59, B 2
Dinarisches Gebirge 60/61, F 3
Dingolfing 38/39, H 4
Dinkel 36/37, B 3
Dinkelsbühl 38/39, F 3
Dinslaken 36/37, B 4
Dippmannsdorf 18/19, A 4
Dippoldiswalde 38/39, J 2
Diredaua 84/85, H 4
Disappointmentsee 108/109, B 3
Disko-Insel 122/123, O 3
Dithmarschen 36/37, D/E 1
Diyarbakir 58/59, G 4
Djado-Plateau 84/85, E 2
Djanet 84/85, D 2
Djebel Aures 56/57, E 5
Djebel Marra 84/85, F 3
Djebel Nefusa 84/85, E 1
Djebel Ngaja 84/85, F 4
Djebel Tuwaiq 102/103, C 3/4
Djebel Uweinat 84/85, F 2
Djelfa 84/85, D 1
Djerba 84/85, E 1
Djibouti (O.) 84/85, H 3
Djibuti (St.) 78/79, H 4
Djidda 102/103, B 3
Djizan 102/103, C 4
Djnepropetrowsk 100/101, D 5
Djnestr 50/51, H 3
Döbeln 36/37, J 4
Döberitz 18/19, C 2
Döbraberg 38/39, G 2
Dobřiš 38/39, K 3
Dobrudscha 50/51, H 5
Dodoma 87/87, D 2
Doetinchem 36/37, B 4
Doggerbank 54/55, D 3
Doha 102/103, D 3
Dokkum 48, F 2
Dolgenbrodt 18/19, E/F 4
Dole 46/47, B 2
Dolgenbrodt 18/19, E/F 4
Dollart 36/37, C 2
Dolo 84/85, H 4
Domažlice = Taus
Dominica 114/115, K 7
Dominikanische Republik 114/115, J/K 6
Dömitz 36/37, G 2
Domodossola 46/47, E 3
Dompaire 38/39, B 4
Domrémy-la-Pucelle 46/47, B 1
Don 100/101, D 4
Donau 50/51, D 3
Donaueschingen 38/39, D 5
Donaumoos 38/39, H 4
Donauried 38/39, F 4
Donaustauf 38/39, H 3
Donauwörth 38/39, F 4
Dondo 86/87, B 2
Donegalbai 54/55, A 3
Donez (Fl.) 100/101, D 5
Donez (O.) 100/101, D 5
Donezplatte 60/61, H 3
Donggala 106/107, C 4
Dongting-See 104/105, E 3
Donnersberg 38/39, C 3
Donon 46/47, D 1
Dora Baltea 46/47, D 4
Dora Riparia 46/47, D 4
Dordogne 54/55, D 5
Dordrecht 48, E 4
Dori 84/85, C 3
Dormagen 36/37, B 4
Dornbirn 38/39, E 5
Dorsten 36/37, B 4

Dortmund 36/37, C 4
Dortmund-Ems-Kanal 36/37, C 4
Dörzbach 38/39, E 3
Dosse 36/37, H 2
Douai 48, D 5
Douala 84/85, E 4
Doubs 46/47, C 3
Douglas 54/55, B 3
Doullens 48, C 5
Douro 56/57, B 3
Dover (Großbritannien) 54/55, D 4
Dover (USA) 124/125, F 3
Dovrefjell 52/53, B 3
Draa 84/85, C 2
Drac 46/47, C 5
Drachensund 126/127, C 1
Drachten 36/37, B 2
Draguignan 46/47, C 6
Drakensberge 86/87, C 5-D 4
Drammen 52/53, B 4
Drau 58/59, B 2
Drawehn 36/37, F 3
Dreistelzberg 38/39, E 2
Drei Zinnen 46/47, J 3
Drewitz 18/19, C 3
Drina 58/59, B 2
Drömling 36/37, F/G 2
Druschba 58/59, D 5
Drushina 100/101, P 3
Dshambul 100/101, G 6
Dsheskasgan 100/101, G 5
Dshugdshurgebirge 100/101, O 4
Dshussaly 100/101, G 5
Dsungarei 104/105, B 1
Dubai 102/103, D 3
Dubbo 108/109, D 3
Dubener Heide 36/37, H 4
Dublin 54/55, B 3
Dubossary 50/51, J 4
Dubrovnik 58/59, B 3
Duderstadt 36/37, F 4
Dudinka 100/101, J 3
Duero 56/57, C 3
Dugi Otok 46/47, L 6
Duisburg 36/37, B 4
Duklapaß 50/51, G 3
Dülmen 36/37, C 4
Duluth 124/125, D 2
Dümmer 36/37, D 3
Dün 36/37, F 4
Düna 50/51, J 2
Dünaburg 100/101, H 2
Dundalk 54/55, B 3
Dundee 54/55, C 2
Dunderland 52/53, C 2
Dünde 36/37, C 1
Dunedin 108/109, G 5
Dungau 38/39, H 4
Dungeness 48, A 5
Dünkirchen 54/55, D 4
Duppauer Gebirge 38/39, J 2
Durance 54/55, E 6
Durban 86/87, D 5
Duren 38/39, B 2
Durmitor 58/59, B 3
Durrës 58/59, B 3
Duschanbe 100/101, G 6
Düsseldorf 36/37, B 4
Dutch Harbor 122/123, C 4
Dyrotz 18/19, B 2
Dzhankoi 58/59, F 2
Dziwnów = Dievenow

E

East London 86/87, C/D 5
Ebbe 36/37, C 4
Ebeltoft 49, D 4
Ebensee 38/39, J 5
Eberbach 38/39, E 3
Ebermannstadt 38/39, G 3
Ebern 38/39, E 2
Ebersberg 38/39, G 4

Eberswalde-Finow 18/19, E/F 1
Ebro 56/57, C 3
Ebstorf 36/37, F 2
Echternach 38/39, B 3
Eckernförde 36/37, E 1
Ecrins 54/55, E 5
Ecuador 114/115, H/J 9
Edam 48, F 3
Eder 38/39, D 1/2
Edersee 36/37, D 4
Edinburgh 54/55, C 3
Edirne 58/59, D 3
Edjeleh 84/85, D 2
Edmonton 122/123, H 4
Edolo 46/47, G 3
Eemshaven 36/37, B 2
Efate 108/109, F 2
Eferding 38/39, K 4
Eger (Cheb, O.) 50/51, E 3
Eger (Fl.) 50/51, E 3
Eger (O. Ungarn) 50/51, G 4
Eggegebirge 36/37, D 4
Eggenfelden 38/39, H 4
Eggersdorf 18/19, F 2
Egwekinot 100/101, S 3
Ehingen 38/39, E 4
Ehrenfriedersdorf 24, C 3
Eiche (Kreis Bernau) 18/19, E 2
Eiche (Kreis Potsdam) 18/19, B 3
Eichsfeld 36/37, F 4
Eichstädt 18/19, C 2
Eichstätt 38/39, G 4
Eichwalde 18/19, E 3
Eider 36/37, E 1
Eiderstedt 36/37, D 1
Eidsberg 49, E 1
Eifel 38/39, B/C 2
Eil 84/85, H 4
Eilenburg 36/37, H 4
Einbeck 36/37, E 4
Eindhoven 48, F 4
Einödriegel 38/39, J 4
Einsiedeln 38/39, E 2
Eisack 46/47, H 3
Eisenach 38/39, F 1
Eisenberg 38/39, G 2
Eisenerz 46/47, L 2
Eisenerzer Alpen 46/47, L 2
Eisenhüttenstadt 36/37, K 3
Eisenstadt 46/47, N 2
Eisernes Tor 50/51, G 4
Eisfeld 38/39, F 2
Eiskap = Kap Shelanija
Eisleben 36/37, G 4
Eitorf 38/39, C 2
Ekibastus 100/101, H 4
El Aaiun 84/85, B 2
El Alamein 84/85, F 1
El Araïch 56/57, B 5
El Arenal 56/57, D 4
El Asnam 56/57, D 4
Elâzığ 58/59, G 4
Elba 56/57, F 3
El Bahariya 84/85, F 2
Elbasan 58/59, C 3
Elbe 34/35, E 3
Elbe-Havel-Kanal 36/37, G/H 3
El Beida 84/85, F 1
Elbe-Seitenkanal 36/37, F 2/3
Elbe-Lübeck-Kanal 36/37, F 2
Elbeuf 48, A 6
Elbing (Elblag) 50/51, F 2
Elblag = Elbing
Elbrus 58/59, H 3
Elbsandsteingebirge 38/39, K 2
Elburs 102/103, D 2
Elche 56/57, C 4
Elde 36/37, G 2
Eldikan 100/101, O 3
El Diwan 84/85, G 2
El Djauf 102/103, B 3
El Djof 84/85, H 1
Eldoret 86/87, D 1
El Escorial 56/57, B 3
El Faiyum 84/85, F/G 2
El Fasher 84/85, F 3
Elfenbeinküste 84/85, C 4
Elfenbeinküste (St.) 78/79, C 5

145

El Golea 84/85, C 1
Elista 58/59, J 1
El Jadida 56/57, A 5
Ellesmere-Insel 122/123, M 2
Ellice-Inseln = Tuvalu
Ellrich 36/37, F 4
Ellwangen 38/39, F 4
Elm 36/37, F 3
El Mansura 84/85, G 1
El Minya 84/85, F/G 2
Elmshorn 36/37, E 2
El Obeid 84/85, G 3
El Paso 124/125, C 3
El Progreso 124/125, E 5
El Salvador 114/115, G 7
Elsaß 38/39, C 4/5
Elsfleth 36/37, D 2
El Shaab 102/103, C 4
Elstal 18/19, C 2
Elstergebirge 38/39, H 2
Elsterwerda 36/37, J 4
El Turbio 126/127, B 8
El Wadj 102/103, B 3
Elze 36/37, E 3
Emba 100/101, F 5
Embrun 46/47, C 5
Emden 36/37, C 2
Emerald 108/109, D 3
Emi Kussi 84/85, E 3
Emilia-Romagna 46/47, F 5
Emlichheim 36/37, B 3
Emme 46/47, E 3
Emmeloord 48, F 3
Emmen 48, G 3
Emmendingen 38/39, C 4
Emmerich 36/37, B 4
Ems 36/37, D 4
Emsdetten 36/37, C 3
Ems-Jade-Kanal 36/37, C 2
Emsland 36/37, C 3
Emstal 18/19, B 3
Encarnación 126/127, D 5
Encounterbucht 108/109, C 4
Endeh 106/107, D 4
Engadin 46/47, F 3
Engelhartszell 38/39, J 4
Engels 100/101, E 4
Engelsdorf 24, B/C 2
Engen 38/39, D 5
England 62/63, D 3
En Nahud 84/85, F 3
Ennedi 84/85, F 3
Ennepetal 36/37, C 4
Ennigerloh 36/37, D 4
Enns (Fl.) 46/47, L 2
Enns (O.) 46/47, L 1
Enschede 48, G 3
Entenbühl 38/39, H 3
Enugu 84/85, D 4
Enz 38/39, D 4
Epe 36/37, A 3
Épernay 48, D 6
Ephesos 58/59, D 4
Épinal 54/55, F 4
Erbach 38/39, D 3
Erbeskopf 38/39, C 3
Erbil 102/103, C 3
Erciyas dağ 58/59, F 4
Erdenet 104/105, D 1
Erding 38/39, G 4
Ereğli 58/59, F 4
Erexim 126/127, D 5
Erft 38/39, B 2
Erftstadt 38/39, B 2
Erfurt 38/39, G 2
Ergoldsbach 38/39, H 4
Erie 124/125, E 2
Eriesee 124/125, E 2
Eritrea 84/85, G/H 3
Erkelenz 36/37, B 4
Erkner 18/19, E 3
Erlangen 38/39, F 3
Erlenbach 38/39, E 3
Erlian 104/105, E 1
Er Riad 102/103, C 3
Er Rif 56/57, B 5
Er Roseires 84/85, G 3
Erstein 38/39, C 4
Erzgebirge 38/39, H/J 2

Erzincan 58/59, G 4
Erzurum 58/59, H 4
Esbjerg 49, B 5
Esch 48, G 6
Eschenbach 38/39, G 3
Eschkopf 38/39, C 3
Eschwege 38/39, E/F 4
Eschweiler 38/39, B 2
Esens 36/37, C 2
Eskilstuna 52/53, D 4
Eskişehir 58/59, E 4
Eslöv 49, G 5
Espelkamp 36/37, D 3
Espenhain 24, B/C 2
Esperance 108/109, B 4
Espírito Santo (St., Brasilien) 114/115, N 10
Espiritu Santo (I., Vanuatu) 108/109, F 2
Espoo 52/53, F 3
Esquel 126/127, B 7
Essen (Niedersachsen) 36/37, C 3
Essen (Nordrhein-Westfalen) 36/37, B/C 3
Esslingen 38/39, E 4
Estland 62/63, G 3
Estoril 56/57, A 4
Étang de Berre 46/47, B 6
Étaples 48, B 5
Etorofu (Iturup) 104/105, H 1
Etoschapfanne 86/87, B 3
Etsch = Adige
Ettal 38/39, G 5
Ettelbrück 38/39, B 3
Ettlingen 38/39, D 4
Etzin 18/19, B 2
Euböa 58/59, C 4
Eucla 108/109, B 4
Eupen 48, F 5
Euphrat 102/103, C 2
Eure 48, B 7
Europäisches Nordmeer 60/61, C-E 1
Europoort 48, D 4
Euskirchen 38/39, B 2
Eutin 36/37, F 1
Everglades 124/125, E 4
Evje 49, A 2
Évora 56/57, B 4
Évreux 48, B 7
Évry 48, C 7
Exeter 54/55, C 4
Extremadura 56/57, B 4
Eyresee 108/109, C 3

F

Fabriano 46/47, J 6
Fada 84/85, F 3
Faddejew-Insel 100/101, P 2
Faenza 46/47, H 5
Fahrland 18/19, C 3
Fairbanks 122/123, E 3
Fakse 49, F 5
Faksebucht 49, F 5
Falkenau (Sokolov) 38/39, H 2
Falkenberg (Kreis Bad Freienwalde) 18/19, F/G 1
Falkenberg (Brandenburg) 36/37, J 4
Falkenberg (Schweden) 49, F 4
Falkenrehde 18/19, B 2
Falkensee 18/19, C 2
Falkenstein 38/39, H 2
Falkland-Inseln (Malwinen) 126/127, C/D 8
Falköping 49, G 2
Fallingbostel 36/37, E 3
Falster 49, E 6
Falun 52/53, C 3
Famagusta 58/59, F 5
Fängersee 18/19, F 2
Fano 56/57, G 3
Fanø 49, B 5
Faradofay 86/87, E 5
Farafra 84/85, F 2
Farah 102/103, E 2

Farasan-Inseln 102/103, C 4
Fargo 124/125, D 2
Faro 56/57, B 4
Färöer 54/55, B 1
Farquhar 86/87, F 3
Faxabucht 52/53, A 1
Faya 84/85, E 3
Fehmarn 36/37, F/G 1
Fehmarnbelt 36/37, F/G 1
Fehmarnsund 36/37, F/G 1
Fehrbellin 18/19, A 1
Feira de Santana 126/127, E/F 4
Felda 38/39, F 2
Feldberg 38/39, C 5
Feldkirch 46/47, F 2
Ferch 18/19, B 3
Fergana 100/101, H 5
Fernpaß 38/39, F 5
Ferrara 56/57, F 2
Fès 84/85, C 1
Fessan 84/85, E 2
Fessenheim 38/39, C 5
Feucht 38/39, G 3
Feuchtwangen 38/39, F 3
Feuerland 126/127, C 8
Fianarantsoa 86/87, E 4
Fichtelberg 38/39, H 2
Fichtelgebirge 38/39, G 2-H 3
Fichtenwalde 18/19, B 3
Fidenza 46/47, F 5
Fiener Bruch 36/37, H 3
Figig 84/85, C 1
Fiji 108/109, G 2
Filderstadt 38/39, E 4
Fils 38/39, E 4
Finale Ligure 46/47, E 5
Finne 36/37, H 4
Finnentrop 36/37, C 4
Finnischer Meerbusen 52/53, E 4
Finnische Seenplatte 60/61, G 1
Finnland 52/53, F 2
Finnmark 52/53, E 1
Finsteraarhorn 46/47, E 3
Finsterwalde 36/37, J 4
Firth of Clyde 54/55, B 3
Firth of Forth 54/55, C 2
Firth of Lorn 54/55, B 2
Fischbacher Alpen 46/47, M 2
Fischer-Halbinsel 52/53, H 1
Fishguard 54/55, B 3
Fitzroy 108/109, B 2
Fjerritslev 49, C 3
Fläming 36/37, H 3-J 4
Flandern 48, B 5
Flatow 18/19, A 2
Flensburg 36/37, E 1
Flevoland 48, F 3
Flims 46/47, F 3
Flinders 108/109, D 2
Flinderskette 108/109, C 4
Flint 124/125, E 2
Flöha 38/39, J 2
Florenz 56/57, F 3
Flores 106/107, C 4
Florianópolis 126/127, E 5
Floridastraße 124/125, E 4
Foggia 56/57, G 3
Föhr 36/37, D 1
Folda 52/53, B 2
Folkestone 48, A 4
Fontainebleau 54/55, D 4
Forbach (Baden-Württemberg) 38/39, D 4
Forbach (Frankreich) 38/39, B 3
Forchheim 38/39, G 3
Forggensee 38/39, F 5
Forlì 56/57, F 2
Formentera 56/57, D 4
Formosa-Straße 104/105, E/F 3
Fornæs 49, D/E 4
Forsayth 108/109, D 2
Forst 36/37, K 4
Fortaleza 126/127, F 3
Fort Chimo 122/123, M 4
Fort-de-France 124/125, G 5
Fort Schewtschenko 100/101, F 5
Fort Simpson 122/123, G 3

Fort Worth 124/125, D 3
Fort Yukon 122/123, E 3
Fossano 46/47, D 5
Fos-sur-Mer 46/47, A 6
Foxebecken 122/123, M 3
Franceville 86/87, B 2
Francistown 86/87, C 4
Frankenfelde 18/19, G 2
Frankenhöhe 38/39, F 3
Frankenmarkt 38/39, J 5
Frankenthal 38/39, D 3
Frankenwald 38/39, G 2
Frankfort 124/125, E 3
Frankfurt (Słubice) 36/37, K 3
Frankfurt/Main 38/39, D 2
Frankfurt/Oder 36/37, K 3
Fränkische Alb 38/39, G 2/3
Fränkische Saale 38/39, E/F 2
Fränkische Schweiz 38/39, G 3
Frankleben 24, A 2
Franklin-Delano-Roosevelt-Stausee 124/125, B 2
Frankreich 62/63, E 4
Františkovy Lázně = Franzensbad
Franzensbad (Františkovy Lázně) 38/39, H 2
Franz-Josef-Land 100/101, E 2
Französische Kalkalpen 46/47, B 5
Französische Mittelgebirge 60/61, E 3
Französisches Tiefland 60/61, D/E 3
Französisch-Guayana 114/115, L 8
Fraser 122/123, G 4
Frauenfeld 38/39, D 5
Frazer-Insel 108/109, E 3
Frechen 38/39, B 2
Fredericia 49, C 5
Fredericton 122/123, N 5
Frederikshavn 49, D 3
Frederiksværk 49, E 4
Fredersdorf 18/19, E/F 2
Fredrikstad 52/53, B 4
Freetown 84/85, B 4
Freiberg 38/39, J 2
Freiberger Mulde 38/39, J 2
Freiburg (Schweiz) 46/47, D 3
Freiburg im Breisgau 38/39, C 4
Freienhagen 18/19, D 1
Freilassing 38/39, H 5
Freising 38/39, G 4
Freistadt 46/47, L 1
Freital 38/39, J 1
Fréjus 46/47, C 6
Fremantle 108/109, A 4
Fresdorf 18/19, C 3
Fresno 124/125, A 3
Freudenberg 18/19, F 2
Freudenstadt 38/39, D 4
Freyburg 38/39, G 4
Freyung 38/39, J 4
Friaul 46/47, J 3
Friedberg 38/39, D 2
Friedberg (Bayern) 38/39, F 4
Friedberg (Hessen) 38/39, D 2
Friedenshorst 18/19, B 2
Friedersdorf 18/19, F 3
Friedland (Mecklenburg-Vorpommern) 36/37, J 2
Friedland (Niedersachsen) 36/37, E 4
Friedrichshafen 38/39, E 5
Friedrichskoog 36/37, D 1
Friedrichstadt 36/37, E 1
Friedrichsthal 18/19, D 1
Friesack 18/19, A 2
Friesoythe 36/37, C 2
Fritzlar 36/37, E 4
Frobisher Bay 122/123, N 3
Frunse 100/101, H 5
Fuchskauten 38/39, D 2
Fuerteventura 84/85, B 2
Fuhse 36/37, F 3
Fujisan 104/105, G 2
Fukuoka 104/105, G 2

Fulda (Fl.) 38/39, E 2
Fulda (O.) 38/39, E 2
Funafuti 108/109, G 1
Funchal 84/85, B 1
Fünen 49, D 5
Furka 46/47, E 3
Furneauxgruppe 108/109, D 5
Fürstenau 36/37, C 3
Fürstenberg 36/37, J 2
Fürstenfeld 46/47, M 2
Fürstenfeldbruck 38/39, G 4
Fürstenwalde 18/19, F/G 3
Fürstenzell 38/39, J 4
Fürth 38/39, F 3
Furth im Wald 38/39, H 3
Furtwangen 38/39, D 4
Fushun 104/105, F 1
Füssen 38/39, F 5
Futa 46/47, H 5
Futa Djalon 84/85, B 3
Fuzhou 104/105, E 3
Fyns Hoved 49, D 5

G

Gabes 84/85, E 1
Gaborone 86/87, C 4
Gabun 78/79, E 6
Gadebusch 36/37, G 2
Gafsa 84/85, D 1
Gaggenau 38/39, D 4
Gail 46/47, K 3
Gaildorf 38/39, E 3
Gailtaler Alpen 46/47, J 3
Gaimersheim 38/39, G 4
Galathea-Tief 106/107, D 2
Galați 50/51, H 4
Galdhøpiggen 52/53, A 3
Galicien 56/57, A 3
Gällivare 52/53, E 2
Gallneukirchen 38/39, K 4
Gallun 18/19, E 4
Galway 54/55, A 3
Gambela 84/85, G 4
Gambia (Fl.) 84/85, B 3
Gambia (St.) 78/79, B 4
Gamengrund 18/19, F 2
Gammertingen 38/39, E 4
Gandhinagar 102/103, F 3
Gandia 56/57, C 4
Ganges 102/103, F 3
Gangtok 102/103, G 3
Gannett Peak 124/125, B 2
Ganzhou 104/105, E 3
Gao 84/85, D 3
Gaoxiong = Kaohsiung
Gap 46/47, C 5
Gar 104/105, B 2
Gardelegen 36/37, G 3
Gargano 56/57, G 3
Garlitz 18/19, A 2
Garmisch-Partenkirchen 38/39, G 5
Garonne 54/55, D 5
Garrel 36/37, D 3
Garua 84/85, E 4
Garz 36/37, K 2
Garzau 18/19, F 2
Garzê 104/105, D 2
Garzin 18/19, F 2
Gascoyne 108/109, A 3
Gashaka 84/85, E 4
Gattschina 52/53, G 4
Gauting 38/39, G 4
Gävle 52/53, D 3
Gaya 84/85, D 3
Gazankulu 78/79, 4
Gaziantep 58/59, G 4
Gdansk = Danzig
Gdingen (Gdynia) 50/51, F 2
Gdynia = Gdingen
Gebweiler 38/39, C 5
Gedaref 84/85, G 3
Gedern 38/39, E 2
Gediz 58/59, D 4
Gedser 36/37, G 1
Gedser Odde 49, E 6

FNL

Geelong 108/109, D 4
Geeste 36/37, D 2
Geesthacht 36/37, F 2
Geiersberg 38/39, E 3
Geilenkirchen 38/39, B 2
Geisenfeld 38/39, G 4
Geislingen an der Steige 38/39, E 4
Geithain 24, C 2
Gejiu 104/105, D 3
Gelber Fluß = Huanghe
Gelbes Meer 104/105, F 2
Gelderland 22/23, B 3
Geldern 36/37, B 4
Gelenau 24, C 3
Gelnhausen 38/39, E 2
Gelsenkirchen 36/37, C 4
Gelting 36/37, E 1
Geltow 18/19, B 3
Gemona 46/47, K 3
Gemünden (Bayern) 38/39, E 2
Gemünden (Hessen) 38/39, D 2
General Santos 106/107, D 3
Genf 46/47, C 3
Genfer See 46/47, C 3
Gengenbach 38/39, D 4
Genk 48, F 4
Genshagen 18/19, D 3
Gent 48, D 4
Genthin 36/37, H 3
Genua 56/57, F 2
Georgetown 126/127, D 2
Georgia 114/115, H 5
Georgsmarienhütte 36/37, D 3
Gera 38/39, H 2
Geraldton 108/109, A 3
Gérardmer 38/39, B 4
Geretsried 38/39, G 5
Germendorf 18/19, C 1
Germering 38/39, G 4
Germersheim 38/39, D 3
Gernsheim 38/39, D 3
Gerolstein 38/39, B 2
Gerolzhofen 38/39, F 3
Gerona 56/57, D 3
Gersfeld 38/39, E 2
Gersprenz 38/39, D 3
Gerstetten 38/39, F 4
Gersthofen 38/39, F 4
Gerstungen 38/39, E/F 2
Geseke 36/37, D 4
Gesellschaftsinseln 1, B 6
Geysir 52/53, B 1
Ghadames 84/85, D 1
Ghana 78/79, C 5
Ghardaia 84/85, D 1
Ghat 84/85, E 2
Gibraltar 56/57, B 4
Gibsonwüste 108/109, B 3
Gielsdorf 18/19, F 2
Giengen 38/39, F 4
Gießen 38/39, D 2
Gifhorn 36/37, F 3
Gijón 56/57, B 3
Gilgit 102/103, F 2
Giromagny 38/39, B 5
Gisborne 108/109, G 4
Gishiga 100/101, R 3
Gislaved 49, G 3
Giurgiu 50/51, H 5
Givet 48, E 4
Giyani 78/79, 4
Gizeh 84/85, G 1
Glacier-Nationalpark 124/125, B 2
Gladbeck 36/37, B/C 4
Gladstone 108/109, E 3
Glåma 52/53, B 3
Glan 38/39, C 3
Glarner Alpen 46/47, E 3
Glärnisch 46/47, E/F 3
Glarus 46/47, F 2
Glasgow 54/55, B 3
Glashütte 38/39, J 2
Glasow 18/19, D 3
Glau 18/19, C 4
Glauchau 38/39, H 2
Glauer Berge 18/19, C 4
Gleinalpe 46/47, L 2

FNL

Gleiwitz 50/51, F 3
Glienick 18/19, D 3
Glienicke (Kreis Beeskow) 18/19, G 4
Glienicke (Kreis Oranienburg) 18/19, D 2
Glindow 18/19, B 3
Glindowsee 18/19, B 3
Glittertind 52/53, B 3
Glogau 50/51, E 3
Glonn (Fl.) 38/39, G 4
Glonn (O.) 38/39, G 5
Glücksburg 36/37, E 1
Glückstadt 36/37, E 2
Gmünd 46/47, L 1
Gmunden 46/47, K 2
Gnoien 36/37, H 2
Goa = Panaji
Gobabis 86/87, B/C 4
Goch 36/37, B 4
Godavari 102/103, F 4
Godthåb = Nuuk
Godwin Austen (K 2) 102/103, F 2
Gohlitz 18/19, A 2
Göhlsdorf 18/19, B 3
Göhrde 36/37, F 2
Goiânia 126/127, D/E 4
Goias 114/115, M 10
Gold Coast 108/109, E 3
Goldene Aue 36/37, G 4
Goldküste 84/85, C 4
Goleniow = Gollnow
Golfküstenebene 112/113, J/K 6/7
Golf von Aden 102/103, C/D 4
Golf von Alaska 124/125, E 4
Golf von Antalya 58/59, E 4
Golf von Bengalen 102/103, G 4
Golf von Biskaya 54/55, B 5
Golf von Cádiz 56/57, B 4
Golf von Cambay 102/103, F 3
Golf von Campeche 124/125, D 4
Golf von Darién 126/127, B 2
Golf von Genua 46/47, E 4
Golf von Guinea 84/85, D 4/5
Golf von İskenderun 58/59, F 4
Golf von Kalifornien 124/125, B 3
Golf von Kutch 102/103, E 3
Golf von Mannar 102/103, F 5
Golf von Mexiko 124/125, D 4
Golf von Oman 102/103, D/E 4
Golf von Panamá 126/127, F 6
Golf von Siam 106/107, B 2
Golf von Suez 84/85, C 2
Golf von Thailand 106/107, B 2
Golf von Triest 46/47, K 4
Golling 38/39, J 5
Gollnow (Goleniow) 36/37, K 2
Gollwitz 18/19, A 3
Golmud 104/105, C 2
Golzern 24, C 2
Golzow 18/19, A 3
Gombe 84/85, E 3
Gomel 50/51, J 2
Gondar 84/85, G 3
Goose Bay 122/123, N 4
Göppingen 38/39, E 4
Gorakhpur 102/103, G 3
Gore 84/85, G 4
Gorgan 102/103, D 2
Gorgona 46/47, F 6
Gorkij 100/101, E 4
Gorleben 36/37, G 2
Gorno-Altaisk 100/101, J 4
Gornsdorf 24, C 3
Gorontalo 106/107, D 3
Görsdorf 18/19, F 4
Gortz 18/19, A 2
Goryn 50/51, H 3
Görz 46/47, K 4
Görlitz 36/37, K 4
Gosen 18/19, E 3
Goslar 36/37, F 4
Gößnitz 24, B 3

Götakanal 52/53, C 4
Götaland 52/53, C 4
Göteborg 52/53, B 4
Gotha 38/39, F 2
Gotland 52/53, D 4
Göttin 18/19, A 3
Göttingen 36/37, E 4
Götz 18/19, A 3
Götzer Berg 18/19, A 3
Gouda 48, E 4
Goulburn 108/109, D 4
Gowerla 50/51, H 3
Graal/Müritz 36/37, H 1
Gräbendorf (Brandenburg) 18/19, E 4
Gräbendorf (Sachsen) 25, B 2
Grado 46/47, K 4
Græsted-Gilleleje 49, F 4
Grafenau 38/39, J 4
Gräfenhainichen 36/37, H 4
Grafenwöhr 38/39, G 3
Grafing 38/39, G 4
Grafton 108/109, E 3
Grajische Alpen 46/47, C 4
Grampian Mountains 54/55, B 2
Granada 56/57, B 4
Gran Chaco 126/127, C 5
Grand Bahama 124/125, F 4
Grand Canyon 124/125, B 3
Grande Chartreuse 46/47, B 4
Grande Comore 86/87, E 3
Gran Paradiso 46/47, C 4
Gran Sasso d'Italia 56/57, G 3
Gransee 36/37, J 2
Graslitz (Kraslice) 38/39, H 2
Grasse 46/47, C 6
Graudenz 50/51, F 2
Gray 46/47, B 3
Graz 46/47, M 2
Great Abaco 124/125, F 4
Great Dividing Range 108/109, D 2
Great Plains 124/125, C 2
Great Yarmouth 54/55, D 4
Grebs 18/19, A 3
Greenville 84/85, C 4
Greenwich 54/55, D 4
Greifenhagen (Gryfino) 36/37, K 2
Greifenhain 25, 1 B 2
Greifswald 36/37, J 1
Greifswalder Bodden 36/37, J 1
Greiz 38/39, H 2
Grenå 49, D 4
Grenada 114/115, K/L 7
Grenoble 54/55, E 5
Greven 36/37, C 3
Grevenbroich 36/37, B 4
Grevenmacher 48, F 6
Grevesmühlen 36/37, G 2
Greykette 108/109
Greymouth 108/109, F 5
Griechenland 62/63, G 5
Grieskirchen 38/39, J 4
Grimma 36/37, H 4
Grimmen 36/37, J 1
Grimsby 54/55, C 3
Grimsel 46/47, E 3
Grimsey 52/53, C 1
Grindsted 49, B 5
Gröben 18/19, C 3
Gröben-Jütchendorf 18/19, C 3
Gröbenzell 38/39, G 4
Gröbming 38/39, J 5
Gröditz 38/39, J 4
Grodno 50/51, H 2
Groitzsch 36/37, H 4
Grömitz 36/37, F 1
Gronau 36/37, C 3
Gröningen 36/37, G 4
Groningen 48, G 2
Grönland 114/115, M/N 1
Groote Eylandt 108/109, C 2
Grootfontein 86/87, B 3
Grosnyj 58/59, H 3
Großbeeren 18/19, D 3
Großbeeren-Kleinbeeren 18/19, D 3

Groß Behnitz 18/19, A 2
Großbeuthen 18/19, C 4
Großbritannien 62/63, D 3
Große Antillen 124/125, E 4
Große Arabische Wüste (Rub el Khali) 102/103, C 3
Große Australische Bucht 108/109, B 4
Große Mühl 38/39, J 3
Großenbrode 36/37, G 1
Großenhain 36/37, J 4
Großenkneten 36/37, D 3
Großer Arber 38/39, J 3
Großer Beerberg 38/39, F 2
Großer Belchen 38/39, C 5
Großer Belt 49, D 5
Großer Buchstein 46/47, L 2
Großer Chingan 104/105, E 2-F 1
Großer Feldberg 38/39, D 2
Großer Hauptkanal 18/19, B 2
Großer Inselsberg 38/39, F 2
Großer Jenissej 100/101, K 4
Großer Kanal (Yunhe, China) 104/105, E 2
Großer Knechtsand 36/37, D 2
Großer Müggelsee 18/19, E 3
Große Röder 36/37, J 4
Großer Peilstein 46/47, L 1
Großer Plessower See 18/19, B 3
Großer Plöner See 36/37, F 1
Großer Priel 46/47, K 2
Großer Rachel 38/39, J 4
Großer Ravensberg 18/19, C 3
Großer Salzsee (USA) 124/125, B 2
Großer Salzsee = Tuz gölü
Großer Sankt Bernhard 46/47, D 4
Großer Seddiner See 18/19, C 3
Großer Selchower See 18/19, F 4
Großer Sklavensee 122/123, H 3
Großer Storkower See 18/19, F 4
Großer Zernsee 18/19, B 3
Große Salzwüste 102/103, D 2
Große Sandwüste (Algerien) 84/85, D 1
Große Sandwüste (Australien) 108/109, B 3
Großes Barrier-Riff 108/109, D 2
Großes Becken 124/125, B 2
Großes Haff 36/37, K 2
Große-Sunda-Inseln 106/107, B 4
Großes Ungarisches Tiefland 60/61, F/G 3
Große Syrte 84/85, E 1
Grosseto 56/57, F 3
Große Victoriawüste 108/109, B 3
Groß-Gerau 38/39, D 3
Groß Glienicke 18/19, C 3
Großglockner 46/47, J 2
Groß Kienitz 18/19, D 3
Groß Kreutz 18/19, B 3
Großnamaland 86/87, B 4
Großräschen 25, 1 B 2
Groß Schauen 18/19, F 4
Groß Schulzendorf 18/19, D 3
Großvenediger 46/47, J 2
Groß Ziethen (Kreis Königs Wusterhausen) 18/19, D 3
Groß Ziethen (Kreis Oranienburg) 18/19, C 2
Grostenquin 38/39, B 4
Grums 49, G 1
Grünberg 38/39, D/E 2
Grünburg 38/39, K 5
Grünefeld 18/19, B 2
Grunewald 18/19, C 3
Grünheide 18/19, F 3
Grünstadt 38/39, C/D 3
Grüntal 18/19, E 2
Grünten 38/39, F 5

Grünwald 38/39, G 4
Grusinien 62/63, J 4
Gryfino = Greifenhagen
Guadalajara (Mexiko) 124/125, C 4
Guadalajara (Spanien) 56/57, C 3
Guadalcanal 108/109, E 2
Guadalquivir 56/57, B 4
Guadalupe 124/125, B 3
Guadeloupe 124/125, G 5
Guadiana 56/57, B 4
Guam 106/107, F 2
Guanahani = San Salvador
Guangdong 104/105, E 3
Guangxi 90/91, F 3
Guangzhou = Kanton
Guantanamo 124/125, F 4
Guaporé 126/127, C 4
Guarda 56/57, B 3
Guatemala (O.) 124/125, D 5
Guatemala (St.) 114/115, G 7
Guaviare 126/127, B 3
Guayaquil 126/127, B 3
Gubbio 46/47, J 6
Guben 36/37, K 4
Guben (Gubín) 36/37, K 4
Gubín = Guben
Gudbrandsdal 52/53, B 3
Gudhjem 49, H 5
Guernsey 54/55, C 4
Guilin 104/105, E 3
Guinea 78/79, B 4
Guinea-Bissau 78/79, A/B 4
Guise 48, D 6
Guiyang 104/105, D 3
Gujarat 90/91, D 3
Guldborg 36/37, G 1
Gummersbach 36/37, C 4
Gundelfingen 38/39, F 4
Gundelsheim 38/39, E 3
Gunnbjörn Fjeld 122/123, Q 3
Günz 38/39, F 4
Günzburg 38/39, F 4
Gunzenhausen 38/39, F 3
Gurjew 100/101, F 5
Gurk (Fl.) 46/47, L 3
Gurk (Kl.) 46/47, L 3
Gurktaler Alpen 46/47, K 3
Gussow 18/19, E 3
Güstrow 36/37, H 2
Gutenfüst 38/39, G 2
Güterfelde 18/19, C 3
Gütersloh 36/37, D 4
Guyana 114/115, K/L 8
Gwalior 102/103, F 3
Gweru 86/87, C/D 3
Gyda 100/101, H 2
Györ = Raab 50/51, F 4

H

Haage 18/19, A 2
Haar 38/39, G 4
Haarlem 48, E 3
Habana 124/125, E 4
Habsburg 46/47, E 2
Hadeln 36/37, D 2
Hadersleben (Haderslev) 49, C 5
Haderslev = Hadersleben
Haditha 58/59, H 5
Hadramaut 102/103, C/D 4
Hadsten 49, C 4
Hadsund 49, C 4
Hafun 84/85, J 3
Hagen 36/37, C 4
Hagenau (Haguenau) 46/47, D 1
Hagenow 36/37, G 2
Hagondange 48, F 6
Haguenau = Hagenau
Haidenaab 38/39, G/H 3
Haifa 102/103, B 2
Haikou 104/105, E 4
Hail 102/103, C 3
Hailaer 104/105, E 1
Hailuoto 52/53, F 2
Hainich 38/39, F 4
Hainichen 38/39, J 2

147

Hainleite 36/37, F/G 4
Haithabu 36/37, E 1
Haïti 114/115, J 7
Haiya 84/85, G 3
Hakenberg 18/19, B 1
Hakodate 104/105, H 1
Halaib 84/85, G 2
Halberstadt 36/37, G 4
Halbinsel Alaska 122/123, C 4
Halbinsel Kola 100/101, D 3
Halbinsel Taitao 126/127, B 7
Halbinsel Valdés 126/127, C 7
Halden 49, E 1
Haleb (Aleppo) 58/59, G 4
Halifax 122/123, N 5
Halikarnassos 58/59, D 4
Hallein 38/39, J 5
Halle-Neustadt 36/37, G 4
Hallertau 38/39, G 4
Halle/Saale 36/37, B 4
Halligen 36/37, D 1
Hall in Tirol 38/39, G 5
Hallstadt 38/39, F 3
Hallstatt 38/39, J 5
Halmahera 106/107, D 3
Halmstad 52/53, C 4
Hals 49, D 3
Haltern 36/37, C 4
Haltiatunturi 52/53, E 1
Hama 58/59, G 5
Hamadan 102/103, C 2
Hamamatsu 104/105, G 2
Hamar 52/53, B 3
Hamburg (Bundesland) 41
Hamburg (O.) 36/37, E 2
Hämeenlinna 52/53, F 3
Hameln 36/37, E 3
Hami 104/105, C 1
Hamilton (Australien) 108/109, G 4
Hamilton (Kanada) 122/123, L 5
Hammelburg 38/39, E 2
Hammerfest 52/53, E 1
Hanau 38/39, D/E 2
Hangelsberg 18/19, F 3
Hangyang 104/105, E 2
Hangzhou 104/105, E 2
Hanjiang 104/105, D/E 2
Hankensbüttel 36/37, F 3
Hanko 52/53, E 4
Hannover 36/37, E 3
Hanstholm 49, B 3
Haparanda 52/53, E 2
Harar 84/85, H 4
Harare 86/87, C 3
Harbin 104/105, F 1
Harburg 38/39, F 4
Hardangerfjord 52/53, A 3
Hardangervidda 52/53, A 3
Haren 36/37, C 3
Hargeisa 84/85, H 4
Harlesiel 36/37, C 2
Härnösand 52/53, D 3
Harrisburg 124/125, F 2
Harstad 52/53, D 1
Hartberg 46/47, M 2
Hartford 124/125, F 2
Hartha 24, C 2
Hartmannsdorf 18/19, F 3
Harudj el Asuad 84/85, E 2
Harwich 54/55, D 4
Harz 36/37, F 4
Harzgerode 36/37, G 4
Hase 36/37, D 3
Haselberg 18/19, G 2
Haslach 38/39, D 4
Hasle 49, H 5
Haßberge 38/39, F 2
Haßfurt 38/39, F 2
Hassi-Messaud 84/85, C 1
Hastings 48, A 5
Hattingen 36/37, C 4
Haugesund 52/53, A 4
Hausruck 46/47, K 1
Havel 18/19, C 3
Havelberg 18/19, C 3
Havelkanal 18/19, C 2
Havelland 18/19, A 2

Havelländischer Hauptkanal 18/19, A 2
Havelländisches Luch 18/19, A 2
Havel-Oder-Kanal 18/19, D 1
Hawaii-Inseln 1, B 4
Hay River 122/123, H 3
Hechingen 38/39, D 4
Hechthausen 36/37, E 2
Heckelberg 18/19, F 2
Hede 52/53, C 3
Heerenveen 48, F 3
Heerlen 48, F 5
Hefei 104/105, E 2
Hegau 38/39, D 5
Heide 36/37, E 1
Heidelberg 38/39, D 3
Heidenau 38/39, J 2
Heidenheim 38/39, F 4
Heilbronn 38/39, E 3
Heiligenblut 46/47, J 2
Heiligenhafen 36/37, F 1
Heiligenstadt 36/37, E/F 4
Heilongjiang = Amur
Heilsbronn 38/39, F 3
Heinsberg 36/37, B 4
Hekla 52/53, C 1
Helbe 36/37, F/G 4
Helgeland 52/53, C 2
Helgoland 36/37, C 1
Helgoländer Bucht 36/37, C/D 1
Hellenthal 38/39, B 2
Hellsee 18/19, E 2
Helmbrechts 38/39, G 2
Helmstedt 36/37, F/G 3
Helpter Berge 36/37, J 2
Helsingborg 52/53, C 4
Helsingør 49, F 4
Helsinki 52/53, F 3
Hemmoor 36/37, D/E 2
Hemsedalsfjella 52/53, A 3
Henan 104/105, E 2
Hengelo 36/37, B 3
Hennef 38/39, C 2
Hennegau 48, D 5
Hennickendorf 18/19, F 2
Hennigsdorf 18/19, C 2
Hennigsdorf-Nieder Neuendorf 18/19, C 2
Heppenheim 38/39, D 3
Herat 102/103, E 2
Herbolzheim 38/39, C 4
Herborn 38/39, D 2
Herbrechtingen 38/39, F 4
Herford 36/37, D 3
Heringsdorf 36/37, K 2/1
Heri-Rud 102/103, E 2
Herisau 38/39, E 5
Herleshausen 38/39, E/F 1
Hermannstadt (Sibiu) 50/51, H 4
Hermeskeil 38/39, B 3
Hermosillo 124/125, B 4
Herne 36/37, C 4
Herning 49, B 4
Heroldsberg 38/39, G 3
Herrenberg 38/39, D 4
Herrenchiemsee 38/39, H 5
Herrnburg 36/37, F 2
Herrsching 38/39, G 5
Hersbruck 38/39, G 3
Herstal 48, F 5
Herten 36/37, C 4
Herzberg (O., Brandenburg) 36/37, J 4
Herzberg (O., Niedersachsen) 36/37, F 4
Herzfelde 18/19, F 3
Herzogenaurach 38/39, F 3
Herzogenbusch 48, F 4
Hesel 36/37, C 2
Hesselberg 38/39, F 3
Hessen 41
Hessisches Bergland 34/35, C 3
Hettstedt 36/37, G 4
Heubach 38/39, E 4
Heuchelberg 38/39, D/E 3
Hiddensee 36/37, H/J 1
Hildburghausen 38/39, F 2

Hilden 36/37, B 4
Hildesheim 36/37, E 3
Hillerød 49, F 5
Hilmend 102/103, E 2
Hilmend-See 102/103, D/E 2
Hilpoltstein 38/39, G 3
Hils 36/37, E 4
Hilversum 48, F 3
Himachal Pradesh 90/91, D 3
Himmelbjerget 49, C 4
Himmerland 49, C 4
Hindelang 38/39, F 5
Hindukusch 102/103, E/F 2
Hindustan 102/103, F/G 3
Hinterrhein 46/47, F 3
Hirfanli-Stausee 58/59, F 4
Hiroshima 104/105, G 2
Hirschau 38/39, G 3
Hirschberg 38/39, G 2
Hirschfelde 18/19, F 2
Hirtshals 49, C 3
Hispaniola 124/125, F 4
Hitzacker 36/37, G 2
Hjesan 104/105, F 1
Hjørring 49, D 3
Hobart 108/109, D 5
Hobro 49, C 4
Hochalmspitze 46/47, K 3
Hochfeiler 46/47, H 3
Hochfelden 38/39, C 4
Hochgolling 46/47, K 2
Hochkönig 46/47, J 2
Hochland der Schotts 56/57, C 5
Hochlande (Schottland) 54/55, B 2
Hochland von Äthiopien 76/77, J 5/6
Hochland von Bié 86/87, B 3
Hochland von Bolivien 112/113, M 11/12
Hochland von Mato Grosso 126/127, D 4
Hochland von Mexiko 124/125, C 4
Hochosterwitz 46/47, L 3
Hochschwab 46/47, M 2
Höchstadt 38/39, F 3
Hochvogel 38/39, F 5
Hochwildstelle 38/39, J 5
Hockenheim 38/39, D 3
Hodeida 102/103, C 4
Hoek van Holland 48, D 3
Hof 38/39, G 2
Hofgeismar 36/37, E 4
Hofheim in Unterfranken 38/39, F 2
Hofsjökull 52/53, C 1
Hoggar = Ahaggar
Hohe Acht 38/39, C 2
Hohen Neuendorf 18/19, D 2
Hohenbruch 18/19, C 1
Hohenems 38/39, E 5
Hohenloher Ebene 38/39, E/F 3
Hohenmölsen 36/37, H 4
Hohenstein 18/19, F 2
Hohenstein-Ernstthal 38/39, H 2
Hohenthurm 24, B 1
Hohentinow 18/19, F 1
Hohentwiel 38/39, D 5
Hohenwarthetalsperre 38/39, G 2
Hohenwestedt 36/37, E 1
Hohenzollern 38/39, D 4
Hoher Atlas 84/85, C 1
Hoher Balkan 58/59, D 3
Hoher Ifen 38/39, F 5
Hohes Venn 38/39, A/B 2
Hohe Tauern 46/47, J 2
Hohe Warthe 46/47, J 3
Hohhot 104/105, E 1
Hohneck 38/39, C 4
Hohwacht 36/37, F 1
Hokkaido 104/105, G/H 1
Holbæk 49, E 5
Hollabrunn 46/47, N 1
Holland 48, E 3
Hollenstedt 36/37, E 2
Höllental 38/39, C/D 5

Hollfeld 38/39, G 3
Holstebro 49, B 4
Holyhead 54/55, B 3
Holzhausen 24, B/C 2
Holzminden 36/37, E 4
Homberg (Schwalm-Eder-Kreis) 38/39, E 1
Homberg (Vogelsbergkreis) 38/39, D 2
Homburg 38/39, C 3
Homs 58/59, G 5
Honduras 114/115, H 7
Hönefoss 52/53, B 3
Hongkong (Xianggang) 104/105, E 3
Honiara 108/109, F 1
Hönow 18/19, E 2
Honshu 104/105, H 2
Hooge 36/37, D 1
Hoogeveen 36/37, B 3
Hoogezand-Sappemeer 36/37, B 2
Hoppegarten 18/19, G 3
Hoppenrade 18/19, B 2
Horb 38/39, D 4
Horn 46/47, M 1
Horn-Bad Meinberg 36/37, E 4
Hornburg 38/39, F 3
Horneburg 36/37, E 2
Hornisgrinde 38/39, D 4
Hörnum 36/37, D 1
Horsens 49, C 5
Horsham 108/109, D 4
Horstfelde 18/19, D 4
Hospitalet 56/57, D 3
Hotan (Fl.) 104/105, A 2
Hotan (O.) 104/105, B 2
Hotazel 86/87, C 4
Houston 124/125, D 3
Höxter 36/37, E 4
Hoya 36/37, E 3
Hoyerswerda 36/37, K 4
Huambo 86/87, B 3
Huancayo 126/127, B 4
Huanghe (Gelber Fluß) 104/105, E 2
Huangshi 104/105, E 2
Huánuco 126/127, B 4
Huascarán 126/127, B 3
Hubli 102/103, F 4
Hückelhoven 36/37, B 4
Hudiksvall 52/53, D 3
Hudson 124/125, F 2
Hudsonbai 122/123, L 4
Hudsonstraße 122/123, M 3
Huelva 56/57, B 4
Huesca 56/57, C 3
Hughenden 108/109, D 3
Huila 126/127, B 2
Hull 54/55, C 3
Humber 54/55, D 3
Hümmling 36/37, C 3
Humphreys Peak 124/125, B 3
Hünfeld 38/39, E 2
Hungersteppe = Betpak-Dala
Hŭngnam 104/105, F 2
Hunsrück 38/39, C 3
Hunte 36/37, D 3
Huronsee 124/125, E 2
Hürth 38/39, B 2
Husum 36/37, E 1
Huy 36/37, F/G 4
Hvidesande 49, A 5
Hwanghe 86/87, C 3
Hyderabad (Indien) 102/103, F 4
Hyderabad (Pakistan) 102/103, E 3
Hyères 46/47, C 6
Hyltebruk 49, F 3

I

Iași 50/51, H 4
Ibadan 84/85, D 4
Ibagué 126/127, B 2
Ibbenbüren 36/37, C 3
Iberisches Randgebirge 56/57, C 3

Ibicuy 126/127, D 6
Ibiza 56/57, D 4
Iça 126/127, C 3
Ichenhausen 38/39, F 4
Ida 58/59, D 5
Idaho 114/115, E 4
Idar-Oberstein 38/39, C 3
Idstein 38/39, D 2
Ife 84/85, D 4
Iferuane 84/85, D 3
Igarka 100/101, J 3
Iguaçu 126/127, D 5
Iguaçu-Fälle 126/127, D 5
Iguato 126/127, E/F 3
Ihlow 18/19, G 2
Ihna 36/37, K 2
Iisalmi 52/53, F 3
IJssel 48, G 3
IJsselmeer 48, F 3
Ilebo 86/87, C 2
Île-de-France 48, C 6
Îles Glorieuses 86/87, E 3
Ilhéus 126/127, F 4
Iligan 106/107, D 3
Ill 38/39, C 4
Illampu 126/127, C 4
Iller 38/39, F 5
Illertissen 38/39, F 4
Illimani 126/127, C 4
Illinois 114/115, G/H 4/5
Ilm (Fl. zur Donau) 38/39, G 4
Ilm (Fl. zur Saale) 38/39, G 2
Ilmenau (Fl.) 36/37, F 2
Ilmenau (O.) 38/39, F 2
Ilmensee 52/53, G 4
Iloilo 106/107, D 2
Ilorin 84/85, D 4
Ilsede 36/37, F 3
Ilz (Fl. zum Main) 38/39, F 2
Ilz (Fl. zur Donau) 38/39, J 4
Imandrasee 52/53, G 2
Imatra 52/53, G 3
Immenstadt 38/39, F 5
Imola 46/47, H 5
Imperia 46/47, E 6
Imphal 102/103, H 3
Inagua-Inseln 124/125, F 4
Inari 52/53, F 1
Inarisee 52/53, F 1
Inch'on 104/105, F 2
Indiana 114/115, H 4
Indianapolis 124/125, E 3
Indien 90/91, D/E 3
Indigirka 100/101, P 3
Indischer Ozean 1, M-O 6-7
Indonesien 90/91, F/G 5
Indore 102/103, F 3
Indus 102/103, E 3
Ingelheim 38/39, C/D 3
Ingolstadt 38/39, G 4
Ingul 50/51, K 3
Ingulez 50/51, K 3
Inhambane 86/87, D 4
Inn 46/47, F 3
Innere Hebriden 54/55, B 2
Innere Mongolei 90/91, F 2
Innerste 36/37, F 3
Innsbruck 46/47, H 2
Innviertel 46/47, K 1
Inongo 86/87, B 2
Inoucdjouac 122/123, L 4
In Salah 84/85, D 2
Inseln über dem Winde 124/125, G 5
Inseln unter dem Winde 124/125, G 5
Interlaken 46/47, D 3
Inuvik 122/123, F 3
Invercargill 108/109, F 5
Inverell 108/109, D 3
Inverness 54/55, B 2
Inyanga 86/87, D 3
Inzell 38/39, H 5
Ionische Inseln 58/59, B 4
Ionisches Meer 58/59, B 4
Ionnina 58/59, B 4
Iowa 114/115, G 4
Ipf 38/39, F 4
Iphofen 38/39, F 3

Ipoh 106/107, B 3
Ipswich 54/55, D 3
Iquique 126/127, B 5
Iquitos 126/127, B 3
Irak 90/91, C 3
Iraklion 58/59, D 5
Iran 90/91, C 3
Irdning 38/39, K 5
Irgalem 84/85, G 4
Iringa 86/87, D 2
Irische See 54/55, B 3
Irkutsk 100/101, L 4
Irland 62/63, D 3
Iron Knob 108/109, C 4
Irtysch 100/101, H 4
Ísafjord 52/53, A 1
Ísafjördur 52/53, A 1
Isar 38/39, G 5
Ischa Baidoa 84/85, H 4
Ischgl 46/47, G 2
Ischia 56/57, G 3
Ischim (F.) 100/101, H 4
Ischim (O.) 100/101, H 4
Iseosee 46/47, G 4
Iseran 46/47, C 4
Isère 54/55, E 5
Iserlohn 36/37, C 4
Isfahan 102/103, D 2
Ishewsk 100/101, F 4
Isiro 86/87, C 1
İskenderun 58/59, G 4
Isker 58/59, C 3
Islamabad 102/103, F 2
Island 62/63, B/C 2
Ismailia 84/85, G 1
Ismaning 38/39, G 4
Isny 38/39, F 5
Isonzo 46/47, K 3
İsparta 58/59, E 4
Israel 90/91, B 3
Issyk-Kul 100/101, H 5
İstanbul 58/59, E 3
Istrien 46/47, K 4
Itaipú-Stausee 126/127, D 5
Italien 62/63, F 4
Ith 36/37, E 3/4
Itumbiara 126/127, D/E 4
Iturup = Etorofu
Itzehoe 36/37, E 2
Ivrea 46/47, D 4
Iwanowo 100/101, E 4
Iwanowo-Frankowsk 50/51, H 3
Iwdel 100/101, G 3
İzmir (Smyrna) 58/59, D 4
Izmit 58/59, D 5

J

Jabalpur 102/103, F 3
Jablonowyjgebirge 100/101, M 4
Jackson 124/125, D 3
Jacksonville 124/125, E 3
Jade 36/37, D 2
Jadebusen 36/37, D 2
Jaén 56/57, B 4
Jaffna 102/103, F 5
Jagst 38/39, E 3
Jahore Baru 106/107, B 3
Jailagebirge 58/59, F 2
Jaipur 102/103, F 3
Jakarta 106/107, B 4
Jakutien 100/101, M 3
Jakutsk 100/101, N 3
Jalta 58/59, F 2
Jalu 104/105, F 1
Jamaika 114/115, H/J 7
Jamal-Halbinsel 100/101, G 3
Jamantau 100/101, F 4
Jamesbai 122/123, L 4
Jammerbucht 49, B 4
Jammu (O.) 102/103, F 2
Jammu und Kaschmir (Provinz) 90/91, D 3
Jamshedpur 102/103, G 3
Jamsk 100/101, Q 4
Jämtland 52/53, C 3
Jana 100/101, O 3
Janbo 102/103, B 3
Jangtsekiang 104/105, C 2
Jänickendorf 18/19, F/G 3
Jan Mayen 122/123, T 2
Jänschwalde 25, 1 B 2
Japan 90/91, G 3
Japanisches Meer 104/105, G 1/2
Japurá 126/127, C 3
Jarmen 36/37, J 2
Jaroslawl 100/101, D 4
Jasper-Nationalpark 122/123, H 4
Jatai 126/127, D 4
Jaunde 84/85, E 4
Java 106/107, B 4
Javari 126/127, B 3
Java-See 106/107, B 4
Jayapura 106/107, F 4
Jaya-Spitze 106/107, E 4
Jeetzel 36/37, G 3
Jefferson City 124/125, D 3
Jejk 58/59, G 2
Jemen 90/91, C 4
Jena 38/39, G 2
Jenbach 38/39, G 5
Jenissej 100/101, J 3
Jenissejberge 100/101, K 3
Jenissejsk 100/101, J 4
Jequié 126/127, E/F 4
Jerada 56/57, C 5
Jerbogatschen 100/101, L 3
Jerewan 58/59, J 2
Jerez de la Frontera 56/57, B 4
Jersey 54/55, C 4
Jerusalem 102/103, B 2
Jesd 102/103, D 2
Jesenice = Aßling
Jeserig 18/19, A 3
Jessen 36/37, H 4
Jever 36/37, C 2
Jiayaguan 104/105, C 2
Jilin 104/105, F 1
Jimma 84/85, G 4
Jinan 104/105, E 2
Jingdezhen 104/105, E 3
Jinja 86/87, D 1
Jinmen = Quemoy
Jinzhou 104/105, F 1
Jiparaná 126/127, C 4
Jiujiang 104/105, E 3
Joachimsthal 36/37, J 3
João Pessoa 126/127, F 3
Jochenstein 38/39, J 4
Jodhpur 102/103, F 3
Joensuu 52/53, G 3
Johannesburg 86/87, C/D 4
Johanngeorgenstadt 38/39, H 2
Joinville 126/127, E 5
Jökulsá á Fjöllum 52/53, C 1
Jolo 106/107, D 3
Jönköping 52/53, C 4
Jordanien 90/91, B 3
Jos 84/85, D 3
Joseph-Bonaparte-Golf 108/109, B 2
Jostedalsbre 52/53, A 3
Jotunheimen 52/53, A 3
Juan de Nova 86/87, E 3
Juan-Fernandez-Inseln 126/127, A/B 6
Juba (Fl., Somalia) 84/85, H 4
Juba (O., Sudan) 84/85, G 4
Júcar 56/57, C 4
Juelsminde 49, C 5
Jugoslawien 62/63, F/G 4
Jühnsdorf 18/19, D 3
Juist 36/37, B 2
Juiz de Fora 126/127, E 5
Jülich 38/39, B 2
Julier 46/47, F 3
Julische Alpen 46/47, K 3
Jultin 100/101, T 3
Juneau 122/123, F 4
Jungfern-Inseln 124/125, G 5
Jungfrau 46/47, E 3
Jungholz 38/39, F 5
Juruá 126/127, C 3
Juruena 126/127, D 4
Jushno-Sachalinsk 100/101, P 5

Jüterbog 36/37, J 4
Jütland 49, B 4
Jyväskylä 52/53, F 3

K

Kaaden (Kadaň) 38/39, J 2
Kabalo 86/87, C 2
Kabinda 86/87, C 2
Kablow 18/19, E 3
Kabul 102/103, E 2
Kabwe 86/87, C 3
Kachowkaer Stausee 58/59, F 2
Kadaň = Kaaden
Kadugli 84/85, F 3
Kaduna 84/85, D 3
Kaedi 84/85, B 3
Kafeng 104/105, E 2
Kafue 86/87, C 3
Kagel 18/19, F 3
Kagera 86/87, D 2
Kagoma 86/87, C 3
Kagoshima 104/105, G 2
Kahla 38/39, G 2
Kahler Asten 36/37, D 4
Kahramanmaras 58/59, G 4
Kailas 104/105, B 2
Kaimana 106/107, E 4
Kainach 46/47, M 2
Kainji-Stausee 84/85, D 3/4
Kainuunselkä 52/53, G 2
Kairo 84/85, G 2
Kaisergebirge 38/39, H 5
Kaiserslautern 38/39, C 3
Kaiserstuhl 38/39, C 4
Kaiserwald 38/39, H 2
Kajaani 52/53, F 2
Kalabrien 56/57, H 4
Kalahari 86/87, B/C 4
Kalakan 100/101, M 4
Kalamä 58/59, C 4
Kalbe 36/37, G 3
Kalemi 86/87, C 2
Kalgoorlie 108/109, B 4
Kalhapur 102/103, F 4
Kalifornien 114/115, D/E 5
Kalimantan (Borneo) 106/107, C 3
Kalinin 100/101, D 4
Kaliningrad = Königsberg
Kalisch 50/51, F 3
Kalkar 36/37, B 4
Kallasee 52/53, G 3
Kallinchen 18/19, E 4
Kalmar 52/53, C 4
Kaluga 50/51, L 2
Kalundborg 49, E 5
Kama 100/101, F 4
Kamaran 102/103, C 4
Kamen 36/37, C 4
Kamensk-Uralskij 100/101, F 4
Kamenz 36/37, K 4
Kamerun 78/79, E 5
Kamerunberg 84/85, D 4
Kamina 86/87, C 2
Kamp 46/47, M 1
Kampala 86/87, D 1
Kampen (Niederlande) 36/37, A 3
Kampen (Sylt) 36/37, D 1
Kamp-Lintfort 38/39, B 4
Kamputschea 90/91, F 4
Kamtschatka 100/101, R 4
Kanada 114/115, H 3
Kanadisches Schild 122/123, K 4
Kanal- oder Normannische Inseln 54/55, C 4
Kananga 86/87, O 2
Kanarische Inseln 84/85, B 2
Kanazawa 104/105, G 2
Kandahar 102/103, E 2
Kandalakscha 52/53, G 2
Kandel (B.) 38/39, C 4
Kandel (O.) 38/39, D 3
Kangean-Inseln 106/107, C 4
Känguruh-Insel 108/109, C 4
Kanin-Halbinsel 100/101, E 3
Kankan 84/85, C 4

Kano 84/85, D 3
Kanpur 102/103, G 3
Kansas 114/115, G 5
Kansas City 124/125, D 3
Kansk 100/101, K 4
Kant 100/101, H 5
Kantabrisches Gebirge 56/57, B 3
Kanton (Guangzhou) 104/105, E 3
Kanye 86/87, C 4
Kaohsiung (Gaoxiong) 104/105, F 3
Kaolack 84/85, B 3
Kap Agulhas (Nadelkap) 86/87, C 5
Kap Alewin 100/101, Q 4
Kap Andreas 58/59, F 5
Kap Arkona 36/37, J 1
Kap Baba 58/59, D 4
Kap Barrow 122/123, D 2
Kap Bathurst 122/123, F 2
Kap Blanc (Mauretanien) 84/85, B 2
Kap Blanc (Tunesien) 84/85, D 1
Kap Bon 84/85, E 1
Kap Breton 122/123, O 5
Kap-Breton-Insel 122/123, N 5
Kap Byron 108/109, E 3
Kap Canaveral 124/125, E 4
Kap Catoche 124/125, E 4
Kap Chidley 122/123, N 3
Kap Comorin 102/103, F 5
Kap Corrientes 86/87, E 4
Kap Corse 54/55, F 6
Kap Cruz 124/125, F 5
Kap d'Ambre 86/87, E 4
Kap der Guten Hoffnung 86/87, B 5
Kap Deschnew 122/123, B 3
Kap Dondra 102/103, G 5
Kap Farvel 122/123, P 4
Kapfenberg 46/47, M 2
Kap Finisterre 56/57, A 3
Kap Flattery 108/109, D 2
Kap Frio (Südafrika) 86/87, B 4
Kap Frio (Südamerika) 126/127, E 5
Kap Gallinas 126/127, A 1
Kap Gracias à Dios 124/125, E 5
Kap Gris-Nez 48, B 5
Kap Guardafui 84/85, J 3
Kap Hatteras 124/125, F 3
Kap Hoorn 126/127, C 8
Kap Howe 108/109, E 4
Kap Leeuwin 108/109, A 4
Kap Lizard 54/55, B 4
Kap Londonderry 108/109, B 2
Kap Lopez 86/87, E 4
Kap Morris Jesup 122/123, P/Q 1
Kap Nawarin 100/101, S 3
Kap Palmas 84/85, C 4
Kap Passero 56/57, G 4
Kappeln 36/37, E 1
Kap Prince of Wales 122/123, B 3
Kap Race 122/123, O 5
Kap Raz 54/55, B 5
Kaprun 46/47, J 2
Kap Sable 122/123, N 5
Kap Saint-André 86/87, B 2
Kap Sainte-Marie 86/87, E 4
Kap San Antonio (Argentinien) 126/127, D 6
Kap San Antonio (Kuba) 124/125, E 4
Kap San Diego 126/127, C 8
Kap San Lucas 124/125, B 4
Kap São Vicente 56/57, A 4
Kap Shelanija (Eiskap) 100/101, G 2
Kapstadt (Cape Town) 86/87, B 5
Kap Tänaron 58/59, C 4
Kap Teulada 56/57, E 4
Kap Tres Puntas 126/127, C 7

Kap Tscheljuskin 100/101, L 2
Kapuas 106/107, C 4
Kapuas-Gebirge 106/107, C 3
Kapuvár 46/47, O 2
Kap Vals 106/107, E 4
Kap Verde 84/85, B 3
Kapverden 78/79, A 4
Kapverdische Inseln 76/77, C 5
Kap York 108/109, D 2
Kap-York-Halbinsel 108/109, D 2
Karabük 58/59, F 3
Karachi 102/103, E 3
Karaganda 100/101, H 5
Karaginskij 100/101, R 4
Karakorum (G.) 102/103, F 2
Karakorum (Ruinenstätte, Mongolei) 104/105, D 1
Karakorum-Paß 102/103, F 3
Karaköse 58/59, H 4
Karakul 100/101, G 6
Karakum 100/101, F 5
Karakumkanal 100/101, F 6
Karamai 104/105, B 1
Karaman 58/59, F 4
Karasee 100/101, G/H 2
Karastraße 100/101, F 2
Karatau 100/101, G 5
Karawanken 46/47, K 3
Karelien 52/53, G 3
Karibadamm 86/87, C/D 3
Karibasee 86/87, C 3
Karibisches Meer 124/125, F 5
Karima 84/85, G 3
Karisimbi 86/87, C 2
Karlobag 46/47, L 5
Karlovac 58/59, A 2
Karlovy Vary = Karlsbad
Karlsbad (Karlovy Vary) 50/51, E 3
Karlsberg 18/19, C 3
Karlsfeld 38/39, G 4
Karlskrona 52/53, C 4
Karlsruhe 38/39, D 3
Karlstad 52/53, C 4
Karlstadt 38/39, E 3
Karnataka 90/91, D 4
Karnische Alpen 46/47, J 3
Karnool 102/103, F 4
Kärnten 46/47, K 3
Karolinen 106/107, E 3
Karpaten 50/51, G 3
Karpathos 58/59, D 5
Kars 58/59, H 3
Karsina 84/85, D 3
Karst 46/47, K 4
Kartaly 100/101, F 4
Karthago 56/57, F 4
Kartzow 18/19, B/C 3
Karwendel 38/39, G 5
Karwesee 18/19, B 1
Kaschensteppe 100/101, F 5
Kasachstan 90/91, D 2
Kasai (Fl.) 86/87, B 2
Kasai (L.) 86/87, C 2
Kasan 100/101, E 4
Kasatschje 100/101, O 2
Kasbek 58/59, J 2
Kaschau 50/51, G 3
Kashgar 104/105, A 2
Kashi 104/105, A 2
Kashmir 102/103, F 2
Kaskadenkette 124/125, A 2
Kaskinen 52/53, E 3
Kasongo 86/87, C 2
Kaspische Senke 100/101, E 5
Kaspisches Meer 100/101, F 6
Kassala 84/85, G 3
Kassel 36/37, E 4
Kastilisches Scheidegebirge 56/57, B 4
Kastl 38/39, G 3
Kastrup 49, F 5
Kaswin 102/103, D 2
Kataba 86/87, C 3
Katalonien 56/57, D 3
Katanga = Shaba
Katar 90/91, C 3
Katerini 58/59, C 3

Katherine 108/109, C 2
Kathiawar-Halbinsel 102/103, F 2/3
Katmandu 102/103, G 3
Katschberg 46/47, K 3
Kattara-Senke 84/85, F 1/2
Kattegat 49, D 4
Kattowitz 50/51, F 3
Katwijk 48, E 3
Katzenbuckel 38/39, E 3
Kaub 38/39, C 2
Kaufbeuren 38/39, F 5
Kaukasus 100/101, E 5
Kaunas 50/51, G 2
Kaura-Namoda 84/85, D 3
Kavelberge 18/19, E 2
Kaveri 102/103, F 4
Kavieng 106/107, G 4
Kawala 58/59, B 4
Kayes 84/85, B 3
Kayseri 58/59, F 4
Kaysersberg 38/39, C 4
Keban-Stausee 58/59, G 4
Keetmanshoop 86/87, B/C 4
Keewatin 122/123, K 3
Kefallinia 58/59, B 4
Keflavik 52/53, B 2
Kehdingen 36/37, E 2
Kehl 38/39, C 4
Keilberg 38/39, H 2
Keitelesee 52/53, F 3
Kelheim 38/39, G 4
Kellenhusen 36/37, G 1
Keller 38/39, E 1/2
Kellinghusen 36/37, E 2
Kem 52/53, H 2
Kemberg 24, C 1
Kemerowo 100/101, J 4
Kemi 52/53, F 2
Kemijarvi 52/53, F 2
Kemijoki 52/53, F 2
Kemnath 38/39, G 3
Kemnitz 18/19, B 3
Kempen (L., Belgien) 48, E 4
Kempen (O., Nordrhein-Westfalen) 36/37, B 4
Kempten 38/39, F 5
Kendari 106/107, D 4
Kenia 78/79, G 5
Kenitra 84/85, C 1
Kenora 122/123, K 4
Kentau 100/101, G 5
Kentucky 114/115, H 5
Kerala 90/91, D 4
Kerbela 102/103, C 2
Kerinci 106/107, B 4
Kerkenna-Inseln 56/57, F 5
Kerki 100/101, G 6
Kerkira (O.) 58/59, B 4
Kerkira = Korfu
Kermadecgraben 108/109, H 4
Kermadec-Inseln 108/109, G 4
Kerman 102/103, D 2
Kermanschah 102/103, C 2
Kerteminde 49, D 5
Kertsch 58/59, F 2
Kerulen 104/105, E 1
Kerzendorf 18/19, C/D 3
Keshma 100/101, L 4
Ket 100/101, J 4
Ketapang 106/107, C 4
Ketzin 18/19, B 3
Ketzür 18/19, A 3
Key West 124/125, E 4
Khaiber-Paß 102/103, F 3
Kharagpur 102/103, G 3
Kharga 84/85, G 2
Khartum 84/85, G 3
Khartum-Nord 84/85, G 3
Khasigebirge 102/103, H 3
Khonkaen 106/107, B 2
Khulna 102/103, G 3
Kidal 84/85, D 3
Kiefersfelden 38/39, H 5
Kiekebusch 18/19, E 3
Kiel 36/37, F 1
Kielce 50/51, G 3
Kieler Bucht 36/37, F 1

Kielkanal = Nord-Ostsee-Kanal
Kienbaum 18/19, F 3
Kienberg 18/19, B 2
Kierspe 36/37, C 4
Kiew 50/51, J 3
Kigali 86/87, C 2
Kigoma 86/87, C 2
Kikwit 86/87, B 2
Kil 49, G 1
Kilimanjaro 86/87, C 2
Kilis 58/59, G 4
Killarney 54/55, A 3
Kimberley 86/87, C 4
Kimberleyplateau 108/109, B 2
Kinabalu 106/107, C 3
Kindia 84/85, B 3
Kindu 86/87, C 2
King-Inseln 108/109, D 5
Kings Lynn 48, A 3
Kingston 124/125, F 5
Kinna 49, F 3
Kinshasa 86/87, B 2
Kinyeti 84/85, G 4
Kinzig (Fl. zum Main) 38/39, E 2
Kinzig (Fl. zum Rhein) 38/39, C 4
Kipfenberg 38/39, G 4
Kirchheimbolanden 38/39, D 3
Kirchheim unter Teck 38/39, E 4
Kirchzarten 38/39, G 5
Kirensk 100/101, L 4
Kirgisistan 90/91, D 2
Kiribati 1, S 5/6
Kırıkale 58/59, F 4
Kirkenes 52/53, G 1
Kirkuk 102/103, C 2
Kirn 38/39, C 3
Kirokawan 58/59, J 2
Kirow 100/101, E 4
Kirowabad 58/59, J 2
Kirow-Inseln 100/101, J 2
Kirowograd 50/51, K 2
Kirowsk 52/53, H 2
Kiruna 52/53, E 2
Kisangani 86/87, C 1
Kischinew 50/51, J 4
Kisimayu 86/87, E 2
Kisljar 58/59, J 2
Kislowodsk 58/59, H 3
Kisumu 86/87, D 1
Kisyl-Arwat 100/101, F 6
Kitakyushu 104/105, G 2
Kithira 58/59, C 4
Kitimat 122/123, G 4
Kitwe 86/87, C 3
Kitzbühel 46/47, J 2
Kitzbüheler Alpen 38/39, G/H 5
Kitzingen 38/39, F 3
Kitzscher 24, C 2
Kivu 86/87, C 2
Kivusee 86/87, C 2
Kızılırmak 58/59, F 3
Kladno 38/39, K 2
Klagenfurt 46/47, L 3
Klaipeda = Memel (O.)
Klarälv 52/53, C 3
Klatovy = Klattau
Klattau (Klatovy) 38/39, J 3
Klausenburg (Cluj) 50/51, G 4
Kleinasien 60/61, H 4
Kleinbeeren 18/19, D 3
Klein Behnitz 18/19, A 2
Kleine Antillen 124/125, G 5
Kleiner Ravensberg 18/19, C 3
Kleiner Belt 49, C 5
Kleiner Chingan 104/105, F 1
Kleiner Jenissej 100/101, K 4
Kleiner Sankt Bernhard 46/47, C 4
Kleines Haff 36/37, K 2
Kleine Sunda-Inseln 106/107, C 4
Kleine Syrte 84/85, E 1
Klein Kienitz 18/19, D 3
Klein Kreutz 18/19, A 3
Kleinmachnow 18/19, C 3
Klein Ziethen 18/19, D 3
Kleve 36/37, B 4
Klingenthal 38/39, H 2

Kljutschew 100/101, R 4
Klondike 122/123, E 3
Klosterdorf 18/19, F 2
Klosterfelde 18/19, D 1
Klosterneuburg 46/47, M 1
Kloten 38/39, D 5
Klötze 36/37, G 3
Knetzberg 38/39, F 3
Knittelfeld 46/47, L 2
Knoblauch 18/19, B 2
Knokke-Heist 48, C 4
Knossos 58/59, D 5
Knüll 38/39, E 2
Knøsen 49, D 3
Kobanke 49, E 5
Kobdo 104/105, C 1
Kobe 104/105, G 2
Koblenz 38/39, C 2
Kochel 38/39, G 5
Kochelsee 38/39, G 5
Kocher 38/39, E 3
Kochi 104/105, G 2
Kodiak 122/123, D 4
Kodok 84/85, G 3
Køge 49, F 5
Køgebucht 49, F 5
Köflach 46/47, L 2
Kojak-Paß 102/103, E 2
Kokand 100/101, G 5
Kokkola 52/53, E 3
Kokonau 106/107, E 4
Kokos-Inseln 106/107, A 5
Koktschetaw 100/101, G 4
Kolbeinsey 52/53, C 1
Kolberg 50/51, E 2
Kolding 49, C 5
Kolepom 106/107, E 4
Kolhapur 102/103, F 4
Kölleda 36/37, G 4
Köln 38/39, B 2
Kolonia 106/107, G 3
Kolpaschewo 100/101, J 4
Kolpin 18/19, F 3
Kolpino 52/53, G 4
Kolumbien 114/115, J/K 8
Kolwezi 86/87, C 3
Kolyma 100/101, Q 3
Kolymagebirge 100/101, R 3
Komagudu 84/85, E 3
Komoe 84/85, C 4
Komoren 78/79, H 7
Komotau (Chomutov) 38/39, J 2
Kompaßberg 86/87, C 5
Komsomolsk 100/101, O 4
Komsomolze-Inseln 100/101, K 1
Kongo (St.) 78/79, E 5
Kongo (Zaire, Fl.) 86/87, C 1
Kongobecken 76/77, G/H 6/7
Kongsvinger 52/53, B 3
Kongur 104/105, A 2
Königin-Charlotte-Inseln 122/123, F 4
Königin-Elisabeth-Inseln 122/123, G 2
Königin-Maud-Land 138, 2
Königs Wusterhausen 18/19, E 3
Königsberg (Kaliningrad) 50/51, G 2
Königsbrunn 38/39, F 4
Königsgraben 18/19, C 4
Königslutter 36/37, F 3
Königssee 38/39, H/J 5
Königstein (Hessen) 38/39, D 2
Königstein (Sachsen) 38/39, K 2
Königs Wusterhausen 18/19, J 3
Können 24, A 1
Konoscha 100/101, E 3
Konstantin 58/59, E 3
Konstanza 50/51, J 4
Konya 58/59, F 4
Konz 38/39, B 2
Kopenhagen 49, F 5
Koper 46/47, K 4
Kopetdag 100/101, F 6
Korallensee 108/109, E 2
Koralpe 46/47, M 3

Korbach 36/37, D 4
Korcë 58/59, C 3
Kordilleren 126/127, B 3-C 6
Kordillere von Mérida 126/127, B/C 2
Kordofan 84/85, F/G 3
Korea-Straße 104/105, F/G 2
Korfu (Kerkira, I.) 58/59, B 4
Korhogo 84/85, C 4
Korinth 58/59, C 4
Korjakengebirge 100/101, S 3
Korjaks 100/101, Q 4
Korla 104/105, B 1
Körmend 46/47, N 2
Korneuburg 46/47, N 1
Kornwestheim 38/39, E 4
Köroğlu daglari 58/59, D 5
Koromandelküste 102/103, G 4
Koror 106/107, E 3
Korsakow 100/101, P 5
Korsika 54/55, F 6
Korsør 49, E 5
Kortrijk 48, D 5
Kos 58/59, D 4
Koslan 100/101, E 3
Kosovska Mitrovica 58/59, C 3
Kosti 84/85, G 3
Kostroma 100/101, E 4
Kostrzyn = Küstrin
Kota 102/103, F 3
Kota Baru 106/107, B 3
Kota Kinabalu 106/107, C 3
Kotelny-Insel 100/101, O 2
Köthen 36/37, G 4
Kotka 52/53, F 3
Kotlas 100/101, E 3
Kotto 84/85, E/F 3
Kotui 100/101, L 3
Kourou 126/127, D 3
Kowdor 52/53, G 2
Kowel 50/51, H 3
Kragerø 49, C 2
Kragujevac 58/59, C 2
Krahne 18/19, A 3
Kraichgau 38/39, D 3
Krainburg (Kranj) 46/47, L 3
Krakau (Krakow) 50/51, F 3
Krakow (Mecklenburg-Vorpommern) 36/37, H 2
Krakow = Krakau
Kralupy 38/39, K 2
Kranj = Krainburg
Kraslice = Graslitz
Krasnodar 58/59, G 2
Krasnojarsk 100/101, K 4
Krasnowodsk 100/101, F 5
Krefeld 36/37, B 4
Kreiensen 36/37, E 4
Krementschug 50/51, K 2
Kremmen 18/19, B/C 1
Krems 46/47, M 1
Kremsmünster 38/39, K 4
Kreta 58/59, D 5
Kreuzberg 38/39, E 2
Kreuztal 38/39, C 2
Kriele 18/19, A 2
Krielow 18/19, B 3
Krim 58/59, F 2
Krimml 46/47, H 2
Krishna 102/103, F 4
Kristiansand 52/53, B 4
Kristiansund 52/53, A 3
Kriwoi Rog 50/51, K 3
Krk 46/47, L 4
Kroatien 58/59, A 2
Kronach 38/39, G 2
Kronstadt (Brașov) 50/51, H 4
Kronstadt (UdSSR) 52/53, G 3
Kropotkin 58/59, G 2
Krossinsee 18/19, E 3
Kröv 38/39, C 3
Kruge-Gersdorf 18/19, F 2
Krüger-Nationalpark 86/87, D 4
Krugersdorp 86/87, C 4
Krumau (Český Krumlov) 38/39, K 4

Krumbach 38/39, F 4
Krummensee 18/19, E 2
Krummhörn-Greetsiel 36/37, C 2
Krumpa-Lützkendorf 24, A 2
Krün 38/39, G 5
Kruså 36/37, E 1
Ksyl-Orda 100/101, G 5
Kuala Lumpur 106/107, B 3
Kuando 86/87, C 3
Kuango 86/87, B 2
Kuantan 106/107, B 3
Kuanza 86/87, B 2
Kuba 114/115, H/J 6
Kuban 58/59, G 2
Kubango 86/87, B 3
Kubany 38/39, J 4
Kuching 106/107, C 3
Kudugu 84/85, C 3
Kufra-Oasen 84/85, F 2
Kufstein 46/47, J 2
Kühler Berg 18/19, B 3
Kühlungsborn 36/37, G 1
Kuhrudgebirge 102/103, D 2/3
Kuibyschew 100/101, F 4
Kuibyschewer Stausee 100/101, E 4
Kujtoseen 52/53, G 2
Kuljab 100/101, G 6
Kulkwitz 24, B 2
Kullen 49, F 4
Kulmbach 38/39, G 2
Kulsary 100/101, F 5
Kulunda 100/101, H 4
Kuma 58/59, J 1
Kumamoto 104/105, G 2
Kumasi 84/85, C 4
Kummerower See 36/37, H/J 2
Kummersdorf 18/19, F 3
Kunashiri 104/105, H 1
Kundus 102/103, E 2
Kunene 86/87, B 3
Kungrad 100/101, F 5
Kungsbacka 49, E 3
Kunlun Shan 104/105, A-C 2
Kunming 104/105, D 3
Künzelsau 38/39, E 3
Kuopio 52/53, F/G 3
Kupang 106/107, D 5
Kura 58/59, H 3
Kurdistan 58/59, H/J 4
Kurejka 100/101, K 3
Kurgan 100/101, G 4
Kuria-Muria-Inseln 102/103, D 4
Kurilen 100/101, Q 5
Kurisches Haff 50/51, G 2
Kurland 50/51, G 1
Kursk 100/101, D 4
Kuschka 100/101, G 6
Kusel 38/39, C 3
Kushiro 104/105, H 1
Kuskokwimberge 122/123, D 3
Kustanai 100/101, G 4
Küstengebirge 122/123, F 4
Küstenkanal 36/37, C 3
Küstenkette 124/125, A 2
Küstrin (Kostrzyn) 36/37, K 3
Küt 102/103, C 2
Kütahya 58/59, E 4
Kutaisi 58/59, H 3
Kutno 50/51, F 2
Kuwait (O.) 102/103, C 3
Kuwait (St.) 90/91, C 3
Kvarner 46/47, L 5
Kwazulu 78/79, 4
Kyburg 38/39, D 5
Kyffhäuser 36/37, G 4
Kykladen 58/59, D 4
Kyll 38/39, B 3
Kyllburg 38/39, B 2
Kyoto 104/105, G 2
Kyritz 36/37, H 3
Kysyl 100/101, K 4
Kysylkum 100/101, G 5
Kyushu 104/105, G 2

K2 = Godwin Austen

FNL

L

Laage 36/37, H 2
Laakirchen 38/39, J 5
Laboe 36/37, F 1
Labrador 122/123, M 4
Labradorsee 122/123, O 4
Lac de Vouglans 46/47, B 3
Lac du Bourget 46/47, B 4
La Chaux-de-Fonds 46/47, C 2
Lachendorf 36/37, F 3
La Ciotat 46/47, B 6
La Coruña 56/57, A 3
Lacq 54/55, C 6
La Cumbre-Paß 126/127, C 6
Ladeburg 18/19, E 2
Ladoga-Kanal 52/53, G 4
Ladogasee 52/53, G 3
Lae 106/107, F 4
Læsø 49, E 3
Lage 36/37, D 4
Laghuat 84/85, D 1
Lagos (Nigeria) 84/85, D 4
Lagos (Portugal) 56/57, A 4
La Gran Sabana 126/127, C 2
La Guairá 126/127, C 1
Lahn 38/39, D 2
Lahnstein 38/39, C 2
Laholm 49, G 4
Laholmbucht 49, F 4
Lahore 102/103, F 2
Lahr 38/39, C 4
Lahti 52/53, F 3
Laibach (Ljubljana) 58/59, A 2
Laichingen 38/39, E 4
Lake of Woods 122/123, K 5
Lakkadiven 102/103, E/F 4
Laksefjord 52/53, F 1
Lakshadweep 90/91, D 4
La Línea 56/57, B 4
Lam 38/39, J 3
La Mancha 56/57, C 4
Lambach 38/39, J 4
Lambarene 86/87, B 2
Lamia 58/59, C 4
Lampertheim 38/39, D 3
Landau an der Isar 38/39, H 4
Landau in der Pfalz 38/39, D 3
Ländchen Bellin 18/19, A 1
Landeck 46/47, G 2
Landenge von Panamá 124/125, E 6
Landenge von Tehuantepec 124/125, D 5
Landes 54/55, C 6
Landsberg (Sachsen-Anhalt) 24, B 1
Landsberg (Warthe) 50/51, E 2
Landsberg am Lech 38/39, F 4
Land's End 54/55, B 4
Landshut 38/39, H 4
Landskrona 49, F 5
Landstuhl 38/39, C 3
Langanes 52/53, D 1
Langeland 49, D 6
Langelands Belt 49, D 6
Langenau 38/39, F 4
Langenberg 36/37, D 4
Langeneß 36/37, D 1
Langenhagen 36/37, E 3
Langenzenn 38/39, F 3
Langeoog 36/37, C 2
Langer Berg 18/19, F 2
Langer See (Berlin) 18/19, E 3
Langer See (Brandenburg) 18/19, F 4
Langerwisch 18/19, C 3
Langres 46/47, B 2
Languedoc 54/55, D 6
Lanin 126/127, B 6
Lanke 18/19, E 1
Lansing 124/125, E 2
Lanzarote 84/85, B 2
Lanzhou 104/105, D 2
Laon 48, D 6
Laos 90/91, F 4
La Palma 84/85, B 2
La Paz (Bolivien) 126/127, C 4

La Paz (Mexiko) 124/125, B 4
La Pérouse-Straße 104/105, G/H 1
La Plata 126/127, D 6
Lappeenranta 52/53, F 3
Lappland 52/53, E 2
Laptewsee 100/101, N 2
Laptewstraße 100/101, P 2
Larche 46/47, C 5
Larisa 58/59, C 4
Lárnaca 58/59, F 5
Larne 54/55, B 3
La Rochelle 54/55, C 5
Larvik 49, C 1
La Serena 126/127, B 5
Las Palmas 84/85, B 2
La Spezia 56/57, F 2
Lassan 36/37, J 2
Las Vegas 124/125, B 3
Latakia 58/59, F 5
Latina 56/57, G 3
Laucha 24, A 2
Lauchert 38/39, E 4
Lauchhammer 36/37, J 4
Lauda-Königshofen 38/39, E 3
Lauenburg an der Elbe 36/37, F 2
Lauf 38/39, G 3
Laufen 38/39, H 5
Laufenburg 38/39, D 5
Lauffen 38/39, E 3
Lauingen 38/39, F 4
Launceston 108/109, D 5
Laupheim 38/39, E 4
Lausanne 46/47, C 3
Lauscha 38/39, G 2
Laußig 24, C 1
Lauta 25, 1 B 2
Lautaret 46/47, C 4
Lauter 38/39, D 3
Lauterbach 38/39, E 2
Laval 54/55, C 4
Lavant 46/47, L 3
Laverton 108/109, B 3
Lebowa 78/79, G 4
Lebowakgomo 78/79, 4
Lecce 56/57, H 3
Lecco 46/47, F 4
Lech 38/39, F 5
Lechfeld 38/39, F 4
Lechtaler Alpen 46/47, G 2
Le Creusot 46/47, A 3
Leda 36/37, D 2
Leeds 54/55, C 3
Leegebruch 18/19, C 2
Leer 36/37, C 2
Leeuwarden 48, F 2
Lefkas 58/59, C 4
Legaspi 106/107, D 2
Legau 38/39, F 5
Leh 102/103, F 2
Le Havre 54/55, C 4
Lehnin 18/19, B 3
Lehnitz 18/19, D 2
Lehrte 36/37, E 3
Leicester 54/55, C 3
Leiden 48, E 3
Leine 36/37, E 4
Leinefelde 36/37, F 4
Leipzig 36/37, H 4
Leipziger Bucht 34/35, E 3
Leisnig 24, C 2
Leitha 46/47, N 2
Leithagebirge 46/47, N 2
Leitmeritz (Litoměřice) 38/39, K 2
Lek 48, F 3
Lelystad 48, F 3
Le Mans 54/55, D 5
Lemberg (B., Schwäbische Alb) 38/39, D 4
Lemberg (Lwow) 50/51, G 3
Lemgo 36/37, D 3
Lemvig 49, B 4
Lena 100/101, L 4
Lend 38/39, J 5
Lendery 52/53, G 3
Lenggries 38/39, G 5

Leninabad 100/101, G 6
Leninakan 58/59, H 3
Leningrad 52/53, G 4
Leninogorsk 100/101, J 4
Leninsk-Kusnezkij 100/101, J 4
Leninskoje 100/101, O 5
Lenne 36/37, C 4
Lennestadt 36/37, D 4
Lensk 100/101, M 3
Lentzke 18/19, A 1
Lenzburg 38/39, D 5
Lenzen 36/37, G 2
Leoben 46/47, M 2
León (Mexiko) 124/125, C 4
León (Spanien) 56/57, B 3
Leonberg 38/39, E 4
Leonora 108/109, B 3
Lérida 56/57, D 3
Lermoos 38/39, F 5
Lerwick 54/55, C 1
Les Andelys 48, B 6
Lesbos 58/59, D 4
Lesnoi 52/53, H 2
Lesotho 78/79, G 8
Leticia 126/127, B/C 3
Le Tréport 48, B 5
Lettland 62/63, G 3
Leuenberg 18/19, F 2
Leuna 24, B 2
Leuser 106/107, A 3
Leutensdorf (Litvínov) 38/39, J 2
Leutkirch 38/39, F 5
Leverkusen 36/37, B 4
Leyte 106/107, D 2
Lhasa 104/105, C 3
Lianyungang 104/105, E 2
Liaoyuan 104/105, F 1
Libanon (G.) 58/59, F 5
Libanon (St.) 90/91, B 3
Libau 50/51, G 1
Libenge 86/87, B 1
Liberia 78/79, B 5
Libreville 86/87, A/B 1
Libyen 78/79, E 3
Libysche Wüste 84/85, F 2
Lich 38/39, D 2
Lichinga 86/87, D 3
Lichtenau 36/37, D 4
Lichtenfels (Bayern) 38/39, G 2
Lichtenow 18/19, F 3
Lichtenstein 24, C 3
Lidköping 49, F/G 2
Liechtenstein 62/63, E 4
Lienz 46/47, J 3
Liepe 18/19, A 2
Liepnitzsee 18/19, E 2
Lieser 38/39, B 2
Liestal 38/39, G 5
Lietzow 18/19, B 2
Liezen 46/47, L 2
Ligurische Alpen 46/47, D 6
Ligurisches Meer 56/57, E 3
Likasi 86/87, C 3
Lille 54/55, D 4
Lillehammer 52/53, B 3
Lilongwe 86/87, D 3
Lima 126/127, B 4
Limassol 58/59, F 5
Limbach-Oberfrohna 38/39, H 2
Limburg 38/39, D 2
Limerick 54/55, A 3
Limfjord 49, B 4
Limmared 49, G 3
Limmat 46/47, E 2
Limnos 58/59, D 4
Limoges 54/55, D 5
Limpelberg 38/39, G 3
Limpopo 86/87, D 4
Linares 56/57, C 4
Lincoln 124/125, D 2
Lindau (Bodensee) 38/39, E 5
Lindenberg (Brandenburg) 18/19, E 2
Lindenberg/Allgäu 38/39, E 5
Lindesnes 52/53, A 4
Lindi 86/87, C 1
Linfen 104/105, E 2
Lingen 36/37, C 3

Lingga-Inseln 106/107, B 3
Linguère 84/85, B 3
Linköping 52/53, C 4
Linum 18/19, B 1
Linz am Rhein 38/39, C 2
Linz an der Donau 38/39, K 4
Liparische Inseln 56/57, G 4
Lipezk 100/101, D 4
Lipno 38/39, K 4
Lippstadt 36/37, D 4
Lismore 108/109, E 3
Lissabon 56/57, A 4
List 36/37, D 1
Litauen 62/63, G 3
Litoměřice = Leitmeritz
Little Rock 124/125, D 3
Litvínov = Leutensdorf
Liuzhou 104/105, D 3
Liverpool 54/55, C 3
Livland 52/53, F 4
Livorno 56/57, F 3
Ljachow-Inseln 100/101, P 2
Ljubljana = Laibach
Ljusdal 52/53, D 3
Ljusnan 52/53, C 3
Llano Estacado 124/125, C 3
Llanos 126/127, B/C 2
Llullaillaco 126/127, B 5
Löbau 36/37, K 4
Lobenstein 38/39, G 2
Lobetal 18/19, E 2
Lobito 86/87, B 3
Lob Nur 104/105, C 1
Locarno 46/47, E 3
Loccum 36/37, E 3
Löcknitz 18/19, F 3
Lodi 46/47, F 4
Lodz 50/51, F 3
Løgstør 49, C 4
Løkken 49, C 3
Lofer 38/39, H 5
Lofoten 52/53, C 2
Logroño 56/57, C 3
Löhme 18/19, E 2
Lohne 36/37, D 3
Lohr 38/39, E 3
Loibl 46/47, L 3
Loire 54/55, D 5
Loisach 38/39, G 5
Lokka 52/53, F 2
Lolland 49, E 6
Lollar 38/39, D 2
Lomaberge 84/85, B 4
Lomami 86/87, C 2
Lombardei 46/47, E 4
Lombok 106/107, C 4
Lomé 84/85, D 4
Lomela 86/87, C 2
Lomont 46/47, C 2
London 54/55, C 4
Londonderry 54/55, B 3
Londrina 126/127, D/E 5
Longreach 108/109, D 3
Longuyon 48, F 6
Longwy 48, F 6
Löningen 36/37, D 3
Lons-le-Saunier 46/47, B 3
Lorca 56/57, C 4
Lorch (Rems) 38/39, E 4
Lorch (Rhein) 38/39, C 2
Lord-Howe-Insel 108/109, E 4
Loreto 56/57, G 3
Lorient 54/55, B 5
Los Angeles 124/125, A 3
Lošinj 46/47, L 5
Lot 54/55, D 5
Lothringen 54/55, E 4
Lough Corrib 54/55, A 3
Lough Neagh 54/55, B 3
Lough Ree 54/55, A 3
Louisiade-Archipel 106/107, G 5
Louisiana 114/115, G 5
Loulon 104/105, B 1
Louisville 124/125, E 3
Louny 38/39, J 2
Lourdes 54/55, C 6
Lowat 52/53, G 4
Löwen 48, E 5

Löwenbruch 18/19, D 3
Löwendorf 18/19, C 4
Lowestoft 48, B 3
Loxstedt 36/37, D 2
Loyalty-Inseln 108/109, F 2
Lualaba (Kongo) 86/87, C 2
Luanda 86/87, B 2
Luangwa 86/87, D 3
Luanshya 86/87, C 3
Luau 86/87, C 3
Lubango 86/87, B 3
Lubbecke 36/37, D 3
Lübben 36/37, J 4
Lübbenau 36/37, J 4
Lübeck 36/37, F 2
Lübecker Bucht 36/37, G 1
Lubéron 46/47, B 6
Lublin 50/51, G 3
Lubmin 36/37, J 1
Lübtheen 36/37, G 2
Lubumbashi 86/87, C 3
Lucca 46/47, G 6
Lüchow 36/37, G 3
Lucka 24, B 2
Luckau 36/37, J 4
Luckenwalde 36/37, J 3
Lucknow 102/103, G 3
Lüda 104/105, F 2
Lüdenscheid 36/37, C 4
Lüder 38/39, E 2
Lüderitz 86/87, B 4
Lüdersdorf 18/19, G 2
Ludhiana 102/103, F 2
Lüdinghausen 36/37, C 4
Ludvika 52/53, C 3
Ludwigsburg 38/39, E 4
Ludwigsfelde 18/19, C/D 3
Ludwigshafen 38/39, D 3
Ludwigslust 36/37, G 2
Ludwigsstadt 38/39, G 2
Luena 86/87, B 3
Luenda 86/87, D 3
Luga 52/53, G 4
Luganer See 46/47, E 4
Lugano 46/47, E 3
Lugau 24, C 3
Lugenda 86/87, D 3
Lugo 56/57, B 3
Luhe 36/37, F 2
Lukenie 86/87, C 2
Lukuga 86/87, C 2
Luleå 52/53, E 2
Luleälv 52/53, E 2
Lulua 86/87, C 3
Lunbala 86/87, C 3
Lund 49, G 5
Lunda 86/87, B/C 2
Lundaschwelle 76/77, G/H 8
Lundenburg (Břeclav) 46/47, N 1
Lune 36/37, D 2
Lüneburg 36/37, F 2
Lüneburger Heide 36/37, E 2-F 3
Lünen 36/37, C 4
Lunéville 46/47, C 1
Lünow 18/19, A 3
Luoyang 104/105, E 2
Lure 46/47, B 5
Lurio 86/87, D 3
Lusaka 86/87, C 3
Lusen 38/39, J 4
Lütjenburg 36/37, F 1
Lütte 18/19, A 4
Lüttich 48, F 5
Lützen 24, B 2
Luvua 86/87, C 2
Luxemburg (O.) 48, F 6
Luxemburg (St.) 62/63, E 4
Luxeuil-les-Bains 38/39, B 5
Luxor 84/85, G 2
Luzern 46/47, E 2
Luzon 106/107, D 2
Luzon-Straße 106/107, D 1
Lwow = Lemberg
Lyallpur 102/103, F 2
Lychen 38/39, J 2
Lyck 50/51, G 2
Lynn Lake 122/123, J 4

Lyon 54/55, E 5
Lys 48, C 5
Lysekil 49, E 2

M

Maan 102/103, B 2
Mäander = Büyük Menderes
Maanselkä 52/53, G 2
Maas 48, F 6
Maastrich 48, F 5
Macao (Aomen) 104/105, E 3
Macapá 126/127, D 2
Macdonnellkette 108/109, C 3
Maceió 126/127, F 3
Machatschkala 100/101, E 5
Machu Picchu 126/127, B 4
Mackay 108/109, D 3
Mackaysee 108/109, B 3
Mackenzie (Fl.) 122/123, G 3
Mackenzie (L.) 122/123, G 3
Mackenziegebirge 122/123, G 3
Mâcon 46/47, A 3
Macquarie-Inseln 108/109, E 6
Madagaskar 78/79, H 7
Madang 106/107, F 4
Madeira (Fl., Brasilien) 126/127, C 3
Madeira (I.) 84/85, B 1
Madeira-Fälle 126/127, C 4
Madhya Pradesh 90/91, D/E 3
Madison 124/125, D 2
Madon 38/39, B 4
Madras 102/103, G 4
Madrid 56/57, B 3
Madura 106/107, C 4
Madurai 102/103, F 5
Madüsee 36/37, K 2
Mafia 86/87, E 2
Magadan 100/101, P 4
Magdalena 126/127, B 2
Magdeburg 36/37, F 3
Magdeburger Börde 36/37, G 3
Magellanstraße 126/127, B 8
Magnitogorsk 100/101, F 4
Mahajanga 86/87, E 3
Mahanadi 102/103, G 3
Maharastan 90/91, D 4
Mahé 86/87, F 2
Mahlow 18/19, D 3
Mähren 50/51, E 3
Maîche 38/39, B 5
Maiduguri 84/85, E 3
Maikop 58/59, H 2
Mailand 56/57, F 2
Maimana 102/103, E 2
Main 38/39, F 3
Mainau 38/39, E 5
Mainburg 38/39, G 4
Mai Ndombe-See 86/87, B/C 2
Main-Donau-Kanal 38/39, G 3
Mainz 38/39, D 3
Maipo 126/127, B/C 6
Maitland 108/109, D 4
Majumba 86/87, A/B 2
Makale 84/85, G 3
Makaryd 49, G 4
Makat 100/101, F 4/5
Makedonien (Bundesstaat) 62/63, G 4
Makedonien (L.) 58/59, C 3
Makgadikgadisalzpfanne 86/87, C 4
Makinsk 100/101, H 4
Makurdi 84/85, D 3
Malabarküste 102/103, F 4/5
Malabo 84/85, D 4
Malacca-Halbinsel 104/105, A 3
Malacca-Straße 106/107, B 3
Málaga 56/57, B 4
Malakal 84/85, G 4
Malang 106/107, C 4
Malanje 86/87, B 2
Mälarsee 52/53, F 3
Malatya 58/59, G 4
Malawi 78/79, G 7
Malawisee (Njassasee) 86/87, D 3

Malaya 90/91, F 4
Malaysia 90/91, F 4
Malchin 36/37, H 2
Malchow 36/37, H 2
Male 102/103, F 5
Malediven 90/91, D 4
Malegaon 102/103, F 3
Mali 78/79, C 3
Malili 106/107, D 4
Malindi 86/87, E 2
Maling 106/107, D 3
Mallorca 56/57, D 4
Malmédy 48, G 5
Malmö 52/53, C 5
Maloja 46/47, F 3
Malsch 38/39, D 4
Malta (I.) 56/57, G 5
Malta (St.) 62/63, F 5
Malwinen = Falkland-Inseln
Maly Karmakuly 100/101, E 2
Malz 18/19, D 1
Mamaia 50/51, J 4
Mamoré 126/127, C 4
Man (I., Großbritannien) 54/55, B 3
Man (O., Elfenbeinküste) 84/85, C 4
Manado 106/107, D 3
Manama 102/103, D 3
Manaus 126/127, C/D 3
Manchester 54/55, C 3
Manching 38/39, G 4
Mandal 49, A 3
Mandschurei 104/105, F/G 1
Mangalore 102/103, F 4
Mangfallgebirge 38/39, G/H 5
Mangoky 86/87, E 4
Manila 106/107, C 2
Manipur 90/91, E 3
Manisa 58/59, D 4
Manitoba 114/115, G 3
Manitobasee 122/123, J 4
Manizales 126/127, B 2
Mannheim 38/39, D 3
Manokwari 106/107, E 4
Manono 86/87, C 2
Mansa 86/87, C 3
Mansfeld 36/37, G 4
Mantes 48, B 7
Mantua 56/57, F 2
Manytschsee 58/59, H 2
Manzhouli 104/105, E 1
Maoke-Gebirge 106/107, E 4
Maoming 104/105, E 3
Maputo 86/87, D 4
Maraba 126/127, E 3
Maracaibo 126/127, B 1
Maracaibosee 126/127, B 2
Maradi 84/85, D 3
Marajó 126/127, E 3
Maramba 86/87, C 3
Maranhão 114/115, M 9
Marañón 126/127, B 3
Marbach 38/39, E 4
Marbella 56/57, B 4
Marburg 38/39, D 2
Marburg (Maribor) 58/59, A 2
March 50/51, F 3
Marche-en-Famenne 48, F 5
Mar del Plata 126/127, D 6
Maree 18/19, B 2
Margarita 126/127, C 1
Margate 48, B 4
Marguareis 46/47, D 5
Maria Laach 38/39, C 2
Marianen 106/107, F 2
Mariánské Lázně = Marienbad
Mariazell 46/47, M 2
Maribo 49, E 6
Maribor = Marburg
Marie-Byrd-Land 138, 2
Marielyst 36/37, G 1
Marienbad (Mariánské Lázně) 38/39, H 3
Marienberg 38/39, J 3
Marienborn 36/37, G 3
Marienburg 50/51, F 2
Mariestad 49, G 2
Marioka 104/105, H 2

Maritza 58/59, D 3
Markau 18/19, B 2
Markgrafpieske 18/19, F 3
Märkisch Wilmersdorf 18/19, D 4
Markkleeberg 36/37, H 4
Markolsheim 38/39, C 4
Markowo 100/101, S 3
Markranstädt 24, H 4
Marktbreit 38/39, F 3
Marktheidenfeld 38/39, E 3
Markt-Indersdorf 38/39, G 4
Marktoberdorf 38/39, F 5
Marktredwitz 38/39, H 2
Markt Schwaben 38/39, G 4
Marl 36/37, C 4
Marmarameer 58/59, D 3
Marmolada 46/47, H 3
Marne (Fl., Frankreich) 54/55, D 4
Marne (O., Schleswig-Holstein) 36/37, E 2
Marokko 78/79, B/C 2
Marquardt 18/19, B/C 3
Marrakesch 84/85, C 1
Marree 108/109, C 3
Marsabit 86/87, D 1
Marsa el Brega 84/85, F 1
Marsala 56/57, F 4
Marsberg 36/37, D 4
Marseille 54/55, E 6
Marshall-Inseln 1, S 5
Martigny 46/47, C 3
Martinique 124/125, G 5
Marua 84/85, E 3
Marwitz 18/19, C 2
Mary 100/101, G 6
Maryborough 108/109, E 3
Maryland 114/115, J 5
Mascara 56/57, D 5
Maschonaland 86/87, D 3
Maseru 86/87, C 4
Masinde 86/87, D 1
Masirah 102/103, D 4
Maskarenen 86/87, F 4-G 3
Maskat 102/103, D 3
Massachusetts 114/115, J/K 4
Massaisteppe 86/87, D 2
Massaua 84/85, G 3
Masuren 50/51, G 2
Matadi 86/87, B 2
Mataheleland 86/87, C 3
Matamoros 124/125, D 3
Mato Grosso 114/115, L 10
Mato Grosso do Sul 114/115, L 10/11
Matosinhos 56/57, A 3
Matrei 46/47, J 2
Matterhorn 46/47, D 3
Mattighofen 38/39, J 4
Maturin 126/127, C 2
Maubeuge 48, D 5
Maun 86/87, C 3
Mauretanien 78/79, B/C 3
Mauritius 78/79, J 7
Maxhütte-Haidhof 38/39, H 3
Mayen 38/39, C 2
Mayotte 86/87, E 3
Mazabuka 86/87, C 3
Mazatlán 124/125, C 4
Mazu 104/105, F 3
Mbabane 86/87, D 4
Mbala 86/87, D 2
Mbandaka 86/87, B/C 1
Mbeya Kasama 86/87, D 2
Mbinda 86/87, B 2
Mbuji-Mayi 86/87, C 2
McClure-Straße 122/123, G 2
Meaux 48, C 6
Mechelen 48, E 4
Mechernich 38/39, B 2
Meckenburgische Seenplatte 36/37, G/J 2
Mecklenburg-Vorpommern 41
Medan 106/107, A 3
Medellin 126/127, B 2
Medicine Hat 122/123, H 4
Medina 102/103, B 3
Medjerda 56/57, F 4

Médoc 54/55, C 5
Meekatharra 108/109, A 3
Meeralpen 46/47, C 5
Meerane 38/39, H 2
Meersburg 38/39, E 5
Meerut 102/103, F 3
Meghalaya 90/91, E 3
Mehrow 18/19, E 2
Meiningen 38/39, F 2
Meisenheim 38/39, C 3
Meißen 36/37, J 4
Meißner 36/37, E 4
Mekambo 86/87, B 1
Mekka 102/103, B 3
Meknes 84/85, C 1
Mekong 104/105, C 2/3
Melanesien 106/107, F 3
Melbourne 108/109, D 4
Melchow 18/19, E 1
Meldorf 36/37, E 1
Melilla 56/57, C 5
Melitopol 58/59, F 2
Melk 46/47, M 1
Melle 36/37, D 3
Mellerud 49, F 2
Mellrichstadt 38/39, F 2
Mellum 36/37, D 1
Mělník 38/39, K 2
Melsungen 36/37, E 4
Melun 48, C 7
Melville-Halbinsel 122/123, L 3
Melville-Insel (Australien) 108/109, C 2
Melville-Insel (Kanada) 122/123, H 2
Melvillesund 122/123, J 2
Memel (Fl.) 50/51, G 2
Memel (Klaipeda, O.) 50/51, G 2
Memmert 36/37, B/C 2
Memmingen 38/39, F 5
Memphis (O., USA) 124/125, E 3
Memphis (Ruinenstätte, Ägypten) 84/85, G 2
Menden 36/37, C 4
Mendoza 126/127, C 6
Mengen 38/39, E 4
Mengerskirchen 38/39, D 2
Mengzi 104/105, D 3
Menongue 86/87, B 3
Menorca 56/57, E 3
Mentawai-Inseln 106/107, A 4
Menton 46/47, D 6
Meppel 48, G 3
Meppen 36/37, C 3
Merak 106/107, B 4
Meran 46/47, H 3
Merauke 106/107, E 4
Merca 84/85, H 4
Mercedes 126/127, C 6
Merida (Mexiko) 124/125, E 4
Mérida (Spanien) 56/57, B 4
Mérida (Venezuela) 126/127, B 2
Mering 38/39, F 4
Merseburg 36/37, H 4
Mersin 58/59, F 4
Merzig 38/39, B 3
Meschede 36/37, D 4
Meschhed 102/103, D 2
Mesen (Fl.) 100/101, E 3
Mesen (O.) 100/101, E 3
Meseta 60/61, D 3/4
Messina 56/57, G 4
Meßkirch 38/39, E 5
Mestre 46/47, J 4
Meta 126/127, C 2
Meteorkrater (Sibirien) 100/101, K 4
Mettmann 36/37, B 4
Metz 38/39, B 3
Metzingen 38/39, E 4
Meuro 25, A 2
Meurthe 46/47, C 1
Meuselwitz 38/39, H 1
Mexicali 124/125, B 3
Mexiko 114/115, F 6
Mexiko-Stadt 124/125, D 5
Miami 124/125, E 4
Michelsdorf 18/19, A 3
Michelstadt 38/39, D 3

Michendorf 18/19, C 3
Michigan 114/115, H 4
Michigansee 124/125, E 2
Michikamausee 122/123, N 4
Middelfart 49, C 5
Middlesbrough 54/55, C 3
Mies (Mze, Fl.) 38/39, H 3
Mies (Stribro) 38/39, H 3
Miesbach 38/39, G 5
Mikkeli 52/53, G 2
Mikronesien 106/107, F 2
Mildura 108/109, D 4
Milford Haven 54/55, B 4
Millstatt 46/47, K 3
Milos 58/59, D 4
Miltenberg 38/39, E 3
Miltzow 36/37, J 1
Milwaukee 124/125, D 2
Mina el Ahmadi 102/103, C 3
Minas Gerais 114/115, M 10
Mincio 46/47, G 4
Mindanao 106/107, D 3
Mindel 38/39, F 4
Mindelheim 38/39, F 4
Minden 36/37, D 3
Mindoro 106/107, C 2
Minho 56/57, A 3
Minneapolis 124/125, D 2
Minnesota 114/115, G 4
Min Shan 104/105, D 2
Minsk 50/51, H 2
Minya Konka 104/105, D 3
Miquelon 122/123, O 5
Mirecourt 38/39, B 4
Mirim-Lagune 126/127, D 6
Mirnyj 100/101, M 3
Mirow 36/37, H 2
Miskolc 50/51, G 3
Misool 106/107, E 4
Mississippi (Bundesstaat) 114/115, G/H 5
Mississippi (Fl.) 124/125, D 2
Missouri (Bundesstaat) 114/115, G 5
Missouri (Fl.) 124/125, C 2
Mistassinisee 122/123, M 4
Misurata 84/85, E 1
Mitau 50/51, G 1
Mitchell (Fl.) 108/109, D 2
Mitchell (O.) 108/109, D 3
Mitla 124/125, D 5
Mittelberg 38/39, F 5
Mittelfranken 41
Mittellandkanal 36/37, C/D 3
Mittelmeer 84/85, D-G 1
Mittelrussische Platte 60/71, H 2
Mittelsibirisches Bergland 100/101, K 3
Mittenwald 38/39, G 5
Mittenwalde 18/19, D/E 3
Mitterteich 38/39, H 3
Mittweida 38/39, H 2
Mitú 126/127, B 2
Mjösensee 52/53, B 3
Mlanje 86/87, D 3
Mobuto-Sese-Seko-See 86/87, C/D 1
Moçambique (O.) 86/87, E 3
Moçambique (St.) 78/79, G/H 7
Mocha 102/103, C 4
Modane 46/47, C 4
Modena 56/57, F 2
Moe 108/109, D 4
Møn 49, F 5
Møns Klint 49, F 6
Moers 36/37, B 4
Mogadishu 84/85, H 4
Mogilew 50/51, J 2
Mogotscha 100/101, M 4
Mohéli 86/87, E 3
Mohenjo Daro 102/103, E 3
Möhne 36/37, D 4
Möhnesee 36/37, D 4
Mointy 100/101, H 5
Mojale 84/85, G 4
Mokp'o 104/105, F 2
Moldau (Fl., CSFR) 38/39, J 3

Moldau (L., Rumänien) 50/51, H 4
Moldau (St.) 62/63, G 4
Moldaustausee 38/39, K 4
Molde 52/53, A 3
Molepolole 86/87, C 4
Möll 46/47, K 3
Mollendo 126/127, B 4
Mölln 36/37, F 2
Mölndal 49, F 3
Molopo 86/87, B 4
Molsheim 38/39, C 4
Molukken 106/107, D 4
Molukken-See 106/107, D 4
Momagebirge 100/101, P 3
Mombasa 86/87, E 2
Monaco (O.) 54/55, E 6
Monaco (St.) 62/63, E 6
Mönchengladbach 36/37, B 4
Mönchwinkel 18/19, F 3
Mondovi 46/47, D 5
Mondsee 46/47, K 2
Mondsee (O.) 38/39, J 5
Monfalcone 46/47, K 4
Mongolei 90/91, E/F 2
Mongolischer Altai 104/105, B/C 1
Mongu 86/87, C 3
Monrovia 84/85, B 4
Mons 48, D 5
Monschau 38/39, B 2
Montabaur 38/39, C 2
Montana 114/115, E/F 4
Montauban 54/55, D 5
Montbard 46/47, A 2
Montbéliard 46/47, C 2
Mont Cenis 46/47, C 4
Mont des Fourches 46/47, B 1
Mont Dore 54/55, D 5
Monte Adamello 46/47, G 3
Monte Cristallo 46/47, H 3
Montélimar 46/47, A 5
Monte Maggiorasca 46/47, F 5
Montenegro 62/63, F/G 4
Monte Rosa 46/47, C 4
Monterrey 124/125, C 4
Montes Claros 126/127, E 4
Montevideo 126/127, D 6
Montgenèvre 46/47, C 4
Monti di Chianti 46/47, H 6
Mont Lozére 54/55, D 5
Montluçon 54/55, D 5
Montpelier 124/125, F 2
Montpellier 54/55, D 5
Montreal 122/123, M 5
Montreux 46/47, C 3
Montschegorsk 52/53, G 2
Monts du Beaujolais 46/47, A 3
Monts du Charolais 46/47, A 3
Monts du Lyonnais 46/47, A 4
Monts du Vivarais 46/47, A 5
Montserrat 124/125, G 5
Mont Ventoux 46/47, B 5
Monza 46/47, F 4
Moonie 108/109, D 3
Moonsonee 122/123, L 4
Moosburg 38/39, G 4
Mopri 84/85, C 3
Mora 52/53, C 3
Morava 58/59, C 2
Moray Firth 54/55, C 2
Moree 108/109, D 3
Morez 46/47, B 3
Morlaix 54/55, C 4
Morogoro 86/87, D 2
Morondava 86/87, E 4
Moroni 86/87, E 3
Morro Alto 126/127, E 4
Mors 49, B 4
Morsø-Nykøbing 49, B 4
Mortagne 46/47, B 2
Morzine 46/47, C 3
Mosbach 38/39, E 3
Mosel 24, B 3
Mosel (Moselle) 38/39, B 4
Moselle = Mosel
Moselotte 38/39, B 5
Moshi 86/87, D 2
Moskau 100/101, D 4

Moskitobank 124/125, E 5
Moskitoküste 124/125, E 5
Moss 49, D 1
Mössingen 38/39, E 4
Mostagamem 84/85, D 1
Mostar 58/59, B 3
Most = Brüx
Mosul 102/103, C 2
Mosyr 50/51, J 3
Motala 52/53, C 4
Möthlow 18/19, A 2
Motzen 18/19, E 4
Mount Baker 124/125, A 2
Mount Bruce 108/109, A 3
Mount Columbia 122/123, G 4
Mount Cook 108/109, F 5
Mount Elbert 124/125, C 3
Mount Elgon 86/87, D 1
Mount Everest 104/105, B 3
Mount Gambier 108/109, C 4
Mount Isa 108/109, C 3
Mount Kenia 86/87, D 2
Mount Kosciusko 108/109, D 4
Mount Logan 122/123, E 3
Mount Magnet 108/109, A 3
Mount McKinley 122/123, D 3
Mount-McKinley-Nationalpark 122/123, D 3
Mount Michelson 122/123, E 3
Mount Mitchell 124/125, E 3
Mount Rainier 122/123, A 2
Mount Robson 122/123, G 4
Mount Saint Helens 124/125, A 2
Mount Shasta 124/125, A 2
Mount Smythe 122/123, G 4
Mount Victoria 106/107, F 4
Mount Waddington 122/123, G 4
Mount Whitney 124/125, B 3
Mount Wilhelm 106/107, F 4
Mount Woodroffe 108/109, C 3
Mount Ziel 108/109, C 3
Moutier 38/39, G 5
Moutiers 46/47, C 4
Mpanda 86/87, D 2
Mpika 86/87, D 3
Mtwara 86/87, E 3
Muansa 86/87, D 2
Much 38/39, C 2
Müchen 24, A 2
Muchingagebirge 86/87, D 3
Mucusso 86/87, C 3
Mudanjiang 104/105, F 1
Müggelberge 18/19, E 3
Mugodsharyberge 100/101, F 5
Mühlacker 38/39, D 4
Mühldorf 38/39, H 4
Mühlenbeck 18/19, D 2
Mühlhausen 36/37, F 4
Mühlviertel 47/47, K 1
Muhrgraben 18/19, C 2
Mujunkum 100/101, H 5
Mukalla 102/103, C 4
Mukran 36/37, J 1
Mulde 36/37, H 4
Muldenstein 24, B 1
Mülhausen (Mulhouse) 38/39, C 5
Mülheim (Ruhr) 36/37, B 4
Mulhouse = Mülhausen
Müllheim 38/39, G 5
Multan 102/103, F 2
Muluya 84/85, C 1
Mumsdorf 24, B 2
Münchberg 38/39, G 2
Münchehofe 18/19, E 3
München 38/39, G 4
Münchenbernsdorf 24, A 3
Münden 36/37, E 4
Mundu 84/85, E 4
Mungbere 86/87, C 1
Munku Sardyk 104/105, C/D 1
Münsingen 38/39, E 4
Münster 36/37, C 4
Munster (Frankreich) 38/39, C 4
Munster (Niedersachsen) 36/37, F 3
Münsterland 36/37, C/D 4
Muonio 52/53, E 2
Muonioälv 52/53, E 1

Mur 46/47, L 2
Murchison 108/109, A 3
Murcia 56/57, C 4
Muren 104/105, D 1
Mureș 50/51, G 4
Murg 38/39, D 4
Murmanküste 52/53, H 1
Murmansk 52/53, H 1
Murnau 38/39, G 5
Murray 108/109, D 4
Murray Bridge 108/109, C 4
Murrhardt 38/39, E 4
Murrumbidgee 108/109, D 4
Mursuq 84/85, E 2
Mürz 46/47, M 2
Mus Chaja 100/101, P 3
Musgravekette 108/109, C 3
Mussoro 84/85, E 3
Mutare 86/87, D 3
Mwerusee 86/87, C 2
Myanmar (Birma) 90/91, E 3
Mykenä 58/59, C 4
Myślibórz = Soldin
Mývatn 52/53, C 1
Mze = Mies (Fl.)

N

Naab 38/39, G 3
Nabburg 38/39, H 3
Nabeul 56/57, F 4
Nacala 86/87, E 3
Nachitschewan 58/59, J 3
Nachodka 100/101, O 5
Nackel 18/19, A 1
Nadelkap = Kap Agulhas
Nador 56/57, C 5
Næstved 49, E 5
Nagaland 90/91, E 3
Nagasaki 104/105, F 2
Nagold 38/39, D 4
Nagoya 104/105, G 2
Nagpur 102/103, F 3
Naha 104/105, F 3
Nahe 38/39, C 3
Nahmitz 18/19, A 3
Naila 38/39, G 2
Nain 122/123, N 4
Nairobi 84/85, G 5
Nakhon Ratchasima 106/107, B 2
Nakskov 49, E 6
Nakuru 86/87, D 2
Naltschik 58/59, H 3
Namangan 100/101, G 5
Namib 86/87, B 3/4
Namibe 86/87, B 3
Namibia 78/79, E 8
Nampula 86/87, D 3
Namsos 52/53, B 2
Nam Tsho 104/105, B/C 3
Namur 48, E 5
Nanchang 104/105, E 3
Nancy 38/39, B 4
Nanda Nevi 104/105, A/B 2
Nanga Parbat 102/103, F 2
Nanjing = Nanking
Nanking (Nanjing) 104/105, E 2
Nanning 104/105, D 3
Nanping 104/105, E 3
Nansei-Inseln 104/105, F 3
Nan Shan 104/105, C/D 2
Nantes 54/55, C 5
Nantong 104/105, F 2
Nanyang 104/105, E 2
Napier 108/109, G 4
Nara 84/85, C 3
Narew 50/51, G 2
Narjan Mar 100/101, F 3
Narmada 102/103, F 3
Narodnaja Gora 100/101, F 3
Narva (Fl.) 52/53, F 4
Narva (O.) 52/53, F 4
Narvik 52/53, D 1
Naryn 100/101, H 5
Nashville 124/125, E 3
Näsisee 52/53, F 3

Nassau (O., Bahamas) 124/125, F 4
Nassenheide 18/19, C 1
Nassereith 38/39, F 5
Nassersee 84/85, G 2
Nassob 86/87, B 4
Nastätten 38/39, C 2
Natal (O., Brasilien) 126/127, F 3
Natal (Provinz, Südafrika) 78/79, G 8
Natronsee 86/87, D 2
Nauen 18/19, B 2
Naumburg 36/37, G 4
Nauplia 58/59, C 4
Nauschkij 100/101, L 4
Naxos 58/59, D 4
Nazeret 84/85, G 4
Ndebele 78/79, 4
Ndjamena 84/85, E 3
Ndola 86/87, C 3
Neapel 56/57, G 3
Nebelhorn 38/39, F 5
Neblina 126/127, C 2
Nebra 36/37, G 4
Nebraska 114/115, F/G 4
Neckar 38/39, D 4
Neckargemünd 38/39, D 3
Nedjd 102/103, C 3
Nedjef 102/103, C 2
Negros 106/107, D 3
Neiße 34/35, F 3
Neksø 49, J 5
Nelkan 100/101, O 4
Nelma 100/101, O 5
Nelson (Australien) 108/109, G 5
Nelson (Kanada) 122/123, K 4
Neochea 126/127, D 6
Nepal 90/91, E 3
Nerchau 24, C 2
Neresheim 38/39, F 4
Nertschinsk 100/101, M 4
Nesebăr 58/59, D 3
Nesselwang 38/39, F 5
Nettetal 36/37, B 4
Netzen 18/19, A 3
Neubrandenburg 36/37, J 2
Neubraunschweig 114/115, K 4
Neubreisach 38/39, C 4
Neubritannien 106/107, G 4
Neubukow 36/37, G 1
Neuburg an der Donau 38/39, G 4
Neudamm (Dębno) 36/37, K 3
Neudeck (Nejdek) 38/39, H 2
Neu-Delhi 102/103, F 3
Neue Hebriden = Vanuatu
Neuenburger See 46/47, C 3
Neuendettelsau 38/39, F 3
Neuendorf 18/19, B 4
Neu-England-Gebirge 108/109, E 4
Neuenhagen 18/19, E 2
Neuenhaus 36/37, B 3
Neu Fahrland 18/19, C 3
Neufchâtel 48, B 6
Neufundland (I.) 122/123, O 5
Neufundland (Provinz) 114/115, K/L 3
Neugersdorf 38/39, K 2
Neuguinea 106/107, E 4
Neuhaus 38/39, G 2
Neu-Isenburg 38/39, D 2
Neukaledonien 108/109, F 2
Neukastilien 56/57, B/C 3
Neukieritzsch 24, B 2
Neukirchen 38/39, E 2
Neumarkt (Österreich) 46/47, L 2
Neumarkt in der Oberpfalz 38/39, G 3
Neumünster 36/37, E/F 1
Neunburg vorm Wald 38/39, H 3
Neunkirchen 38/39, C 3
Neunkircher Höhe 38/39, D 3
Neuquén 126/127, C 6

Neuruppin 36/37, H 3
Neuschottland 114/115, N 4
Neuschwanstein 38/39, F 5
Neuseddin 18/19, B 3
Neuseeland 108/109, F/G 5
Neuseeländische Alpen 108/109, F 5
Neusibirien 100/101, Q 2
Neusibirische Inseln 100/101, O 2
Neusiedler See 46/47, N 2
Neuss 36/37, B 4
Neustadt am Rübenberge 36/37, E 3
Neustadt an der Aisch 38/39, F 3
Neustadt an der Donau 38/39, G 4
Neustadt an der Waldnaab 38/39, H 3
Neustadt an der Weinstraße 38/39, C/D 3
Neustadt bei Coburg 38/39, G 2
Neustadt-Glewe 36/37, G 2
Neustadt in Holstein 36/37, F 1
Neustadt (Thüringen) 38/39, G 2
Neustettin 50/51, F 2
Neustrelitz 36/37, J 2
Neu-Töplitz 18/19, B 3
Neu-Ulm 38/39, F 4
Neu Vehlefanz 18/19, C 2
Neuwerk 36/37, D 2
Neuwied 38/39, C 2
Neu Zittau 18/19, E 3
Nevada 114/115, E 5
Nevado de Colima 124/125, C 5
Nevado del Huila 126/127, B 2
Nevado del Ruiz 126/127, B 2
Newa 52/53, G 4
New Amsterdam 126/127, D 2
Newcastle (Australien) 108/109, E 4
Newcastle (England) 54/55, C 3
New Hampshire 114/115, J/K 4
Newinnomyssk 58/59, H 2
New Jersey 114/115, J 5
Newman 108/109, A 3
New Orleans 124/125, E 4
New Plymouth 108/109, G 4
New York (Bundesstaat) 114/115, J 4
New York (O.) 124/125, F 2
Ngamipfanne 86/87, C 4
Ngaundere 84/85, E 4
Ngigmi 84/85, E 3
Ngiva 86/87, B 3
Nguru 84/85, E 3
Niagarafälle 124/125, F 2
Niamey 84/85, D 3
Nias 106/107, A 3
Nicaragua 114/115, H 7
Nicaraguasee 124/125, E 5
Nicosia 58/59, F 5
Nidda (Fl.) 38/39, E 2
Nidda (O.) 38/39, D/E 2
Nidder 38/39, D/E 2
Niebede 18/19, B 2
Niebüll 36/37, D 1
Niederaula 38/39, E 2
Niederbayern 41
Niedere Tauern 46/47, K 2
Niederguineaschwelle 76/77, G 6/7
Niederkalifornien 124/125, B 4
Niederlande 62/63, E 3
Niederländische Antillen 124/125, F 5
Niederlausitz 36/37, J/K 4
Niederlehme 18/19, E 3
Niedersachsen 41
Nienburg 24, A 1
Niers 36/37, B 4
Nierstein 38/39, D 3
Niesky 36/37, K 4
Niger (Fl.) 84/85, O 3
Niger (St.) 78/79, D/E 4
Nigeria 78/79, D 5
Niigata 104/105, G 2
Nikel 52/53, G 1
Nikobaren 102/103, H 5

153

Nikolajew 50/51, J 4
Nikolajewsk 100/101, O 4
Nikopol 58/59, F 2
Nil 84/85, G 2
Nîmes 54/55, E 6
Nimwegen 48, F 4
Ningbo 104/105, F 3
Ningxia 90/91, F 3
Ninive 102/103, C 2
Nioro 84/85, C 3
Nipigonsee 122/123, L 5
Niš 58/59, C 3
Nishnekolymsk 100/101, Q 3
Nishneudinsk 100/101, K 4
Nishnewartowskij 100/101, H 3
Nishnij Tagil 100/101, F 4
Niterói 126/127, E 5
Nittenau 38/39, H 3
Niue 108/109, H 2
Nizza 54/55, E 6
Njassasee = Malawisee
Njemen 50/51, H 2
Njombe 86/87, D 2
Nkongsamba 84/85, E 4
Nochten 25, 1 C 2
Noginskij 100/101, J 3
Nome 122/123, C 3
Nordbrabant 48, E 4
Nord-Carolina 114/115, H/J 5
Nord-Dakota 114/115, F/G 4
Norddeutsches Tiefland 60/61, E/F 2
Norden 36/37, C 2
Norden-Norddeich 36/37, C 2
Nordenham 36/37, D 2
Norderney (I.) 36/37, C 2
Norderney (O.) 36/37, C 2
Norderstedt 36/37, E/F 2
Nordfjord 52/53, A 3
Nordfriesische Inseln 36/37, D 1
Nordfriesland 36/37, D/E 1
Nordhausen 36/37, F 4
Nordhorn 36/37, C 3
Nordirland 62/63, D 3
Nordkap 52/53, F 1
Nordkorea 90/91, G 2
Nördliche Dwina 100/101, E 3
Nördliche Sporaden 58/59, C 4
Nördlingen 38/39, F 4
Nord-Ostsee-Kanal (Kielkanal) 36/37, E 1
Nordpolargebiet (Arktis) 138, 1
Nordpolarmeer 138, 1
Nordrhein-Westfalen 41
Nordrussischer Landrücken 60/61, J/K 1/2
Nordrussisches Tiefland 60/61, J 1
Nordsee 54/55, D 3
Nordstrand 36/37, D 1
Nordterritorium 108/109, C 3
Nordwestgebiete 114/115, F-H 2
Nordwik 100/101, M 2
Norfolk 124/125, F 3
Norfolk-Insel 108/109, F 2
Norilsk 100/101, J 3
Normandie 54/55, C 4
Normannische Inseln = Kanal-Inseln
Normanton 108/109, D 2
Norman Wells 122/123, G 3
Norrköping 52/53, D 4
Norrland 52/53, C 3
Norseman 108/109, A 4
Northam 108/109, A 4
Northampton 108/109, A 3
North Downs 54/55, C 4
Norwegen 62/63, E 2
Norwich 54/55, D 3
Notodden 49, C 1
Notsee 52/53, G 1
Nottaway 122/123, M 4
Nottekanal 18/19, D 4
Nottingham 54/55, C 3
Nouméa 108/109, F 2
Nova Iguaçu 126/127, E 5
Novara 56/57, F 2
Novi 46/47, E 5

Nowaja Semlja 100/101, F 2
Nowgorod 52/53, G 4
Nowokasalinsk 100/101, G 5
Nowokusnezk 100/101, J 4
Noworossijsk 58/59, G 2
Nowosibirsk 100/101, H 4
Nowotscherkassk 58/59, H 2
Nowyj Port 100/101, G 3
Nuadhibu 84/85, B 3
Nuakschott 84/85, B 3
Nubien 84/85, F/G 3
Nudow 18/19, C 3
Nukualofa 108/109, H 3
Nukus 100/101, F 5
Nullarborebene 108/109, B 4
Nunivak 122/123, C 3
Nunsdorf 18/19, D 4
Nürburg 38/39, B 2
Nürnberg 38/39, G 3
Nürschan (Nýřny) 38/39, J 3
Nürtingen 38/39, E 4
Nuthe 36/37, C 4
Nuthegraben 18/19, D 3
Nuuk (Godthåb) 122/123, O 3
Nyala 84/85, F 3
Nyborg 49, D 5
Nyda 100/101, H 3
Nyiregyhaza 50/51, G 4
Nykøbing 49, E 6
Nykøbing-Rørvig 49, E 5
Nyköping 52/53, D 4
Nýřny = Nürschan
Nzeto 86/87, B 2

O

Oahe-Stausee 124/125, C 2
Oaxaca 124/125, D 5
Ob 100/101, H 3
Oban 54/55, B 2
Obbia 84/85, H 4
Oberalp 46/47, E 3
Oberammergau 38/39, G 5
Oberbayern 41
Oberer See 124/125, E 2
Oberfranken 41
Oberguineaschwelle 76/77, E/F 5/6
Obergünzburg 38/39, F 5
Oberhausen 36/37, B 4
Oberkirch 38/39, D 4
Oberkochen 38/39, F 4
Oberlausitz 36/37, J/K 4
Oberlungwitz 24, C 3
Obernburg 38/39, E 3
Oberndorf 38/39, D 4
Oberpfalz 41
Oberpfälzer Wald 38/39, H 3
Oberrheinische Tiefebene 34/35, B/C 4
Oberschleißheim 38/39, G 4
Oberstdorf 38/39, F 5
Oberursel 38/39, D 2
Oberviechtach 38/39, H 3
Obervolta = Burkina-Faso
Oberwiesenthal 38/39, H 2
Obiou 46/47, B 5
Oboserskij 100/101, D 3
Ocha 100/101, P 4
Ochotsk 100/101, P 4
Ochotskisches Meer 100/101, P 4
Ochsenfurt 38/39, E/F 3
Ochsenhausen 38/39, E 4
Odda 52/53, A 3
Ödenburg (Sopron) 46/47, N 2
Odense 49, D 5
Odenwald 38/39, D/E 3
Oder (Fl. zur Ostsee) 36/37, K 3
Oder (Fl. zur Rhume) 36/37, F 4
Oder-Havel-Kanal 36/37, J 3
Oderbruch 36/37, K 3
Oder-Spree-Kanal 36/37, K 3
Odessa 50/51, J 4
Oebisfelde 36/37, F/G 3
Oelde 36/37, D 4
Oelsnitz 24, C 3
Oettingen 38/39, F 4

Offenbach 38/39, D 2
Offenburg 38/39, C 4
Ogaden 84/85, H 4
Oglio 46/47, G 4
Ognon 38/39, B 5
Ogowe 86/87, B 2
Ohanet 84/85, D 2
Ohio (Bundesstaat) 114/115, H 4
Ohio (Fl.) 124/125, E 3
Ohm 38/39, D 2
Ohmgebirge 36/37, F 4
Ohrdruf 38/39, F 2
Öhringen 38/39, E 3
Oie 36/37, J 1
Oimjakon 100/101, P 3
Oise 48, C 6
Ojos del Salado 126/127, B 5
Oka (Fl. zur Angara) 100/101, L 4
Oka (Fl. zur Wolga) 100/101, D 4
Okawango 86/87, C 3
Okawangobecken 86/87, C 3
Okayama 104/105, G 2
Okha 102/103, E 3
Okhogbo 84/85, D 4
Okinawa 104/105, F 3
Oklahoma 114/115, G 5
Oklahoma City 124/125, D 3
Oktoberrevolution-Insel 100/101, J 2
Öland 52/53, D 4
Olbernhau 38/39, J 2
Olbia 56/57, F 3
Oldenburg (Holstein) 36/37, F 1
Oldenburg (Niedersachsen) 36/37, D 2
Oldenzaal 36/37, B 3
Olenjok (Fl.) 100/101, N 2
Olenjok (O.) 100/101, M 3
Olga 100/101, O 5
Oljokma 100/101, M 4
Oljokminsk 100/101, M 3
Olmütz 50/51, F 3
Olsztyn = Allenstein
Olten 46/47, D 2
Olymp 58/59, C 3
Olympia (Griechenland) 58/59, C 4
Olympia (USA) 124/125, A 2
Omaha 124/125, D 2
Oman 90/91, C 3
Omangebirge 102/103, D 3
Omatako 86/87, B 4
Omdurman 84/85, G 3
Ommen 36/37, B 3
Omo 84/85, G 4
Omolon 100/101, Q 3
Omsk 100/101, H 4
Onegasee 52/53, H 3
Onilany 86/87, E 4
Onitsha 84/85, D 4
Onon 100/101, M 4
Onslow 108/109, A 3
Ontario 114/115, H 3
Ontariosee 124/125, F 2
Oodnadatta 108/109, C 3
Oostende 48, D 4
Oosterschelde 48, D 4
Opala 86/87, C 2
Opatija 46/47, L 4
Oppeln 50/51, F 3
Oppenheim 38/39, D 3
Opua 108/109, G 4
Oradea 50/51, G 4
Öräfajökull 52/53, C 1
Oran 84/85, C 1
Orange (Australien) 108/109, D 4
Orange (Frankreich) 46/47, A 5
Oranienburg 18/19, C 1
Oranienburg-Sachsenhausen 18/19, C 1
Oranje 86/87, C 5
Oranje-Freistaat 78/79, F 8
Ord 108/109, B 2
Ordos 104/105, D/E 2
Ordschonikidse 58/59, J 2
Ordu 58/59, G 3
Örebro 52/53, C 4

Oregon 114/115, D/E 4
Orel 100/101, D 4
Orenburg 100/101, F 4
Orense 56/57, B 3
Orinoco 126/127, C 2
Orissa 90/91, E 3
Oristano 56/57, F 4
Orkney-Inseln 54/55, C 2
Orléans 54/55, D 4
Orlicker Stausee 38/39, K 3
Orscha 50/51, J 2
Orsk 100/101, F 4
Örtze 36/37, E/F 3
Oruro 126/127, C 4
Osaka 104/105, G 2
Osch 100/101, H 5
Oschatz 36/37, J 4
Oschersleben 36/37, G 3
Osdorf 18/19, D 3
Ösel 52/53, E 4
Oshogbo 84/85, D 4
Osijek 58/59, B 2
Oslo 52/53, B 3
Oslofjord 52/53, B 4
Osmaniye 58/59, F 4
Osnabrück 36/37, D 3
Ostafrikanisches Seenhochland 76/77, J 7
Ostbalkan 58/59, D 3
Oste 36/37, E 2
Ostende 48, C 4
Osterburg 36/37, G 3
Osterburken 38/39, E 3
Österdal 52/53, B 3
Osterholz-Scharmbeck 36/37, D 2
Oster-Insel 112/113, H 12
Osternienburg 24, A/B 1
Osterode 36/37, F 4
Österreich 62/63, F 4
Östersund 52/53, C 3
Osterwieck 36/37, F 4
Ostfriesische Inseln 36/37, B/C 2
Ostfriesland 36/37, C 2
Ostghats 102/103, F/G 4
Ostheim 38/39, F 2
Ostiglia 46/47, H 4
Ostkordillere 126/127, B 2
Östlicher Euphrat 58/59, H 4
Ostrau 50/51, F 3
Ostsajan 100/101, K 4
Ostsee 52/53, D 5
Ostsibirische See 100/101, Q 2
Osumi-Inseln 104/105, G 2
Otava 38/39, J 3
Otranto 56/57, H 3
Ötscher 46/47, M 2
Ottawa 122/123, M 5
Ottensheim 38/39, K 4
Otterberg 126/127, C 3
Otterndorf 36/37, D 2
Ottobeuren 38/39, F 5
Ottobrunn 38/39, G 4
Ötztaler Alpen 46/47, G 3
Ouadda 84/85, F 4
Ouargla 84/85, D 1
Oudenaarde 48, D 5
Oudtshoorn 86/87, C 5
Oujda 84/85, C 1
Oulu 52/53, F 2
Oulusee 52/53, F 2
Our 38/39, B 2
Ourthe 48, F 5
Ouse 48, A 3
Ovamboland 86/87, B 3
Overath 38/39, C 2
Overflakkee 48, D 4
Oviedo 56/57, B 3
Owando 86/87, B 2
Oxford 54/55, C 4
Oyo 84/85, D 4

P

Paar 38/39, G 4
Paaren 18/19, B 2
Pachuca 124/125, D 4
Padang 106/107, A 4
Paderborn 36/37, D 4
Padua 56/57, F 2
Pag 46/47, L 5
Pagalu 84/85, D 5
Pago Pago 108/109, H 2
Pakanbaru 106/107, B 3
Pakistan 90/91, D 3
Palana 100/101, Q 4
Palau-Inseln = Belau
Palawan 106/107, C 2
Palembang 106/107, B 4
Palencia 56/57, B 3
Palermo 56/57, G 4
Palkstraße 102/103, F/G 5
Pallastunturi 52/53, F 2
Palma de Mallorca 56/57, D 4
Palmyra 102/103, B 2
Palopo 106/107, D 4
Pamir 100/101, H 6
Pampa 126/127, C 6
Pamplona 56/57, C 3
Panaji (Goa) 102/103, F 4
Panamá (O.) 124/125, F 6
Panamá (St.) 114/115, J 7
Panamakanal 124/125, F 6
Panaro 46/47, H 5
Panay 106/107, D 2
Pangkalpinang 106/107, B 4
Panjab (L.) 102/103, F 2/3
Panjab (Provinz) 90/91, D 3
Panke 18/19, D 2
Panmunjon 104/105, F 2
Pantanal 126/127, D 4
Pantelleria 56/57, G 4
Pápa 46/47, O 2
Papenburg 36/37, C 2
Pappenheim 38/39, F 4
Papua-Golf 106/107, F 4
Papua-Neuguinea 106/107, F 4
Pará 114/115, L 9
Paraburdoo 108/109, A 3
Paraguay (Fl.) 126/127, D 5
Paraguay (St.) 114/115, K/L 11
Paraiba 114/115, N 9
Paraku 84/85, D 4
Paramaribo 126/127, D 2
Paramuschir 100/101, Q 4
Paraná (Bundesstaat) 114/115, L 11
Paraná (O., Argentinien) 126/127, C/D 6
Paranaiba 126/127, E 4
Parchim 36/37, G 2
Pardubitz 50/51, E 3
Parece Vela 104/105, G 3
Parepare 106/107, C 4
Paretz 18/19, B 3
Paris 54/55, D 4
Parma 56/57, F 2
Parnaiba 126/127, E 3
Parnaß 58/59, C 4
Paroo 108/109, D 3
Parry-Inseln 122/123, H 2
Parsberg 38/39, G 3
Parsdorf 38/39, G 4
Pasewalk 36/37, J 2
Passau 38/39, J 4
Paß Thurn 38/39, H 5
Pasto 126/127, B 2
Patagonien 126/127, C 7
Patkaigebirge 102/103, H 3
Patna 102/103, G 3
Patomhochland 100/101, M 3
Patos-Lagune 126/127, D 6
Patras 58/59, C 4
Pätz 18/19, E 4
Pätzer Hintersee 18/19, E 4
Pätzer Vordersee 18/19, E 4
Pau 54/55, C 6
Paulinenaue 18/19, A 2
Paulistana 126/127, E 3
Paulo-Afonso-Fälle 126/127, F 3

Pausin 18/19, C 2
Pavia 46/47, F 4
Päwesin 18/19, A 2
Päwesin-Bagow 18/19, A 2
Pawlodar 100/101, H 4
Pazifischer Ozean 1, B/C 4-7 und S 4-7
Peace 122/123, H 4
Pearyland 122/123, Q 1
Peć 58/59, C 3
Pecs 50/51, F 4
Peene 36/37, H 2
Pegnitz (Fl.) 38/39, G 3
Pegnitz (O.) 38/39, G 3
Peine 36/37, F 3
Peipussee 52/53, F 4
Peitz 36/37, K 4
Peking (Beijing) 104/105, E 2
Pelagische Inseln 56/57, G 5
Peledui 100/101, M 4
Peleponnes 58/59, C 4
Pellworm 36/37, D 1
Pematangsiantar 106/107, A 3
Pemba (I., Tansania) 86/87, E 2
Pemba (O., Moçambique) 86/87, E 3
Penig 24, C 3
Peñiscola 56/57, D 3
Pennines 54/55, C 3
Pennsylvania 114/115, J 4
Penong 108/109, C 4
Pensa 100/101, E 4
Pentland Firth 54/55, C 2
Penzance 54/55, B 4
Penzberg 38/39, G 5
Perekop 58/59, F 2
Pergamon 58/59, D 4
Périgueux 54/55, D 5
Perleberg 36/37, G 2
Perm 100/101, F 4
Pernambuco 114/115, N 9
Pernau 52/53, F 4
Pernik 58/59, C 3
Perpignan 54/55, D 6
Persepolis 102/103, D 3
Persisch-Arabischer Golf 102/103, C/D 3
Perstorp 49, G 4
Perth 108/109, A 4
Peru 114/115, J 9
Perugia 56/57, G 3
Perwenitz 18/19, C 2
Perwomaisk 50/51, J 3
Pesaro 46/47, J 6
Pescara 56/57, G 3
Peshawar 102/103, F 2
Pessin 18/19, A 2
Petersberg 38/39, G 4
Petershagen 18/19, F 2
Petershagen (Brandenburg) 36/37, J 3
Petershagen (Nordrhein-Westfalen) 36/37, D 3
Petrolina 126/127, E 3
Petropawlowsk 100/101, G 4
Petropawlowsk-Kamtschatskij 100/101, Q 4
Petrosawodsk 52/53, H 3
Petschenga 52/53, G 1
Petschora 100/101, F 3
Peuerbach 38/39, J 4
Peureulak 106/107, A 3
Pewek 100/101, S 3
Pfaffenhofen 38/39, G 4
Pfälzer Wald 38/39, C 3
Pfänder 38/39, E 5
Pfarrkirchen 38/39, H 4
Pfefferküste 84/85, C 4
Pfirt 38/39, C 5
Pforzheim 38/39, D 4
Pfrimm 38/39, D 3
Pfullendorf 38/39, E 5
Pfullingen 38/39, E 4
Pfungstadt 38/39, D 3
Phalsbourg 38/39, C 4
Philadelphia 124/125, F 3
Philippinen 90/91, G 4
Philippsthal 18/19, C 3

Phitsanulok 106/107, B 2
Phöben 18/19, B 3
Phoenix 124/125, B 3
Phuket 106/107, A 3
Piacenza 56/57, F 2
Piaui 114/115, M 9
Piave 56/57, G 2
Picardie 48, C 6
Pico da Bandeira 126/127, E 4/5
Pico de Orizaba 124/125, D 5
Picton 108/109, G 5
Pidurutalagala 102/103, G 5
Pielissee 52/53, G 3
Piere 124/125, C 2
Pierrefontaine 38/39, B 5
Pietermaritzburg 86/87, D 4
Pietersburg 86/87, C 4
Pietrosu 50/51, H 4
Pik Kommunismus 100/101, H 6
Pik Pobedy 104/105, A/B 1
Pilatus 46/47, E 3
Pilcomayo 126/127, C 4
Pilsen (Plzen) 50/51, E 3
Pinang 106/107, A 3
Pindos 58/59, C 3
Pine Point 122/123, H 3
Pinerolo 46/47, D 5
Pinneberg 36/37, E 2
Pinsk 50/51, H 2
Piräus 58/59, C 4
Pirmasens 38/39, C 3
Pirna 38/39, H 2
Piru 106/107, D 4
Pisa 56/57, F 3
Písek 38/39, K 3
Pistoia 46/47, G 6
Piteşti 50/51, H 4
Piton des Neiges 86/87, F 4
Pittsburgh 124/125, F 2
Piura 126/127, A/B 3
Piz Bernina 46/47, F 3
Piz Linard 46/47, G 3
Pjandsh 102/103, E 2
Pjasee 52/53, G 2
Pjatigorsk 58/59, H 2
Plan (Planá) 38/39, H 3
Planá = Plan
Plane 18/19, A 4
Plansee 38/39, F 5
Plasy 38/39, J 3
Plateau von Tademait 84/85, D 2
Plattensee (Balaton) 50/51, F 4
Plattling 38/39, H 4
Plau 36/37, H 2
Plauen im Vogtland 38/39, H 2
Plauer See (Brandenburg) 36/37, H 3
Plauer See (Mecklenburg-Vorpommern) 36/37, H 2
Pleiße 36/37, H 4
Pleitz 25, 1 B 1
Pleskau 52/53, G 4
Pleskauer See 52/53, F 4
Plessow 18/19, B 3
Plettenberg 36/37, C 4
Pleven 58/59, D 3
Plochingen 38/39, E 4
Plöckenpaß 46/47, K 3
Plöckenstein 46/47, K 1
Ploieşti 50/51, H 4
Plombières-les-Bains 38/39, B 5
Plön 36/37, F 1
Plötzin 18/19, B 3
Plovdiv 58/59, D 3
Plymouth 54/55, B 4
Plzen = Pilsen
Po 56/57, F 2
Poapó-See 126/127, C 4
Pobeda 100/101, P 3
Pobočny = Podersam
Podersam (Podbočny) 38/39, J 2
Poel 36/37, G 1
Pointe Noire 86/87, B/C 2
Poitiers 54/55, C 5
Poix 48, B 6
Pojarkowo 100/101, N 5
Polcirkeln 52/53, E 2

Polen 62/63, F/G 3
Poltawa 50/51, K 2
Pommersche Bucht 36/37, K 1
Pompeji 56/57, G 3
Pompey 38/39, B 4
Ponape 106/107, G 3
Ponce 124/125, G 5
Ponta Grossa 126/127, D/E 5
Pont-à-Mousson 38/39, B 4
Pontarlier 46/47, C 3
Pont-de Roide 38/39, B
Pontevedra 56/57, A 3
Pontianak 106/107, B 3
Pontisches Gebirge 58/59, F 3
Pontoise 48, B 6
Pontremoli 46/47, F 5
Popocatépetl 124/125, C 5
Popondetta 106/107, F 4
Poppberg 38/39, G 3
Porbandar 102/103, E 3
Porcupine 122/123, E 3
Pori 52/53, E 3
Porjus 52/53, D 2
Poronaisk 100/101, P 5
Porrentruy 46/47, C 2
Porsangerfjord 52/53, F 1
Porsgrunn 49, C 4
Porta Orientala 50/51, G 4
Port Augusta 108/109, C 4
Port Blair 102/103, H 4
Port Elizabeth 86/87, C 5
Port-Vendres 54/55, D 6
Port Gentil 86/87, A 2
Port Harcourt 84/85, D 4
Port Hedland 108/109, A 3
Portimão 56/57, A 4
Portland 124/125, A 2
Port Lincoln 108/109, C 4
Port Louis 86/87, F 4
Port Moresby 106/107, F 4
Port Nolloth 86/87, B 4
Porto 56/57, A 3
Pôrto Alegre 126/127, D/E 5
Pôrto Franco 126/127, E 3
Port of Spain 124/125, G 5
Porto Novo 84/85, D 4
Pôrto Velho 126/127, C 3
Port Pirie 108/109, C 4
Port Radium 122/123, H 3
Port Safaga 84/85, G 2
Port Said 84/85, G 1
Port Sudan 84/85, G 3
Portugal 62/63, D 4
Port-au-Prince 124/125, F 5
Port-aux-Basques 122/123, O 5
Posadas 126/127, D 5
Posen (Poznan) 50/51, F 2
Posjet 100/101, O 5
Poso 106/107, C 4
Pößneck 38/39, G 2
Postojna = Adelsberg
Potenza 56/57, G 3
Poti 58/59, H 3
Potosi 126/127, C 4
Potsdam 18/19, C 3
Potsdam-Babelsberg 18/19, C 3
Potsdam-Nedlitz 18/19, C 3
Pöttmes 38/39, G 4
Powell-Stausee 124/125, B 3
Poyang-See 104/105, E 3
Poznan = Posen
Prag 50/51, E 3
Pratas 104/105, E 3
Pratau 24, C 1
Prato 46/47, H 6
Preetz 36/37, F 1
Preimo 38/39, H 3
Premnitz 36/37, H 3
Prenden 18/19, E 1
Prenzlau 36/37, H 1
Prerow 36/37, H 1
Preßburg (Bratislava) 50/51, F 3
Pretoria 86/87, D 4
Prettin 24, C 1
Pretzsch 24, C 1
Příbram 38/39, K 3
Prien 38/39, H 5
Prieros 18/19, F 4

Prignitz 36/37, G/H 2
Prikumsk 58/59, H 2
Prince George 122/123, G 4
Prince of Wales-Insel 122/123, J 2
Prince Rupert 122/123, F 4
Principe 84/85, D 4
Prinz-Eduard-Inseln 114/115, K 4
Priort 18/19, B 2
Priosersk 52/53, G 3
Pripjet 50/51, H 3
Pripjetsümpfe 50/51, H 2
Pritzwalk 36/37, H 2
Privas 46/47, A 5
Probstzella 38/39, G 2
Profen 24, B 2
Prötzel 18/19, G 2
Provencalische Alpen 46/47, C 5
Provence 54/55, E 6
Providence 124/125, F 2
Provins 48, D 7
Prowidenija 100/101, T 3
Prudhoe Bay 122/123, E 2
Prüm (Fl.) 38/39, B 2
Prüm (O.) 38/39, B 2
Pruth 50/51, J 4
Prützke 18/19, A 3
Przemysl 50/51, G 3
Pucallpa 126/127, B 3
Puebla 124/125, D 5
Pueblo 124/125, C 3
Puerto Barrios 124/125, E 5
Puerto Cabello 126/127, C 1
Puerto Carreño 126/127, C 2
Puerto Deseado 126/127, C 7
Puertollano 56/57, B 4
Puerto Montt 126/127, B 7
Puerto Rico 124/125, G 5
Pula 58/59, A 2
Pulog 106/107, D 2
Punta Arenas 126/127, B 8
Pune 102/103, F 4
Purumayo 126/127, B 3
Purus 126/127, C 3
Pusan 104/105, F/G 2
Pustertal 46/47, H 3
Putbus 36/37, J 1
Putoranagebirge 100/101, K 3
Puttgarden 36/37, G 1
P'yŏng-yang 104/105, F 2
Pyrenäen 54/55, C 6
Pyritz (Pyrzyce) 36/37, K 2
Pyrzyce = Pyritz

Q

Qaanaaq 122/123, N 2
Qaidambecken 104/105, C 2
Qamdo 104/105, C 2
Qamishli 58/59, H 4
Qaqortoq 122/123, P 3
Qeqertarsuaq 122/123, O 3
Qiamusi 104/105, G 1
Qingdao = Tsingtau
Qinghai-See 104/105, C 2
Qingjiang 104/105, E 2
Qinling Shan 104/105, D 2
Qiqihaer 104/105, F 1
Qita 104/105, B 1
Quakenbrück 36/37, C 3
Quebec (O.) 122/123, M 5
Quebec (Provinz) 114/115, J 3
Quedlinburg 36/37, G 4
Queensland 108/109, D 3
Queenstown (Australien) 108/109, D 5
Queenstown (Südafrika) 86/87, C 5
Queich 38/39, D 3
Quelimane 86/87, D 3
Quemoy (Jinmen) 104/105, E 3
Quena 84/85, G 2
Querétaro 124/125, C 4
Querfurt 36/37, G 4
Quetta 102/103, E 2
Quezon City 106/107, C 2
Quilpie 108/109, D 3

Quimper 54/55, B 5
Quito 126/127, B 3
Qum 102/103, D 2
Quruq Tagh 104/105, B 1
Qwaqwa 78/79, 4

R

Raab (Györ) 50/51, F 4
Raalte 36/37, B 3
Rab 46/47, L 5
Raba 106/107, C 4
Rabat 84/85, C 1
Rabaul 106/107, G 4
Rackwitz 24, B 2
Radbusa 38/39, H 3
Radeberg 36/37, J/K 4
Radebeul 36/37, J 4
Rädel 18/19, B 3
Radevormwald 36/37, C 4
Radewege 18/19, A 3
Radkersburg 46/47, M 3
Radolfzell 38/39, D 5
Radom 50/51, G 3
Radstadt 38/39, J 5
Radstädter Tauern 46/47, K 2
Ragow 18/19, E 3
Raguhn 24, B 1
Ragusa 56/57, G 4
Rahmer See 18/19, D 2
Rain 38/39, F 4
Raipur 102/103, G 3
Rajastan 90/91, D 3
Rajkot 102/103, F 3
Rakka 58/59, G 4
Rakovnik 38/39, J 2
Raleigh 124/125, F 3
Rambervillers 38/39, B 4
Rambouillet 48, B 7
Ramitsogu 78/79, 4
Ramsgate 48, B 4
Randen 38/39, C 5
Randers 49, D 4
Randow 36/37, K 2
Rangsdorf 18/19, D 3
Rangsdorfer See 18/19, D 3
Ranong 106/107, A 3
Ranshofen 38/39, J 4
Rantekombola 106/107, C 4
Rantum 36/37, D 1
Raon-l'Etape 38/39, B 4
Rapallo 46/47, F 5
Rapid City 124/125, C 2
Ras Daschan 84/85, G 3
Ras Hafun 84/85, J 3
Ras Mohammed 84/85, G 1
Rastatt 38/39, D 4
Rastede 36/37, D 2
Rathenow 36/37, H 3
Rätikon 46/47, F 2
Ratingen 36/37, B 4
Rätische Alpen 46/47, F 3
Rattenberg 38/39, G 5
Ratzeburg 36/37, F 2
Ratzeburger See 36/37, F/G 2
Rauen 18/19, G 3
Rauenische Berge 18/19, G 3
Raufarhöfn 52/53, D 1
Rauma 52/53, E 3
Ravenna 56/57, G 2
Ravensburg 38/39, E 5
Rawalpindi 102/103, F 2
Rax 46/47, M 2
Recherchearchipel 108/109, B 4
Recife 126/127, F 3
Reckahn 18/19, B 4
Recklinghausen 36/37, C 4
Red River 124/125, D 3
Reesdorf 18/19, B 4
Regen (Fl.) 38/39, H 3
Regen (O.) 38/39, J 4
Regensburg 38/39, H 3
Regenstauf 38/39, H 3
Reggane 84/85, D 2
Reggio di Calabria 56/57, G 4
Reggio nell'Emilia 46/47, G 5
Regina 122/123, J 4
Regis-Breitingen 24, B 2

155

Regnitz 38/39, F 3
Rehau 38/39, H 2
Rehfelde 18/19, F 2
Reichenbach 38/39, H 2
Reichenow 18/19, G 2
Reichenwalde 18/19, F/G 3
Reichshof 38/39, C 2
Reichshofen 38/39, C 4
Reichwalde 25, I B 2
Reims 54/55, E 4
Reinbek 36/37, F 2
Reinhardswald 36/37, E 4
Reitdiep 36/37, B 2
Reit im Winkl 38/39, H 5
Remagen 38/39, C 2
Remich 38/39, B 3
Remiremont 38/39, B 4
Rems 38/39, E 4
Remscheid 36/37, C 4
Rendsburg 36/37, E 1
Rennell 108/109, F 2
Rennertshofen 38/39, G 4
Rennes 54/55, C 4
Reno (Fl., Italien) 46/47, H 5
Reno (O., USA) 124/125, B 3
Rentierssee 122/123, J 4
Reppen (Rzepin) 36/37, K 3
Rerik 36/37, G 1
Reschenpaß 46/47, G 3
Rescht 102/103, D 2
Resistencia 126/127, C/D 5
Reșița 50/51, G 4
Rethel 48, E 6
Retz 46/47, M 1
Retzow 18/19, A 2
Réunion 86/87, F 4
Reuß 46/47, E 2
Reutlingen 38/39, E 4
Reutte 38/39, F 5
Reval (Tallinn) 52/53, F 4
Revilla-Gigedo-Inseln 124/125, B 5
Řevnice 38/39, K 3
Reykjanes 52/53, B 2
Reykjavík 52/53, B 1
Rezat 38/39, F 3
Rezekne 50/51, H 1
Rheda-Wiedenbrück 36/37, D 4
Rhein 34/35, C 5
Rheinau (Baden-Württemberg) 38/39, C 4
Rheinau (Frankreich) 38/39, C 4
Rheinbach 38/39, B 2
Rheine 36/37, C 3
Rheinfall 38/39, D 5
Rheinfelden (Baden-Württemberg) 38/39, C 5
Rheinfelden (Schweiz) 38/39, G 5
Rheinhessen-Pfalz 41
Rheinland-Pfalz 41
Rhein-Marne-Kanal 38/39, B 4
Rheinsberg 36/37, H/J 2
Rheinseitenkanal 38/39, C 5
Rheinwaldhorn 46/47, E 3
Rhin 18/19, A 1
Rhinkanal 36/37, H 3
Rhinluch 18/19, B 1
Rhode Island 114/115, J/K 4
Rhodos (I.) 58/59, E 4
Rhodos (O.) 58/59, E 4
Rhön 38/39, E 2
Rhône-Rhein-Kanal 38/39, B/C 5
Ribadeo 56/57, B 3
Ribbeck 18/19, A 2
Ribe 49, B 5
Ribeauvillé 38/39, C 4
Ribeirão Prêto 126/127, E 5
Ribnitz-Damgarten 36/37, H 1
Richards Bai 86/87, E 5
Richmond 124/125, F 3
Ried 38/39, J 4
Riedenburg 38/39, G 4
Riedlingen 38/39, E 4
Rienz 46/47, H 3
Rieploos 18/19, F 3
Ries 38/39, F 4

Riesa 36/37, J 4
Rietz 18/19, A 3
Rietzer See 18/19, A 3
Riewend 18/19, A 2
Riga 50/51, H 1
Rigaischer Meerbusen 50/51, G 1
Rigi 46/47, E 2
Rijeka 58/59, A 2
Rijssen 36/37, B 3
Rila 58/59, C 3
Rimini 56/57, G 2
Ringbahnberg 18/19, B 3
Ringkøbing 49, B 4
Ringsted 49, E 5
Rintein 36/37, E 3
Rio Branco 126/127, C 4
Rio Bravo del Norte 124/125, C 4
Rio de Janeiro (Bundesstaat) 114/115, M/N 11
Rio de Janeiro (O.) 126/127, E 5
Rio de la Plata 126/127, D 6
Rio Gallegos 126/127, C 8
Rio Grande (Fl., Bolivien) 126/127, C 4
Rio Grande (Fl., Brasilien) 126/127, D/E 4
Rio Grande (Fl., USA) 124/125, C 3
Rio Grande (O., Brasilien) 126/127, D 6
Rio Grande do Norte 114/115, N 9
Rio Grande do Sul 114/115, L 11/12
Rioja 56/57, B 5
Roubaix 54/55, D 4
Rio Negro (Fl., Brasilien) 126/127, C 3
Rio Negro (Fl., Uruguay) 126/127, D 6
Rioni 102/103, H 3
Riß 38/39, E 4
Riva 46/47, G 4
Rivera 126/127, D 6
Riviera 56/57, F 2
Rixhöft 50/51, F 2
Rjasan 100/101, D 4
Röbel 36/37, H 2
Robinson-Crusoe-Insel 126/127, B 6
Rochlitz 24, C 2
Rockenhausen 38/39, C 3
Rockhampton 108/109, E 3
Röcknitz 24, C 2
Rocky Mountains 124/125, B 2
Rodach (Fl.) 38/39, G 2
Rodach (O.) 38/39, F 2
Rodleben 24, B 1
Rodopen 58/59, C 3
Rodriguez 86/87, G 4
Rødby 36/37, G 1
Rødby Havn 49, E 6
Rømø = Röm
Rønne 49, H 5
Roermond 48, F 4
Roeselare 48, C 5
Roetgen 36/37, B 2
Rohrbach 38/39, C 3
Rokycany 38/39, J 3
Rom 56/57, G 3
Röm (Rømø) 49, B 5
Roma 108/109, D 3
Romans 46/47, B 4
Romanshorn 46/47, F 2
Ronchamp 38/39, B 5
Ronda 56/57, B 4
Rondonópolis 126/127, D 4
Ronneburg 38/39, H 2
Ronse 48, D 5
Roper 108/109, C 2
Roraima 114/115, K 8
Rorschach 38/39, E 5
Rosario 126/127, C 6
Roseau 124/125, G 5
Rosenberg 38/39, F/L 1
Rosenheim 38/39, H 5
Roskilde 49, E 5
Roskow 18/19, A 3

Rossano 56/57, H 4
Roßhaupt (Rozvadov) 38/39, H 3
Roßhaupten 38/39, F 5
Rosslare 54/55, B 3
Roßlau 36/37, H 4
Rosso 84/85, B 3
Rostock 36/37, H 1
Rostock-Warnemünde 36/37, G/H 1
Rostow 58/59, G 2
Rota 106/107, F 2
Rotberg 18/19, E 3
Rotenburg an der Fulda 38/39, E 2
Rotenburg/Wümme 36/37, E 2
Rotenturmpaß 50/51, G 4
Roter Main 38/39, G 2/3
Rotes Luch 18/19, F/G 2/3
Rotes Becken 104/105, D 2/3
Rotes Meer 84/85, G/H 2
Roth 38/39, G 3
Rothaargebirge 36/37, D 4
Röthenbach 38/39, G 3
Rothenburg 24, A 1
Rothenburg ob der Tauber 38/39, F 3
Roti 106/107, D 5
Rott 38/39, J 3
Rott am Inn 38/39, H 5
Rottenburg (Baden-Württ.) 38/39, D 4
Rottenburg an der Laaber 38/39, H 4
Rotterdam 48, E 4
Rottweil 38/39, D 4
Rotuma 108/109, G 2
Rouen 54/55, D 4
Rourkela 102/103, G 3
Rovaniemi 52/53, F 2
Rovereto 46/47, H 4
Rovigo 46/47, H 4
Rovinj 46/47, K 4
Rovuma 86/87, D 3
Rowno 50/51, H 3
Roye 48, C 6
Rozvadov = Roßhaupt
Rshew 100/101, D 4
Ruanda 78/79, F 6
Rubb el Khali = Große Arabische Wüste
Rubzowsk 100/101, J 4
Rüdersdorf 18/19, F 3
Rüdesheim 38/39, C 2/3
Rudkøbing 49, D 6
Rüdnitz 18/19, E 2
Rudnyj 100/101, G 4
Rudolfsee = Turkanasee
Rudolphstein 38/39, G 2
Rudolstadt 38/39, G 2
Rufiji 86/87, D 2
Rügen 36/37, J 1
Rühen 36/37, F 3
Ruhla 38/39, F 2
Ruhlsdorf (Kreis Bernau) 18/19, E 1
Ruhlsdorf (Kreis Potsdam) 18/19, C/D 3
Ruhlsdorf (Kreis Strausberg) 18/19, G 3
Ruhner Berge 36/37, G 2
Ruhpolding 38/39, H 5
Ruhr 36/37, D 4
Rukwasee 86/87, D 2
Rumänien 62/63, G 4
Rumänisches Tiefland 60/61, G 3
Rungwe 86/87, C 2
Ruoqiang 104/105, B 2
Ruppiner Kanal 18/19, C 1
Rur 38/39, B 2
Ruse 58/59, D 3
Rüsselsheim 38/39, D 3
Russische Föderation 90/91, E 1
Russkaja Gawan 100/101, F 2
Rustawi 58/59, J 2
Rutba 102/103, C 2
Ruwenzori 86/87, C/D 1
Rybatschje 100/101, H 5

Rybinsk = Andropow
Ryukyu-Inseln 104/105, F 3
Rzepin = Reppen

S

Saalach 38/39, H 5
Saalbach 38/39, H 5
Saale 34/35, D 3
Saalfeld 38/39, G 2
Saalfelden 38/39, H 5
Saane 46/47, D 3
Saar 38/39, C 3/4
Saarbrücken 38/39, B 3
Saarburg 38/39, B 3
Saargemünd (Sarreguemines) 38/39, C 3
Saarland 41
Saarlouis 38/39, B 3
Saarmund 18/19, C 3
Saaz (Žtec) 38/39, J 2
Saba 124/125, G 5
Sabadell 56/57, D 3
Sabah 90/91, F 4
Sabol 102/103, E 2
Sachalin 100/101, P 4
Sachsen 41
Sachsen-Anhalt 41
Sacramento (Fl.) 124/125, A 2
Sacramento (O.) 124/125, A 3
Sacrow-Paretzer-Kanal 18/19, B 3
Sadah 102/103, C 4
Sadiya 102/103, H 3
Sæby 49, D 3
Säffle 49, F 1
Safi 84/85, C 1
Sahara (L.) 84/85, C-F 2
Sahara (St.) 78/79, B 3
Saharaatlas 84/85, C/D 1
Saharanpur 102/103, F 3
Sahel 76/77, E-K 5
Saïda 56/57, D 5
Saidia 56/57, C 5
Saignelegier 38/39, B 5
Saihut 102/103, D 4
Saimaa-Kanal 52/53, G 3
Saimaasee 52/53, F 3
Sain-Schand 104/105, E 1
Saint-Brieuc 54/55, C 4
Saint Christopher und Nevis 114/115, K 7
Saint-Denis (Frankreich) 48, C 6
Saint-Denis (Mauritius) 86/87, F 4
Saint Dié 38/39, B 4
Saint-Dizier 46/47, A 1
Sainte-Marie-aux-Mines 38/39, C 4
Saint-Étienne 54/55, D 5
Saint George's 124/125, G 5
Saint-Germain 48, B 7
Saint John 122/123, N 5
Saint John's 122/123, O 5
Saint Louis (Frankreich) 38/39, G 5
Saint Louis (Senegal) 84/85, B 3
Saint-Louis (USA) 124/125, D 3
Saint Loup-sur-Semouse 38/39, B 5
Saint Lucia 114/115, L 7
Saint-Malo 54/55, C 4
Saint Martin 124/125, G 5
Saint-Nazaire 54/55, C 5
Saint-Omer 48, C 5
Saint Paul 124/125, D 2
Saint-Pierre 122/123, O 5
Saint-Raphaël 46/47, C 6
Saint-Tropez 46/47, C 6
Saint-Valéry-en-Caux 48, A 6
Saint Vincent und Grenadinen 114/115, K 7
Saipan 106/107, F 2
Saissan 100/101, J 5
Saissansee 100/101, J 5
Sajak 100/101, H 5
Sajama 126/127, C 4
Sakarya 58/59, D 5

Sakinthos 58/59, C 4
Sal 58/59, H 2
Salado 126/127, C 5
Salamanca 56/57, B 3
Salamat 84/85, E/F 3
Salar de Atacama 126/127, C 5
Salar de Uyuni 126/127, C 5
Salawat 100/101, F 4
Sala-y-Gomez 112/113, H 12
Saldanha 86/87, B 5
Salechard 100/101, G 3
Salem (Indien) 102/103, F 4
Salem (USA) 124/125, A 2
Salerno 56/57, G 3
Salina Cruz 124/125, D 5
Salnau (Želnava) 38/39, J 4
Salomonen 106/107, G 4
Salomon-See 106/107, F 4
Salpausselkä 52/53, F 3
Salsk 58/59, H 2
Salta 126/127, C 5
Salt Lake City 124/125, B 2
Salto 126/127, D 6
Saluën 104/105, C 2
Salum 84/85, F 1
Salvador 126/127, F 4
Salza 46/47, L 2
Salzach 46/47, J 2
Salzburg (L.) 46/47, J 2
Salzburg (O.) 46/47, J 2
Salzburger Alpen 46/47, J 2
Salzgitter 36/37, F 3
Salzkammergut 46/47, K 2
Salzwedel 36/37, G 3
Samar 106/107, D 2
Samarinda 106/107, C 4
Samarkand 100/101, G 6
Samarra 58/59, H 5
Sambesi 86/87, C 3
Sambia 78/79, F 7
Sambre 48, E 5
Samoa 108/109, H 2
Samoa-Inseln 1, A 6
Samos 58/59, D 4
Sampit 106/107, C 4
Samsø 49, D 5
Samsøbelt 49, D 5
Samsun 58/59, G 3
Sana 102/103, C 4
San Ambrosio 126/127, B 5
San Andres 124/125, E 5
San Antonio 124/125, D 4
San Cristobal (I., Salomonen) 108/109, E 2
San Cristobal (O., Venezuela) 126/127, B/C 2
Sandakan 106/107, C 3
Sande 49, C/D 1
San Diego 124/125, B 3
Sandoa 86/87, C 2
Sandover 108/109, C 3
San Félix 126/127, A/B 5
San Fernando 106/107, C 2
San Francisco 124/125, A 3
Sangar 100/101, N 3
Sangerhausen 36/37, G 4
Sangha 84/85, E 4
San Jorge-Golf 126/127, C 7
San José (Costa Rica) 124/125, E 5
San José (Guatemala) 124/125, D 5
San Juan (Argentinien) 126/127, C 6
San Juan (Puerto Rico) 124/125, G 5
Sankt Andreasberg 36/37, F 4
Sankt Blasien 38/39, D 5
Sankt Egidien 24, C 3
Sankt Eliasberge 122/123, E 3
Sankt-Georgs-Kanal 54/55, B 4
Sankt Gallen 46/47, F 2
Sankt Georgen 38/39, D 4
Sankt Gilgen 38/39, J 5
Sankt Goar 38/39, C 2
Sankt Goarshausen 38/39, C 2
Sankt Gotthard 46/47, E 3
Sankt Helena 76/77, E 7

FNL

Sankt Ingbert 38/39, C 3
Sankt Moritz 46/47, F 3
Sankt-Lorenz-Golf 122/123, N 5
Sankt-Lorenz-Insel 122/123, B 3
Sankt-Lorenz-Strom 124/125, F 2
Sankt Peter-Ording 36/37, D 1
Sankt Pölten 46/47, M 1
Sankt Veit 46/47, L 3
Sankt Vith 38/39, B 2
Sankt Wendel 38/39, C 3
Sankt Wolfgang 38/39, J 5
Sankuru 86/87, C 2
San Lorenzo 126/127, A 2
San Louis Potosi 124/125, C 4
San Marino (O.) 46/47, J 6
San Marino (St.) 62/63, F 4
San Matias-Golf 126/127, C 7
San Pedro 84/85, C 4
San Remo 56/57, E 3
San Salvador (O.) 124/125, E 5
San Salvador (Waltlings-Insel, Guanahani) 124/125, F 4
San Sebastián 56/57, C 3
Sansibar 86/87, D/E 2
Santa Catarina 114/115, L/M 11
Santa Cruz (Bolivien) 126/127, C 4
Santa Cruz (Kanarische Inseln) 84/85, B 2
Santa-Cruz-Inseln 108/109, F 2
Santa Fe (Argentinien) 126/127, C 6
Santa Fe (USA) 124/125, C 3
Santa Maria (Brasilien) 126/127, D 6
Santa Marta 126/127, B 1
Santander 56/57, B 3
Santarém 126/127, D 3
Santa Rosa 126/127, C 6
Santiago 126/127, B/C 6
Santiago de Compostela 56/57, A 3
Santiago de Cuba 124/125, F 5
Santiago del Estero 126/127, C 5
Säntis 46/47, F 2
Santo Andre 126/127, E 5
Santo Domingo 124/125, F 5
Santorin (Thira) 58/59, D 4
Santos 126/127, E 5
San Valentin 126/127, B 7
São Francisco 126/127, E 4
Saône 54/55, E 5
São Paulo (Bundesstaat) 114/115, L/M 11
São Paulo (O.) 126/127, E 5
São Tomé (I.) 84/85, D 4
São Tomé und Principe (St.) 78/79, D 5
Saporoshje 100/101, D 5
Sapporo 104/105, H 1
Sarajewo 58/59, B 3
Saransk 100/101, E 4
Saratow 100/101, E 4
Saratower Stausee 100/101, E 4
Sarawak 90/91, F 4
Sarca 46/47, G 3
Sardeh-Kuh 102/103, C/D 2
Sardes 58/59, D 4
Sardinien 56/57, E 4
Sarek 52/53, D 1
Sargassosee 124/125, G 4
Sarh 84/85, E 4
Sarmi 106/107, E 4
Sarpsborg 49, E 1
Sarrebourg 46/47, C 1
Sarreguemines = Saargemünd
Sarre-Union 38/39, C 4
Sarstedt 36/37, E 3
Saskatchewan (Fl.) 122/123, J 4
Saskatchewan (Provinz) 114/115, F 3
Saskatoon 122/123, J 4
Sassandra 84/85, C 4
Sassari 56/57, F 3
Saßnitz 36/37, J 1
Satpuragebirge 102/103, F 3
Satu Mare 50/51, G 4

Satzkorn 18/19, C 3
Saualpe 46/47, L 3
Saudi-Arabien 90/91, C 3
Sauerland 36/37, C/D 4
Saulgau 38/39, E 4
Sault-Sainte-Marie 122/123, L 5
Saurimo 86/87, C 2
Savaii 108/109, H 2
Savannah (Fl.) 124/125, E 3
Savannah (O.) 124/125, E 3
Save (Jugoslawien) 58/59, B 2
Save (Zimbabwe) 86/87, D 4
Savona 46/47, E 5
Savoyer Alpen 46/47, C 4
Sawu 106/107, D 5
Scafell Pike 54/55, C 3
Schaalsee 36/37, F/G 2
Schachty 58/59, G 2
Schäferberg 18/19, C 3
Schaffhausen 38/39, D 5
Schantarinseln 100/101, O 4
Schäpe 18/19, B 4
Scharbeutz-Haffkrug 36/37, F 1
Schärding 46/47, K 1
Scharhörn 36/37, D 2
Schari 84/85, E 3
Scharmützelsee 18/19, G 4
Schaulen 50/51, G 2
Schefferville 122/123, N 4
Scheibe 25, 1 B 2
Scheinfeld 38/39, F 3
Schelde 48, D 5
Schelichowgolf 100/101, Q 3
Schenkenberg 18/19, A 3
Schenkendorf 18/19, E 3
Schenkendorf-Krummensee 18/19, E 3
Schenkenhorst 18/19, C 3
Schermützelsee 18/19, G 2
Schewtschenko 100/101, F 5
Schierling 38/39, H 4
Schiermonnikoog 48, F 2
Schiffmühle 18/19, G 1
Schildow 18/19, D 2
Schilka 100/101, M 4
Schillingsfürst 38/39, F 3
Schiltigheim 38/39, C 4
Schimanowsk 100/101, N 4
Schio 46/47, H 4
Schiras 102/103, D 3
Schirmeck 38/39, C 4
Schkeuditz 36/37, H 4
Schkopau 24, A/B 2
Schlabendorf 25, 1 A 2
Schladming 38/39, J 5
Schlangeninsel 50/51, J 4
Schleiden 38/39, B 2
Schleiz 38/39, F 3
Schlettstadt 38/39, C 4
Schleuner Heide 18/19, C 1
Schleusingen 38/39, F 2
Schliersee 38/39, G 5
Schlitz 38/39, E 2
Schlotheim 36/37, F 4
Schlüchtern 38/39, E 2
Schlunkendorf 18/19, B/C 4
Schmachtenhagen 18/19, D 1
Schmachtenhagen-Bernöwe 18/19, D 1
Schmalkalden 38/39, F 2
Schmergow 18/19, B 3
Schmerzke 18/19, A 3
Schmölln 24, B 3
Schnackenburg 36/37, G 2
Schneeberg (B., Fichtelgebirge) 38/39, G 2
Schneeberg (B., Österreichische Alpen) 46/47, M 2
Schneeberg (O.) 38/39, H 2
Schneifel 38/39, B 2
Schneverdingen 36/37, E 2
Schoberpaß 46/47, L 2
Schoberspitze 38/39, K 5
Schönberg 36/37, F 1
Schönebeck 38/39, G 3
Schönefeld 36/37, J 3

Schönefeld (Kreis Königs Wusterhausen) 18/19, D 3
Schönefeld (Kreis Potsdam) 18/19, B/C 4
Schönefelde 18/19, G 3
Schöneiche (Kreis Fürstenwalde) 18/19, E 3
Schöneiche (Kreis Zossen) 18/19, E 4
Schonen 49, G 5
Schönerlinde 18/19, D 2
Schönfeld 18/19, E 2
Schönfließ 18/19, D 2
Schongau 38/39, F 5
Schönhagen 18/19, C 4
Schöningen 36/37, F 3
Schönow 18/19, E 2
Schönwalde (Kreis Bernau) 18/19, D 2
Schönwalde (Kreis Nauen) 18/19, C 2
Schopfheim 38/39, G 5
Schöppenstedt 36/37, F 3
Schorfheide 36/37, J 3
Schorndorf 38/39, E 4
Schortens 36/37, C 2
Schott Djerid 84/85, D 1
Schott ech Chergui 56/57, D 5
Schott el Hodna 56/57, E 5
Schott Melghir 84/85, D 1
Schotten 38/39, D/E 2
Schottland 62/63, D 3
Schouwen 48, D 4
Schramberg 38/39, D 4
Schrobenhausen 38/39, G 4
Schruns 46/47, F 2
Schulzendorf 18/19, E 3
Schünow 18/19, D 4
Schussen 38/39, E 5
Schüttenhofen (Sušice) 38/39, J 3
Schwaan 36/37, H 2
Schwabach 38/39, G 3
Schwäbische Alb 38/39, D 5-F 4
Schwäbisch-Fränkisches Stufenland 34/35, C/D 4
Schwäbisch Gmünd 38/39, E 4
Schwäbisch Hall 38/39, E 3
Schwabmünchen 38/39, F 4
Schwalmstadt 38/39, E 2
Schwandorf 38/39, H 3
Schwanebeck (Kreis Bernau) 18/19, E 3
Schwanebeck (Kreis Nauen) 18/19, B 2
Schwanheide 36/37, F 2
Schwante 18/19, C 2
Schwarmstedt 36/37, E 3
Schwarzach 38/39, H 3
Schwarzbach 38/39, C 3
Schwarze Elster 36/37, H/J 4
Schwarzenberg 38/39, H 2
Schwarze Pumpe 25, 1 B 2
Schwarzer Irtysch 100/101, J 5
Schwarzer Volta 84/85, C 3/4
Schwarzes Meer 58/59, D 5
Schwarzkoppe 38/39, H 3
Schwarzwald 38/39, D 4/5
Schweden 62/63, F 3
Schwedt 36/37, K 2
Schweinfurt 38/39, F 2
Schweiz 62/63, E 4
Schwelm 36/37, C 4
Schwerin 36/37, G 2
Schweriner See 36/37, G 2
Schwerte 36/37, C 4
Schwetzingen 38/39, D 3
Schwielowsee 18/19, B 3
Schwyz 46/47, E 2
Scilly-Inseln 54/55, B 4
Seattle 122/123, A 2
Sebha 84/85, E 2
Sebnitz 38/39, K 2
Sedan 48, E 5
Seddin 18/19, C 3
Sedlčny 38/39, K 3
Seeburg 18/19, C 2
Seefeld (Brandenburg) 18/19, E 2

Seefeld in Tirol 38/39, G 5
Seehausen 36/37, G 3
Seekirchen 38/39, J 5
Seeland (I., Dänemark) 49, E 5
Seeland (L., Niederlande) 48, D 4
Seelow 36/37, K 3
Seeon 38/39, H 5
Seesen 36/37, F 3
Seetaler Alpen 46/47, L 2
Segedin 84/85, E 2
Segesha 52/53, H 3
Segsee 52/53, H 3
Segovia 56/57, B 3
Segu 84/85, C 3
Segura 56/57, C 4
Seille 38/39, B 4
Seinäjoki 52/53, E 3
Seine 54/55, D 4
Seja (Fl.) 100/101, N 4
Seja (O.) 100/101, N 4
Sejerø 49, E 5
Sejmtschan 100/101, Q 3
Sekondi Takoradi 84/85, C 4
Selb 38/39, H 2
Selbelang 18/19, A 2
Selchow (Kreis Beeskow) 18/19, F 4
Selchow (Kreis Königs Wusterhausen) 18/19, D 3
Selebi-Phikwe 86/87, C 4
Selenga 104/105, D 1
Selenter See 36/37, F 1
Selinunt 56/57, G 4
Selters 38/39, D 2
Selvas 126/127, C 3
Selz (Fl.) 38/39, D 3
Selz (O.) 38/39, D 4
Sem 49, D 1
Semara 84/85, B 2
Semarang 106/107, C 4
Semeru 106/107, C 4
Semipalatinsk 100/101, H 4
Semmering 46/47, M 2
Semnan 102/103, D 2
Senar 84/85, G 3
Sendai 104/105, H 2
Senden 38/39, F 4
Senegal (Fl.) 84/85, B 3
Senegal (St.) 78/79, B 4
Senftenberg 36/37, J/K 4
Sengsengebirge 38/39, K 5
Senigallia 46/47, K 6
Senj 46/47, L 5
Senzig 18/19, E 3
Senzke 18/19, A 2
Seoul 104/105, F 2
Sepik 106/107, F 4
Sept Îles 122/123, N 5
Serachs 100/101, G 6
Seram 106/107, D 4
Serbien 62/63, G 4
Serengeti-Nationalpark 86/87, D 2
Serenth 50/51, H 4
Serginy 100/101, G 3
Sergipe 114/115, N 10
Serow 100/101, G 4
Serowe 86/87, C 4
Serrä 58/59, C 3
Serra da Estrêla 56/57, A 3
Serra da Mantiqueira 126/127, E 5
Serra do Cachimbo 126/127, D 3
Serra do Espinhaço 126/127, E 4
Serra do Gaiapaõ 126/127, D 4
Serra dos Parecis 126/127, C/D 4
Serra Dourada 126/127, E 4
Serra Geral 126/127, D/E 5
Serra Pacaraima 126/127, C 3
Sesia 46/47, E 4
Sestriere 46/47, D 5
Sète 54/55, D 6
Sétif 56/57, E 5
Setúbal 56/57, A 4
Severn 54/55, C 4
Sevilla 56/57, B 4

Sewansee 58/59, J 2
Seward 122/123, E 4
Seward-Halbinsel 122/123, C 3
Sewastopol 58/59, F 2
Sewernaja Semlja 100/101, L 2
Sewerodwinsk 100/101, D 3
Sewero-Jenissejskij 100/101, K 3
Seychellen 78/79, J 6
Seydisfjördur 52/53, D 1
Seyhan 58/59, F 4
Sfax 84/85, E 1
Shaba (Katanga) 86/87, B/C 2
Shache (Yarkand) 104/105, A 2
Shanghai 104/105, F 2
Shannon 54/55, A 3
Shantou 104/105, E 3
Shaoguan 104/105, E 3
Shaoyang 104/105, E 3
Shaqra 102/103, C 3
Sharjah 102/103, D 3
Sharkbucht 108/109, A 3
Shashi 104/105, E 2
Shdanow 58/59, G 2
Shebeli 84/85, H 4
Sheffield 54/55, C 3
Shenyang 104/105, F 1
Shetland-Inseln 54/55, C 1
Shigansk 100/101, N 3
Shijiazhuang 104/105, E 2
Shikoku 104/105, G 2
Shillong 102/103, H 3
Shinŭiju 104/105, F 2
Shipki-Paß 102/103, F 3
Shire 86/87, D 3
Shitomir 50/51, H 3
Shkodër 58/59, B 3
Shulehe 104/105, C 2
Sibasa 78/79, 4
Šibenik 46/47, M 6
Siberut 106/107, A 4
Sibirien 100/101, J 3
Sibiu = Hermannstadt
Sibolga 106/107, A 3
Sibu 106/107, C 3
Sichote-Alin 100/101, O 5
Sidi-bel-Abbès 84/85, C 1
Sidi Ifni 84/85, B 2
Sidon 58/59, F 5
Siebenbürgen 50/51, G 4
Siebenstromland 100/101, H 5
Siedlce 50/51, G 2
Sieg 38/39, C 2
Siegburg 38/39, C 2
Siegen 38/39, D 2
Siena 56/57, F 3
Sierra Leone 78/79, B 5
Sierra Madre 124/125, C/D 4/5
Sierra Morena 56/57, B 4
Sierra Nevada (Spanien) 56/57, C 4
Sierra Nevada (USA) 124/125, A 2
Siethen 18/19, C 3
Siglufjördur 52/53, C 1
Sigmaringen 38/39, E 4
Sikasso 84/85, C 3
Sikkim 90/91, E 3
Silbitz 24, A/B 3
Siljansee 52/53, C 3
Silkeborg 49, C 4
Silvretta 46/47, F 3
Sima 100/101, L 4
Simav 58/59, E 4
Simbach 38/39, J 4
Simeuluë 106/107, A 3
Simferopol 58/59, F 2
Simla 102/103, F 2
Simmern 38/39, C 3
Simplon 46/47, D 3
Simpsonwüste 108/109, C 3
Simrishamn 49, H 5
Sind 102/103, E 3
Sindelfingen 38/39, D 4
Sines 56/57, A 4
Singapur (O.) 106/107, B 3
Singapur (St.) 90/91, F 4
Singen 38/39, D 5
Sinkiang (Xingjang) 90/91, E 2

Sinn 38/39, E 2
Sinop 58/59, F 3
Sinsheim 38/39, D 3
Sintang 106/107, C 4
Sint-Niklaas 48, D 4
Sioux City 124/125, D 2
Sisak 58/59, B 2
Sisimiut 122/123, O 3
Sisteron 46/47, B 5
Sitten 46/47, B 5
Sittensen 36/37, E 2
Sivas 58/59, G 4
Siwa 84/85, F 2
Siwalikkette 102/103, F 2-G 3
Sizewell 48, B 3
Sizilien 56/57, G 4
Skælskør 49, E 5
Skærbæk 49, B 5
Skagen 49, D 3
Skagens Horn 49, D 3
Skagerrak 49, C 2
Skagway 122/123, F 4
Skanderborg 49, C 4
Skandinavisches Gebirge 60/61, E-G 1
Skegness 48, A 2
Skellefteå 52/53, E 3
Skellefteälv 52/53, D 2
Skien 52/53, B 4
Skikda 84/85, D 1
Skive 49, B 4
Skjern 49, B 5
Sklavenfluß 122/123, H 3
Sklavenküste 84/85, D 4
Skopje 58/59, C 3
Skövde 49, G 2
Slagelse 49, E 5
Slatoust 100/101, F 4
Slettestrand 49, C 3
Sligo 54/55, A 3
Sliven 58/59, D 3
Slowakei 62/63, F 4
Slowenien 62/63, F 4
Słubice = Frankfurt
Smithsund 122/123, M 2
Smolensk 50/51, J 2
Smyrna = Izmir
Snake 124/125, B 2
Snares-Inseln 108/109, F 5
Snöhetta 52/53, B 3
Snowdon 54/55, B 3
Sobat 84/85, G 4
Sobral 126/127, E/F 3
Socompapaß 126/127, C 5
Söderhamn 52/53, D 3
Soë 106/107, D 4
Sønderborg = Sonderburg
Soest 36/37, D 4
Soeste 36/37, C 3
Sofia 58/59, C 3
Sognefjord 52/53, A 3
Sohag 84/85, G 2
Soholmer Au 36/37, E 1
Soisson 48, D 6
Sokolov-Falkenau 38/39, H 2
Sokoto 84/85, D 3
Sokotra 102/103, D 4
Solapur 102/103, F 4
Soldin (Myślibórz) 36/37, K 3
Solferino 46/47, G 4
Solgne 38/39, B 4
Solingen 36/37, C 4
Solling 36/37, E 4
Sollum 84/85, F 1
Solnhofen 38/39, F 4
Solothurn 46/47, D 2
Solowezki-Inseln 52/53, H 2
Solway Firth 54/55, B 3
Solwezi 86/87, C 3
Somalia 78/79, H 5
Somalihalbinsel 76/77, K 6
Somme 48, C 6
Sömmerda 36/37, G 4
Sommerfeld (Kreis Eberswalde-Finow) 18/19, F 1
Sommerfeld (Kreis Oranienburg) 18/19, C 1

Sonderburg (Sønderborg) 49, C 6
Sondershausen 36/37, F 4
Sondrio 46/47, F 3
Songea 86/87, B 3
Songkhla 106/107, B 3
Sonneberg 38/39, G 2
Sonthofen 38/39, F 5
Sophienfließ 18/19, G 2
Sophienstadt 18/19, E 1
Sopron = Ödenburg
Soria 56/57, C 3
Sorong 106/107, E 4
Sortavala 52/53, G 3
Söse 36/37, F 4
Sotschi 58/59, G 3
Sousse 84/85, E 1
Southampton 54/55, C 4
Southampton-Insel 122/123, L 3
South Downs 54/55, C 4
Southend-on-Sea 54/55, D 4
South Shields 54/55, C 3
Sowjetskaja-Gawan 100/101, O 5
Sowjetunion 90/91, D-F 2
Spa 48, F 5
Spaichingen 38/39, D 4
Spalt 38/39, F 3
Spanien 62/63, D 4
Sparta 58/59, C 4
Spencergolf 108/109, C 4
Spessart 38/39, E 2/3
Spiekeroog 36/37, C 2
Spittal 46/47, K 3
Split 58/59, B 3
Splügen 46/47, F 3
Spokane 124/125, B 2
Spree 18/19, E 3
Spreeau 18/19, F 3
Spreenhagen 18/19, F 3
Spreewald 36/37, J/K 4
Spremberg 36/37, K 4
Springe 36/37, E 3
Springfield 124/125, D 3
Sprotta 24, C 1/2
Sputendorf 18/19, C 3
Sretensk 100/101, M 4
Sri Jayewardenepura 102/103, F/G 5
Sri Lanka 90/91, E 4
Srinagar 102/103, F 2
Stachelberg 38/39, F 2
Stade 36/37, E 2
Stadskanaal 36/37, B 3
Stadtallendorf 38/39, D/E 2
Stadthagen 36/37, E 3
Stadtilm 38/39, G 2
Stadtlohn 36/37, B 4
Stadtoldendorf 36/37, E 4
Stadtroda 24, A 3
Staffelberg 38/39, G 2
Staffelde 18/19, C 2
Staffelsee 38/39, G 5
Staffelstein 38/39, F 2
Stahnsdorf 18/19, C/D 3
Stangenhagen 18/19, C 4
Staňkov 38/39, J 7
Stanley (Australien) 108/109, D 5
Stanley (Falklandinseln) 126/127, D 8
Stanowoigebirge 100/101, N 4
Staraja Russa 52/53, G 4
Stara Zagora 58/59, D 3
Starnberg 38/39, G 4
Starnberger See 38/39, G 5
Starzel 38/39, D 4
Staßfurt 36/37, G 4
Stavanger 52/53, A 4
Stavenhagen 36/37, H 2
Stawropol 58/59, H 2
Steane 49, B 1
Stedten 24, A 2
Steenwijk 36/37, B 3
Steep Point 108/109, A 3
Stefaniesee 84/85, G 4
Steiermark 46/47, L 2
Steigerwald 38/39, F 3
Stein 38/39, G 3

Steinach 38/39, G 2
Steinamanger (Szombathely) 46/47, N 2
Stein am Rhein 38/39, D 5
Steinbeck 18/19, F 2
Steinernes Meer 38/39, H 5
Steinfurt 36/37, C 3
Steinhagen 36/37, D 3
Steinhuder Meer 36/37, E 3
Steinige Tunguska 100/101, K 3
Steinkjer 52/53, B 3
Stendal 36/37, G 3
Sternberg 36/37, G 2
Sternebeck-Harnekop 18/19, F/G 2
Sterzing 46/47, H 3
Stettin (Szczecin) 36/37, K 2
Stettiner Haff 36/37, K 2
Stevns Klint 49, F 5
Stewart-Insel 108/109, F 5
Steyr (Fl.) 38/39, K 5
Steyr (O.) 46/47, K 4
Stienitzsee 18/19, F 2/3
Stilfser Joch 46/47, G 3
Stöbber 18/19, G 2
Stockach 38/39, E 5
Stockholm 52/53, D 4
Stoke-on-Trent 54/55, C 3
Stolberg 38/39, B 2
Stollberg 38/39, H 2
Stolp 50/51, F 2
Stolpe-Dorf 18/19, C/D 2
Stolzenau 36/37, E 3
Stolzenhagen 18/19, D 1
Stonehenge 54/55, C 4
Stör 36/37, F 2
Stora Lulevatten 52/53, D 2
Storavan 52/53, D 2
Storkow 18/19, F 3
Stormarn 36/37, E/F 2
Strakonice = Strakonitz
Strakonitz (Strakonice) 38/39, J 3
Stralsund 36/37, J 1
Stranraer 54/55, B 3
Strasbourg = Straßburg
Strasburg 36/37, J 2
Straßburg (Strasbourg) 38/39, C 4
Straße von Gibraltar 56/57, B 5
Straße von Hormus 102/103, D 3
Straße von Moçambique 86/87, D 4-E 3
Straße von Otranto 58/59, B 3
Straße von Yucatán 124/125, E 4
Stratford 54/55, C 3
Straubing 38/39, H 4
Strausberg 18/19, F 2
Straussee 18/19, F 2
Streganz 18/19, F 4
Stříbro = Mies
Strømstad 49, D 2
Stromboli 56/57, G 4
Struer 49, B 4
Stubaier Alpen 46/47, H 2
Stubbenkammer 36/37, J 1
Stücken 18/19, C 4
Stuttgart 38/39, E 4
Subotica 58/59, B 2
Suceava 50/51, H 4
Suche Bator 104/105, D 1
Suchona 100/101, E 4
Suchumi 58/59, H 3
Sucre 126/127, C 4
Sudan (L.) 84/85, C-F 3
Sudan (St.) 78/79, F/G 4
Sudbury (England) 48, A 3
Sudbury (Kanada) 122/123, L 5
Süd-Carolina 114/115, H/J 5
Südchinesisches Meer 106/107, B 3
Sudd 84/85, F/G 4
Süd-Dakota 114/115, F/G 4
Sude 36/37, G 2
Süderbrarup 36/37, E 1
Süderlügum 36/37, D 1
Sudeten 50/51, E 3

Südgeorgien 126/127, F 8
Südkarpaten 50/51, G 4
Südkorea 90/91, G 3
Südlicher Bug 50/51, J 3
Südliche Sporaden 58/59, D 4
Südorkney-Inseln 112/113, O 15
Südpolargebiet (Antarktis) 138, 2
Südsandwich-Inseln 112/113, P/Q 15
Südsee 108/109, G 2
Südshetland-Inseln 112/113, N 15
Südtirol 46/47, G 3
Suez 84/85, G 1
Suezkanal 84/85, G 1/2
Suhar Djask 102/103, D 3
Suhl 38/39, F 2
Sukkur 102/103, E 3
Sulaijil 102/103, C 3
Sulaimangebirge 102/103, E 3-F 2
Sulawesi (Celébes) 106/107, C 4
Sulingen 36/37, D 3
Sulu-Inseln 106/107, C 3
Sulu-See 106/107, C 3
Sulz 38/39, F 2
Sulzbach-Rosenberg 38/39, G 3
Sumatra 106/107, A 3
Sumba 106/107, C 5
Sumbawa 106/107, C 4
Šumen 58/59, D 3
Sumy 50/51, K 2
Sunda-Straße 106/107, B 4
Sunderbunds 102/103, G/H 3
Sundern 36/37, C/D 4
Sundgau 38/39, C 5
Sundsvall 52/53, D 3
Sungari 104/105, F 1
Suntar 100/101, M 3
Süntel 36/37, E 3
Suojärvi 52/53, G 3
Suomenselkä 52/53, F 3
Sur 102/103, D 3
Surabaya 106/107, C 4
Surakarta 106/107, C 4
Surat 102/103, F 3
Surgut 100/101, H 3
Suriago 106/107, D 3
Surinam 114/115, L 8
Surt 84/85, E 1
Surtsey 52/53, B 2
Susa (Iran) 102/103, C 2
Susa (Italien) 46/47, B 4
Susice = Schüttenhofen
Sussuman 100/101, P 3
Sutlej 102/103, E 3
Suva 108/109, G 2
Suzhou 104/105, F 2
Svealand 52/53, C 3
Svendborg 49, D 6
Sverdrup-Inseln 122/123, J 2
Swain-Insel 108/109, H 2
Swakop 86/87, B 4
Swakopmund 86/87, B 4
Swan-Inseln 124/125, E 5
Swansea 54/55, C 4
Swasiland 78/79, G 8
Swerdlowsk 100/101, F 4
Swine 36/37, K 2
Swinemünde (Świnoujście) 36/37, K 2
Świnoujście = Swinemünde
Swir 52/53, H 3
Swobodnyj 100/101, N 4
Sydney (Australien) 108/109, E 4
Sydney (Kanada) 122/123, N 5
Syke 36/37, D 3
Syktywkar 100/101, F 3
Sylt 36/37, D 1
Sylvensteinsee 38/39, G 5
Syrakus 56/57, G 4
Syrien 90/91, C 3
Syrische Wüste 58/59, G 5
Syrjanka 100/101, Q 3
Syrdarja 100/101, G 5
Sysran 100/101, E 4
Szczecin = Stettin

Szechuan 104/105, D 2
Szeged 50/51, F 4
Székesfehérvár 50/51, F 4
Szombathely = Steinamanger

T

Tabor 100/101, P 2
Tabora 86/87, D 2
Täbris 102/103, C 2
Tabuk 102/103, B 3
Tachau (Tachov) 38/39, H 3
Tachov = Tachau
Tadjemut 84/85, D 2
Tadmor 58/59, G 5
Tadschikistan 90/91, D 3
Taegu 104/105, F 2
Taejŏn 104/105, F 2
Tafelberg 86/87, B 5
Taganrog 58/59, G 2
Tagliamento 46/47, J 3
Tahan 106/107, B 3
Tahat 84/85, D 2
Tahua 84/85, D 3
Taibei = Taipeh
Taif 102/103, C 3
Taiga 100/101, M 3
Taimyr-Halbinsel 100/101, J 2
Taimyrsee 100/101, K 2
Tainan 104/105, F 3
Taipeh (Taibei) 104/105, F 3
Taischet 100/101, K 4
Taisetzu 104/105, H 1
Tai Shan 104/105, E 2
Taiwan 90/91, F/G 3
Taiyuan 104/105, E 2
Taiz 102/103, C 4
Taizhong 104/105, F 3
Tajo 56/57, C 3
Take 104/105, G 2
Talaud-Inseln 106/107, D 3
Talca 126/127, B 6
Tal des Todes 124/125, B 3
Taldy-Kurgan 100/101, H 5
Tallahassee 124/125, E 3
Tallinn = Reval
Tamanrasset 84/85, D 2
Tambow 100/101, E 4
Tambura 84/85, F 4
Tamele 84/85, C 4
Tamil Nadu 90/91, D 4
Tampa 124/125, E 4
Tampere 52/53, E 3
Tampico 124/125, D 4
Tamsweg 46/47, K 2
Tamworth 108/109, D 3
Tana (Fl. zum Indischen Ozean) 86/87, D 2
Tana (Fl. zur Barentssee) 52/53, F 1
Tanamiwüste 108/109, C 2
Tanaro 46/47, D 5
Tanasee 84/85, G 3
Tanga 86/87, D 2
Tanganjikasee 86/87, C/D 2
Tanger 84/85, C 1
Tangerhütte 36/37, G 3
Tangermünde 36/37, G 3
Tangkula-Paß 104/105, C 2
Tangkula Shan 104/105, B/C 2
Tanimbar-Inseln 106/107, B 4
Tanjungkarang 106/107, B 4
Tannugebirge 100/101, K 4
Tansania 78/79, G 6
Tanta 84/85, G 2
Taomasina 86/87, E/F 3
Taormina 56/57, G 4
Tapajós 126/127, D 3
Tapa Shan 104/105, D/E 2
Tara 102/103, H 4
Tarairegion 102/103, G 3
Tarakan 106/107, C 3
Tarbagatai 100/101, J 5
Tarcoola 108/109, C 4
Taree 108/109, E 4
Tarent 56/57, H 3
Tarim (Fl.) 104/105, B 1
Tarim (O.) 102/103, C 4

Tarimbecken 102/103, B 2
Tarlac 106/107, C 2
Tarmow 18/19, B 1
Tarn 54/55, D 6
Tarragona 56/57, D 3
Tarsus 58/59, F 4
Tartus 58/59, F 5
Tarvisio 46/47, K 3
Tas 100/101, J 3
Taschaus 100/101, F 5
Taschkent 100/101, G 5
Taschtagol 100/101, J 4
Tasiilaq 122/123, Q 3
Tasmanien 108/109, D 5
Tasmansee 108/109, E 4
Tassili der Ajjer 84/85, D 2
Tatarensund 100/101, P 4
Tatarsk 100/101, H 4
Tatra 50/51, F 3
Tatvan 58/59, H 4
Tauber 38/39, E 3
Tauberbischofsheim 38/39, E 3
Taucha 36/37, H 4
Taufstein 38/39, E 2
Taunus 38/39, D 2
Tauplitz 38/39, K 5
Tauranga 108/109, G 4
Taurus 58/59, F 4
Taus (Domažlice) 38/39, H 3
Taxila 102/103, F 3
Tayma 102/103, B 3
Taza 56/57, C 5
Tbilissi = Tiflis
Tebessa 84/85, D 1
Tecklenburg 36/37, C 3
Tegeler See 18/19, D 2
Tegernsee 38/39, G 5
Tegucigalpa 124/125, E 5
Teheran 102/103, D 2
Tejo 56/57, A 4
Tekirdağ 58/59, D 3
Telanaipura 106/107, B 4
Tel Aviv-Jaffa 102/103, B 2
Telemark 49, B 1
Telfs 38/39, G 5
Tellatlas 56/57, C 5
Teltow (L.) 18/19, D 3
Teltow (O.) 18/19, D 3
Teltowkanal 18/19, D 3
Telz 18/19, D 4
Temeschburg (Timișoara) 50/51, G 4
Temirtau 100/101, H 4
Tempelfelde 18/19, E 2
Templin 36/37, J 2
Templiner See 18/19, C 3
Tenda 56/57, E 2
Teneriffa 84/85, B 2
Ténès 56/57, D 4
Tengchong 104/105, C 3
Tengissee 100/101, G 4
Tennant Creek 108/109, C 2
Tennengebirge 38/39, J 5
Tennessee (Bundesstaat) 114/115, H 5
Tennessee (Fl.) 124/125, E 3
Teófilo Otoni 126/127, E 4
Teotihuacán 124/125, D 5
Teplice = Teplitz
Teplitz (Teplice) 38/39, J 2
Terek 58/59, J 2
Teresina 126/127, E 3
Terezín = Theresienstadt
Teriberka 52/53, H 1
Termes 100/101, G 6
Ternate 106/107, D 3
Ternej 100/101, O 5
Terneuzen 48, D 4
Terni 56/57, G 3
Ternopol 50/51, H 3
Terschelling 48, E 2
Teruel 56/57, C 3
Tessin 46/47, E 3
Tessiner Alpen 46/47, E 3
Tete 86/87, D 3
Teterow 36/37, H 2
Tetschen (Děčín) 38/39, K 2
Tetuan 84/85, C 1

FNL

Teufelsberg 18/19, C 3
Teufelsmoor 36/37, D/E 2
Teufelssee 18/19, C 3
Teuschnitz 38/39, G 2
Teutoburger Wald 36/37, C 3/D 4
Teutschenthal 24, A 2
Texas 114/115, F/G 5
Texel 48, E 2
Thailand 90/91, E/F 4
Thale 36/37, G 4
Thalheim 24, C 3
Thann 38/39, B 5
Thannhausen 38/39, F 4
Thasos 58/59, D 3
Theben (Ägypten) 84/85, G 1
Theben (Griechenland) 58/59, C 4
Theiß 50/51, G 3
Themse 54/55, C 4
The Pas 122/123, J 4
Theresienstadt (Terezín) 38/39, K 2
Thermopylen 58/59, C 4
Thessaloniki 58/59, C 3
Theusing (Toužím) 38/39, H 2
The Wash 54/55, D 3
Thiès 84/85, B 3
Thionville 38/39, B 3
Thira = Santorin
Thisted 49, B 3
Thjórsá 52/53, C 1
Thonburi 106/107, A 2
Thorn (Torun) 50/51, F 2
Thorshavn 54/55, B 1
Thrakien 58/59, D 3
Thum 24, C 3
Thun 46/47, D 3
Thunder Bay 122/123, K 5
Thuner See 46/47, D 3
Thur 46/47, F 2
Thüringen 41
Thüringer Becken 38/39, D 3
Thüringer Wald 38/39, F/G 2
Thurm 24, C 3
Thurnau 38/39, G 2
Thyborøn 49, A 4
Thyrow 18/19, D 3
Tianjin = Tientsin
Tian-Shan 104/105, A-C 1
Tianshui 104/105, D 2
Tiaret 56/57, D 5
Tiber 56/57, G 3
Tibesti 84/85, E 2
Tibet (Xizang) 90/91, E 3
Tichorezk 58/59, H 2
Ticino 46/47, E 4
Tidjikda 84/85, B 3
Tiefensee 18/19, F 2
Tientsin (Tianjin) 104/105, E 2
Tietzow 18/19, B 2
Tiflis (Tbilissi) 58/59, J 2
Tigris 102/103, C 2
Tihamah 102/103, C 3
Tihøje 49, B 4
Tijuana 124/125, B 3
Tikrit 58/59, H 5
Tiksi 100/101, N 2
Tilburg 48, E 4
Tilitschija 100/101, R 3
Tilsit 50/51, G 2
Timanrücken 100/101, F 3
Timaru 108/109, G 5
Timbuktu 84/85, C 3
Timfristos 58/59, C 4
Timimun 84/85, D 2
Timișoara = Temeschburg
Timmendorfer Strand 36/37, F 2
Timor 106/107, D 4
Timor-See 106/107, D 5
Tinduf 84/85, C 2
Tirana 58/59, B 3
Tiraspol 50/51, J 4
Tirgu Mureș 50/51, H 4
Tirol (L.) 46/47, G 2
Tirol (Schl.) 46/47, H 3
Tirschenreuth 38/39, H 3
Tiruchchirappalli 102/103, F 4
Titicaca-See 126/127, C 4

Titisee-Neustadt 38/39, D 5
Titlis 46/47, E 3
Titograd 58/59, B 3
Títovo Užice 58/59, B 3
Tittling 38/39, J 4
Tittmoning 38/39, H 4
Tizi-Ouzu 56/57, D 5
Tjumen 100/101, G 4
Tlemcen 56/57, C 5
Tobago 124/125, G 5
Tobasee 106/107, A 3
Tobelo 106/107, D 3
Toblach 46/47, J 3
Tobol 100/101, G 4
Tobolsk 100/101, G 4
Tobruk 84/85, F 1
Tocantins 126/127, E 3
Toce 46/47, E 3
Tocopilla 126/127, B 5
Tödi 46/47, E 3
Tønder = Tondern
Tønsberg 49, D 1
Togliatti 100/101, F 4
Togo 78/79, D 5
Toili 106/107, D 4
Tok 38/39, J 3
Tokar 84/85, G 3
Tokelau-Inseln 108/109, H 1
Tokyo 104/105, G 2
Toledo (Spanien) 56/57, B 3
Toledo (USA) 124/125, E 2
Toliara 86/87, A 4
Tollense 36/37, J 2
Tollensesee 36/37, J 2
Tolmezzo 46/47, J 3
Tomelilla 49, G 5
Tommot 100/101, N 4
Tomsk 100/101, J 4
Tonale 46/47, G 3
Tonga 108/109, H 2
Tongagraben 108/109, H 3
Tönisvorst 36/37, B 4
Tönning 36/37, D 1
Toowoomba 108/109, D 3
Topeka 124/125, D 3
Topsee 52/53, G 2
Torgau 36/37, H 4
Torgelow 36/37, K 2
Torneälv 52/53, E 2
Torneträsk 52/53, E 1
Tornow 18/19, F 1
Toronto 122/123, L 5
Torremolinos 56/57, B 4
Torrenssee 108/109, C 4
Torreón 124/125, C 4
Torres-Straße 106/107, F 5
Tortona 46/47, E 5
Tortosa 56/57, C 3
Torun = Thorn
Toskana 56/57, F 3
Tostedt 36/37, E 2
Totes Gebirge 46/47, K 2
Totes Meer 60/61, H 4
Toul 46/47, B 1
Toulon 54/55, E 6
Toulouse 54/55, D 6
Tourcoing 48, C 5
Tournay 48, D 5
Tours 54/55, D 5
Toužím = Theusing
Townsville 108/109, D 2
Tozeur 56/57, E 5
Traben-Trarbach 38/39, C 3
Trabzon 58/59, G 3
Trampe 18/19, F 1
Transhimalaya 104/105, B/C 2
Transkei 78/79, 4
Transvaal 78/79, F/G 8
Trasimenischer See 46/47, H 6
Trattendorf 25, 1 B 2
Traun (Fl. zur Alz) 38/39, H 5
Traun (Fl. zur Donau) 38/39, J 5
Traun (O.) 38/39, K 4
Traunreut 38/39, H 5
Traunsee 46/47, K 2
Traunstein 38/39, H 5
Trave 36/37, F 1/2
Trebbia 46/47, F 5

Trebbin 18/19, C/D 4
Trebel 36/37, H 2
Trebelsee 18/19, B 3
Trebsen 24, C 2
Trebus 18/19, J 3
Trechwitz 18/19, A 3
Treene 36/37, E 1
Treis-Karden 38/39, C 2
Trelleborg 52/53, C 5
Tremmen 18/19, B 2
Tremsdorf 18/19, C 3
Trent 54/55, C 3
Trenton 124/125, F 2
Tresa 46/47, E 3/4
Treuchtlingen 38/39, F 4
Treuenbrietzen 36/37, H 3
Treviso 46/47, H 4
Triberg 38/39, D 4
Tribsees 36/37, H 1
Trient 56/57, F 2
Trier 38/39, B 3
Triest 56/57, G 2
Triglav 46/47, K 3
Trindade 76/77, C 9
Trinidad 126/127, C 4
Trinidad und Tobago 114/115, L 7
Tripoli 58/59, F 5
Tripolis 84/85, E 1
Tripolitanien 84/85, E 1
Tripura 90/91, E 3
Trischen 36/37, D 1
Trittau 36/37, F 2
Trivandrum 102/103, F 5
Trnava 46/47, O 1
Trobiand-Inseln 106/107, G 4
Tröglitz 24, B 2
Troisdorf 38/39, C 2
Troja 58/59, D 4
Trollhättan 49, F 2
Trollhättanfälle 49, F 2
Tromelin 86/87, F 3
Tromsö 52/53, D 1
Tronador 126/127, B 7
Trondheim 52/53, B 3
Trondheimsfjord 52/53, B 3
Troodos 58/59, F 5
Trossingen 38/39, D 4
Troyes 54/55, E 4
Trujillo 126/127, A/B 3
Truk 106/107, G 3
Tsangpo 104/105, B 3
Tsaratanana 86/87, E 3
Tsavo-Nationalpark 86/87, D 2
Tschad 78/79, E/F 5
Tschadbecken 76/77, G 5
Tschadsee 84/85, E 3
Tschardshou 100/101, G 6
Tschebobsary 100/101, E 4
Tschechei 62/63, F 4
Tschechoslowakei 50/51, E 3
Tschegdomyn 100/101, O 4
Tscheljabinsk 100/101, G 4
Tschelkar 100/101, F 5
Tschenstochau 50/51, F 3
Tscheremchowo 100/101, L 4
Tscherepowez 100/101, D 4
Tscherkassy 50/51, J 3
Tschernigow 50/51, J 3
Tschernowzy 50/51, H 3
Tschersker Gebirge 100/101, O 3
Tschikapa 86/87, B/C 2
Tschimkent 100/101, G 5
Tschita 100/101, M 4
Tschoibalsan 104/105, E 1
Tschokurdach 100/101, P 2
Tschu 100/101, H 5
Tschuktschen-Halbinsel 100/101, R 3
Tschuktschensee 122/123, B 3
Tschulman 100/101, N 4
Tschumikan 100/101, O 4
Tshane 86/87, C 4
Tshuapa 86/87, C 2
Tsingtau (Qingdao) 104/105, F 2
Tsumeb 86/87, B 3
Tuamotu-Archipel 1, B/C 6/7

Tuapse 58/59, G 3
Tuat 84/85, C/D 2
Tubarão 126/127, E 5
Tübingen 38/39, E 4
Tubkal 84/85, C 1
Tuchen-Klobbicke 18/19, F 1
Tucumán 126/127, C 5
Tuggurt 84/85, D 1
Tula 100/101, D 4
Tulcea 50/51, J 4
Tulln 46/47, N 1
Tuloma 52/53, G 1
Tulun 100/101, K 4
Tummo 84/85, E 2
Tunesien 78/79, D/E 2
Tunis 84/85, E 1
Tunja 126/127, B 2
Tura 100/101, K 3
Turan 100/101, F 5
Turgai 100/101, G 5
Turgaisenke 100/101, G 4
Turin 56/57, E 2
Turkanasee (Rudolfsee) 86/87, D 1
Türkei 90/91, B 3
Turkmenistan 90/91, C/D 3
Turks-Inseln 124/125, F 4
Turku 52/53, E 3
Turnhout 48, E 4
Turpan 104/105, B 1
Turuchansk 100/101, J 3
Tuttlingen 36/37, D 5
Tutuila 108/109, H 2
Tutzing 38/39, G 5
Tuvalu (Ellice-Inseln) 108/109, G 1
Tuz gölü (Großer Salzsee) 58/59, F 4
Tvedestrand 49, C 2
Twada (Fl.) 100/101, G 4
Twada (O.) 100/101, G 4
Twistringen 36/37, D 3
Tynda 100/101, N 4
Tyrrhenisches Meer 56/57, F 4

U

Uaxactun 124/125, D 5
Übach-Palenberg 38/39, B 2
Ubangi 86/87, C 1
Uberlândia 126/127, D/E 4
Überlingen 38/39, E 5
Überlinger See 38/39, E 5
Ubon 106/107, B 2
Ubsa Nur 104/105, C 1
Ubundu 86/87, C 2
Ucayali 126/127, B 3
Uchta 100/101, F 3
Uchte 36/37, G 3
Uckermark 36/37, J/K 2
Uda 100/101, O 4
Uddevalla 49, E 2
Udine 56/57, G 2
Uecker 36/37, J 2
Ueckermünde 36/37, K 2
Uëlle 86/87, C 1
Uelzen 36/37, F 3
Uetz 18/19, B 3
Ufa 100/101, F 4
Uganda 78/79, G 5
Úhlava 38/39, J 3
Uíge 86/87, B 2
Ujung Pandang 106/107, C 4
Ukraine 62/63, H 4
Ulaan-Choto 104/105, F 1
Ulan-Bator 104/105, D 1
Ulan-Gom 104/105, C 1
Ulan-Ude 100/101, L 4
Uljanowsk 100/101, E 4
Uljassutai 104/105, C 1
Ulm 38/39, E 4
Ulricehamn 49, G 3
Ulster (Fl. zur Werra) 38/39, E 2
Ulster (L.) 54/55, B 3
Ulundi 78/79, 4
Umbsee 52/53, H 2
Umeå 52/53, E 3
Umeälv 52/53, D 2

Umtara 86/87, C 5
Úněšov 38/39, J 3
Ungarn 62/63, F 4
Ungavabai 122/123, N 4
Ungava-Halbinsel 122/123, M 3
Unna 36/37, C 4
Unstrut 36/37, F 4
Untere Tunguska 100/101, J 3
Unterfranken 41
Unterlüß 36/37, F 3
Untersee 38/39, D/E 5
Upernavik 122/123, N 2
Upington 86/87, B 4
Uppsala 52/53, D 4
Ur 102/103, C 2
Ural 100/101, F 4
Uralgebirge 100/101, F 4
Uralsk 100/101, F 1
Uranium City 122/123, J 4
Urbino 46/47, J 6
Urengoi 100/101, H 3
Urfa 58/59, G 4
Urft 38/39, B 2
Urgentsch 100/101, G 5
Urmia 102/103, C 2
Urmia-See 102/103, C 2
Uruguay (Fl.) 126/127, D 5
Uruguay (St.) 114/115, L 12
Uruk 102/103, C 2
Urumchi 104/105, B 1
Urup 100/101, P 5
Uşak 58/59, E 4
USA = Vereinigte Staaten von Amerika
Usbekistan 90/91, D 2
Usedom (I.) 36/37, J/K 2
Usedom (O.) 36/37, J 2
Ushuaia 126/127, C 8
Usingen 38/39, D 2
Üsküdar 58/59, D 5
Uslar 36/37, E 4
Úslava 38/39, J 3
Uspenskij 100/101, H 5
Ussa 100/101, F 3
Ussuri 100/101, O 5
Ussurijsk 100/101, O 5
Ust-Bolscherezk 100/101, Q 4
Uster 38/39, D 5
Ust-Ilimsk 100/101, K 4
Ustí nad Labem = Aussig
Ustjurtplateau 100/101, F 5
Ust-Kamenogorsk 100/101, J 5
Ust-Kamtschatsk 100/101, R 4
Ust-Kut 100/101, L 4
Ust-Nera 100/101, P 3
Utah 114/115, E 5
Utete 86/87, D 2
Utrecht 48, F 3
Utsunomiya 104/105, G 2
Utsurun-Inseln 104/105, G 2
Uttar Pradesh 90/91, E 3

V

Vaal 86/87, C 4
Vaasa 52/53, E 3
Vác 50/51, F 4
Vadodara 102/103, F 3
Vaduz 46/47, F 2
Vaihingen 38/39, D 4
Valdepeñas 56/57, C 4
Valdez 122/123, E 3
Valdivia 126/127, B 6
Valence 54/55, E 5
Valencia (Spanien) 56/57, C 4
Valencia (Venezuela) 126/127, C 2
Valenciennes 48, D 5
Valentia 54/55, A 4
Valladolid 56/57, B 3
Valletta 56/57, G 5
Valmy 48, E 6
Valparaiso 126/127, B 6
Van 58/59, H 4
Vancouver 122/123, G 5
Vancouver-Insel 122/123, G 5
Vänersee 49, F 2
Vansee 58/59, H 4

Vantaa 52/53, F 3
Vanua Levu 108/109, G 2
Vanuatu (Neue Hebriden) 108/109, F 2
Var 46/47, D 6
Vara 49, F 2
Varanasi 102/103, G 3
Varangerfjord 52/53, G 1
Varanger-Halbinsel 52/53, G 1
Varberg 49, E 3
Varde 49, B 5
Vardö 52/53, G 1
Varel 36/37, D 2
Varese 46/47, E 4
Varkaus 52/53, G 3
Värmeln 49, G 1
Värmland 52/53, C 4
Varna 58/59, D 5
Västerås 52/53, D 4
Vatnajökull 52/53, C 1
Vättersee 52/53, C 4
Vaupes 126/127, B 2
Växjö 52/53, C 4
Vecht 48, G 3
Vechta 36/37, D 3
Vechte 36/37, C 3
Vehlefanz 18/19, C 2
Vejen 49, C 5
Vejle 49, C 5
Velbert 36/37, C 4
Velebit 46/47, M 5
Velmerstot 36/37, D 4
Velsen 48, E 3
Velten 18/19, C 2
Veltlin 46/47, F 3
Venda 78/79, 4
Vendsyssel 49, C 3
Venedig 56/57, G 2
Venetien 46/47, H 4
Venezianer Alpen 46/47, J 3
Venezuela 114/115, K 8
Veniaminof 122/123, D 4
Venlo 48, F 4
Vennesla 49, A 2
Ventimiglia 46/47, D 6
Veracruz 124/125, D 5
Verbania 46/47, E 4
Vercelli 46/47, E 4
Vercors 46/47, B 5
Verden 36/37, E 3
Verdon 46/47, C 6
Verdun 48, F 6
Vereeniging 86/87, C 4
Vereinigte Arabische Emirate 90/91, C 3
Vereinigte Staaten von Amerika (USA) 114/115, J/K 5
Vereinigte Staaten von Mikronesien 106/107, F 3
Vermont 114/115, J 4
Verneuil-sur-Avre 48, A 7
Verona 56/57, F 2
Versailles 54/55, D 4
Verviers 38/39, A 2
Vesoul 46/47, C 2
Vesterål-Inseln 52/53, C 1
Vestfjord 52/53, C 1
Vestmannaeyjar 52/53, B 2
Vesuv 56/57, G 3
Veszprém 46/47, O 2
Vetschau 25, 1 A 1
Vézelise 38/39, B 3
Vianden 38/39, B 3
Viareggio 46/47, G 6
Viborg 49, C 4
Vicenza 56/57, F 2
Vichy 54/55, D 4
Victoria 122/123, G 5
Victoria (Bundesland, Australien) 108/109, D 4
Victoria (Seychellen) 86/87, F 2
Victoriafälle 86/87, O 3
Victoria-Insel 122/123, H 2
Victorialand 138, 2
Victoriasee 86/87, D 2
Viechtach 38/39, H 3
Vieberg 46/47, L 1
Vienne 46/47, A 4
Viernheim 38/39, D 3

Viersen 36/37, B 4
Vierwaldstätter See 46/47, E 3
Vierzehnheiligen 38/39, G 2
Vietnam 90/91, F 4
Vietznitz 18/19, A 2
Vigevano 46/47, E 4
Vigo 56/57, A 3
Vijayawada 102/103, G 4
Vila 108/109, F 2
Vilhelmina 52/53, D 2
Villach 46/47, K 3
Villaviciosa 56/57, B 3
Villefranche 46/47, A 4
Villersexel 38/39, B 5
Villingen-Schwenningen 38/39, D 4
Vils (Fl. zur Donau) 38/39, H 4
Vils (Fl. zur Naab) 38/39, G 3
Vilsbiburg 38/39, H 3
Vilshofen 38/39, J 4
Vindhyagebirge 102/103, F 3
Virginia 114/115, J 5
Visakhapatnam 102/103, G 4
Visby 52/53, D 4
Visselhövede 36/37, E 2/3
Viti Levu 108/109, G 2
Vitoria (Brasilien) 126/127, E/F 4/5
Vitoria (Spanien) 56/57, C 3
Vitry-le-François 48, E 7
Vittorio 46/47, J 3
Vlieland 48, E 2
Vlissingen 48, D 4
Vlorë 58/59, B 3
Vodňany 38/39, K 3
Vogelfluglinie 36/37, G 1
Vogelkopf 106/107, E 4
Vogelsberg 38/39, E 2
Vogelsdorf 18/19, E 3
Vogesen 38/39, B 5-C 4
Vogtland 38/39, G/H 2
Vohenstrauß 38/39, H 3
Vöhringen 38/39, F 4
Voi 86/87, D 2
Voiron 46/47, B 4
Volkach 38/39, F 3
Völkermarkt 46/47, L 3
Völklingen 38/39, B 3
Volkmarsen 36/37, D/E 4
Vologne 38/39, B 4
Volta-Stausee 84/85, C 4
Volterra 46/47, G 6
Vorarlberg 46/47, F 2
Vorderrhein 46/47, E 3
Vordingborg 49, E 5
Voss 52/53, A 3
Vršc 58/59, C 2
Vulkan-Inseln 104/105, G/H 3

W

Waag 46/47, O 1
Waal 48, F 4
Wachau 46/47, M 1
Wachow 18/19, A 2
Wadda 84/85, F 4
Wadern 38/39, B 3
Wadi Halfa 84/85, G 2
Wad Medani 84/85, G 3
Wagadudu 84/85, C 3
Wagenitz 18/19, A 2
Wager Bay 122/123, K 3
Wagga Wagga 108/109, D 4
Wagrien 36/37, F 1
Waiblingen 38/39, E 4
Waidhaus 38/39, H 3
Waidhofen 46/47, L 2
Waigatsch 100/101, F 3
Waigeo 106/107, E 3
Waingapu 106/107, C 4
Waischenfeld 38/39, G 3
Wakayama 104/105, G 2
Wakkanai 104/105, H 1
Walchensee 38/39, G 5
Walcheren 48, D 4
Waldaihöhe 52/53, G 4
Waldbröl 38/39, C 2

Waldeck 36/37, E 4
Waldenbuch 38/39, E 4
Waldenburg (Schlesien) 50/51, E 3
Waldenburg (Schweiz) 38/39, C 5
Waldheim 24, C/D 2
Waldia 84/85, G 3
Waldkirch 38/39, C 4
Waldkraiburg 38/39, H 4
Waldmünchen 38/39, H 3
Waldnaab 38/39, H 3
Waldsassen 38/39, H 2
Waldshut-Tiengen 38/39, D 5
Waldsieversdorf 18/19, G 2
Waldviertel 46/47, M 1
Walensee 46/47, F 2
Wales 62/63, F 4
Walfischbai 86/87, B 4
Walgett 108/109, D 3
Walhalla 38/39, H 3
Wall 18/19, B 1
Walldürn 38/39, E 3
Wallis 46/47, D 3
Walliser Alpen 46/47, D 3
Wallis und Futuna 108/109, H 2
Walsrode 36/37, E 3
Waltersdorf 18/19, E 3
Waltershausen 38/39, F 2
Waltlings-Insel = San Salvador
Wamba 86/87, B 2
Wandlitz 18/19, D/E 1
Wandlitzsee 18/19, D 1
Wanganui 108/109, G 4
Wangen 38/39, E 5
Wangerooge 36/37, C 2
Wanxian 104/105, D 2
Wanzleben 36/37, G 3
Warangal 102/103, F 4
Warburg 36/37, E 4
Warburton 108/109, C 3
Wardenburg 36/37, D 2
Waren 36/37, H 2
Warendorf 36/37, C 4
Warnow 36/37, G 2
Warrego 108/109, D 3
Warrnambool 108/109, D 4
Warschau 50/51, G 2
Warsow 18/19, A 2
Warsow-Jahnberge 18/19, A 1
Warstein 36/37, D 4
Wartburg 38/39, F 2
Wartha 38/39, F 1
Warthe 50/51, F 2
Warwick 108/109, E 3
Wasatchkette 124/125, B 3
Washington (Bundesstaat) 114/115, D/E 4
Washington (O.) 124/125, E 3
Wasjuganebene 100/101, H 3
Wasserbillig 38/39, B 3
Wasserburg 38/39, H 4
Wasserkuppe 38/39, E 2
Wassertrüdingen 38/39, F 4
Waßmannsdorf 18/19, D 3
Watampone 106/107, C 4
Waterford 54/55, B 3
Waterloo 48, E 5
Wattensee 48, F 2
Watzmann 38/39, H 5
Wau 84/85, F 4
Webau 24, B 2
Weda 106/107, D 3
Weddelmeer 1, G/H 9
Wedel 36/37, E 2
Weener 36/37, C 2
Weesow 18/19, E 2
Wegendorf 18/19, F 2
Wegscheid 38/39, J 4
Weichsel 50/51, G 3
Weida 38/39, H 2
Weiden 38/39, H 3
Weifang 104/105, E 2
Weil 38/39, D 2
Weil am Rhein 38/39, C 5
Weilburg 38/39, D 2

Weiler 38/39, C 4
Weilheim 38/39, G 5
Weilmünster 38/39, D 2
Weimar 38/39, G 2
Weinberg 18/19, D 3
Weinfelden 38/39, E 5
Weingarten 38/39, E 5
Weinheim 38/39, D 3
Weinviertel 46/47, N 1
Weißandt-Gölzau 24, B 1
Weiße Elster 34/35, E 3
Weißenburg (Bayern) 38/39, F 3
Weißenburg (Wissembourg) 38/39, C 4
Weißenfels 36/37, H 4
Weißenhorn 38/39, F 4
Weißer Berg (Brandenburg) 18/19, E 3
Weißer Berg 38/39, K 2
Weißer Main 38/39, G 2
Weißer Nil 84/85, G 3
Weißer Volta 84/85, O 3
Weißes Meer 100/101, D 3
Weißmeer-Ostsee-Kanal 52/53, H 2
Weißrußland 62/63, G 3
Weißwasser 36/37, K 4
Weiz 46/47, M 2
Welikije Luki 50/51, J 1
Welikij Ustjug 100/101, E 3
Welkom 86/87, C 4
Wellesley-Inseln 108/109, C 2
Wellington 108/109, G 5
Wellington-Insel 126/127, B 7
Wells 48, A 3
Wels 46/47, K 1
Weltenburg 38/39, G 4
Welzheim 38/39, E 4
Welzow 25, 1 B 2
Wemding 38/39, F 4
Wendisch-Rietz 18/19, F/G 4
Wendland 36/37, F/G 3
Wenne 36/37, D 4
Wensickendorf 18/19, D 2
Wenzhou 104/105, F 3
Weonsan 104/105, F 2
Werchojansk 100/101, N 3
Werchojansker Gebirge 100/101, N 3
Werdau 38/39, H 2
Werder 36/37, H 3
Werder (Kreis Potsdam) 18/19, B 3
Werder (Kreis Strausberg) 18/19, F 2
Werdohl 36/37, C 4
Werfen 38/39, J 5
Werl 36/37, C 4
Werneuchen 18/19, F 2
Wernigerode 36/37, F 4
Wernsdorf 18/19, E 3
Werra 38/39, F 2
Wertach 38/39, F 4
Wertheim 38/39, E 3
Wertingen 38/39, F 4
Wesel 36/37, B 4
Wesendahl 18/19, F 2
Wesendorf 36/37, F 3
Weser 36/37, D 4
Weseram 18/19, A 3
Wesergebirge 36/37, D/E 3
Weser-Ems 41
Wessel-Inseln 108/109, C 2
Westaustralien 108/109, A/B 3
Westbalkan 58/59, C 3
Westbengalen 90/91, E 3
Westensee 36/37, E/F 1
Westerburg 38/39, C 3
Westerede 36/37, C 2
Westerland 36/37, D 1
Westerschelde 48, D 4
Westerwald 38/39, C 2
Westfriesische Inseln 48, E 2
Westfriesland 48, F 2
Westghats 102/103, F 3-5
Westindische Inseln 124/125, F 4
Westkordillere 126/127, B 2
Westlicher Euphrat 58/59, G 4

FNL

Westport 108/109, G 5
Westsajan 100/101, J 4
Westsibirisches Flachland 60/61, L/M 1
West-Virginia 114/115, H 5
Wetar 106/107, D 4
Wetter 38/39, D 2
Wetterau 38/39, D 2
Wettersteingebirge 38/39, F/G 5
Wetzikon 38/39, D 5
Wetzlar 38/39, D 2
Wewak 106/107, F 4
Weyhe 36/37, D 3
Whangarei 108/109, G 4
Whitehorse 122/123, F 3
Whyalla 108/109, C 4
Wiborg 52/53, G 3
Wichita 124/125, D 3
Wick 54/55, C 2
Wicklow Mountains 54/55, B 3
Wied 38/39, C 2
Wiehengebirge 36/37, D 3
Wiek 36/37, J 1
Wien 46/47, N 1
Wiener Neustadt 46/47, M 2
Wiener Wald 46/47, M 1
Wienhausen 36/37, F 3
Wies 38/39, F 5
Wiesbaden 38/39, D 2
Wiese 38/39, C 5
Wiesent 38/39, G 3
Wiesloch 38/39, D 3
Wiesmoor 36/37, C 2
Wietkikenberg 18/19, B 3
Wietstock 18/19, D 3
Wietze 36/37, E 3
Wight 54/55, C 4
Wil 38/39, E 5
Wildau 18/19, E 3
Wildbad 38/39, D 4
Wildenbruch 18/19, C 3
Wildeshausen 36/37, D 3
Wildspitze 46/47, G 3
Wilhelmshaven 36/37, D 2
Wilhelmshorst 18/19, C 3
Wiljui 100/101, L 3
Wiljusik 100/101, N 3
Wilkau-Haßlau 24, C 3
Wilkendorf 18/19, F 2
Wilkesland 138, 2
Wilkizkistraße 100/101, K 2
Willemstad 124/125, F 5
Willingen 36/37, D 4
Willmersdorf 18/19, E 2
Willowra 108/109, C 3
Wilna 50/51, H 2
Wilsede 36/37, E 2
Wilseder Berg 36/37, E 2
Wiltz 48, F 6
Windau 50/51, G 1
Windhuk 86/87, B 4
Windischeschenbach 38/39, H 3
Windischgarsten 38/39, K 5
Wingst 36/37, E 2
Winnipeg 122/123, J 5
Winnipegsee 122/123, K 4
Winniza 50/51, J 3
Winschoten 48, G 2
Winsen/Luhe 36/37, F 2
Winterberg (O., Nordrhein-Westfalen) 36/37, D 4
Winterberg (Vimperk) 38/39, J 3
Winterswijk 36/37, B 4
Winterthur 46/47, E 2
Winton 108/109, D 3
Wipperfürth 36/37, C 4
Wippra 36/37, F 4
Wirzsee 52/53, F 4
Wische 36/37, G 3
Wisconsin 114/115, G/H 4
Wismar 36/37, G 2
Witebsk 50/51, J 2
Witim 100/101, M 4
Witimplateau 100/101, M 4
Witjas-Tief 106/107, F 2
Witsieshoek 78/79, 4
Witten 36/37, C 4
Wittenberg 36/37, H 4

Wittenberge 36/37, G 2/3
Wittensee 36/37, E 1
Wittingen 36/37, F 3
Wittlich 38/39, B 3
Wittmund 36/37, C 2
Wittmund-Harlesiel 36/37, C 2
Wittstock 36/37, H 2
Witzenhausen 36/37, E 4
Wjatka 100/101, E 4
Wladiwostok 100/101, O 5
Wloclawek 50/51, F 2
Wochowsee 18/19, F 4
Wohra 38/39, D 2
Wolchow (Fl.) 52/53, H 4
Wolchow (O.) 52/53, H 4
Wolfach 38/39, D 4
Wolfen 36/37, H 4
Wolfenbüttel 36/37, F 3
Wolfgangsee 38/39, J 5
Wolfhagen 36/37, E 4
Wolfratshausen 38/39, G 5
Wolfsberg 46/47, L 3
Wolfsburg 36/37, F 3
Wolga 100/101, D 4
Wolgaplatte 60/61, J 2
Wolgast 36/37, J 1
Wolgograd 100/101, E 5
Wolgograder Stausee 100/101, E 5
Wollin 36/37, K 2
Wollongong 108/109, E 4
Wolnzach 38/39, G 4
Wologda 100/101, E 4
Wolos 58/59, C 4
Wölsickendorf-Wollenberg 18/19, F 2
Woltersdorf 18/19, E 3
Wolynisch-Podolische Platte 60/61, G 2/3
Wolzig 18/19, F 3
Wolziger See 18/19, F 3
Wonsan 104/105, F 2
Wood-Buffalo-Nationalpark 122/123, H 3
Woodlark-Insel 106/107, G 4
Woomera 108/109, C 4
Worcester 54/55, C 3
Wörgl 38/39, H 5
Workuta 100/101, F 3
Worms 38/39, D 3
Wörnitz 38/39, F 3
Woronesh 100/101, D 4
Woroschilowgrad 100/101, D 5
Worpswede 36/37, D 2
Wörth am Rhein 38/39, D 3
Wörth an der Donau 38/39, H 3
Wörther See 46/47, L 3
Wotkinsker Stausee 100/101, F 4
Wrangel-Insel 122/123, B 2
Wriezen 36/37, K 3
Wrocław = Breslau
Wuhan 104/105, E 2
Wuhle 18/19, E 2
Wuhu 104/105, E 2
Wümme 36/37, E 2
Wunsiedel 38/39, H 2
Wunstorf 36/37, E 3
Wuppertal 36/37, C 4
Würm 38/39, G 4
Wursten 36/37, D 2
Würzburg 38/39, E 3
Wurzen 36/37, H 4
Wüste Dahna 102/103, C 3
Wüste Lut 102/103, D 2
Wüste Nefud 102/103, B/C 3
Wusterhausen 36/37, H 3
Wustermark 18/19, B 2
Wüste Takla Makan 104/105, B 2
Wüste Tharr 102/103, E/F 3
Wustrow 36/37, H 1
Wutach 38/39, D 5
Wutzetz 18/19, A 1
Wuwei 104/105, D 2
Wuxi 104/105, F 2
Wuyi Shan 104/105, E 3
Wuzhou 104/105, E 3
Wygsee 52/53, H 3
Wyk 36/37, D 1

Wyndham 108/109, B 2
Wyoming 114/115, F 4
Wytschegda 100/101, F 3

X

Xai-Xai 86/87, D 4
Xanten 36/37, B 4
Xiaguan 104/105, D 3
Xiamen = Amoy
Xian 104/105, D 2
Xianggang = Hongkong
Xichang 104/105, D 3
Xijiang 104/105, E 3
Xingjan = Sinkiang
Xingu 126/127, D 3
Xining 104/105, D 2
Xinyang 104/105, E 2
Xizang = Tibet
Xuzhou 104/105, E 2

Y

Yaan 104/105, D 3
Yan'an 104/105, D 2
Yanji 104/105, F 1
Yantai 104/105, F 2
Yap 106/107, E 3
Yapen 106/107, E 4
Yarkand (Fl.) 104/105, A 2
Yarkand = Shache
Ybbs 46/47, L 2
Yding Skovhøj 49, C 5
Yellowknife 122/123, H 3
Yellowstone 124/125, C 2
Yellowstone-Nationalpark 124/125, C 2
Yellowstonesee 124/125, C 2
Yelwa 84/85, D 3
Yesilirmak 58/59, G 3
Yibin 104/105, D 3
Yichang 104/105, E 2
Yichun 104/105, F 1
Yinchuan 104/105, D 2
Yining 104/105, B 1
Yin Shan 104/105, D/E 1
Yitulihe 104/105, F 1
Yogan 126/127, B/C 8
Yogyakarta 106/107, B 4
Yokohama 104/105, G 2
York 54/55, C 3
York Factory 122/123, K 4
Yozgat 58/59, F 4
Ypern 48, C 5
Ystad 49, G 5
Yucatán 124/125, E 5
Yuendumu 108/109, C 3
Yujiang 104/105, D 3
Yukon (Fl.) 122/123, D 3
Yukon (L.) 122/123, F 3
Yukon (Provinz) 114/115, C 2
Yumen 104/105, C 2
Yunhe (Großer Kanal, China) 104/105, E 2
Yünnan 104/105, D 3
Yu Shan 104/105, F 3
Yverdon 46/47, C 3
Yvetot 48, A 6

Z

Zaandam 48, E 3
Zabern 46/47, D 1
Zachow 18/19, B 3
Zadar 58/59, A 2
Zagreb 58/59, A 2
Zagrosgebirge 102/103, C 2/D 3
Zahedan 102/103, E 3
Zaïre (St.) 78/79, F 6
Zaïre = Kongo (Fl.)
Zamboanga 106/107, D 3
Zamora 56/57, B 3
Zapala 126/127, B/C 6
Zaragoza 56/57, C 3
Zaria 84/85, D 3

Žatec = Saaz
Zauche 18/19, A 3
Zauchwitz 18/19, C 4
Zdice 38/39, J 3
Zeesen 18/19, E 3
Zehlendorf 18/19, D 1
Zeitz 38/39, H 1
Zelinograd 100/101, H 4
Zella-Mehlis 38/39, F 2
Zell am See 46/47, J 2
Zell an der Mosel 38/39, C 2
Zenn 38/39, F 3
Zentralafrikanische Schwelle 76/77, H 6/7
Zentralkordillere 126/127, B 2
Zentralmassiv 54/55, D 5
Zepernick 18/19, E 2
Zerbst 36/37, H 4
Zermatt 46/47, D 3
Zernsdorf 18/19, E 3
Zeulenroda 38/39, G 2
Zeuthen 18/19, E 3
Zeven 36/37, E 2
Zevenaar 36/37, B 4
Zhangjiakou 104/105, E 1
Zhangye 104/105, D 2
Zhangzhou 104/105, E 3
Zhengzhou 104/105, E 2
Zhigatse 104/105, B 3
Zhongba 104/105, B 3
Zhuzhou 104/105, E 3
Ziegenhals 18/19, E 3
Ziesar 36/37, H 3
Ziethenhorst 18/19, B 1
Zilina 50/51, F 3
Ziller 38/39, G 5
Zillertaler Alpen 46/47, H 2
Zimbabwe (Ruinenstätte) 86/87, D 4
Zimbabwe (St.) 78/79, F/G 7
Zimljansker Stausee 100/101, E 5
Zinder 84/85, D 3
Zingst 36/37, H 1
Zinna 36/37, J 3
Zinndorf 18/19, F 2
Zinnowitz 36/37, J 1
Zirknitzer See 46/47, L 4
Zirl 38/39, G 5
Zirndorf 38/39, F 3
Zofingen 38/39, G 5
Zonguldak 58/59, E 3
Zootzen (L.) 18/19, A 1
Zootzen (O.) 18/19, A 1
Zossen 18/19, D 4
Zossen-Dabendorf 18/19, D 4
Zschopau (Fl.) 38/39, J 2
Zschopau (O.) 38/39, J 2
Zschornewitz 24, B 1
Zuckerhütl 46/47, H 3
Zuerate 84/85, B 2
Zug 46/47, E 2
Zugspitze 38/39, G 5
Zühlsdorf 18/19, D 2
Zülpich 38/39, B 2
Zululand 86/87, D 4
Zumbo 86/87, D 3
Zunyi 104/105, D 3
Zürich 46/47, E 2
Zürichsee 46/47, E 2
Zusam 38/39, F 4
Zutphen 36/37, B 3
Zweibrücken 38/39, C 3
Zwelitsha 78/79, 4
Zwettl 46/47, L 1
Zwickau 38/39, H 2
Zwiesel 38/39, J 3
Zwolle 48, G 3
Zypern 90/91, B 3

Erde und Weltall

162

© westermann

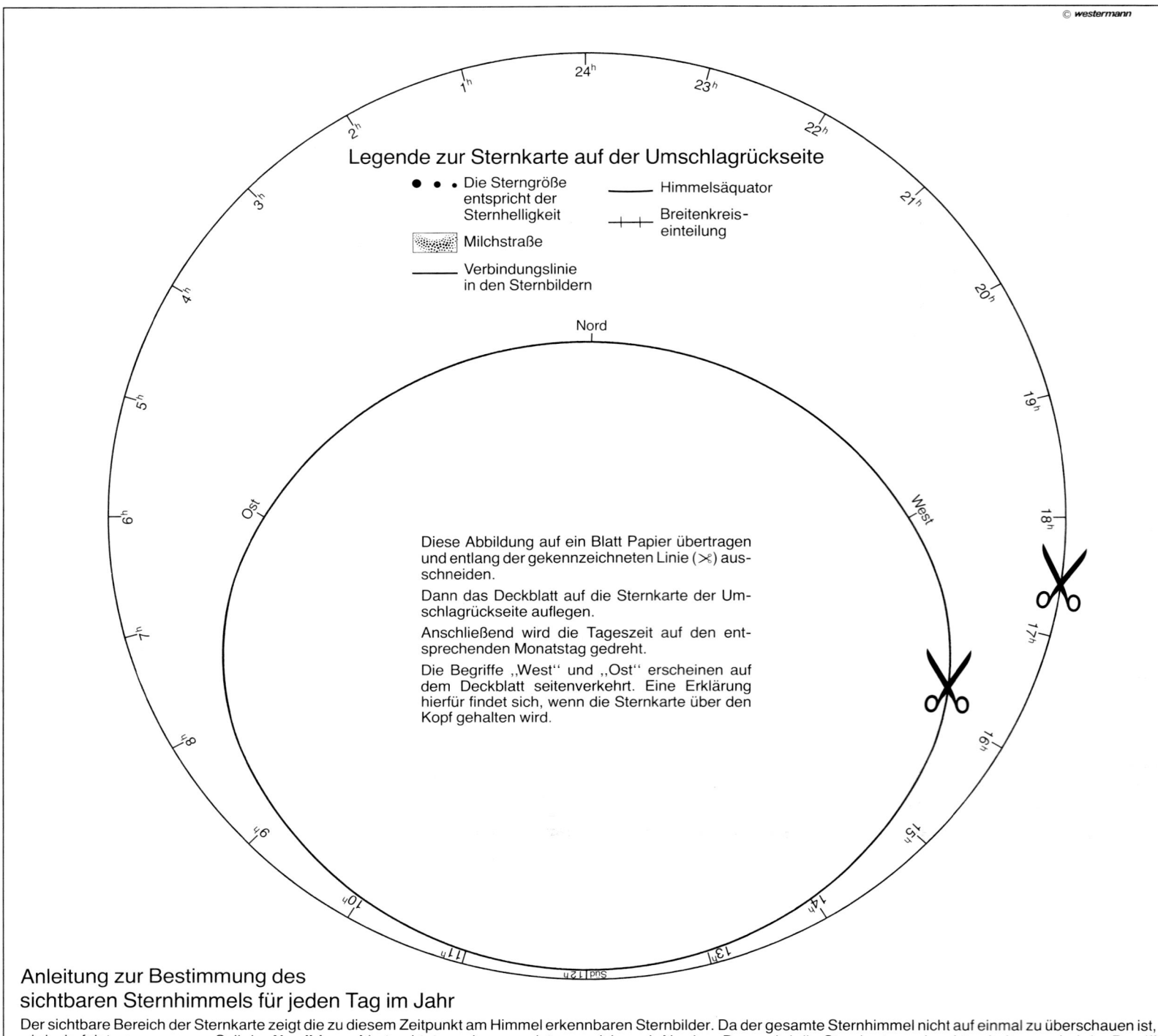

Legende zur Sternkarte auf der Umschlagrückseite

- • • • Die Sterngröße entspricht der Sternhelligkeit
- ▨ Milchstraße
- —— Verbindungslinie in den Sternbildern
- —— Himmelsäquator
- +++ Breitenkreiseinteilung

Diese Abbildung auf ein Blatt Papier übertragen und entlang der gekennzeichneten Linie (✂) ausschneiden.

Dann das Deckblatt auf die Sternkarte der Umschlagrückseite auflegen.

Anschließend wird die Tageszeit auf den entsprechenden Monatstag gedreht.

Die Begriffe „West" und „Ost" erscheinen auf dem Deckblatt seitenverkehrt. Eine Erklärung hierfür findet sich, wenn die Sternkarte über den Kopf gehalten wird.

Anleitung zur Bestimmung des sichtbaren Sternhimmels für jeden Tag im Jahr

Der sichtbare Bereich der Sternkarte zeigt die zu diesem Zeitpunkt am Himmel erkennbaren Sternbilder. Da der gesamte Sternhimmel nicht auf einmal zu überschauen ist, wird wie folgt vorgegangen: Soll der **Nordhimmel** betrachtet werden, wendet man sich nach Norden. Dann wird die Sternkarte senkrecht gehalten, wobei der Begriff „Nord" nach unten zeigen muß. Die Sternbilder über dem Begriff „Nord" bis zum Mittelpunkt der ausgeschnittenen Fläche sind jetzt sichtbar. Wollen wir den **Westhimmel** betrachten, wird die Sternkarte um 90° nach links gedreht und gleichzeitig eine Körperdrehung um 90° nach links vollzogen („West" zeigt nach unten; die Sternbilder über dem Begriff „West" sind am Himmel zu finden). – Die gleichen 90°-Drehungen werden zur Betrachtung des **Südhimmels** und noch einmal zur Betrachtung des **Osthimmels** durchgeführt.

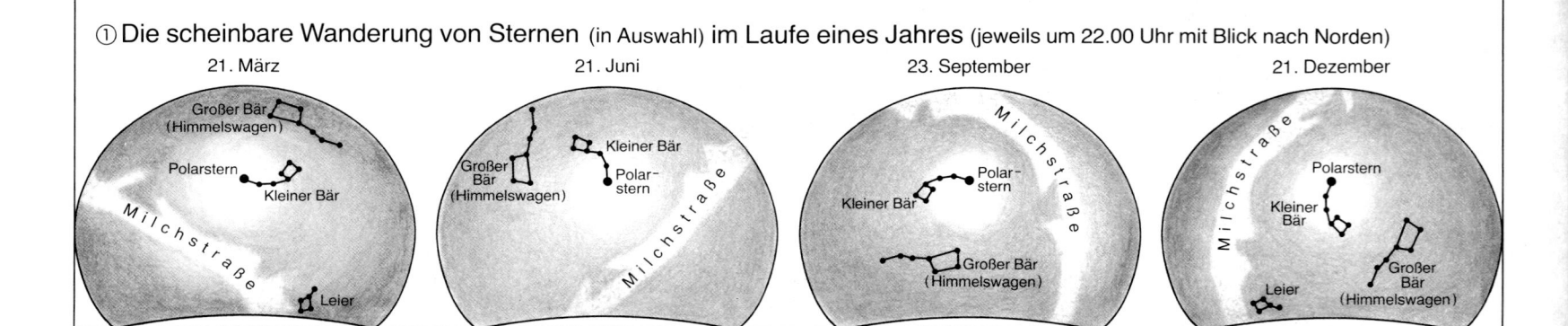

① **Die scheinbare Wanderung von Sternen** (in Auswahl) **im Laufe eines Jahres** (jeweils um 22.00 Uhr mit Blick nach Norden)

21. März — 21. Juni — 23. September — 21. Dezember

① Umlaufbahnen um die Sonne

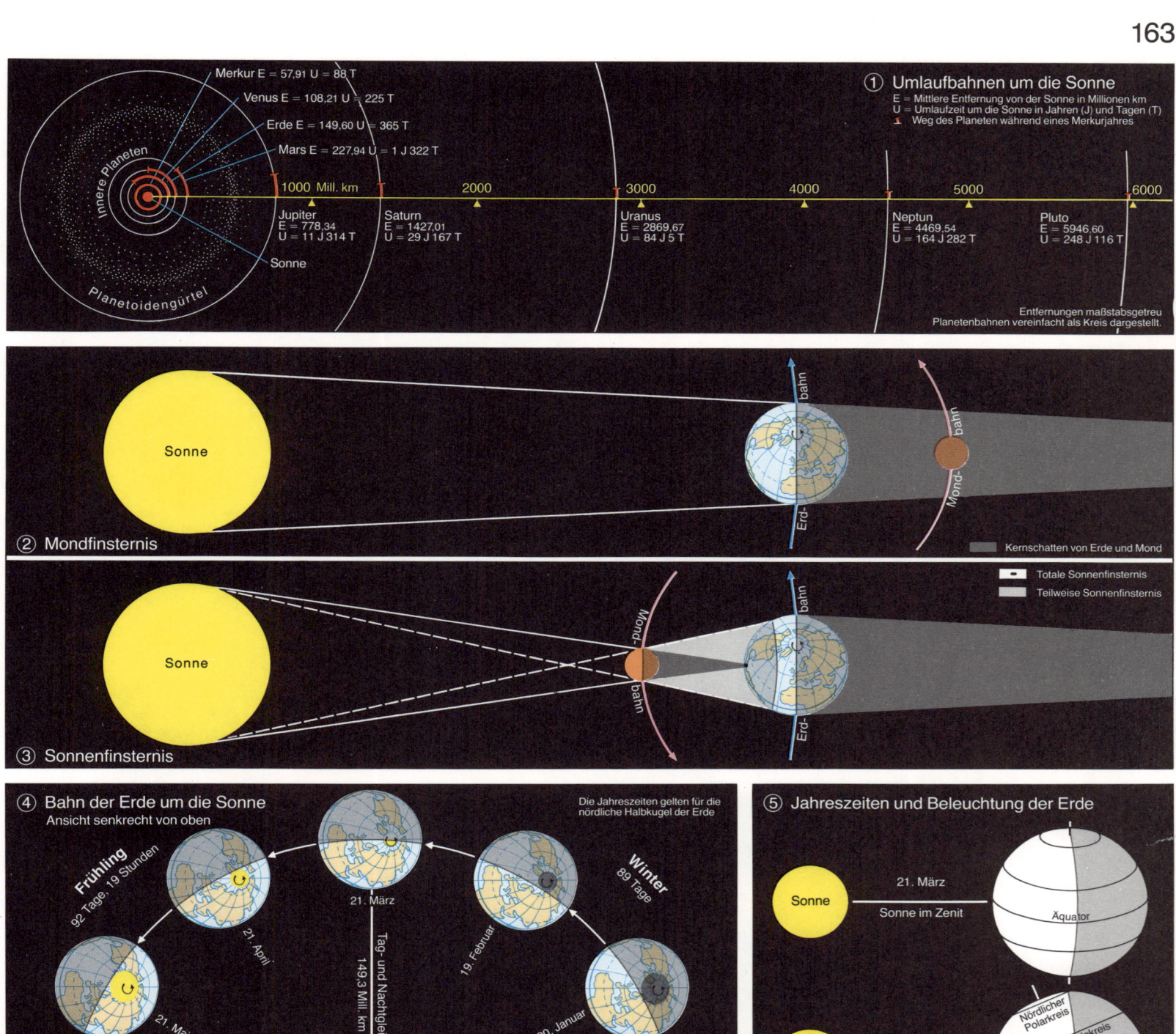

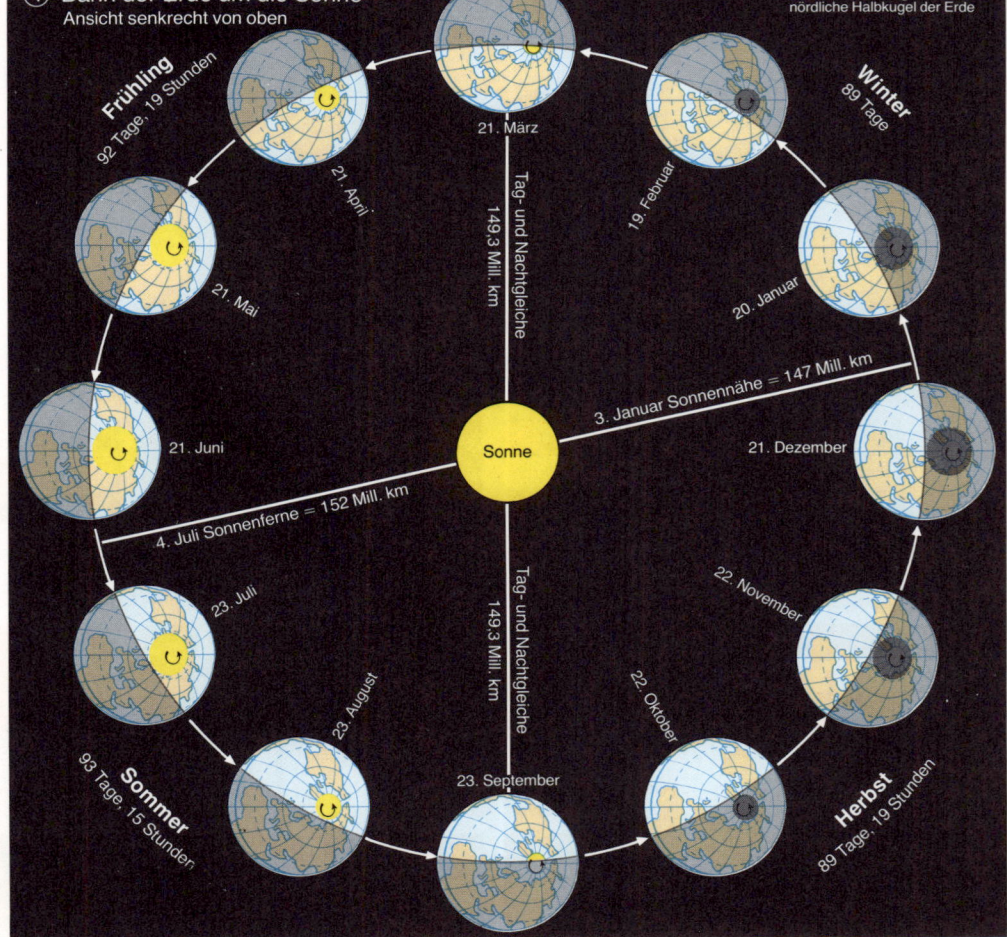

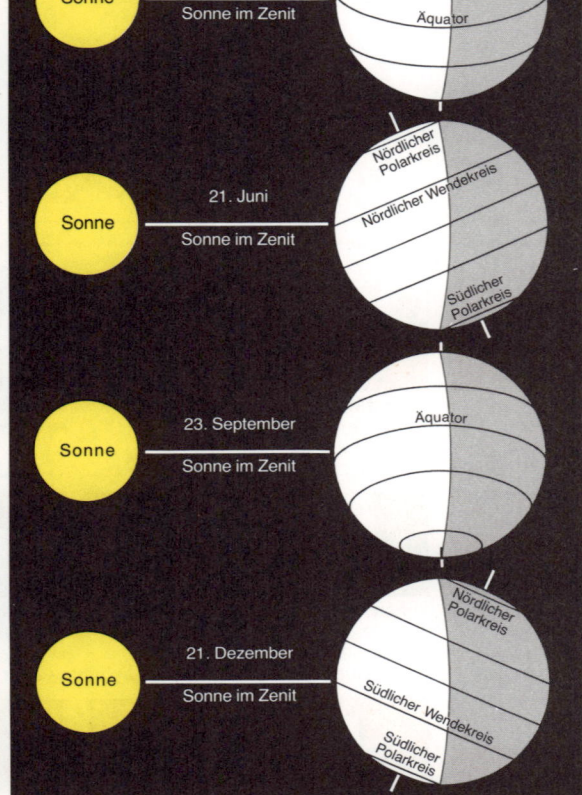

E = Mittlere Entfernung von der Sonne in Millionen km
U = Umlaufzeit um die Sonne in Jahren (J) und Tagen (T)
↑ Weg des Planeten während eines Merkurjahres

Merkur E = 57,91 U = 88 T
Venus E = 108,21 U = 225 T
Erde E = 149,60 U = 365 T
Mars E = 227,94 U = 1 J 322 T
Jupiter E = 778,34 U = 11 J 314 T
Saturn E = 1427,01 U = 29 J 167 T
Uranus E = 2869,67 U = 84 J 5 T
Neptun E = 4469,54 U = 164 J 282 T
Pluto E = 5946,60 U = 248 J 116 T

Innere Planeten
Planetoidengürtel
Sonne

Entfernungen maßstabsgetreu
Planetenbahnen vereinfacht als Kreis dargestellt.

② Mondfinsternis

Sonne — Erdbahn — Mondbahn

Kernschatten von Erde und Mond
■ Totale Sonnenfinsternis
▨ Teilweise Sonnenfinsternis

③ Sonnenfinsternis

Sonne — Mondbahn — Erdbahn

④ Bahn der Erde um die Sonne
Ansicht senkrecht von oben

Die Jahreszeiten gelten für die nördliche Halbkugel der Erde

Frühling 92 Tage, 19 Stunden
21. März
21. April
21. Mai
21. Juni
4. Juli Sonnenferne = 152 Mill. km
23. Juli
23. August
Sommer 93 Tage, 15 Stunden
23. September
Tag- und Nachtgleiche 149,3 Mill. km
22. Oktober
Herbst 89 Tage, 19 Stunden
22. November
21. Dezember
3. Januar Sonnennähe = 147 Mill. km
20. Januar
Winter 89 Tage
19. Februar
21. März
Tag- und Nachtgleiche 149,3 Mill. km
Sonne

Gelbe und dunkle Flächen am Nordpol zeigen die Gebiete an denen zum angegebenen Datum länger als 24 Stunden Tag oder Nacht ist.

⑤ Jahreszeiten und Beleuchtung der Erde

Sonne — 21. März — Sonne im Zenit — Äquator
Sonne — 21. Juni — Sonne im Zenit — Nördlicher Polarkreis, Nördlicher Wendekreis, Südlicher Polarkreis
Sonne — 23. September — Sonne im Zenit — Äquator
Sonne — 21. Dezember — Sonne im Zenit — Nördlicher Polarkreis, Südlicher Wendekreis, Südlicher Polarkreis

Bei den Karten 2 - 5 sind Größen und Entfernungen nicht maßstabsgetreu

© westermann

Erde - Staaten

164

Staaten mit hohem und niedrigem Volkseinkommen

- reiche Staaten, überwiegend hohe Entwicklung
- Schwellenländer, Übergangsländer mit mittlerer Entwicklung
- arme Staaten, niedrige Entwicklung
- „die ärmsten Staaten", Hungergebiete mit ungünstigen Entwicklungsmöglichkeiten
- Staatsgrenze

In dieser Karte sind nur die selbständigen Staaten aufgeführt. Abhängige Gebiete siehe Kontinentkarten politisch

Schweiz
- 41 000   Staatsfläche in km²
- 6,6   Einwohner in Millionen
- 31 100   Volkseinkommen (BSP)
- 28 230   je Einwohner in DM

Europa

Belgien
31 000 km²
9,9 Mio. Einw.
14 770 DM/Einw.

Bulgarien
111 000 km²
9,0 Mio. Einw.
9 440 DM/Einw.

Bundesrepublik Deutschland
357 000 km²
78,0 Mio. Einw.
21 590 DM/Einw.

Dänemark
43 000 km²
5,1 Mio. Einw.
21 400 DM/Einw.

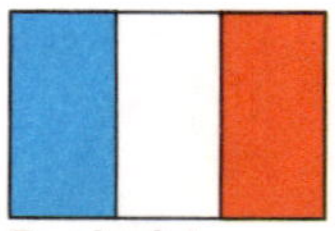

Frankreich
547 000 km²
53,6 Mio. Einw.
17 900 DM/Einw.

Großbritannien
244 000 km²
55,9 Mio. Einw.
11 400 DM/Einw.

Italien
301 000 km²
57,0 Mio. Einw.
9 400 DM/Einw.

Jugoslawien
256 000 km²
22,4 Mio. Einw.
4 400 DM/Einw.

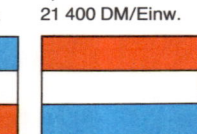

Niederlande
41 000 km²
14,2 Mio. Einw.
18 400 DM/Einw.

Österreich
84 000 km²
7,5 Mio. Einw.
15 500 DM/Einw.

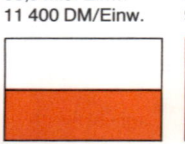

Polen
313 000 km²
35,7 Mio. Einw.
6 900 DM/Einw.

Schweiz
41 000 km²
6,3 Mio. Einw.
25 600 DM/Einw.

Spanien
505 000 km²
37,8 Mio. Einw.
7 800 DM/Einw.

Sowjetunion
22 402 000 km²
265,5 Mio. Einw.
7 400 DM/Einw.

Türkei
781 000 km²
44,7 Mio. Einw.
2 390 DM/Einw.

Afrika

Ägypten
1 000 000 km²
42,0 Mio. Einw.
830 DM/Einw.

Algerien
2 380 000 km²
18,6 Mio. Einw.
2 840 DM/Einw.

Ghana
239 000 km²
11,7 Mio. Einw.
720 DM/Einw.

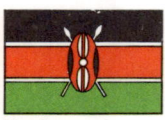

Kenia
583 000 km²
16,4 Mio. Einw.
680 DM/Einw.

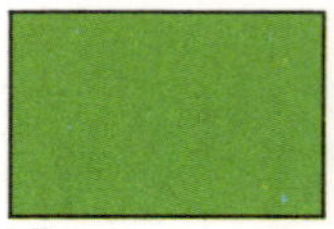

Libyen
1 760 000 km²
3,0 Mio. Einw.
14 780 DM/Einw.

Mali
1 240 000 km²
6,7 Mio. Einw.
250 DM/Einw.

Nigeria
924 000 km²
77,0 Mio. Einw.
1 210 DM/Einw.

Senegal
197 000 km²
5,7 Mio. Einw.
770 DM/Einw.

Südafrika
1 115 000 km²
29,3 Mio. Einw.
3 100 DM/Einw.

Sudan
2 510 000 km²
18,4 Mio. Einw.
670 DM/Einw.

Togo
56 000 km²
2,7 Mio. Einw.
610 DM/Einw.

Zaire
2 350 000 km²
28,3 Mio. Einw.
470 DM/Einw.